妹之辭曰："無以天子之尊而乘諸侯，無以天子之富而驕諸侯。陰之從陽，女之順夫，本天地之義也。往事爾夫，必以禮義。"荀爽《對策》引"帝乙歸妹"，言湯以娶禮歸其妹於諸侯也。張説《鄎國公主銘》亦云："帝唐降女，天乙歸妹。"若《左傳》筮遇《泰》之《需》曰："微子啓，帝乙之元子也。"虞翻亦云："紂父。"二説不同，《正義》皆略之。

94.《離》言"明兩作"，《坎》言"水洊至"。起而上者作也，趨而下者至也。此陸農師之説，朱文公取之。

95. 范諤昌《證墜簡》"《震・彖辭》脱'不喪匕鬯'四字"，程子取之；"《漸》上九疑'陸'字誤"，①胡安定取之。

96.《釋文》引《子夏傳》云："地得水而柔，水得地而流，故曰'比'。"《周禮疏》謂："《坤》爲土，《坎》爲水。水得土而流，土得水而柔。"是水土和合，故象先王建萬國，親諸侯。

97.《釋文》引鄭注異字，然《内則》注"明夷睇于左股"，猶有所遺。

98."朋盍簪"，簪，疾也。至侯果始有"冠簪"之訓。晁景迂云："古者禮冠，②未有簪名。"〇若璩按：杜詩："盍簪喧櫪馬。"近杜注號詳博，皆未知其從侯果來者。侯果説見李鼎祚《周易集解》。

99.《説苑》：周公戒伯禽曰："《易》曰：'有一道，大足以守天下，中足以守國家，小足以守其身，"謙"之謂也。'"孔子曰："《易》曰：'不損而益之，故損；自損而終，故益。'"今《易》無此言。又泄冶曰："《易》曰：'夫君子居其室云云，君子之所以動天地，可不慎乎？天地動而萬物變化。'"今《易》無末一句，然

① "上九"，原作"上六"，據本卦及翁氏本改。
② "禮冠"，翁氏本作"冠禮"。

泄冶在夫子之前，而引《易大傳》之言，殆非也。

100.《鹽鐵論》文學引《易》曰："小人處盛位，雖高必崩。不盈其道，不恒其德，而能以善終身，未之有也。是以初登於天，後入於地。"《説文》引《易》曰："地可觀者，莫可觀於木。"今《易》無之，疑《易傳》及《易緯》。

101. 後漢魯恭引《易》曰："'潛龍勿用'，言十一月、十二月陽氣潛藏，未得用事，雖煦嘘萬物，養其根荄，而猶盛陰在上，地凍水冰，陽氣否隔，閉而成冬。故曰：'履霜堅冰，陰始凝也；馴致其道，至堅冰也。'言五月微陰始起，至十一月堅冰至也。"又云："《易》十二月[①]'君子以議獄緩死'。"又云："案《易》五月《姤》用事，經曰：'后以施令誥四方。'言君以夏至之日施命令，止四方行者，所以助微陰也。"又引《易》曰："'有孚盈缶，終來有它，吉'，言甘雨滿我之缶，誠來有我而吉已。"趙温曰："於《易》，一爲過，再爲涉，三而弗改，滅其頂，凶。"漢儒説《易》，可以參考。

102. 王肅注《易》十卷，今不傳。其注"噬乾胏，得金矢"曰："四體離陰卦，骨之象。骨在乾肉，[②]脯之象。金矢所以獲野禽，故食之反得金矢。君子於味必思其毒，於利必備其難。"見《太平御覽》。

103.《漢·郊祀志》引"西鄰之禴祭"，顔師古注："瀹，煮新菜以祭。"蓋以"禴"爲"瀹"。王輔嗣云："禴，祭之薄者也。沼沚之毛，蘋蘩之菜，可羞於鬼神。"亦與顔注同。鄭康成謂：禴，夏祭之名。

---

① "二"，《叢刊》本作"一"。
② "在"，《叢刊》本、翁氏本作"有"。

104.《離》九三，蔡伯靜解云："鼓缶而歌，當衰而樂也。大耋之嗟，當衰而哀也。盛衰之道，天之常也。君子之心，順其常而已。不樂則哀，皆爲其動心而失其常者，故凶。"此説長於古注。

105.《京氏易》"剥床以簠"謂祭器。淡庵云："《易》於《剥》、《坎》，取象簠簋，以精意寓焉。"

106."上天下澤，《履》"，此《易》之言禮。"雷出地奮，《豫》"，此《易》之言樂。吕成公之説，本於《漢書》"上天下澤，春雷奮作，先王觀象，爰制禮樂"。

107."涣其群"，蘇明允云："群者，聖人所欲涣以一天下者也。"《本義》取之，謂程傳有所不及。

108. 充善端於"蒙泉"之始，絶惡念於"履霜"之萌。

109.《坊記》曰："不耕獲，不菑畬，凶。"《荀子》曰："括囊無咎無譽，腐儒之謂也。"《左氏傳》穆姜以"元、亨、利、貞"爲《隨》之四德，爲是説者，其未見《彖》、《象》、《文言》歟？

110.《易緯坤鑿度》注云："虞世南曰：'不讀《易》，不可爲宰相。'"注者未詳其人，亦天下名言也。

111."乾乾"、"夬夬"皆九三，重剛也。"謙謙"初六，居下卦之下也。"坎坎"六三，居重險之間也。"蹇蹇"六二，陰居陰也。

112. 諸卦之爻皆及卦名，《坤》、《小畜》、《泰》、《大畜》、《既濟》六爻悉無之。

113. 八卦之象，又有六焉：《巽》曰木，《坎》曰雲、曰泉、曰雨，《離》曰明、曰電。

114.《曾子天圓篇》："火日外景，金水内景。"薛士龍詩云："嘗聞曾子書，金火中外明。圓方遞含施，二景參黄庭。"

三句增入正文，謂後人妄有上下經之辯。吴仁傑亦從王、晁之論。沙隨程氏按《繫辭》曰："二篇之策，從韓康伯本。"張文饒云："《序卦》上經不言《乾》、《坤》，下經不言《咸》者，天地人物之本，必藏諸用也。"朱新仲謂：一行《易纂》引孟喜《序卦》曰："陰陽養萬物，必訟而成之。君臣養萬民，亦訟而成之。"然則《序卦》亦雜以經師之言歟？

135. 劉夢得《辯易九六論》[①]曰："董生言本畢中和，中和本其師，師之學本一行。"朱文公曰："畢氏揲法，視疏義爲詳。柳子厚詆夢得膚末於學，誤矣。"○若璩按：子厚謂董生膚末於學，非詆夢得。

136.《古易》五家：吕微仲、晁以道、睢陽王氏、東萊吕氏、九江周燔。又有程迥、吴仁傑二家。而洪興祖以一行所纂《古子夏傳》爲正，以諸書附著其下，爲《考異釋疑》。

137. 經説多依托，《易》爲甚。《子夏傳》，張弘作也；[②]《關子明傳》，阮逸作也；《麻衣正易》，戴師愈作也。

138.《越絶外傳》范子曰："道生氣，氣生陰，陰生陽。"愚謂：先陰後陽，即《歸藏》先坤之義，闔而辟，静而動也。

139.《鄭志》張逸問《贊》云："我先師棘下生，何時人？"答云："齊田氏時善學者所會處也，齊人號之棘下生，無常人也。"愚按：康成有《易贊》，所謂《贊》云者，《易贊》也。棘下，即稷下也。劉向《别録》："談説之士，會於稷門下。"○若璩按：魯亦有棘下，爲城内地名，見《左傳·定公八年》。《水經注》以爲亦儒者之所萃焉，[③]恐誤。

---

① "辯"，翁氏本作"辨"。
② "弘"，《叢刊》本、翁氏本作"弧"。
③ "以爲"，翁氏本作"竟認"。

140.《京氏易》“積算法”引夫子曰：“八卦因伏犧，暨於神農，重乎八純。聖理玄微，易道難究。迄乎西伯父子，研理窮通，上下囊括，推爻考象，配卦世應，加乎星宿，局於六十四所、二十四氣。分天地之數，定人倫之理，驗日月之行，尋五行之端，災祥進退，莫不因兹而兆矣。故考天地、日月、星辰、山川、草木、蟲魚、鳥獸之情狀，運氣、生死、休咎，不可執一隅。故曰：《易》含萬象。”又引孔子云：“《易》有四易：一世、二世爲地易，三世、四世爲人易，五世、六世爲天易，游魂、歸魂爲鬼易。”此占候之學，決非孔子之言也。張文饒言“四易”，又異於是：《易》有四，體一用三。《伏羲》先天，體也；《連山》天易，《歸藏》地易；《周易》人易，用也。

141. 京氏謂：二至四爲互體，三至五爲約象。《儀禮疏》云：“二至四、三至五，兩體交互，各成一卦，先儒謂之互體。”

142.《説卦》虞翻曰：“《乾》、《坤》五貴三賤，故定位。《艮》、《兑》同氣相求，故通氣。《震》、《巽》同聲相應，故相薄。《坎》戊《離》己，月三十日一會於壬，故不相射。《坤》消從午至亥，故順。《乾》息從子至巳，故逆。”蓋用納甲卦氣之説。

143.“初九，潛龍”，辭也。有“九”則有“六”，變也。“潛龍”，象也。“勿用”，占也。輔漢卿謂：《易》須識“辭”、“變”、“象”、“占”四字。○項氏曰：“不稱‘乾馬’而稱‘震龍’，震，動也。《乾》之動，自《震》始。”

144. 陽爲大，陰爲小。《大畜》、《小畜》，《大過》、《小過》，取陰陽爲義。

145. 六爻有得有失，唯《謙》三吉三利；《家人》一爻悔亡，五爻皆吉。

146.《漢書·叙傳》“六世耽耽，其欲浟浟”○音滌。注：

晏疑《易》中九事。”愚謂：晏以老、莊談《易》，係小子觀朵頤，所不解者豈止七事哉！○以義理解《易》，自王弼始，何晏非弼比也。清談亡晋，衍也，非弼也。范甯以王弼、何晏並言，過矣。

158. 上坎爲雲，下坎爲雨，虞翻之説也，郭子和從之。○坎在上爲雲，故雲雷《屯》。坎在下爲雨，故雷雨作《解》。女子貞不字，謂許嫁笄而字，耿氏之説也，朱文公從之。

159.《咸》之“感”無心，感以虚也。《兑》之“説”無言，説以誠也。堯之“於變時雍”，孔子之“綏來動和”，其感至矣。文王“靈台”之樂，宣王“雲漢”之憂，[①]○若璩按：初刊本作“喜”。其説深矣。

160. 德非日新，不足以言盛；義非入神，不足以言精。

161.《館閣書目》：《周易元包》十卷，唐衛元嵩撰。今按：楊楫序云：“元嵩，益州成都人。明陰陽曆算。獻策後周，賜爵持節。蜀郡公武帝尊禮，不敢臣之。”《北史·藝術傳》：“蜀郡衛元嵩，好言將來事，不信釋教，嘗上疏極論之。”《書目》以爲唐人，誤矣。

162. 揚雄《核靈賦》曰：“《大易》之始，河序龍馬，洛貢龜書。”劉牧謂：《河圖》、《洛書》，同出於伏犧之世。

163. 曾子固爲《徐復傳》云：“康定中，仁宗命講《易》《乾》、《坤》、《既濟》、《未濟》。又問：‘今歲直何卦？西兵欲出如何？’復對：‘歲直《小過》而太一守中宫，兵宜内不宜外。’仁宗嘉其言。與林瑀同修《周易會元紀》。”今考侍講林瑀上《會元紀》，推帝王即位必遇辟卦，而真宗乃得卿卦。每開説皆諂諛之辭，緣飾以陰陽。賈昌朝奏瑀所學不經，不宜備顧問，遂

---

① “憂”，《叢刊》本作“喜”。

絀之。復與瑀同修不經之書，未可謂知《易》也。①《荀子》曰："善爲《易》者不占。"

164."介於石"，古文作"砎"，晋孔坦書曰："砎石之易悟。"

165.《坤》曰"早辯"，《解》曰"夙吉"。治之於未亂，爲之於未有，在周子謂之"幾"，在張子謂之"豫"。

166. 程子《易傳》，晚始授門人。止齋○若璩按：止齋，陳傅良號。《春秋後傳》亦曰："此身後之書。"劉道原謂：柳芳《唐曆》本皆不同，由芳書未成而傳之故也。○若璩按：《晋書·孫盛傳》："著《晋陽秋》，咸稱良史，諸子私改之。盛初寫兩定本，寄慕容儁。後孝武帝博求異聞，始於遼東得之。以相考校，多有不同，書遂兩存。"《太平寰宇記》：高句麗國書籍中有《晋陽秋》。安得今有人向彼國購得乎？②

167.《易緯辨終備》曰："煌煌之耀，《乾》爲之綱。合凝之類，《坤》握其方。雄雌呿吟，六節摇通。萬物孳甲，日營始東。"六節，蓋謂六子。日營始東，《震》也。

168. 東坡曰："左氏論《易》，唯南蒯、穆姜之事爲近正。"○知莊子曰："師出以律，有律以如己也。"杜預注："法行則人從法，法敗則法從人。③"亦格言也。

169. 天地未嘗一日無陽，亦未嘗一日無君子，故十月爲陽，純坤稱龍。朱子曰："《復》之一陽，是《坤》卦積來。一日生一分，至十一月一陽始成。"

170.《困》九五曰："利用祭祀。"李公晦謂：明雖困於人，

---

① "未"，翁氏本作"不"。
② "今"下，翁氏本有"日"字。
③ "敗"，翁氏本作"微"。

而幽可感於神。豈不以人不能知而鬼神獨知之乎！○愚謂：孔子云："知我者，其天乎？"韓子云："惟乖於時，乃與天通。"不求人知而求天知，處困之道也。

171.《坎》之六四曰："樽酒簋貳，用缶。"在險之時，用禮之薄。它爻之言酒者三：《需》九五"需于酒食"，《困》九二"困于酒食"，《未濟》上九"有孚于飲酒"，卦皆有"坎"。文王、周公以《酒誥》戒，其象見於《易》，其言詳於《書》。三爻皆陽，剛制之意也。

172."莧陸夬夬"，項氏《玩辭》曰："莧，音丸，山羊也。陸，其所行之路也。猶'鴻漸於陸'之陸。兑爲羊，在上卦有山羊之象。"愚按《説文》："莧，山羊細角也。從兔足，苜聲，讀若丸。""寬"字從此。徐鍇按：《本草注》："莧羊似麢羊，①角有文，俗作羱。"

173. 聖人不以位爲樂也，在《易》謂之"虎尾"，在《書》謂之"朽索深淵"。

174."先甲"、"先庚"，吴秘注《法言》云："《周禮》治象，挾日而斂之。鄭司農云：'從甲至癸，謂之挾日，是以《易》稱"先甲三日"、"先庚三日"，皆爲申命令之義。獨取甲、庚者，以甲木主仁，示其寬令也；庚金主義，示其嚴令也。'"

175. 程子謂學《易》先看王弼。余謂輔嗣之注，學者不可忽也。於《乾》九三曰："乾三以處下卦之上，故免亢龍之悔。坤三以處下卦之上，故免龍戰之災。"上九曰："夫以剛健而居人之首，則物之所不與也。以柔順而爲不正，則佞邪之道也。故'乾吉'在无首，'坤利'在永貞。"於《文言》曰："進物

① 懷信按："莧"，當作"莧"。

之速者，義不若利；存物之終者，利不及義。”又曰：“文王明夷，則主可知矣；仲尼旅人，則國可知矣。”又曰：“不性其情，何能久行其正？”於《坤》曰：“方而又剛，柔而又圓，求安難矣。”於初六曰：“陰之爲道，本於卑弱而後積著者也，故取‘履霜’以明其始。陽之爲物，非基於始以至於著者也，故以‘出處’明之，則以初爲潛。”於《小畜》上九曰：“大畜者，畜之極也。畜而不已，畜極則通，是以其畜之盛在於四五，至於上九道乃大行。小畜積極而後乃能畜，是以四五可以進，而上九説征之輻。”於《大有》六五曰：“不私於物，物亦公焉；不疑於物，物亦誠焉。”於《豫》初六曰：“樂過則淫，志窮則凶，豫何可鳴？”於《觀》上九曰：“觀我生，自觀其道者也。觀其生，爲民所觀者也。”於《賁》六五曰：“賁於束帛，丘園乃落。賁於丘園，帛乃戔戔。用莫過儉，泰而能約，故必吝焉，乃得終吉也。”於《復》曰：“凡動息則靜，靜非對動者也。語息則默，默非對語者也。”於《頤》初九曰：“安身莫若不競，修己莫若自保。守道則福至，求禄則辱來。”於《家人》初九曰：“凡教在初而法在始。家瀆而後嚴之，志變而後治之，則悔矣。”九三曰：“行與其慢，寧過乎恭。家與其瀆，寧過乎嚴。”上九曰：“凡物以猛爲本者，則患在寡恩；以愛爲本者，則患在寡威。故家人之道，尚威嚴也。”於《睽》上九曰：“見豕負塗，甚可穢也。見鬼盈車，吁可怪也。先張之弧，將攻害也。後説之弧，睽怪通也。往不失時，睽疑亡也。貴於遇雨，和陰陽也。陰陽既和，群疑亡也。”於《蹇》初六曰：“處難之始，居止之初，獨見前識。睹險而止，以待其時，知矣哉！”於《萃》之《象》曰：“聚而無防，則衆生心。”於《漸》上九曰：“進處高潔，不累於位，無物可以屈其心而亂其志。峨峨清遠，儀可貴也。”於《中孚》上九曰：

“飛音者，音飛而實不從之謂也。”於《小過》六五曰：“《小畜》尚往而亨，則不雨也。《小過》陽不上交，亦不雨也。”

176. 乾稱父，○純陽。坤稱母，○純陰。震長男，○陽在初。巽長女，○陰在初。坎中男，○陽在中。離中女，○陰在中。艮少男，○陽在末。兑少女。○陰在末。

177. 知之崇，必欲其效天。義之精，必欲其入神。

178.《蒙》之養正察乎微，《頤》之養正先乎近。

179.《家人》卦辭曰：“利女貞。”男正易，女正難。二《南》之詩，以化行閨門爲極致。上九之《象》曰：“反身之謂也。”身正則家正矣。

180.《蒙》之初曰“發”，《家人》之初曰“閑”，《顔氏家訓》謂：[①]教兒嬰孩，教婦初來。

① “謂”，翁氏本無。

卷二

宋 王應麟 撰

《書》

1.《周官》"外史掌三皇、五帝之書",《春秋傳》所謂《三墳》、《五典》是也。前賢謂:皋、夔、稷、契,有何書可讀?理實未然。黄帝、顓頊之道在丹書,武王所以端冕東面而受於師尚父也。少皞氏之紀官,夫子所以見郯子而學焉也。孰謂無書可讀哉?

2.《吕氏春秋·序意》曰:"嘗得學黄帝之所以誨顓頊矣:爰有大圜在上,大矩在下,汝能法之,爲民父母。"不韋《十二紀》成於秦八年,歲在涒灘,上古之書猶存,前聖傳道之淵原猶可考也。

3.《書大傳·虞傳》有《九共篇》,引《書》曰:"予辯下土,使民平平,使民無傲。"《殷傳》有《帝告篇》,引《書》曰:"施章乃服,明上下。"豈伏生亦見古文逸篇邪?《大傳》之《序》有"嘉禾揜誥",今本闕焉。《隋志》有逸篇二卷,出齊、梁之間,似孔壁中書殘缺者。唐有三卷,徐邈注。鄭漁仲謂"《書》逸篇,仲尼之時已無矣",恐未然。

也。尹之告太甲曰“欽厥止”，去人欲而復天理，求至善而止也。

26.《虞書》作服，天子自日月而下十二章。鄭康成注《周禮》謂“周以日月星辰畫於旌旗，而冕服九章”，注《禮記·郊特牲》“祭之日，王被衮以象天”謂“有日月星辰之章，此魯禮也”，二禮之説自相背馳。魯秉周禮，周、魯之禮其有異乎？

27.《古文尚書》及《説文》“璪火黺粖黼黻”，艾軒曰：“黺、粖、黼、黻，當各爲一物。璪，當爲‘玉璪’之‘璪’。‘璪’，圜物也，意其爲‘璪’之狀，而以火旁飾之，火因物而後見耳。《考工記》謂‘火以圜’，得非指‘璪火’爲一物乎？鄭司農謂爲圜形似火，此爲近之。希冕，謂黺、粖、黼、黻皆從‘黹’，同謂之‘希冕’。陸德明‘希’與‘黹’同，蓋有由來也。”

28.“鳥獸蹌蹌”，馬融以爲筍虡，《七經小傳》用其說。《書裨傳》以“鳳凰來儀”爲簫聲之和。艾軒亦曰：“制器尚象。”

29. 古文“箾磬”，今文作“簫”，○《左氏》曰：“韶箾，舜樂名也。”諸儒誤以簫管解之。

30.《説文》“奡，嫚也”，引《虞書》“若丹朱奡”、《論語》“奡盪舟”。按《書》有“罔水行舟”之語，則“奡盪舟”者，恐即謂丹朱。○若璩按：羿、奡並舉，篡夏之賊臣也。丹朱未聞凶終，比擬不當。①

31. 古文“天明畏，自我民明畏”，今文下“畏”字作“威”，蓋衛包所改，當從古。

32.“若稽古”，稱堯、舜、禹三聖，而皋陶與焉。舜以天下遜禹，禹獨推皋陶。孟子論道之正傳，亦曰：“若禹、皋陶，則見而知之。”又曰：“舜以不得禹、皋陶爲己憂。”子夏亦云：“舜舉皋陶。”觀於《謨》，而見皋陶之學之粹也。○若璩按：舜以天下

① “擬”，原作“儗”，據翁氏本改。

遜禹,禹獨推皋陶,此自出魏晋間晚出《書·大禹謨》。余有辯,見《尚書古文疏證》卷四第五十七條。

33. 蠻夷猾夏,明刑治之而有餘;四夷交侵,征伐制之而不足。虞、周之德,天淵矣。

34.《淮南子》曰:“皋陶喑而爲大理。”①此猶“夔一足”之説也。皋陶陳謨,賡歌謂之喑,可乎?司馬公詩云:“法官由來少和泰,皋陶之面如削瓜。”然《荀子·非相》之言,亦未必然。

35.《史記·秦本紀》:“大費佐舜,調馴鳥獸,是爲柏翳。”《索隱》云:“《尚書》謂之‘伯益’。”而《陳杞世家》謂“伯翳之後封爲秦。垂、益、夔、龍,其後不知所封,不見也。”則“伯翳”非“伯益”矣。《水經注》偃師九山有《百蟲將軍顯靈碑》,云“將軍姓伊氏,諱益,字隤敳,帝高陽之第二子伯益者也”。○黄度文叔《書説》“益即隤敳”,本於此。○若璩按:伯益即伯翳。辯非爲二人,莫妙於金仁山前編。王氏與仁山同時,居址亦近,或未及見其論著乎。

36.《鄭語》史伯曰:“姜,伯夷之後也。伯夷,能禮於神,以佐堯者也。”注謂:四岳之族。《大戴禮·誥志篇》虞史伯夷曰:“明,孟也。幽,幼也。”○《史記·曆書》引之而其文小異,“虞夏之曆”爲“昔在古曆”,“百草權輿,瑞雉無釋”爲“百草奮興,秭䳏先滜”。○若璩按:《尚書》伯夷典舜三禮,未聞佐堯。且齊,四岳之後,兹又以爲伯夷後,將齊有二祖乎?太子晋語較確。

37.《吕氏春秋》云:“舜欲以樂傳教於天下,乃令重黎舉夔於草莽之中而進之,舜以爲樂正。”○《吕刑》“乃命重黎”,即羲和也。《楚語》“堯育重黎之後”,重黎舉夔見於此。

38. 漢董賢册文言“允執其中”,蕭咸謂:此堯禪舜之文,

---

① “喑”,《叢刊》本、翁氏本作“瘖”。

75. 桑穀之祥，大戊問伊陟，《韓詩外傳》以爲“穀生湯之廷，三日而大拱，○若璩按：《吕氏春秋》亦同。湯問伊尹”，誤也；《漢·五行志》劉向以爲“殷道既衰，高宗承敝而起，怠於政事，故桑穀之異見”，又誤也；《書大傳》謂“武丁之時，先王道虧，刑罰犯，桑穀俱生於朝，武丁問諸祖己”，劉向蓋襲《大傳》之誤。○若璩按：《説苑》記於太戊世，又記於武丁世。

76. “説築傅巖之野”，吴氏《裨傳》、蔡氏《集傳》以“築”爲居。愚按：《孟子》曰：“傅説舉於版築之間。”當從古注。○傅巖在陝州平陸縣北。

77. 《魯語》展禽曰：“上甲微能帥契者也，商人報焉。”《孔叢子》引《書》曰：“維高宗報上甲微。”蓋《逸書》也。○若璩按：《孔叢子》真僞書，朱子所謂白撰出，所引《書》乃襲展禽語耳。

78. 學，立志而後成，遜志而後得。立志，剛也；遜志，柔也。

79. “西伯戡黎”，孔注云：“文王貌雖事紂，内秉王心。”豈知文王之心哉！文王之德之純，心與貌異乎？

80. “西伯既戡黎，祖伊恐。”商都朝歌，黎在上黨壺關，乃河朔險要之地。朝歌之西境密邇王畿，黎亡則商震矣。故武王渡孟津，莫之或禦。周以商墟封衛，狄人迫逐黎侯，衛爲方伯連率，不能救，而《式微》、《旄丘》之詩作。唇亡齒寒，衛終爲狄所滅。衛之亡，猶商之亡也。秦拔上黨而韓、趙危，唐平澤潞而三鎮服，形勢其可忽哉！

81. 《泰誓》，古文作《大誓》，孔氏注：“大會以誓衆。”晁氏曰：“開元間，衛包定今文，始作‘泰’。”或以交泰爲説，真燕書哉！○或説謂新經以“泰”爲“否泰”之“泰”，紂時上下不交，天下無邦，武王大會諸侯往伐，以傾紂之否。非經意也。《大誓》與《大誥》同。

○音“泰”者非。

82.“雖有周親,不如仁人。”孔安國注《論語》,言“雖有管、蔡爲周親,不如箕子、微子之仁人”,與注《尚書》異。○《書傳》云:“紂至親雖多,不如周家之少仁人。”朱文公《集注》從《書傳》。○若璩按:辯亦見《尚書古文疏證》卷二第十九條。

83.《論語釋文》:“予有亂十人。”《左傳》叔孫穆子亦曰:“武王有亂十人。”劉原父謂子無臣母之理,婦人蓋邑姜。然本無“臣”字,舊説不必改。○若璩按:今《左傳》有“臣”字。

84.《左氏傳》云“太伯不從”,《楚辭·天問》云“叔旦不嘉”,與夷、齊之心一也。此《武》所以未盡善。

85.《武成》“式商容閭”,《正義》引《帝王世紀》云:“商容及殷民觀周軍之入,見畢公至,殷民曰:‘是吾新君也。’容曰:‘非也。視其爲人,嚴乎將有急色,故君子臨事而懼。’見太公至,民曰:‘是吾新君也。’容曰:‘非也。視其爲人,虎據而鷹趾;當敵將衆,威怒自倍;見利即前,不顧其後。故君子臨衆,果於進退。’見周公至,民曰:‘是吾新君也。’容曰:‘非也。視其爲人,忻忻休休,志在除賊。是非天子,則周之相國也。故聖人臨衆知之。’見武王至,民曰:‘是吾新君也。’容曰:‘然。聖人爲海内討惡,見惡不怒,見善不喜,顔色相副,是以知之。’”愚按:《韓詩外傳》云:“商容嘗執羽籥,馮於馬徒,欲以伐紂而不能,遂去,伏於太行。及武王克殷,立爲天子,欲以爲三公。商容辭曰:‘吾嘗馮於馬徒,欲以伐紂而不能,愚也;不爭而隱,無勇也。愚且無勇,不足以備乎三公。’固辭不受命。君子聞之,曰:‘商容可謂内省而不誣能矣。君子哉!去素餐遠矣。’”《史記》燕王遺樂間書曰:“紂之時,商容不達,身只辱焉,以冀其變。”《樂記》:“釋箕子之囚,使之行商容而復其位。”鄭注乃謂“使箕子視商禮樂之官，賢者所處，皆令反其居”。蓋康成不見古文《武成》，故以容爲禮樂。張良云“武王入殷，表商容閭”，《史記·周紀》云“表商容之閭”，皆與《書》合。

86. 顔師古《刊謬正俗》云：“《武成序》‘往伐歸獸’，當依‘嘼’字。《費誓序》‘東郊不闢’，案《説文》及《古今字詁》‘闢’，古‘闢’字，闢訓開，故孔氏釋云：‘東郊不開。’不得徑讀‘闢’爲‘開’。”愚按：《古文尚書》，師古之説是也。○虞翻謂“分北三苗”，“北”古“别”字。

87.《大傳·洪範》曰：“不叶于極，不麗于咎，毋侮矜寡，而畏高明。”《史記·宋世家》亦云：“毋侮鰥寡。”

88.《周禮·大卜》注引《洪範》：“曰雨，曰濟，曰圛，曰蟊，曰剋。”《詩》“齊子豈弟”箋：“《古文尚書》以‘弟’爲‘圛’。”《正義》云：“《洪範稽疑》論卜兆有五，‘曰圛’注云：‘圛者，色澤光明。’蓋古文作‘悌’，今文作‘圛’。賈逵以今文校之，定以爲‘圛’。鄭依賈氏所奏。”○《説文》引《書》：“圛圛升雲，半有半無。”今按“圛”即《洪範》“曰驛”，其下乃注文。《古文尚書》“曰滲，曰圛”，與《周禮注》同。

89.《詩》“或聖或否，或哲或謀，或肅或艾”，《莊子》“天有六極五常，帝王順之則治，逆之則凶。九洛之事，治成德備”，皆爲《洪範》之學。

90. 曾子固奏疏曰：“《洪範》所以和同天人之際，使之無間，而要其所以爲始者，思也。《大學》所以誠意正心修身治其國家天下，而要其所以爲始者，致其知也。正其本者，在得之於心而已。得之於心者，其術非他，學焉而已矣。古之人自可欲之善而充之，至於不可知之神；自十五之學而積之，至於從心不逾矩，豈他道哉？由是而已矣。”二程子以前，告君未有及此者。○若璩按：真西山言：“唐韓愈、李翺舉《大學》之說，見其《原道》、《復性篇》，而立朝論議，曾弗之及。”余謂至曾子固始及之。①

91.《韓非》謂先王之法曰：“臣毋或作威，毋或作利，從王之指；無或作惡，從王之路。”蓋述《洪範》之言而失之也。

92. 天命有德，天討有罪，故無作好惡。惟天聰明，惟聖時憲，故無作聰明。以天之德，行天之權，故惟辟作福威。

93. 司馬彪注《莊子》云：“箕子名胥餘。”○《史記正義》：“《尸子》云。”

94.“巢伯來朝”，注云：“南方之遠國。”《正義》謂“南巢”。李杞解曰：“成湯放桀於南巢，巢人納之。意者終商之世，義不朝商乎？誠如是，亦足以見巢之忠，商之盛德矣。商亡而周興，於是巢始來朝。”其說美矣，然無所據。

95.《金縢》之書，其異說有二焉：《魯世家》云：“周公卒後，秋未獲，暴風雷雨，禾盡偃，大木盡拔。周國大恐，成王與大夫朝服以開金縢書。”《梅福傳》云：“昔成王以諸侯禮葬周公，而皇天動威，雷風著災。”此皆《尚書大傳》之説，蓋伏生不見古文故也。《蒙恬傳》云：“成王有病，甚殆，公旦自揃其爪，以沉於河，乃書而藏之記府。及王能治國，有賊臣言周公欲爲亂，周公走而奔於楚。成王觀於記府，得周公沉書，乃流涕曰：‘孰謂周公旦欲爲亂乎？’”此又以武王有疾爲成王。《索隱》曰：“不知出何書。”○若璩按：“不知出何書”，《索隱》指恬引，故曰“過可振而諫可覺”，言非指成王事。王氏亦微讀錯。《魯世家》亦與《恬傳》同。譙周云：“秦既燔書，時人欲言《金縢》之事，失

---

① “至”，翁氏本作“自”。

其本末。”南軒曰:“至誠可以回造化,若《金縢》策祝之辭,則不無妄傳者。”〇何屺瞻先生校本云:“南軒曰”以下,當自爲一條。

96.“我之弗辟”,朱文公謂當從鄭氏,以“辟”爲“避”。〇若璩按:《詩集傳》乃謂“居東”爲東征,“罪人斯得”爲得而誅之者,① 何與?

97.《武成》“惟九年大統未集”,《通鑑外紀》引《尚書大傳》“文王受命一年,斷虞芮之質”;《帝王世紀》“文王即位四十二年,歲在鶉火,更爲受命之元年”;《周書・文傳》“文王受命九年,時惟暮春,在鎬召太子發”。按《史記》秦惠王十四年,更爲元年;《汲冢紀年》魏惠成王三十六年,改元稱一年,或有因於古也。〇若璩按:九年大統未集,即受命改元之妄説也。辯見《尚書古文疏證》卷二第二十六條。②

98. 文公賞雍季以義而不以謀,襄子賞高共以禮而不以功,故曰“崇德報功”。

99.“若爾三王,是有負子之責於天”,③《史記》以“丕”爲“負”,《索隱》引鄭玄曰:“‘丕’讀曰‘負’。”隗囂《移檄》曰:“庶無負子之責。”蓋本此。晁以道解“丕子之責”,如史傳中“責其侍子”之“責”,蓋云上帝責三王之侍子,指武王也。

100.“唐叔得禾,成王命唐叔以饋周公於東土,作《饋禾》”,《史記》以“歸”爲“饋”。二字通用,見《論語》。

101.“三監”,孔氏謂管、蔡、商。《漢・地理志》:“殷畿内爲三國,邶、鄘、衛是也。邶封武庚;鄘,管叔尹之;衛,蔡叔尹之,以監殷民。”唯鄭康成以三監爲管、蔡、霍。蘇氏從孔説,

---

① “者”,翁氏本無。
② “《尚書古文疏證》”,翁氏本作“《古文尚書疏證》”,非。
③ “負”,翁氏本作“丕”,古音同。

林氏、蔡氏從鄭説。三亳,孔氏謂亳人之歸文王者三所,爲之立監。康成云:“湯舊都之民,服文王者分爲三邑,其長居險,故言阪尹。蓋東成臯,南轘轅,西降谷也。”皇甫謐以蒙爲北亳,穀熟爲南亳,偃師爲西亳。林氏○若璩按:“吕氏”下當如前增“蔡氏”。從鄭説,吕氏從皇甫説。○《詩譜》以三叔爲三監。孫毓云:“三監當有霍叔,鄭義爲長。”

102.“民獻有十夫,予翼”,“亦惟十人,迪知上帝命”,周公以賢人卜天意。史失其名,不獨“魯兩生”也。

103.《周書·作雒》曰:“俾康叔宇于殷,俾中旄父宇于東。”注云:“東,謂衛、殷、邶、鄘。”《詩譜》:“自紂城而北謂之邶,南謂之鄘,東謂之衛。”康叔宇于殷,即衛也。注以殷爲邶、鄘,非是。殷地在周之東,故曰東征。邶、鄘、衛皆東也。《康誥》曰:“在兹東土。”中旄父其邶、鄘之一歟?○《顧命》有南宫毛。

104.《法言》謂《酒誥》之篇,“俄空焉”。愚按:《酒誥》古、今文皆有之,豈揚子未之見歟?《藝文志》云:“劉向以中古文校歐陽、大小夏侯三家經文,《酒誥》脱簡一。”而《大傳》引《酒誥》曰:“王曰:封,唯曰若圭璧。”今無此句,豈即脱簡歟?○若璩按:揚雄謂《酒誥》之篇“俄空”,此自雄校書時《酒誥》全亡,與劉向時《酒誥》僅脱一簡不同。一簡者,一行也。《酒誥》一行二十五字,與《召誥》一行二十二字又不同。詳余《尚書古文疏證》胡朏明説。

105.“矧惟若疇圻父薄違農父若保宏父定辟”,荆公以“違”、“保”、“辟”絶句,朱文公以爲夐出諸儒之表。《洛誥》“復子明辟”,荆公謂:“周公得卜,覆命於成王也。”漢儒“居攝還政”之説,於是一洗矣。山谷云:“荆公六藝學,妙處端不朽。”信夫!

106.“厥或告曰：群飲。汝勿佚，盡執拘以歸于周，予其殺無隱。”張氏以爲：“此告者之詞云爾。勸汝執而盡殺之也，汝當思之曰：‘是商之諸臣，化紂爲淫湎者，而可遽殺乎？亦姑惟教之而已。若不教而使陷於罪，是亦我殺之也。’周公戒康叔，皆止殺之詞，奈何以爲勸哉！”愚謂：此説得忠厚之意。

107.《梓材》曰：“以厥庶民暨厥臣，達大家。”周封建諸侯，與大家臣室共守之，以爲社稷之鎮。“九兩”所謂“宗以族得民”，《公劉》之雅所謂“君之宗之”，此封建之根本也。魯之封有六族焉，衛之封有七族焉，唐之封有九宗、五正焉，皆所以係人心，維國勢，不特諸侯爲然。周公作《皇門》之書，曰：“維其有大門宗子，茂揚肅德，勤王國王家，乃方求論擇元聖武夫羞于王所，咸獻言助王恭明祀，敷明刑，用能承天嘏命。先人神祇報職用休，俾嗣在王家，萬子孫用末被先王之靈光。”然則王室之不壞，緊大門宗子是賴。自封建之法廢，國如木之無根，其亡也忽焉。然古者世臣必有家學，内有師保氏之教，外有外庶子之訓。國子之賢者，命之導訓諸侯，若魯孝公是也。使惇惠者教之，文敏者道之，果敢者諗之，鎮靖者修之，若晉公族大夫是也。教行而俗美，然後托以安危存亡之寄，而國有與立矣。○厥家，元板作“王家”。

108. 商之澤深矣。周既翦商，歷三紀而民思商不衰。考之《周書》，《梓材》謂之“迷民”，《召誥》謂之“讎民”，不敢有忿疾之心焉，蓋皆商之忠臣義士也。至《畢命》始謂之“頑民”，然猶曰“邦之安危，惟兹殷士”，兢兢不敢忽也。孔子删《詩》，存邶、鄘於《風》，繫商於《頌》。吁！商之澤深矣。

109.《召誥正義》引《周書・月令》云：“三日粤朏。”《漢・律曆志》引《古文月采篇》曰：“三日曰朏。”顔注謂説月之光采。愚以《書正義》考之,“采”字疑當作“令”。

110. 婁敬曰:“成王即位,周公營成周,以爲此天下中,有德則易以王,無德則易以亡。”《吕氏春秋》南宫括曰:“成王定成周,其辭曰:‘惟余一人,營居於成周。惟余一人,有善易得而見也,有不善易得而誅也。’”《説苑》南宫邊子曰:“昔周成王之卜居成周也,其命龜曰:‘予一人兼有天下,辟就百姓,敢無中土乎!使予有罪,則四方伐之,無難得也。’”三説大意略同。

111.“周公爲師,召公爲保。”鄭康成不見《周官》之篇,以師、保爲《周禮》師氏、保氏,大夫之職。○《師氏》、《保氏》注亦引《書序》云:“聖賢兼此官。”○若璩按:《周官》出晚出《書》二十五篇内,康成何由得見?其實《周官》從《漢·百官公卿表》來。《禮記·文王世子》注謂大司成、司徒之屬,師氏也。兩注自不同。

112.“有若散宜生”,孔氏傳云:“散氏,宜生名。”愚按:《漢書·古今人表》:“女皇堯妃,散宜氏女。”當以“散宜”爲氏。○若璩按:《大戴禮記·帝繫篇》:“堯娶於散宜氏之子,謂之女皇。”

113.《多方》“越惟有胥伯小大多正”,《大傳》云:“古者十税一,多于十税一謂之大桀小桀,少于十税一謂之大貉小貉。王者十一而税,而頌聲作矣。故《書》曰:‘越維有胥賦小大多政。’”古、今文之異如此。

114.《無逸》,《大傳》作《毋逸》。毋者,禁止之辭,其義尤切。

115.《無逸》中宗、高宗、祖甲、文王之享國,以在位言;《吕刑》“穆王享國百年”,以壽數言。

116. 祖甲,孔安國、王肅云:“湯孫太甲也。”馬融、鄭玄云:“武丁子帝甲也。”《書正義》以鄭爲妄。《史記正義》按帝王年代，歷帝甲十六年、太甲三十三年，明王、孔説是。王肅云："先中宗後祖甲，先盛德後有過。"蔡氏《書傳》從鄭説，謂非太甲。按邵子《經世書》高宗五十九年，祖庚七年，祖甲三十三年，世次歷年皆與《書》合，亦不以太甲爲祖甲。○若璩按：蔡《傳》謂祖甲非太甲，尤快在據下文周公言"自殷王中宗及高宗及祖甲及我周文王"，"及"云者，因其先後次第而枚舉之辭也。則祖甲之非太甲也明甚。

117.《無逸》多言"不敢"，《孝經》亦多言"不敢"，堯、舜之兢業，曾子之戰兢，皆所以存此心也。

118."天命自度"，天與我一。"自作元命"，我與天一。

119. 民之疾苦常在目，故曰"顧畏于民碞"；天之監臨常在目，故曰"顧諟天之明命"。

120."文王罔攸兼于庶言庶獄庶慎"，司馬公曰："人君急於知人，緩於知事。"愚謂：漢宣帝綜核名實，非不明也，而不能知弘、石之奸；[①]唐宣宗抉擿細微，非不察也，而不能知令狐綯之佞，明於小而闇於大也。故堯、舜之知，不徧物而急先務。

121. 觀《蔡仲之命》，知周所以興；觀中山靖王之對，知漢所以亡。周公弔二叔之不咸，方且封建親戚，以蕃屏周；漢懲七國之難，抑損諸侯，以成外戚之篡。心有公私之殊，而國之興亡決焉。

122. 君陳，蓋周公之子、伯禽弟，見《坊記》注，它無所考。傳有"凡、蔣、邢、茅、胙、祭"，豈君陳其一人歟？凡伯、祭公謀父，皆周公之裔，世有人焉，家學之傳遠矣。○若璩按：《禮

---

① "弘"，翁氏本作"宏"，避諱而改。

記》疏引鄭康成作《詩譜》曰:“元子伯禽封魯,次子君陳世守采地。”今《詩譜》無伯禽、君陳字。

123.“命君陳分正東郊、成周”,鄭注:“周之近郊五十里,今河南、洛陽相去則然。”鄭以目驗知之。○《儀禮》疏。○若璩按:地理之學,莫妙於目驗。趙充國固言“百聞不如一見”,康成《戒子書》“吾嘗游學周、秦之都,往來兗、豫之域”者也。

124.“爾乃順之于外,曰:‘斯謀斯猷,惟我后之德。’”先儒謂成王失言,蓋將順其美。善則稱君,固事君之法,然君不可以是告其臣。“順”之一字,其弊爲諛。有善歸主,李斯所以亡秦也,曾是以爲良顯乎?闇愎之君,誦斯言則歸過,求名之疑不可解矣。承弼昭事,稱文、武而不及成王,其有以夫。○若璩按:《尚書古文疏證》云:“《君陳》此六語引於《坊記》,安知當日非大小臣工相告誡之辭,未必爲君告臣。只緣晚出《書》作成王語氣,成王之冤,於是且千餘年矣。試看下文取證《大誓》六語爲人子之言,則取證《君陳》亦必爲人臣之言例可知。詳卷二第二十七條。

125. 推誠以待士,則欒氏之勇,亦子之勇;用賢以及民,則田單之善,亦王之善。故曰:“有容德乃大。”

126. 史伯論周之敝曰“去和而取同”,與晏子之論齊、子思之論衛,一也。西漢之亡,亦以群臣同聲,故曰:“庶言同則繹。”

127.《周官》“諸侯各朝于方岳,大明黜陟”,黜陟明而後封建定。柳子謂天子不得變其君,殆未考周制也。

128. 康王釋喪服而被衮冕,且受黄朱圭幣之獻。諸儒以爲禮之變,蘇氏以爲失禮。朱文公謂:“天子諸侯之禮與士庶人不同,故孟子有‘吾未之學’之語。如《伊訓》元祀十二月朔,奉嗣王祗見厥祖,固不可用凶服矣。漢、唐即位行册禮,君臣亦皆吉服,追述先帝之命,以告嗣君。蓋易世傳授,國之大事,當嚴其禮也。”蔡氏《書傳》取蘇氏而不用文公之説。愚觀孝宗初上太上帝后尊號,有欲俟欽宗服除奉册者,林黄中議:“唐憲宗上順宗册,在德宗服中,謂行禮無害,第備樂而不作可也。”劉韶美○若璩按:韶美名儀鳳,普州人,時官禮部員外郎。議曰:“唐自武德以來,皆用易月之制,既葬之後,謂之無服。群臣上尊號,亦多在即位之年。與本朝事體大相遠也。”觀韶美之言,則文公《語録》所云“漢唐册禮”,乃一時答問,未爲定説也。○若璩按:蘇氏之説非是。羅敦仁《尚書是正》正之曰:“按禮,三年之喪,越紼而行事者有四,郊其一也。夫郊必衮冕大裘,則三年之喪既成服,亦有時釋之而即吉矣。受顧命、見諸侯,獨不可以冕服乎?嗟乎!謂三年之喪既成服,釋之而即吉,無時而可,而勢不行也。於是乎以日易月之制起,謂之權制。不忍數刻之嫌而安終身之痛,不知其可也。君子以是知删《書》録《顧命》之意深也。”

129.《史記·周紀》:“康王命作策畢公,分居里,成周郊。”《書序》缺“公”字。

130.《畢命》一篇,以風俗爲本。殷民既化,其效見於東遷之後,盟向之民不肯歸鄭,陽樊之民不肯從晋。及其末也,周民東亡而不肯事秦,王化之入人深矣。唐賈至議取士,以安史之亂爲鑑,謂:“先王之道消,則小人之道長;小人之道長,則亂臣賊子生焉。蓋國之存亡在風俗。‘四維不張’○若璩按:賈誼語。而秦歷促,‘恥尚失所’○按:干寶語。而晋祚覆。”至其知本之言哉!

131. 周之興也,商民後革,百年化之而不足;周之衰也,衛風先變,一日移之而有餘。

132.“雖收放心,閑之惟艱”,孟子“求放心”之説也。“繩愆糾謬,格其非心”,孟子“格君心”之説也。

133. 衛石碏以義厲一國，而甯、蘧之類萃焉；晉趙衰以遜化一國，而知、范之賢繼焉。故曰："樹之風聲。"

134. 齊大史之守官，尚父之德遠矣；魯宗人之守禮，周、孔○若璩按："孔"當作"公"。之澤深矣。故曰："惟德惟義，時乃大訓。"

135. "皇帝"，始見於《吕刑》。趙岐注《孟子》引《甫刑》曰："帝清問下民。"無"皇"字。然岐以"帝"爲"天"，則非。○若璩按：盧六以引孔疏"君帝，帝堯也"，以證非"皇"字。

136. 兵以恭行天罰，謂之"天吏"。刑以具嚴天威，謂之"天牧"。

137.《中説》薛收曰："古人作元命，其能至乎？"阮逸注云："《元命包》，《易》書也。"愚按：《春秋緯》有《元命包》，《易》書有《元包》。薛收蓋謂"自作元命"，其言見於《吕刑》，阮注誤矣。

138. 張子韶《書説》，於《君牙》、《冏命》、《文侯之命》，其言峻厲激發，讀之使人憤慨，其有感於靖康之變乎？胡文定《春秋傳》於夫椒之事，亦致意焉。朱子《詩傳》，其説《王風·揚之水》亦然。

139. 子夏問"金革之事無辟"，孔子曰："吾聞諸老聃曰：'昔者魯公伯禽有爲爲之也。'"鄭注云："有徐戎作難，喪，卒哭而征之，急王事也。征之，作《粊誓》。"後世起復者，皆以伯禽藉口。嘗考《書·多方》"王來自奄"，孔注云："周公歸政之明年，淮夷奄又叛。魯征淮夷，作《費誓》。"《魯世家》："伯禽即位之後，有管、蔡等反，淮夷、徐戎並興，於是伯禽率師伐之於肸，作《肸誓》。"據此，則伯禽征淮、徐，在周公未没之時，非居喪即戎也。《左傳》："殽之役，晉始墨。"若伯禽行之，則晉不言"始"矣。記《禮》之言,恐非謂《費誓》也。○若璩按:孔穎達疏《禮記》:"伯禽卒哭者,爲母喪也。時周公猶在。"

140. 魏觴諸侯於范臺,魯共公舉觴擇言,以酒、味、色、臺池爲戒。漢高帝圍魯,諸儒尚講誦習《禮》、《樂》,弦歌之音不絶。周公、伯禽之化,歷戰國秦、楚,猶一日也。

141. 周益公謂《文苑英華》賦多用"員來",非讀《秦誓正義》,安知今之"云"字乃"員"之省文?愚按:《漢書》韋孟諫詩,顔師古注引《秦誓》:"雖則員然。"○古文作"員"。

142.《文心雕龍》云:"《書》摽七觀。"孔子曰:"六《誓》可以觀義,五《誥》可以觀仁,《甫刑》可以觀誡,《洪範》可以觀度,《禹貢》可以觀事,《臯陶謨》可以觀治,《堯典》可以觀美。"見《大傳》。○《孔叢子》云:"《帝典》觀美,《大禹謨》、《禹貢》觀事,《臯陶謨》、《益稷》觀政,《泰誓》觀義。"此其略略異者。①

143. 春秋時,郤缺之言"九功《九歌》",穆姜之言"元亨利貞",子服惠伯之言"黄裳元吉",叔向之言"《昊天有成命》",單穆公之言"《旱鹿》",叔孫穆子之言"《鹿鳴》之三",成鱄之言"《皇矣》之雅",閔馬父之言"商《那》之頌",左史倚相之言"《懿》戒",觀射父之言"重、黎",白公子張之言"《説命》",其有功於經學,在漢儒訓故之先。蓋自遲任、史佚以來,統緒相承,氣脈未嘗絶也。

144.《顔氏家訓》云《王粲集》中難鄭玄《尚書》事,今僅見於唐元行沖《釋疑》。○王粲曰:"世稱伊、雒以東,淮、漢以北,康成一人而已。咸言先儒多闕,鄭氏道備。粲竊嗟怪,因求所學,得《尚書注》。退思其意,意皆盡矣,所疑猶未諭焉。凡有二篇。"《館閣書目》:粲集八

① "略略",翁氏本作"略"。

卷,詩賦論議垂六十篇。

145.“官師相規”,注謂“官衆”。《左傳》“官師從單靖公”,注:“天子官師,非卿也。”《漢·賈誼傳》“官師小吏”,注云:“一官之長。”愚謂漢注得之,周官皆有師。

146. 王景文謂“文章根本在《六經》”。張安國欲記《考古圖》,曰:“宜用《顧命》。”游廬山序所歷,曰:“當用《禹貢》。”

147. 伊尹之始終,《書序》備矣。陸士衡《豪士賦序》“伊生抱明,允以嬰戮”,蓋惑於《汲冢紀年》之妄説也。皇甫謐云:“伊尹百有餘歲。”應劭云:“周公年九十九。”王充《論衡》云:“召公百八十。”故趙岐注《孟子》云:“壽若召公。”

148.《吕氏春秋·孝行覽》云:“《商書》曰:‘刑三百,罪莫重於不孝。’”注:“商湯所制法也。”○三百,商之刑。三千,周之刑。其繁簡可見。

149.《周禮·大司馬》注引《書》曰:“前師乃鼓噪。[①]”疏謂《書傳》説武王伐紂時事。○二《禮》疏引《書傳·略説》,皆《書大傳》也。

150.《洪範》“五者來備”,《史記》云“五是○若璩按:今本仍“者”字。來備”。荀爽謂之“五韙”,李雲謂之“五氏”,傳習之差如此,近於郢書燕説矣。○何校本云:“韙,其義氏,其音當爲是也。”

151. 土氣爲風,水氣爲雨。箕屬東方木,克土,土爲妃,故好風。畢屬西方金,克木,木爲妃,故好雨。此鄭康成説也。吴仁傑謂“《易》以坎爲水,北方之卦”。又曰:“雨以潤之,則雨屬水。《漢志》:軫星亦好雨。”○若璩按:《漢·天文志》及

---

① “鼓”,《叢刊》本、翁氏本作“𡔷”。

《史·天官書》並云:“軫爲車,主風。”蓋軫車之象與巽同,位爲風,車動行疾似之,無好雨之説。云好雨者,蔡傳也,蔡傳詎足信與?

152. 五福不言貴而言富,先王之制。貴者始富,賤者不富也。○若璩按:先師吴太易先生問余:“五福無貴,子知其説乎?”對曰:“未也。”先生曰:“蓋富乃人生受享之物,古者有一命則有一命之責任,寒者與衣,飢者與食,凡不獲其所者與安,是以終身處乎憂患之域,而不遑暇。其在位也如肩重負,及去位也如釋重負,①豈若後世之貴者以位爲恣睢乎?故五福中不得有貴。”此論甚精。

153. 趙岐注《孟子》,不見古文,以“其助上帝寵之”斷句。又“我武惟揚”注云:“古《尚書》百二十篇之時《太誓》也。”又“帝使其子九男二女”注云:“《堯典》曰‘釐降二女’,不見九男,孟子時《尚書》凡百二十篇。《逸書》有《舜典》之叙,亡失其文。孟子諸所言舜事,皆《堯典》及《逸書》所載。”又“不及貢,以政接於有庳”,謂皆逸篇之辭。○又引《書》:“禹拜讜言。” ○若璩按:説見《尚書古文疏證》卷二第十八條。

154. “葛伯仇餉”,非《孟子》詳述其事,則異説不勝其繁矣。○孟子之時,古書猶可考,今有不可强通者。

155.《易乾鑿度》曰:“《易》之‘帝乙’爲成湯,《書》之‘帝乙’六世王,名同不害以明功。”○帝乙,湯玄孫之孫也。按《史記》,湯至帝乙二十九王,謂六世王,未詳。唐陳正節曰:“殷自成湯至帝乙十二君,其父子世六易。”謂十二君,亦未詳。○若璩按:鄭康成注《禮記》,引《易説》末句作“天之錫命,疏可同名”。孔疏以帝乙即祖乙,正湯之六世孫,但未見《尚書》。

156. 林少穎《書説》至《洛誥》而終,吕成公《書説》自《洛誥》而始。朱文公曰:“蘇氏傷於簡,林氏傷於繁,王氏傷於鑿,吕氏傷

① “及”,翁氏本作“其”。

於巧，然其間盡有好處。"①

157. 制治于未亂，保邦于未危。《泰》之極，則"城復于隍"；《既濟》之極，則"濡其首"。不于其未，而于其極，則無及矣。

158. 伊尹以"辯言亂政"戒其君，盤庚以"度乃口"告其民。商俗利口，其敝久矣。邵子曰："天下將治，則人必尚行；天下將亂，則人必尚言。"周公訓成王"勿以憸人"，所以反商之敝也。張釋之諫文帝，超遷嗇夫，所以監秦之失也。《周官》曰："無以利口。"《冏命》曰："無以巧言。"此周之家法。將相功臣，少文多質；安靜之吏，悃愊無華，此漢之家法。

159. "恭在貌，敬在心"，《書》正義之説也。"中心爲忠，如心爲恕"，《詩》、《春秋》正義之説也。

160. 堯、舜之世，名臣止任一事；仲尼之門，高弟皆爲一科。故曰："無求備於一夫。"○弟，元板作"第"。

161. "强恕而行"，忍也，原憲之"克、伐、怨、欲不行焉"也。一視同仁，容也，顏子之"克己復禮，天下歸仁"也。○忍言事，容言德，習忍則至於容。

162. "式和民則"，"順帝之則"，"有物有則"，"動作、禮義、威儀之則"，皆天理之自然，有一定之成法。聖賢傳心之學，唯一"則"字。

163. "若農服田，力穡乃亦有秋"，故民生在勤則不匱。"先知稼穡之艱難，乃逸"，故君子能勞則有繼。

164. "乃命三后"，先儒曰："人心不正，則入於夷狄禽獸，雖有土不得而居，雖有穀不得而食，故先伯夷而後及禹、稷。"

---

① "朱文公"，翁氏本作"朱子"。

此説得孔子“去食”、孟子“正人心”之意。《小雅》盡廢,其禍烈於“洚水”;四維不張,其害憯於“阻饑”。

165.《周禮·司刑》五刑之屬二千五百,穆王雖多五百章,而輕刑增,重刑減。班固以《周禮》爲中典,《甫刑》爲重典,非也。

166. 舜、皋陶曰“欽”曰“中”,蘇公曰“敬”曰“中”,此心法之要也。《吕刑》言“敬”者七,言“中”者十,所謂“惟克天德”,在此二字。

167. 禹有典則貽厥子孫,而有盤游無度者;湯以義禮垂裕後昆,而有顛覆典刑者,是以知嗣德之難也。宋武帝留葛燈籠、麻蠅拂於陰室;[①]唐太宗留柞木梳、黑角篦於寢宫。作法於儉,其敝猶侈,況以侈示後乎! ○繩拂,元板作“蠅拂”。

168. 因岱柴而封禪,因時巡而逸游,因《洛書》而崇飾符瑞,因建極而雜糅正邪,因享多儀而立享上之説。塞忠諫謂之浮言,錮君子謂之朋比。慘礉少恩曰威克厥愛,違衆妄動曰惟克果斷。其甚焉者,丕之奪漢,托之舜、禹;衍之篡齊,托之湯、武。邵陵海西之廢,托之伊尹;新都之攝、臨湖之變,托之周公。侮聖言以文奸慝,豈經之過哉!

169. 蘇綽《大誥》,近於莽矣。《太玄》所謂“童牛角馬,不今不古”者歟? 蘇威《五教》,綽之遺風也。

170.《史記·秦紀》:“繆公三十三年,敗於殽。三十六年,自茅津渡河,乃誓於軍。申思:‘不用蹇叔、百里奚之謀,[②]令後世以記余過。’君子聞之,皆爲垂涕,曰:‘嗟乎! 秦

① “蠅”,翁氏本作“繩”。
② “奚”,《叢刊》本、翁氏本作“傒”。

繆公之與人周也，卒得孟明之慶。’”《書序》云：“敗崤歸，作《誓》。”與《史》不同。邵子謂：“修夫聖者，秦穆之謂也。”穆公是霸者第一，悔過自誓之言，幾於王道。此聖人所以録於《書》末。

171.《大傳》：“太子年十八曰孟侯。於四方諸侯來朝，迎於郊者，問其所不知。”唐《册太子文》云：“盡謙恭於齒胄，審方俗於迎郊。”愚謂“孟侯”見《康誥》，謂諸侯之長，蓋方伯也。《大傳》説非。

172.《漢·藝文志》：“《周書》七十一篇。劉向云：‘周時誥誓號令，蓋孔子所論百篇之餘。’”隋、唐《志》繫之汲冢，然汲冢得竹簡書在晋咸寧五年，而兩漢已有《周書》矣。太史公引“《克殷》《度邑》”，鄭康成注《周禮》云：“《周書·王會》備焉。”注《儀禮》云：“《周書》北唐以閭。”許叔重《説文》引《逸周書》“大翰若翬雉”，又引“豲有爪而不敢以撅”，馬融注《論語》引《周書·月令》，皆在漢世。杜元凱解《左傳》時，汲冢書未出也，“千里百縣”、“譽之柔矣”，皆以《周書》爲據，則此書非始出於汲冢也。按《晋·束皙傳》：太康二年，汲郡得竹書七十五篇。其目不言《周書》。〇紀云：“咸寧五年，《左傳後序》云太康元年。當考。”《左傳正義》引王隱《晋書》云：“竹書七十五卷，六十八卷有名題，七卷不可名題。”其目録亦無《周書》。然則繫《周書》於汲冢，其誤明矣。〇若璩按：王氏云當考，余因遍考同一《束皙傳》，王隱撰者曰太康元年，房喬修者曰太康二年，互異已如此。當以當日目擊者之言爲據。《晋·武帝紀》本《起居注》，杜預爲《左傳後序》，皆其所目擊者也。冢蓋發於咸寧五年冬十月，官輒聞知。明年，太康改元，三月，吴平，預始得知。又二年，始見其書，故序曰：“初藏在秘府，余晚獲見之。”此與情事頗得。

173.《書大傳》載四海、河江、五湖、巨野、巨定、濟中、孟諸、隆谷、大都之貢物，此禹時也。《周書》載伊尹爲四方獻令，此湯時也。《王會》載八方會同，各以其職來獻：自稷慎以下，其贄物二十一；自義渠以下，其贄物二十；自高夷以下，其贄物十四；自權扶以下，其贄物九：此成王時也。愚謂：《旅獒》之訓曰"畢獻方物，惟服食器用珍異之貢"，恐非三代之制。

174.《王會》曰："堂下之右，唐公、虞公南面立焉。堂下之左，殷公、夏公立焉。"唐公、虞公，《樂記》所謂祝陳也。殷公、夏公，《樂記》所謂杞宋也。然則《郊特牲》云"尊賢不過二代"①，其説非矣。

175.《周書·史記篇》穆王"召左史戎夫，取遂事之要戒"，言皮氏、華氏、夏后、殷商、有虞氏、平林、質沙、三苗、扈氏、義渠、平州、林氏、曲集、有巢、有鄶、共工、上衡氏、南氏、有果氏、畢程氏、陽氏、穀平、阪泉、縣宗、玄都、西夏、績陽、有洛之亡。○國名多傳記所未見。

176.《周書·大聚篇》"若冬日之陽，夏日之陰，不召而民自來"，亦見《文子》。張文潛《祭司馬公文》"冬陽夏冰，赴者爭先"，蓋本於此。○若璩按：《淮南·主術訓》亦云："冬日之陽，夏日之陰，萬物歸之，而莫使之然。"

177.《周書·謚法》："惟三月既生魄，周公旦、太師望相嗣王發，既賦憲，受臚於牧之野。將葬，乃制作謚。"今所傳《周書》云："維周公旦、太公望開嗣王業，建功於牧之野。終葬，乃制謚。"與《六家謚法》所載不同。○蓋今本缺誤。《文心雕

① "過"，翁氏本作"及"。

龍》云“賦憲之謚”出於此。吕成公《策問》:“旦以文名,奭以康名,閎夭以尊顯。”閎夭謚當考。

178.《文心雕龍》夏、商二《箴》,餘句頗存。《夏箴》見《周書・文傳篇》,《商箴》見《吕氏春秋・名類篇》。

179.《周書・小武開篇》周公曰:“在我文考,順道九紀:一、辰以紀日;二、宿以紀月;三、日以紀德;四、月以紀刑;五、春以紀生;六、夏以紀長;七、秋以紀殺;八、冬以紀藏;九、歲以紀終。”“九紀”與《洪範》“五紀”相表裏。《文選》任彦升曰:“不改參辰,而九星仰止。”注引《周書》:“王曰:‘余不知九星之光。’周公曰:‘星、辰、日、月、四時、歲,是謂九星。’”九星即九紀也。

180. 任章引《周書》曰:“將欲敗之,必姑輔之;將欲取之,必姑與之。”○《戰國策》。蕭何引《周書》曰:“天予不取,反受其咎。”此豈蘇秦所讀《周書・陰符》○若璩按:《戰國策》太公《陰符》之謀。者歟? 老氏之言,范蠡、張良之謀,皆出於此。○朱子云:“老子爲柱下史,故見此書。”○若璩按:《蘇秦傳》引《周書》曰:“绵绵不絶,蔓蔓奈何? 毫釐不伐,將用斧柯。前慮不定,後有大患,將奈之何?”其真出《陰符》可知。

181.《三墳》書無傳,宓犧唯《易》存,而商高所云“周天曆度”、○《周髀》。《管子》所云“造六峜以迎陰陽”者不復見。○《管子・輕重戊篇》:“宓戲作造六峜以迎陰陽,作九九之數以合天道,而天下化之。周人之王,循六峜,行陰陽。”“峜”字未詳。許行爲神農之言,晁錯述神農之教,列子稱黄帝之書,陰陽五行、兵法醫方皆托之農、黄,而大道隱矣。今有山、氣、形之書,謂之《連山》、《歸藏》、《坤乾》。元豐中,毛漸得之西京。或云:張天覺得之比陽民家,非古也。○《列子》引《黄帝書》,即《老子》“谷神不死”章。○若璩按：王元美云：“‘峜’當讀如‘計’，以‘企’有‘跂’音也。辛文子號計研，漢碑作“峜研”，亦一證。①

182.“有言遜於汝志”，《艮》之“不拯其隨”也；“惟學遜志”，《謙》之“卑以自牧”也。遜一也，而善惡異。君體剛而用柔，臣體柔而用剛。君不遜志，則爲唐德宗之強明；臣而遜言，則爲梁丘據之苟同。

183.“周人乘黎，祖伊恐。”商受能如《震》上六之“畏鄰戒”，則無咎矣。蜀漢之亡也，吴華核詣宫門上表曰：“成都不守，社稷傾覆。臣以草芥，竊懷不寧。陛下至仁，必垂哀悼。臣不勝忡悵之情，謹拜表以聞。”吁，華核亦吴之祖伊歟！

184. 學古入官，然後能議事以制。伯夷以禮折民，漢儒以《春秋》決獄。子産曰：“學而後入政，未聞以政學者也。”荀卿始爲法後王之説，李斯師之，謂諸生不師今而學古。太史公亦惑於流俗之見，《六國表》云：“傳曰‘法後王’，何也？以其近己而俗變相類，議卑而易行也。”文帝謂“卑之毋甚高論”，宣帝謂“俗儒好是古非今”。秦既亡，而李斯之言猶行也。《孟子》曰：“爲政不因先王之道，可謂智乎？”○若璩按：嘗謂三代以下之天下，非孟子治之，乃荀卿治之。何則？孟子法先王，荀卿法後王。只觀《文獻通考》序，發端便引《荀子》曰：“欲觀聖王之迹，則於其粲然者矣，後王是也。”明太祖序其《大誥》，亦曰：“俗儒多是古非今，奸吏常舞文弄法。”滔滔者豈非皆李斯之徒也乎？

185. 舜之“克艱”，文王之“無逸”，心也。後之勤政者，事爲而已。

186.“勿以憸人”，《立政》之戒也。爻辭，周公所作，《師》

---

① “一”，翁氏本作“可”。

之上六、《既濟》之九三皆曰："小人勿用。"

187.《左氏傳》引《商書》曰："沈潛剛克，高明柔克。"《洪範》言"惟十有三祀"，箕子不忘商也，故謂之《商書》。陶淵明於義熙後但書甲子，亦箕子之志也。陳咸用漢臘，亦然。

188."既獲仁人"，武所以克商也。"養民以致賢人"，興漢在於一言。"延攬英雄，務悦民心"，復漢在於一言。

189. 張文饒曰："堯之曆象，蓋天法也。舜之璣衡，渾天法也。"

190. 李仁父《宰相年表序》曰："孔子序三代之《書》，其稱相者，獨伊尹、伊陟、傅説、周公、召公、畢公六人耳。"○若璩按：《書序》傅説無"相"字，《孔傳》有之耳。

191."爾尚蓋前人之愆，惟忠惟孝。"若沈勁之於充，張嵊之於稷，李湛之於義府，可謂能蓋愆矣。

192. 刑止於五，而《秋官・條狼氏》"誓馭曰車轘"。此春秋時嘗有之，至秦用之，豈成周之法哉！

193. 烹魚煩則碎，治民煩則亂，故以"叢脞"爲戒。器久不用則蠹，政不常修則壞，故以"屢省"爲戒。多事非也，不事事亦非也。

194. 皋陶曰"殺之"三，堯曰"宥之"三。蘇氏雖以意言之，考之《書》，"明於五刑以弼五教"，皋陶所執之法也；"與其殺不辜，寧失不經"，舜所操之權也。皋陶執法於下，而舜以其權濟於上，劉頌所謂"君臣之分，各有所司"。《王制》曰："王三又，然後制刑。"○"又"與"宥"同。則蘇氏之言亦有所本。

195."格於皇天"，"格其非心"，皆誠意感通而極其至。事君如事天。

196."玩物喪志"，志爲物所役也。李文饒《通犀帶賦》

曰:“美服珍玩,近於禍機。虞公滅而垂棘返,壯武殘而龍劍飛。先哲所以聞義則服,[①]防患則微。昭侯委珮而去,宣子辭環以歸。”此可爲玩物之戒。

197.“好問則裕”,謂聞見廣而德有餘也。《中庸》曰:“舜好問。”“博學之”,必“審問之”;“學以聚之”,必“問以辨之”;“敏而好學”,必“不恥下問”。《老子》亦云:“知而好問者聖,勇而好問者勝。”○若璩按:問曰“切問”,曰“審問”,曰“下問”,曰“亟問”,曰“無宿問”。余嘗集陶弘景、皇甫謐爲柱聯曰:“一事不知,以爲深恥;遭人而問,少有寧日。”亦可見其志云。

198. 舜咨十二牧,終於“難任人”;命九官,終於“堲讒説”;孔子答爲邦之問,終於“遠佞人”,一也。

199. 南豐序《南齊書》曰:“唐、虞爲二《典》者,所記豈獨其迹邪? 並與其深微之意而傳之。”又曰:“方是時,豈特任政者皆天下之士哉? 蓋執簡操筆而隨者,亦皆聖人之徒也。”後山若璩按:後山,陳師道號。《黄樓銘序》云:“昔之詩人,歌其政事,則并其道德而傳之。”朱文公《詩·破斧》傳云:“當是之時,雖披堅執鋭之人,亦皆能以周公之心爲心,而不自爲一身一家之計,蓋亦莫非聖人之徒也。”皆用南豐文法。

200. 虞之《賡歌》,夏《五子之歌》,此《三百篇》之權輿也。《洪範》“無偏無陂”至“歸其有極”,蔡氏謂此章蓋《詩》之體,使人吟咏而得其性情,與《周禮》大師教以六詩同一機。《伊訓》以“三風十愆”訓《太甲》,自“聖謨洋洋”而下亦叶其音,蓋欲日誦是訓,如衛武公之《抑》戒也。故曰:“《詩》可以興。”

---

① “哲”,翁氏本作“后”。

201.“擊石拊石，百獸率舞”凡兩言之，或謂脱簡重出。《東觀漢記》王阜爲重泉令，鸞鳥集學宫，○若璩按：東漢有學宫字，此其一。阜擊磬而舞，况舜樂所感乎？

202. 湯之《誥》曰：“惟皇上帝，降衷于下民。”武之《誓》曰：“惟人萬物之靈。”劉子所謂“天地之中”，子思所謂“天命之謂性”，孟子所謂“性善”，淵源遠矣。

203.《文侯之命》“其歸視爾師，寧爾邦”，此《覲禮》所謂“伯父無事歸寧乃邦”。古者待諸侯之禮如此。平王能存西周禮文之舊，而不能雪君父之讎恥，豈知禮之本乎？

204.“洪舒于民”，古文作“洪荼”。薛氏曰：“大爲民荼毒也。”

205.“宅西曰昧谷”，虞翻謂當爲“柳谷”。○《周禮》注：“度西曰柳谷。”魏明帝時，張掖柳谷口水溢涌，寶石負圖，即其地也。○若璩按：《隋・地理志》“張掖郡張掖縣”注曰：“有大柳谷，今爲甘州衛。”

206. 周之盛也，内諸侯爲伯，爲周、召、畢公之任。周之衰也，外諸侯爲伯，爲齊、晋之霸。三公行二伯之職，以統諸侯，則霸者安得而竊王命？

207.“我生不有命在天”，“得之不得曰有命”，一爲獨夫之言，一爲聖人之言。真文忠公曰：“命一也，恃焉而弗修，賊乎天者也；安焉而弗求，樂乎天者也。”此聖、狂所以異。

208. 聖王畏天畏民。人有畏心，然後敬心生。謂天不足畏，民不足畏，爲桀、紂、秦、隋。

209. 詹元善云：“‘惟皇上帝，降衷於下民。若有恒性，克綏厥猷惟后’，此即‘天命之謂性，率性之謂道，修道之謂教’也。人能知此，則知觀《書》之要，而無穿鑿之患矣。”○吕成公已有此説。

210.“治梁及岐”，若從古注，則雍州山距冀州甚遠，壺口、太原不相涉。晁以道用《水經注》，以爲吕梁、狐岐。○若璩按：此余仍遵古注，以爲聖經之變例，且梁山與壺口止隔一河耳，不得謂甚遠。

卷　三

宋　王應麟　撰

《詩》

1.《經典序録》:"河間人大毛公爲《詩故訓傳》,一云魯人。○失其名。"《初學記》:"荀卿授魯國毛亨,作《詁訓傳》以授趙國毛萇。時人謂亨爲大毛公,萇爲小毛公。"○大毛公之名,唯見於此。《正義》云:"《儒林傳》:'毛公,趙人。'"不言其名。《後漢書》:"趙人毛萇。"《序録》亦云:"名長。"今《後漢書》作"萇",此小毛公也。程子曰:"毛萇最得聖賢之意。"

2. 徐整云"子夏授高行子",即《詩序》及《孟子》所謂"高子"也。以《絲衣》"繹賓尸"爲靈星之尸,以《小弁》爲小人之詩,則已失其義矣。趙岐云:"高子,齊人。"○謂"禹之聲尚文王之聲",亦高子也。

3.《序録》:"子夏傳曾申,申傳李克。"《讀詩記》引陸璣《草木疏》,以"曾申"爲"申公",以"克"爲"剋",皆誤。

4.《詩》"六義",三經三緯。鄭氏注《周禮》"六詩"及孔氏《正義》,其説尚矣。朱子《集傳》從之。而程子謂《詩》之六體隨篇求之,有兼備者,有偏得一二者。《讀詩記》謂風非無雅,雅非無頌。蓋因《鄭箋》"豳雅"、"豳頌"之説。然朱子疑《楚茨》至《大田》四篇爲"豳雅",《思文》、《臣工》、《噫嘻》、《豐年》、《載芟》、《良耜》等篇爲"豳頌",亦未知是否也。○吕成公云:"豳雅、頌恐逸。"

5.《逸詩》篇名,若《貍首》○《射義》、《驪駒》○《大戴禮》、《漢書注》、《祈招》○《左傳》、《轡之柔矣》○《左傳》、《周書》,皆有其辭,唯《采薺》○《周禮》、《河水》、《新宫》、《茅鴟》○《左傳》、《鳩飛》○《國語》無辭。或謂《河水》,《沔水》也;《新宫》,《斯干》也;《鳩飛》,《小宛》也。周子醇《樂府拾遺》曰:"孔子删《詩》,有全篇删者,《驪駒》是也。有删兩句者,'月離於畢,俾滂沱矣。月離於箕,風揚沙矣'是也。有删一句者,'素以爲絢兮'是也。"愚考之《周禮疏》引《春秋緯》云:"月離於箕,風揚沙",非詩也。"素以爲絢兮",朱文公謂《碩人》詩四章,而章皆七句,不應此章獨多一句,蓋不可知其何詩。然則非删一句也。若全篇之删,亦不止《驪駒》。○《論語》"唐棣之華"之類。

6. 近世説《詩》者以《關雎》爲畢公作,謂得之張超,或謂得之蔡邕,未詳所出。

7. 鶴林吴氏論《詩》曰:"興之體足以感發人之善心。毛氏自《關雎》而下,總百十六篇,首繫之興:《風》七十,《小雅》四十,《大雅》四,《頌》二。注曰:'興也。'而比、賦不稱焉。蓋謂賦直而興微,比顯而興隱也。朱氏又於其間增補十九篇,而摘其不合於興者四十八條,且曰:'《關雎》,興詩也,而兼於比;《緑衣》,比詩也,而兼於興;《頍弁》一詩,而興、比、賦兼之。'則析義愈精矣。"李仲蒙曰:"叙物以言情謂之賦,情物盡也。索物以托情謂之比,情附物也。觸物以起情謂之興,物動情也。"○《文心雕龍》曰:"毛公述傳,獨標興體,以比顯而興隱。"鶴林之言,本於此。○若璩按:《淮南・泰族訓》:"《關雎》興於鳥,而君子美之,爲其雌雄之不乖居也;《鹿鳴》興於獸,君子大之,取其見食而相呼也。"安與毛萇同時。

8. 太史公云:"周道缺而《關雎》作。"艾軒謂:"三家説《詩》,各有師承。今齊、韓之《詩》,①字與義多不同。毛公爲趙人,未必不出於《韓詩》。太史公所引,乃一家之説。《古文尚書》與子長並出,今所引非古文。如'祖飢'、'惟刑之謐',當有來處,非口傳之失也。"○晁景迂曰:"齊、魯、韓三家,以《關雎》、《葛覃》、《卷耳》、《鵲巢》、《采蘩》、《采蘋》、《騶虞》、《鹿鳴》、《四牡》、《皇皇者華》之類皆爲康王詩;《王風》爲魯詩。"薛士龍曰:"《關雎》作刺之説,是賦其詩者。"○若璩按:太史公從孔安國問《尚書》故,遷書載《堯典》、《禹貢》、《洪範》、《微子》、《金縢》諸篇多古文説。見《漢・儒林傳》。

9. 艾軒謂《詩》之萌芽,自楚人發之,故云:"江、漢之域,《詩》一變而爲《楚辭》,屈原爲之唱。"是文章鼓吹,多出於楚也。

10.《周南》之詩,曰"公侯干城",曰"王室如燬",當文王與紂之事,於君臣之分嚴矣。此周之所以爲至德。

11. 朱子《詩傳》云:"舊説扶風雍縣南有召亭,今雍縣析爲岐山、天興兩縣,未知召亭的在何縣。"愚按:《史記正義》引《括地志》,召亭在岐山縣西南。○若璩按:岐州岐山縣西南十里召亭者,文王時召公食采邑。絳州垣縣召亭者,春秋時召公食采邑。召亭有二。

12. 横渠《策問》云:"湖州學興,竊意遺聲寓之塤篇,因擇取二《南》、《小雅》數十篇,使學者朝夕咏歌。今其聲無傳

---

① "詩",翁氏本作"説"。

焉。”朱子《儀禮通解》有《風雅十二詩譜》,乃趙彦肅所傳云,即開元遺聲也。

13.《詩正義》曰:“《儀禮》歌《召南》三篇,越《草蟲》而取《采蘋》,蓋《采蘋》舊在《草蟲》之前。”曹氏《詩說》謂齊詩先《采蘋》而後《草蟲》。

14. 馬永卿問劉元城曰:“《王・黍離》在《邶》、《鄘》、《衛》之後,且天子可在諸侯後乎?”曰:“非諸侯也。周既滅商,分畿内爲三國,邶、鄘、衛是也。序《詩》者以其地本商之畿内,故在《王・黍離》上。”

15.《新序》云:“衛宣公子壽,閔其兄伋之見害,作憂思之詩,《黍離》是也。”《魯詩》出於浮丘伯,以授楚元王交。劉向乃交之孫,其説蓋本《魯詩》。然《黍離》,《王風》之首,恐不可以爲衛詩也。《韓詩》云:“《黍離》,伯封作。”陳思王植《令禽惡鳥論》曰:“昔尹吉甫信後妻之讒而殺孝子伯奇,其弟伯封求而不得,作《黍離》之詩。”其《韓詩》之説歟。伯封事,唯見於此。

16. 南豐謂《列女傳》稱《詩・芣苢》、《柏舟》、《大車》之類,與今序《詩》者之説尤乖異。《式微》一篇,又謂二人之作。

17. 韓文公爲《施士丐銘》曰:“先生明毛、鄭《詩》,通《春秋左氏傳》,善講説。朝之賢士大夫從而執經考疑者繼於門。”《唐語林》云:“劉禹錫與韓、柳詣士丐聽説《詩》,曰:‘《甘棠》“勿拜”,如人身之拜,小低屈也。“勿拜”則不止“勿翦”,言召伯漸遠,人思不可及。’”《讀詩記》董氏引士丐説。

18. 周有《房中》之樂,《燕禮》注謂弦歌《周南》、《召南》之詩。漢《安世房中樂》,唐山夫人所作。魏繆襲謂《安世歌》“神來燕享,永受厥福”,無有二《南》后妃風化天下之言。謂

《房中》爲后妃之歌，恐失其意。《通典》:“平調、清調、瑟調，皆周《房中》之遺聲。”

19.《白虎通·諫諍篇》:“妻得諫夫者，夫婦榮恥共之。《詩》云:‘相鼠有體，人而無禮。人而無禮，胡不遄死?’此妻諫夫之詩也。”亦齊、魯、韓之説歟。

20.《韓詩外傳》:“高子問於孟子曰:‘夫嫁娶者，非己所自親也，衛女何以得編於《詩》也?’孟子曰:‘有衛女之志則可，無衛女之志則怠。若伊尹於太甲，有伊尹之志則可，無伊尹之志則篡。’”

21. 晁景迂《詩序論》云:“序《騶虞》‘王道成也’，風其爲雅歟? 序《魚麗》‘可以告神明’，雅其爲頌歟?”《解頤新語》云:“文王之風終於《騶虞》，《序》以爲‘王道成’，則近於雅矣。文、武之雅終於《魚麗》，《序》以爲‘可告神明’，則近於頌矣。”○潏水李氏曰:“《小雅》雖言政，猶有風之體。《大雅》之正，幾於頌矣。”

22. 歐陽公曰:“霸者興，變風息焉。”然《詩》止於陳靈，在桓、文之後。

23. 八能之士，見《易緯通卦驗》:“或調黄鐘，或調六律，或調五音，或調五聲，或調五行，或調律曆，或調陰陽，或調正德所行。”大夫九能，見《毛詩·定之方中》傳:“建邦能命龜，田能施命，作器能銘，使能造命，升高能賦，師旅能誓，山川能説，喪紀能誄，祭祀能語。君子能此九者，可謂有德音，可以爲大夫。”

24.《定之方中》傳引仲梁子曰:“初立楚宫也。”《鄭志》張逸問:“仲梁子何時人?”答曰:“仲梁子，先師魯人，當六國時，在毛公前。”○《正義》:春秋時，魯有仲梁懷，故言魯人。《韓非子》八儒，有仲良氏之儒。陶淵明《群輔録》云:“仲梁氏傳樂爲道，以和陰陽，爲移風易俗之儒。”〇史失其名。

25. 劉孝孫爲《毛詩正論》，演毛之簡，破鄭之怪。李邦直亦謂毛之説簡而深，此河間獻王所以高其學也。鄭之釋繁塞而多失。鄭學長於《禮》，以《禮》訓《詩》，是案迹而議性情也。“緑衣”以爲褖，“不諫亦入”以爲入宗廟，“庭燎”以爲不設雞人之官。此類不可悉舉。〇若璩按：艾軒亦嘗曰：①“鄭康成以三《禮》之學牋傳古詩，難與論言外之旨矣。”

26. 艾軒云：“讀《風》詩不解《芣苢》，讀《雅》詩不解《鶴鳴》，此爲無得於《詩》者。”傅至樂讀《詩》至《鴛鴦》之二章，因悟比、興之體。

27. 江漢之女不可犯以非禮，可以見周俗之美；范滂之母勉其子以名節，可以見漢俗之美。

28.《大雅》之變，作於大臣，召穆公、衛武公之類是也。《小雅》之變，作於群臣，家父、孟子之類是也。《風》之變也，匹夫匹婦皆得以風刺，清議在下，而世道益降矣。

29.“騶虞”、“騶吾”、“騶牙”，一物也，聲相近而字異。《解頤新語》既以“虞”爲“虞人”，又謂“文王以騶牙名囿”，蓋惑於異説。《魯詩傳》曰：“梁鄒，天子之田。”見《後漢注》，與《賈誼書》同，不必以“騶牙”爲證。

30.《射義》：“天子以騶虞爲節，樂官備也。”鄭康成注云：“‘于嗟乎騶虞’，嘆仁人也。”《周禮》疏引韓、魯説：“騶虞，天子掌鳥獸官。”其説與《射義》合。《文選》注引《琴操》曰：“《鄒虞》②，邵國之女所作也。古者役不逾時，不失嘉會。”《墨子》

① “艾軒”前，翁氏本有“林”字。
② “鄒”，翁氏本作“騶”。

曰:"成王因先王之樂,命曰《騶吾》。"豈即《詩·騶虞》歟?

31.《大戴禮·投壺》云:"凡《雅》二十六篇,其八篇可歌,歌《鹿鳴》、《貍首》、《鵲巢》、《采蘩》、《采蘋》、《伐檀》、《白駒》、《騶虞》;八篇廢,不可歌;七篇《商》、《齊》,可歌也;三篇閑歌。"《上林賦》"揜群雅",張揖注云:"《詩·小雅》之材七十四人,《大雅》之材三十一人。"愚謂八篇可歌者,唯《鹿鳴》、《白駒》在《小雅》,《貍首》今亡。鄭氏以爲《射義》所引曾孫侯氏之詩,餘皆風也,而亦謂之雅,豈風亦有雅歟?劉氏《小傳》:"或曰《貍首》,《鵲巢》也,篆文似之。"此有《貍首》,又有《鵲巢》,則或説非矣。張揖言二雅之材,未知所出。○若璩按:《小雅》除笙詩自《鹿鳴》至《何草不黄》凡七十四篇,《大雅》自《文王》至《召旻》凡三十一篇,故曰《小雅》之材七十四人,《大雅》之材三十一人。以篇數言也,未知然否。

32.《無衣》非美晋,蓋閔周也。自僖王命曲沃伯爲晋侯,而篡臣無所忌。威烈王之命,晋大夫襲僖之迹也。有曲沃之命,則有三大夫之命,出爾反爾也。

33.《詩》亡然後《春秋》作。胡文定謂自《黍離》降爲《國風》,天下不復有《雅》。《春秋》作於隱公,適當《雅》亡之後。○《孟子集注》同。吕成公謂蓋指筆削《春秋》之時,非謂《春秋》之所始也。《詩》既亡,則人情不止於禮義,天下無復公好惡,《春秋》所以不得不作歟。艾軒曰:"《文中子》以爲'詩者,民之情性。人之情性不應亡'。使孟子復出,必從斯言。"○若璩按:沈約曰:"歌咏所興,宜自生民始也。"則鄭康成"詩之興也,諒不於上皇之世"之説非。《文中子》曰:"詩者,民之情性也。情性能亡乎?"則邵康節"自從删後更無詩"之説非。

34.《泉水》云:"出宿于干,飲餞于言。"説《詩》者未詳其地。《隋志》邢州内丘縣，有干言山。○李公緒記云："柏人縣有干山、言山。柏人，邢州堯山縣。"《魯頌》"徂來之松"，《後漢》注兖州博城縣有徂來山；○一名尤來。"新甫之柏"，傳注不言山之所在，唯《後魏・地形志》魯郡汶陽縣有新甫山。○《通典》："漢汶陽故城，在兖州泗水縣東南。"太史公聞之董生曰："《詩》記山川溪谷，禽獸草木。"則山川不可不考也。

35. 檜有疾恣之詩。《周語》富辰曰："鄶之亡，由叔妘。"

36.《豳風》於十月云"曰爲改歲"，言農事之畢也。《祭義》於三月云"歲既單矣"，言蠶事之畢也。農桑一歲之大務，故皆以歲言之。

37.《七月》箋、傳言"豳土晚寒"者三。孫毓云："寒鄉率早寒，北方是也。熱鄉乃晚寒，南方是也。"《毛傳》言"晚寒"者，豳土寒多，雖晚猶寒，非謂寒來晚也。

38.《鄭志》十一卷，魏侍中鄭小同撰。《詩・七月》正義："《吴志》孫皓問《月令》季夏火星中，答曰：'日永星火，舉中而言，非心星也。'"是鄭以日永星火與心星别。今按：康成答問，蓋《鄭志》所載。孫皓乃康成弟子，後人因孫皓名氏，遂改《鄭志》爲《吴志》。康成不與吴孫皓同時，《吴志》亦無此語。

39."熠耀宵行"，《傳》云："熠耀，燐也。"朱子謂："熠耀，明不定貌。宵行，蟲名，如蠶夜行，有光如螢。"其説本董氏。《説文》引《詩》："熠耀宵行，熠，盛光也。"末章云"倉庚于飛，熠耀其羽"，其義一也。

40.《七月》，見王業之難，亦見王道之易。孟子以農桑言王道，周公之心也。

41.《風》終於周公，《雅》終於《召旻》。有周、召之臣，則變者可以復於正。

42. 子擊好《晨風》、《黍離》，而慈父感悟；周磐誦《汝墳》卒章，而爲親從仕；王裒讀《蓼莪》，而三復流涕；裴安祖講《鹿鳴》，而兄弟同食：可謂興於《詩》矣。李楠和伯亦自言："吾於《詩·甫田》悟進學，《衡門》識處世。"○和伯弟樗迂仲，吕成公所謂二李伯仲也。此可爲學《詩》之法。○若璩按：《北史·裴安祖傳》："年八九歲，就師講《詩》。至《鹿鳴》篇，語諸兒曰：'鹿得食相呼，而況人乎？'自此未曾獨食。"

43. 太史公謂"仁義陵遲，《鹿鳴》刺焉"。蔡邕《琴操》："《鹿鳴》，周大臣所作也。王道衰，大臣知賢者幽隱，彈弦風諫。"漢太樂食舉十三曲，一曰《鹿鳴》。杜夔傳舊雅樂四曲，一曰《鹿鳴》，二曰《騶虞》，三曰《伐檀》，四曰《文王》，皆古聲辭。《琴操》曰："古琴有詩歌五曲，曰：《鹿鳴》、《伐檀》、《騶虞》、《鵲巢》、《白駒》。"蔡邕《琴賦》云："《鹿鳴》三章。"《鹿鳴》在《宵雅》之首。馬、蔡以爲風刺，蓋齊、魯、韓三家之説，猶《關雎》刺時作諷也。○吕元鈞謂陳古以諷非，謂三詩作於衰周。

44. "宵雅肄三"，《麗澤論説》以爲夜誦，此門人記録之失。《讀詩記》取鄭、董二子，以"宵"爲"小"，則夜誦之説非矣。

45. 劉原父曰："《南陔》以下六篇，有聲無詩，故云笙，不云歌。有其義亡其辭，非亡失之亡，乃無也。"朱子謂古經篇題之下必有譜焉，如《投壺》，魯、薛鼓之節，而亡之。○《儀禮》疏曰："堂上歌者不亡，堂下笙者即亡。"

46. 《詩》"芑"有三："薄言采芑"，菜也；"豐水有芑"，草也；"維穈維芑"，白粱粟也。《禮記》引"豐水有芑"，鄭氏注："芑，枸杞也。""杞"有三："無折我樹杞"，柳屬也；"南山有杞"、"在彼杞棘"，梓杞也；"集於苞杞"、"言采其杞"、"隰有杞楰”,枸杞也。“荼”有三:“誰謂荼苦”,苦菜也;“有女如荼”,茅秀也;“以薅荼蓼”,陸草也。

47.“薄伐玁狁,至于太原。”《後漢·西羌傳》:“穆王西征犬戎,遷戎于太原。夷王衰弱,荒服不朝,乃命虢公率六師伐太原,而戎至于俞泉。宣王遣兵伐太原戎,不克。”蓋自穆王遷戎于太原,而太原爲戎狄之居,宣王僅能驅之出境而已。其後料民太原,而戎患益深。酈山之禍,已兆於此。其端自穆王遷戎始。西周之亡,猶西晉也。○籍談曰:“晋居深山,戎狄之與鄰,而遠於王室。王靈不及,拜戎不暇。”太原,晋地。書此以補《詩説》之遺。

48.《史記·周紀》:“懿王之時,王室遂衰,詩人作刺。”《漢·匈奴傳》:“懿王時,王室遂衰,戎狄交侵,暴虐中國,中國被其苦。詩人始作,疾而歌之,曰:‘靡室靡家,獫允之故。豈不日戒,獫允孔棘。’”注云:“《小雅·采薇》之詩也。”《古今人表》:“懿王時詩作。[①]”注:“政道既衰,怨刺之詩始作。”然則《采薇》爲懿王之詩矣。○《史記·匈奴傳》不云懿王。《詩譜序》:“懿王始受譖,亨齊哀公。夷王失禮之後,邶不尊賢。”《正義》謂:“變風之作,齊、衛爲先。齊哀公當懿王,衛頃公當夷王,故先言此也。”愚謂《采薇》正雅,當從毛氏,若變風,則始於懿王。○懿王時詩作,元板作“懿王堅詩作”。

49.《史記·匈奴傳》:“周襄王與戎狄伐鄭,戎狄逐襄王,於是戎狄或居于陸渾,東至於衛,侵盗暴虐中國,中國疾之。故詩人歌之曰:‘戎狄是應’[②],‘薄伐獫狁,至於太原’,‘出輿

---

① “時”,《叢刊》本、翁氏本作“堅”。
② “應”,翁氏本作“膺”。

彭彭'①,'城彼朔方'。"《漢·匈奴傳》則曰:"宣王興師命將,以征伐之。詩人美大其功曰:'薄伐獫允,至于太原','出車彭彭','城彼朔方'。"以《六月》爲宣王詩是也。以《魯頌》、《六月》、《出車》○按:疑衍。爲襄王詩,以《出車》爲宣王詩,而《史》、《漢》又不同,皆未詳。

50.《文王》之詩曰:"文王孫子,本支百世。凡周之士,不顯亦世。"此周所以興也。宣王之後爲幽王,《斯干》之祥,《黍離》之萌也。太師皇父之後爲皇父卿士,尹吉甫之後爲尹氏太師,蹶父之後爲蹶維趣馬,申伯之後爲申侯,則與犬戎滅宗周矣。君臣皆弗克紹,周焉得不替乎!

51."吉甫作誦",美詩以名著者也。"家父作誦,以究王訩","寺人孟子,作爲此詩",刺詩以名著者也。爲吉甫易,爲家父、孟子難。

52."皇父孔聖",自謂聖也。"具曰予聖",君臣俱自謂聖也。自聖者,亂亡之原。光武詔:"上書者不得言'聖'。"大哉言乎!

53."既克有定,靡人弗勝",言天之勝人也。"藐藐昊天,無不克鞏",言天之終定也。申包胥曰:"人衆者勝天。"人曷嘗能勝天哉?天定有遲速耳。《詩》所以明天理也,故不云"人勝天"。

54."凡百君子,各敬爾身。胡不相畏,不畏于天?"荆公謂:"世雖昏亂,君子不可以爲惡。自敬故也,畏人故也,畏天故也。"愚謂:《詩》云"周宗既滅",哀痛深矣,猶以敬畏相戒。聖賢心學,守而勿失。中夏雖亡,而義理未嘗亡;世道雖壞,

---

① "輿",翁氏本作"車"。

而本心未嘗壞,君子修身以俟命而已。○若璩按:王氏二十年杜門不出,概具見於此。①

55.“豈不欲往,畏我友朋”,畏人也。“胡不相畏,不畏于天”,畏天也。不畏人則“亦云可使,怨及朋友”,畏天則“神之聽之,介爾景福”。

56. 鄭用三良未可間,衛多君子未有患。季梁忠謀強敵畏,汲直守節亂萌弭。《詩》曰:“無競維人,四方其訓之。”正先諫誅嬴運促,李雲忠隕漢宗覆。章華罹僇陳業隳,昭圖嬰禍唐鼎移。《詩》曰:“曾是莫聽,大命以傾。”

57. 君子在下位,猶足以美風俗,漢之清議是也。小人在下位,猶足以壞風俗,晋之放曠是也。《詩》云:“君子是則是效。”

58.“巧言如簧,顔之厚矣”,羞惡之心未亡也。“不愧於人,不畏於天”,無羞惡之心矣。天人一也,不愧則不畏。○若璩按:高忠憲有言:“君子一點畏心,至王安石滅盡;一點恥心,至馮道滅盡。”

59.《車攻》“東有甫草”,鄭《箋》云:“鄭有甫田。”謂圃田,鄭藪也。止齋《周禮説》云:“《詩》不以圃田繫鄭。”愚謂:宣王封弟友於鄭,在畿内咸林。○今華州鄭縣。圃田澤,《左氏》謂之原圃。○在今開封之中牟。宣王時非鄭地,《小雅》安得繫於鄭乎?《爾雅》“鄭有圃田”,蓋指東遷後之鄭言之。○若璩按:《詩集傳》:“宣王時未有鄭國,圃田澤屬東都畿内,故往田。”余謂《前漢志》中牟縣圃田澤在西縣,有管叔邑。管叔爲畿外諸侯,則此澤亦畿外地可知。古者川浸澤藪,名在職方,不隸諸侯之版。謂圃田爲管叔之封,非

---

① “具見”,翁氏本無“具”字。

也。謂實在東都畿内者,恐亦非也。

60.《詩小傳》云:“《詩》有夏正,無周正。《七月》陳王業,《六月》北伐,《十月之交》刺純陰用事而日食。‘四月維夏,六月徂暑’,言暑之極,其至皆夏正也,而獨謂《十月之交》爲周正,可乎?漢曆幽王無八月朔食,而唐曆則有之,識者疑其傅會而爲此也。”愚按:《正義》謂“校之無術”,而《大衍曆·日蝕議》云:“虞劆以曆推之,在幽王六年。”虞劆造《梁大同曆》,非始於唐也。《鄭箋》謂周之十月,夏之八月,故曆家因之。孫莘老解《春秋》用鄭説,謂八月秋之分,日食秋分,而詩人醜之,安得曰分、至不爲災也?蘇子由、陳少南皆以十月爲陽月,朱文公從之。《宋書·禮志》載魏史官之言曰:“黄帝、顓頊、夏、殷、周、魯六曆,皆無推日蝕法,但有考課疏密而已。”○《大衍曆議》云:“黄初已來,治曆者始課日蝕疏密,及張子信而益詳。”嘗考《通鑑》、《皇極經世》,秦始皇八年,歲在壬戌。《吕氏春秋》云:“維秦八年,歲在涒灘。”○申。曆有二年之差。後之算曆者,於夏之“辰弗集房”,周之“十月之交”,皆欲以術推之,亦已疏矣。沈存中云:“日食正陽之月,先儒止謂四月,非也。正謂四月,陽謂十月。”子由《詩説》與存中同。○若璩按:嘗以曆上推周幽王六年乙丑歲,十月建酉,朔日辛卯,辰時正得日食。非惟虞鄺,即唐道士傅仁均、僧一行,亦步得是日日食。乃知康成精於曆學。本傳稱其始通《三統曆》,注有《乾象曆》,抑嘆經解有不可盡拘以理者,此類是也。孔穎達疏:“漢世通儒,未有以曆考此辛卯日食者。”不知康成考之方作箋,云:“東州名儒,豈欺我哉?”又嘗以曆上推始皇八年壬戌歲,是年秋恰有甲子朔,與《吕覽》“秦八年秋甲子朔”之文合。則“歲在涒灘”,當作“歲在淹茂”爲是。不然,必以涒灘,則維秦六年秋無甲子朔矣。王氏似未諳曆法。

61. 元城謂:《韓詩》有《雨無極》篇,序云:“《雨無極》,正大夫刺幽王也。”篇首多“雨無其極，傷我稼穡”八字。朱子曰：“第一、二章皆十句，增之則長短不齊。又此詩正大夫離居之後，暬御之臣所作。① 其曰‘正大夫刺幽王者’，非是。”《解頤新語》亦云：“《韓詩》世罕有，其書或出於好事者之傅會。”

62.《鹽鐵論》引《詩》曰：“‘方叔元老，克壯其猶’，故商師若烏，周師爲荼。”蓋謂商用少而周用老也。○若璩按：今本作商“荼”周“烏”。

63.《小弁》，趙岐謂伯奇之詩。伯奇仁人而父虐之，故作《小弁》之詩曰：“何辜于天？”親親而悲怨之辭也。又謂《鴟鴞》之篇刺邠君。蓋漢儒言詩多異説。《論衡》亦云：“伯奇放流，首髮早白。《詩》云：‘惟憂用老’。”

64.《韓詩》“箌彼甫田”，“箌”，卓也。《爾雅・釋詁》：“箌，大也。”郭璞注云：“箌義未聞。”豈未見《韓詩》故邪？○《疏》引《韓詩》。

65.《大東》“維北有斗”，或以爲南斗，或以爲北斗，朱子《集傳》兼取二説。

66.《吕氏春秋》謂舜自爲詩曰：“普天之下，莫非王土。率土之濱，莫非王臣。”疑與咸丘蒙同一説，而托之於舜。

67. 袁孝政釋《劉子》曰：“魏武公信讒，詩刺之曰：‘營營青蠅，止於藩。豈弟君子，無信讒言。’此《小雅》也，謂之魏詩，可乎？”

68. 朱子《詩傳》：“《采菽》，天子所以答《魚藻》也。《黍苗》，宣王時美召穆公之詩，皆非刺詩。”愚按：《國語》注：“《采

---

① “暬”，《叢刊》本、翁氏本作“褻”。

菽》，王賜諸侯命服之樂也。《黍苗》，道召伯述職，勞來諸侯也。”韋昭已有是説。

69. 鄭康成先通《韓詩》，故注二《禮》，○若璩按：二《禮》，謂《周禮》、《禮記》。與箋《詩》異。如“先君之思，以畜寡人”，爲定姜之詩。“生甫及申”，爲仲山甫、申伯。又“不濡其翼”、“惟禹敶之”、“上天之載”、“匪革其猶”、“汭泦之即”、“至於湯齊”是也。注《禮記》與注《易》異，如“東鄰”、“西鄰”是也。○若璩按：康成注《易》，“東鄰”爲日出東方象，“西鄰”月出西方象。見王氏集《周易鄭注》。

70. “亂離瘼矣，爰其適歸”，《新經義》云：“亂出乎上，而受患常在下。及其極也，乃適歸乎其所出矣。”噫！宣、靖之際，其言驗矣。而兆亂者誰歟？言與行違，心與迹異，荆舒之謂也。

71. 單穆公曰：“《旱麓》之榛楛殖，故君子得以易樂干禄焉。若夫山林匱竭，林麓散亡，①藪澤肆既，君子將險哀之不暇，而何易樂之有焉？”誦“險哀”二字，此《文中子》所以有“帝省其山”之嘆也。天地變化，草木蕃，況賢者而不樂其生乎！天地閉，賢人隱，況草木而得遂其性乎！

72.《旱麓》毛氏云：“旱，山名也。”曹氏按：“《漢・地理志》漢中南鄭縣有旱山，沱○若璩按：本作“池”，即“沱”字。水所出，東北入淢。”旱山在梁州之境，與漢廣相近，故取以興焉。

73. “鼉鳴如鼓”，《新經》之説也。《解頤新語》取之，鑿矣。

74.《賈誼書・容經篇》：“諺曰：‘君子重襲，小人無由入。

---

① “麓”，《叢刊》本、翁氏本作“鹿”。

正人十倍，邪辟無由來。’古之人其謹於所近乎？《詩》曰：‘芃芃棫樸，薪之槱之。濟濟辟王，左右趣之。’此言左右日以善趣也。”此即選左右之説。爰延亦云：“善人同處，則日聞嘉訓；惡人從游，則日生邪情。”

75.“維申及甫，維周之翰。”申、甫之地，爲形勢控扼之要。“甫”即“吕”也，《吕刑》一曰《甫刑》。史伯曰：“當成周者，南有申、吕。”《左氏傳》：“楚子重請申、吕以爲賞田。申公巫臣曰：‘不可。此申、吕所以邑也，是以爲賦，以禦北方。’”蓋楚得申、吕而始強，兹所以爲周室之屏翰歟。《漢·地理志》：“南陽宛縣，申伯國。”《詩》、《書》及《左氏》注不言吕國所在。《史記正義》引《括地志》云：“故吕城在鄧州南陽縣西。”徐廣云：“吕在宛縣。”《水經注》亦謂：宛西吕城，四岳受封。然則申、吕，漢之宛縣也。高帝入關，光武起兵，皆先取宛，其形勢可見。李忠定曰：“天下形勢，關中爲上，襄、鄧次之。”○《輿地廣記》云：“蔡州新蔡，古吕國。”今按新蔡之地屬蔡，未嘗屬楚，子重不當請爲賞田，則吕國在宛明矣。○若璩按：《括地志》：故申城在鄧州南陽縣北三十里，故吕城在鄧州南陽縣西四十里。故班固曰：“宛縣，申伯國。”徐廣曰：“吕在宛縣。”《詩集傳》以申在今鄧州信陽軍之境，亦非。

76.《禮記·孔子閒居》：“《詩》曰：‘惟岳降神，生甫及申。’”鄭康成注：“言周道將興，五岳爲之生賢輔佐。仲山甫及申伯，爲周之幹臣。”○《正義》云：“案《鄭志》，注《禮》在先，未得《毛傳》。”愚謂：仲山甫，猶《儀禮》所謂“伯某甫”也。《周語》云“樊仲山父”，蓋“甫”與“父”同。若以仲山甫爲“甫”，則尹吉甫、蹶父、皇父、程伯休父，亦可以言“甫”矣。近世説《詩》者，乃取此而捨箋、傳，愛奇之過也。○《權德輿集》云：“魯獻公仲子曰山甫，入輔於周，食采於樊。”○若璩按：《漢·杜欽傳》：

“仲山父，[1]異姓之臣，就封於齊。”注云：“《韓詩》。”康成其出此乎。

77.《左氏傳》曰：“諸侯釋位，以間王政。宣王有志而後效官。”《雲漢》之序曰：“内有撥亂之志，非立志何以成中興之功?”

78. 宣王晏起姜后請愆，則《庭燎》之箴，始勤終怠可見矣。殺其臣杜伯而非其罪，則《沔水》之規，讒言其興可見矣。

79.《祈父》傳謂：“宣王之末，司馬職廢，羌戎爲敗。”按《通鑑外紀》：“三十三年，王伐太原戎，不克。三十八年，王伐條戎、奔戎，王師敗績。三十九年，戰於千畝，王師敗績於姜氏之戎。四十一年，王征申戎，破之。”“轉予於恤”[2]，蓋謂此四役也。

80. 尹氏不平，此幽王所以亡。《春秋》於平王之末書“尹氏卒”，見權臣之繼世也；於景王之後書“尹氏立王子朝”，見權臣之危國也。《詩》之所刺，《春秋》之所譏，以此坊民，猶有五侯擅漢、三馬食曹之禍。

81.“召彼故老，訊之占夢”，於是“即我御事，罔或耆壽，俊在厥服”矣。“好讒慝暗昧”，“近頑童窮固”矣。商之“咈其耇長”，吴之“播棄黎老”，與亂同事也。

82. 宣三十年，有兔舞於鎬京，而赫赫宗周，有寖微之象矣。幽二年，三川竭，岐山崩，而陵谷易處，有將亡之形矣。匪降自天，職競由人。致此者人也，豈天所爲哉！

83.《裳裳者華》，興賢者功臣之子孫，世臣與國升降者也。王朝則周、召二公夾輔王室，家父、仍叔，二《雅》舊人，歷

---

① “父”，翁氏本作“甫”。

② “恤”，翁氏本作“卹”。

汾王之亂、平王之遷，猶在也。侯國則翼之九宗，遂之四氏，與封建之法相維持。彼漢之彧、群，魏之荀、何，江左之淵、儉，唐季之崔、柳，豈世臣之謂乎？○若璩按：孔穎達辯《詩》家父、仍叔，與見《春秋》桓公年間者，年月長遠，並應别人。然王氏亦指其後人者。[1]

84.“執我仇仇，亦不我力”，周所以替也。“雖不能用，吾憖置之於耳”，楚所以亂也。“君且休矣，吾將思之”，漢所以微也。

85.“擇三有事，亶侯多藏”，貪墨之臣爲蟊賊；“小東大東，杼柚其空”，聚斂之臣爲斧斤，《文侯之命》所謂“殄資澤於下民”也。是時虢石父好利用事，而皇父以卿士爲群邪之宗。

86.“神之聽之，終和且平”，朋友之信，可質於神明。“神之聽之，式穀以女”，正直之道，無愧於幽隱。

87. 楊泉《物理論》曰：“稻、粱、菽各二十種爲六十，疏、果之實助穀各二十，凡爲百穀。故《詩》曰：‘播厥百穀’。”

88.《詩譜》引傳曰：“文王基之，武王鑿之，周公内之。”疏云：“未知此傳在何書。”

89. 三代之禮有損益，而所因者未之有改也。以《公劉》之詩考之：“君之宗之”，宗法始於此；“其軍三單”，軍制始於此；“徹田爲糧”，徹法始於此。《周禮》有自來矣。

90.“咨女殷商”，猶賈山之借秦爲諭也。周公戒成王：“無若殷王受。”又曰：“宜監於殷，[2]駿命不易。”人君常聞危亡之言，則可保其安存矣。

---

① “者”，翁氏本作“言”。
② “監”，翁氏本作“鑑”。

91.“靡哲不愚”，司空圖之耐辱也。“善人載尸”，裴度之晚節也。

92. 孔子於《烝民》，加四字而意自明；於《緡蠻》，曰：“於止知其所止，可以人而不如鳥乎？”此説《詩》之法。韓子於《菁菁者莪》，屑屑訓釋，蓋少作也。晚歲引《詩》，言“老成人重於典刑”，簡而當矣。

93. 考之《周語》，立魯公子戲，則仲山甫諫；料民太原，則仲山甫又諫，然聽之藐藐也。當時公卿，唯虢文公諫“不籍千畝”，而他無聞焉。此詩人所以有“愛莫助之”之嘆。

94.“溥彼韓城，燕師所完”，鄭《箋》以“燕”爲“燕安”。王肅云：“今涿郡方城縣有韓侯城。○見《水經注》。燕，北燕國。”愚謂《詩》云“奄受北國”，肅説爲長。○若璩按：“韓侯入覲”，“入”字便知韓國不在畿内。遠與北燕爲鄰，肅説果長。

95.“韓侯出祖，出宿于屠”，《毛氏》曰：“屠，地名。”不言所在。滈水李氏以爲同州郿谷。今按《説文》有左馮翊郿陽亭。○同都切。馮翊即同州也。滈水之言信矣。

96.《漢・恩澤侯表》曰：“帝舅緣《大雅》申伯之意。後之寵外戚者，率以是藉口。”自宣王褒申伯，而申侯終以召戎禍，猶可以爲萬世法乎？外戚秉政，未或不亡。漢亡於王莽、何進，晋亡於賈謐，唐幾亡於楊國忠，石晋亡於馮玉。

97.“盜言孔甘，寇攘式内”，皆孟子所謂民賊也。有民賊，則賊民興。漢傅燮曰：“天下之禍，不由於外，皆興於内。”唐裴度曰：“欲平賊，當先清朝廷。”真文忠公曰：“内有衣冠之盜，而後外有干戈之盜。”

98.“大師維垣”，《鄭箋》以爲三公，王介甫以爲大衆。朱子《集傳》從王説。

99.《維天之命》傳引孟仲子曰:“大哉！天命之無極,而美周之禮也。”《詩譜》云:“子思論《詩》‘於穆不已’,孟仲子曰:‘於穆不似’。”○仲子,子思之弟子。《閟宫》傳引孟仲子曰:“是禖宫也。”《序録》云:“子夏傳曾申,申傳魏人李克,克傳魯人孟仲子。”○《孟子》注:“孟仲子,孟子之從昆弟,學於孟子者。”豈名氏之同歟?

100.《筆談》云:“‘彼徂矣岐,有夷之行’,《朱浮傳》作‘彼岨者岐,有夷之行’。”今按《後漢·朱浮傳》無此語。《西南夷傳》朱輔上疏曰:“《詩》云:‘彼徂者岐,有夷之行。’”注引《韓詩》薛君傳曰:“徂,往也。”蓋誤以“朱輔”爲“朱浮”,亦無“岨”字。

101. 歐陽公《時世論》曰:“《昊天有成命》:‘二后受之,成王不敢康。’所謂‘二后’者,文、武也。則‘成王’者,成王也。當是康王已後之詩。《執競》‘不顯成康’,所謂‘成康’者,成王、康王也。當是昭王已後之詩。[①]《噫嘻》曰‘噫嘻成王’者,亦成王也。”范蜀公《正書》曰:“《昊天有成命》,言文、武受天命以有天下,而成王不敢以逸豫爲也。此揚雄所謂‘康王之時,頌聲作於下’。‘自彼成、康,奄有四方’,祀武王而述成、康,見子孫之善繼也。班孟堅曰:[②]‘成、康没而頌聲寢。’言自成、康之後,不復有見於頌也。”朱子《集傳》與歐、范之説合。

102.《昊天有成命》:“二后受之,成王不敢康。”朱子引《國語》叔向曰:“是道成王之德也。成王能明文昭,定武烈者

① “已”,翁氏本作“以”。
② “曰”上,翁氏本有小字“《兩都賦》序文”。

也。其爲祀成王之詩無疑。”愚觀《賈誼書・禮容語》引叔向曰:“‘二后’,文王、武王。‘成王’者,武王之子,文王之孫也。文王有大德而功未就,武王有大功而治未成,及成王承嗣,仁以臨民,故稱昊天焉。”其義尤明。

103. 歐陽公《詩論》:“古今諸儒謂‘來牟’爲麥者,更無他書所見,直用二《頌》毛、鄭之説。‘來牟’爲麥,始出於毛、鄭,而二家所據,乃臆度僞《大誓》不可知之言。”愚按:劉向《封事》引“飴我釐麰”,“釐麰,麥也,始自天降”。《文選》注引《韓詩》“貽我嘉𪍿”,薛君曰:“𪍿,大麥也。”毛、鄭之説,未可以爲非。○《毛氏傳》:“牟,麥也。”鄭《箋》:“赤烏以牟麥俱來。”《廣雅》始以爲“來,小麥;牟,大麥”。以劉向説參考,當從古注。

104. 陳少南不取《魯頌》,然“思無邪”一言,亦在所去乎?

105.《晋姜鼎銘》曰:“保其孫子,三壽是利。”《魯頌》“三壽作朋”,蓋古語也。先儒以爲“三卿”,恐非。

106. 商、周之《頌》,皆以告神明。太史公曰:“成王作《頌》,推己懲艾,悲彼家難。”至《魯頌》,始爲溢美之言。所謂善頌、善禱者,非商、周之體也。後世作頌,效魯而近諛,又下矣。

107. 或謂文之繁簡,視世之文質。然商質而周文,《商頌》繁而《周頌》簡,文不可以一體觀也。

108.《法言》曰:“正考甫常睎尹吉甫矣,公子奚斯常睎正考甫矣。”司馬公注《楊子》①,謂正考甫作《商頌》,奚斯作《閟宫》之詩,故云然。愚按:《史記・宋世家》:“襄公之時,修仁

---

① “楊”,翁氏本作“揚”。

行義，欲與盟主。其大夫正考甫美之，故追道契、湯、高宗，殷所以興，作《商頌》。”注云：“《韓詩章句》美襄公。”《樂記》：“温良而能斷者，宜歌商。”鄭康成注謂：“商，宋詩。”用《韓詩》説也。① 考之《左傳》，正考甫佐戴武、宣。《世本》：“正考甫生孔父嘉，爲宋司馬，華督殺之而絶其世。”皆在襄公之前，安得作《頌》於襄公之時乎？《後漢·曹褒傳》：“奚斯頌魯，考甫咏殷。”注引《韓詩》：“新廟奕奕，奚斯所作。”薛君傳云：“是詩公子奚斯所作。”正考甫，孔子之先也，作《商頌》十二篇。《詩正義》云：“奚斯作新廟，而漢世文人班固、王延壽謂《魯頌》奚斯作，謬矣。”然揚子之言，皆本《韓詩》，時《毛詩》未行也。○薛漢世習《韓詩》，父子以章句著名。《馮衍傳》注引“薛夫子《韓詩章句》”，即漢也。○若璩按：此止辨《商頌》非正考甫作，何不引《魯語》“昔正考父校商之名頌十二篇於周大師，以《那》爲首”，益見非考甫作。

109.《長發》“大禘”，《箋》云：“郊祭天也。”《雝》“禘太祖”，《箋》云：“大祭也，大於四時而小於祫。”鄭康成以祭天爲禘，與宗廟大祭同名。《春秋纂例》趙子已辯其失矣。王肅以禘、祫爲一祭，亦非也。禘與祫異，祫則太祖東嚮，毁廟及群廟之主，昭南穆北，合食於太祖。禘則祖之所自出者，東嚮惟以祖配之。今混禘於祫，宗廟有祫無禘。

110. 范寧《穀梁序》：“孔子就太師正《雅》、《頌》，因魯史修《春秋》，列《黍離》於《國風》，齊王德於邦君，明其不能復《雅》，政化不足以被群后也。”然《左傳》襄二十九年季札觀樂於魯，已爲之歌《王》矣。孔子至哀十一年始自衛反魯，樂正，《雅》、《頌》得所，則降《王》於《國風》，非孔子也。

---

① “用”上，《叢刊》本、翁氏本有“蓋”字。

111.《隰有萇楚》箋云:“人少而端慤,則長大無情欲。”胡邦衡《解學記》取之。

112.《吕氏春秋》:“甯戚飯牛,居車下,望桓公而悲,擊牛角疾歌。”高誘注以爲歌《碩鼠》,不知何所據?○《三齊記》載甯戚歌,所謂“南山矸,白石爛”者是也。

113.“四月秀葽”,諸儒不詳其名,唯《説文》引劉向説以爲苦葽。曹氏以《爾雅》、《本草》證之,知其爲遠志。

114. 董氏舉侯包言:“衛武公作《抑》詩,使人日誦於其側。”朱子謂不知此出在何處。愚考侯包之説,見於《詩正義》。《隋·經籍志》:“《韓詩翼要》十卷,侯包撰。”然則包學《韓詩》者也。

115.《秦詩》:“在其板屋。”西戎地寒,故以板爲屋。張宣公《南岳唱酬序》云:“方廣寺皆板屋,問老宿,云:‘用瓦輒爲冰雪凍裂。’自此如高臺、上封○若璩按:高臺、上封皆寺名,並見朱子詩。皆然。”○《漢·地理志》:“天水隴西,民以板爲屋。”以南岳觀之,非獨西陲也。○若璩按:《南史·隱逸傳》:“南岳鄧先生郁隱居衡山極峻之嶺,立小板屋兩間。”是南岳上之有板屋舊矣。

116.《唐棣之華》“維常之華”,協“車”字;《黍稷》“方華”,協“塗”字;”隰有荷華”,協“且”字。曹氏謂“華”當作“夸”[①],音“敷”。蓋古“車”本音“居”。《易》曰“睽孤見豖負塗,載鬼一車”,“來徐徐,困於金車”,其音皆然。至《説文》有尺遮之音,乃自漢而轉其聲。愚按:《何彼穠矣》,《釋文》或云:“古讀‘華’爲‘敷’,與‘居’爲韻。後放此。”朱文公《集傳》並著二音,而以音“敷”爲先。

---

① “夸”,翁氏本作“雩”。

117.“野有蔓草，零露漙兮。有美一人，清揚婉兮”，“漙”音“團”，《集傳》叶上兗反。顔氏《正俗》云：“按吕氏《字林》作‘䨏’，上兗反。訓云：露貌。音與‘婉’類。”

118.“蓺麻如之何？衡從其畝。”顔氏云：“《禮》‘今也衡縫’，‘衡’即‘横’也，不勞借音。徐氏音‘横’，失之矣。”

119.《干旄》四馬，至於“五之”、“六之”，猶《緇衣》之“改爲”也。《權輿》四簋，至於“每食不飽”，猶《醴酒》之“不設”也。君子之去就，於其心，不於其禮。

120. 營謝、戍申，其篤於母家一也。一美焉，一刺焉。宣王親親，平王忘讎也。

121.《孝經》言卿大夫之孝曰：“非先王之法服不敢服，非先王之法言不敢道，非先王之德行不敢行。”孟子謂曹交曰：“服堯之服，誦堯之言，行堯之行。”聖賢之訓，皆以服在言行之先，蓋服之不衷，則言必不忠信，行必不篤敬。《中庸》修身，亦先以“齊明盛服”。《都人士》之“狐裘黄黄”，所以出言有章，行歸於周也。

122.“召公是似”，“南仲大祖”，世濟其美也。“逵有充，超叛鑒”，○若璩按：“鑒”，似宜作“愔”尤切。東坡以“愔”平聲字，遂不用耳。蘇文忠慨焉。“彧附曹，群忘漢”，朱文公悕焉。

123.“《敬之》，群臣進戒嗣王。”《荀子》云：“天子即位，上卿進曰：‘能除患則爲福。’中卿進曰：‘先事慮事，先患慮患。’下卿進曰：‘敬戒無怠。’”群臣進戒始以敬，三卿授策終以敬，此心學之原也。伊尹訓太甲曰：“祗厥身。”召、畢告康王曰：“今王敬之哉！”皆以此爲告君第一義。

124. 葉氏云：“漢世文章，未有引《詩序》者。魏黄初四年詺云:[①]‘《曹詩》刺遠君子,近小人。’蓋《詩序》至此始行。”

125. 朱子《詩序辯説》,多取鄭漁仲《詩辯妄》。艾軒謂:歐陽公《詩本義》,不當謂之《本義》。古人旨意精粹,何嘗如此費辭?

126.《唐志》:“《毛詩草木蟲魚圖》二十卷。開成中,文宗命集賢院修撰並繪物象。學士楊嗣復、張次宗上之。”按《名賢畫録》:“太和中,文宗好古重道,以晋明帝朝衛協畫《毛詩圖》,草木鳥獸、古賢君臣之像不得其真,召程修己圖之,皆據經定名,任意采掇。由是冠冕之制、生植之姿,遠無不詳,幽無不顯。”然則所圖非止草木蟲魚也。○《隋志》:梁有《毛詩古賢聖圖》二卷。

127. 格物之學,莫近於《詩》。“關關”之雎,摯有別也;“呦呦”之鹿,食相呼也。“德如鳲鳩”,言均一也;“德如羔羊”,取純潔也;“仁如騶虞”,不嗜殺也。“鴛鴦在梁”,得所止也;“桑扈”啄粟,失其性也。“倉庚”,陽之候也;“鳴鵙”,陰之兆也。“蒹葭”露霜,變也;“桃蟲”拚飛,化也。“鶴鳴于九皋,聲聞于野”,誠不可掩也;“鳶飛戾天,魚躍于淵”,道無不在也。“南有喬木”,正女之操也;“隰有荷華”,君子之德也。“匪鱣匪鮪”,避危難也;“匪兕匪虎”,慨勞役也。《蓼莪》、《常棣》,知孝友也;《蘩蘋》、《行葦》,見忠信也。《葛屨》褊,而《羔裘》怠也;《蟋蟀》儉,而《蜉蝣》奢也。“爰有樹檀,其下維穀”,美必有惡也;“周原膴膴,堇荼如飴”,惡可爲美也。黍以爲稷,心眩於視也;蠅以爲雞,心惑於聽也。“緑竹猗猗”,文章著也;“皎皎白駒”,賢人隱也。“贈以芍藥,貽我握椒”,芳馨

① “詺”,翁氏本作“詔”。

之辱也;"焉得諼草,言采其蝱",憂思之深也。"柞棫斯拔,侯薪侯蒸",盛衰之象也;"鳳凰于飛,雉離于羅",治亂之符也。《相鼠》、《碩鼠》,疾惡也;《采葛》、《采苓》,傷讒也。引而伸之,觸類而長之,有多識之益也。

128."誦《詩》三百,不能專對","不足以一獻",皆誦言而忘味者也。自賜、商之後,言《詩》莫若孟子。其述孔子之言,以爲知道者二:《鴟鴞》、《烝民》是也。如《靈台》、《皇矣》、《北山》、《云漢》、《小弁》、《凱風》,深得詩人之心,以意逆志,一言而盡説《詩》之要。學《詩》必自孟子始。

129. 申、毛之《詩》皆出於荀卿子,而《韓詩外傳》多述荀書。今考其言,"采采卷耳"、"鳲鳩在桑"、"不敢暴虎"、"不敢馮河",得《風》、《雅》之旨。而引逸詩尤多,其孔筆所删歟?

130.《法言》曰:"守儒:轅固,申公。"二子無愧於言《詩》矣。王式以三百五篇諫,亦其次也。彼語《詩》解頤者,①能無愧乎?

131.《草木鳥獸蟲魚疏》,陸璣字元恪所撰,非陸機也。

132."鄭氏《詩譜》,徐整暢,太叔裘隱。"○見《釋文序録》。《隋志》:"太叔求及劉炫注。"《古今書録》云:"徐正陽注。"《館閣書目》謂注者爲太叔求,而不考《序録》。徐正陽,疑即徐整,誤以"整"爲"正","暢"爲"陽"也。○整,字文操,吴太常卿。○若璩按:"徐整暢,太叔裘隱",謂整既暢演,而裘隱括之也。

133.《詩緯含神霧》曰:"集微揆著,上統元皇,下序四始,羅列五際。"又曰:"《詩》者,天地之心,君德之祖,百福之宗,萬物之户也。"《推度災》曰:"建四始、五際,而八節通。"《泛歷

① "語",翁氏本作"説"。

樞》曰:“午亥之際爲革命,卯酉之際爲改正。辰在天門,出入候聽。① 卯,《天保》也。酉,《祈父》也。午,《采芑》也。亥,《大明》也。《大明》在亥,水始也。《四牡》在寅,木始也。《嘉魚》在巳,火始也。《鴻雁》在申,金始也。翼奉學《齊詩》,聞五際之要《十月之交》篇。郎顗曰:“四始之缺,五際之厄。”五際本於《齊詩》,四始與《毛詩序》異。蓋習聞其説而失之也。

134. 曹氏《論詩》云:“詩之作本於人情,自生民以來則然:太始天皇之策,包羲罔罟之章,葛天之八闋,康衢之民謡。”愚按:《素問·天元紀大論》鬼臾區曰:“積考太始,天元册文曰:‘太虚寥廓,肇基化元。萬物資始,五運終天。布氣真靈,總統坤元。九星懸朗,七曜周旋。曰陰曰陽,曰柔曰剛。幽顯既位,寒暑弛張。生生化化,品物咸章。’”蓋古詩之體始於此,然伊川謂《素問》出於戰國之末。○若璩按:鄒平馬公驌曰:“上古文字簡略,而世傳《素問》灝煩數萬言,知非軒后之舊矣。然精微奥博,語多至道,其亦緩、和、摯、扁之流依托以立言者乎?”

135.《文粹》李行修云:“劉迅説《詩》三千言,言《詩》者尚之。”今考迅作《六説》以繼《六經》,自“孔氏”至“考亂”,凡八十九章。取漢史詔書及群臣奏議以擬《尚書》。又取《房中歌》至《後庭鬭百草》、《臨春樂》、《少年子》之類,凡一百四十二篇,以擬《雅》章。又取《巴渝歌》、《白頭吟》、《折楊柳》至《談容娘》,以比《國風》之流。然文中子嘗續經矣。朱子謂:“高、文、武、宣之制,豈有‘精一執中’之傳?曹、劉、顔、謝之詩,豈有‘物則秉彝’之訓?”況迅乎?

136. 艾軒曰:“九德、九夏,《雅》、《頌》之流也。《貍首》,

① “候聽”,翁氏本作“聽候”。

《風》也。豳之《雅》、《頌》,猶《魯頌》也。"薛士龍曰:"《詩》之音律,猶《易》之象數。"〇若璩按:《貍首》逸詩,果載《射義篇》内,則似二《雅》體,非《風》也。詳《尚書古文疏證》卷五第八十條。

137. 説《詩》者謂宋襄公作《誙鐘》之樂。案《博古圖》有宋公成誙鐘。《大晟樂書》:"應天得六鐘,篆其帶曰'莖鐘'。詔謂'獲英莖之器於受命之邦'。"此奸諛傅會之言。宋公成亦非襄公,用以説《詩》,陋矣。

138.《大學》"止於至善"引《詩》者五,"齊家"引《詩》者三。朱子謂"咏嘆淫液,其味深長,最宜潛玩"。《中庸》末章凡八引《詩》,朱子謂"衣錦尚絅"至"不顯維德",始學成德之序也;"不大聲以色"至"無聲無臭",贊不顯之德也。反復示人,至深切矣。《孝經》引《詩》十,引《書》一,張子韶云:"多與《詩》、《書》意不相類,直取聖人之意而用之。"是《六經》與聖人合,非聖人合《六經》也。或引或否,卷舒自然,非先考《詩》、《書》而後立意也。《六經》即聖人之心,隨其所用,皆切事理。此用經之法。〇若璩按:邵文莊《賓言》:"《中庸·尚絅章》猶樂辭之亂,①蓋一篇之總要也,"

139. 束晳《補亡詩》"循彼南陔"釋曰:"陔,隴也。"《群經音辯》云:"《序》曰:'孝子相戒以養。''陔'當訓'戒'。《鄉飲酒》、《燕禮》:'賓醉而出,奏《陔夏》。'鄭氏注:'陔之言戒也。'以《陔》爲節,明無失禮。與《詩序》義協。"愚按:《春官·樂師》鄭司農注:"今時行禮於大學,罷出,以鼓《陔》爲節。"

140. 荀子曰"善爲《詩》者不説",程子之"優游玩味,吟哦上下"也。董子曰"《詩》無達詁",孟子之"不以文害辭,不

---

① "辭",翁氏本作"章"。

以辭害志”也。

141. 曹子建《表》:“忍垢苟全,則犯詩人胡顔之譏。”《詩》無此句。李善引《毛詩》曰:“何顔而不速死也。”今《相鼠》注無之。

142.《説文叙》云:“其稱《詩毛氏》者,皆古文也。”以今《詩》考之,其文多異。“得此鱦鼀”爲“蟾蠩”,①“碩大且媍”爲“重頤”,皆《韓詩》之説也。

143. 蔡邕《正交論》云:“周德始衰,頌聲既寢,《伐木》有‘鳥鳴’之刺。”是以正《雅》爲刺也。

144. 春秋時,諸侯急攻戰而緩教化,其留意學校者,唯魯僖公能修泮宫,衛文公敬教勸學,它無聞焉。鄭有《子衿》“城闕”之刺,子産僅能不毁鄉校而已。

145. 吴才老《詩叶韻補音序》曰:“《詩》音舊有九家,唐陸德明定爲一家之學。開元中修《五經文字》,‘我心慘慘’爲‘懆’,○七到反。‘伐鼓淵淵’爲‘鼘’,②○於巾反。皆與《釋文》異。”乃知德明之學,當時亦未必盡用。

146. 取蕭祭脂,曰“其香始升”;爲酒爲醴,曰“有飶其香”。古所謂香者如此。韋彤《五禮精義》云:“祭祀用香,今古之禮並無其文。《隋志》曰:‘梁天監初,何佟之議鬱鬯蕭光,所以達神。與其用香,其義一也。’”考之殊無依據,開元、開寶禮不用。

147.“誕后稷之穡,有相之道”,疏云:“種之必好,似有神助。”《吕氏春秋》后稷曰:“子能使子之野,盡爲泠風乎?六尺

① “鱦鼀”,《叢刊》本、翁氏本作“䖺鼀”。
② “鼘”,翁氏本作“鼝”。

之耜，所以成畝也。其博八寸，所以成甽也。耨柄尺，此其度也。其耨六寸，所以間稼也。”漢趙過曰：“后稷始甽田。”

148.“興雨祁祁”，[1]雨欲徐徐則入土。《鹽鐵論》云：“周公太平之時，雨不破塊，旬而一雨，雨必以夜。”

149.“以按徂旅”，《孟子》作“以遏徂莒”。《韓非》云：“文王克莒。”

150.“夏屋渠渠”，《箋》云：“設禮食大具，其意勤勤。”《正義》王肅云：“大屋。”崔駰《七依》説宫室之美云：“夏屋渠渠。”《文選·靈光殿賦》注引《七依》作“蘧蘧。”《檀弓》“見若覆夏屋者矣”，注：“夏屋，今之門廡。其形旁廣而卑。”《正義》：“殷人以來，始屋四阿。夏家之屋，唯兩下而已，無四阿，如漢之門廡。”○鄭康成於《詩》、《禮》注異如此。

151. 文王之治，由身及家。《風》始於《關雎》，《雅》始於《大明》，而《思齊》又《關雎》之始也。《家人》之九五曰：“王假有家。”○“不顯亦臨”，謹獨者齊家之本。故《家人》之吉，在於反身。

152. 衛武公自警曰：“慎爾出話，敬爾威儀，無不柔嘉。”古之君子，剛中而柔外。仲山甫之德“柔嘉維則”，隨會“柔而不犯”。韓文公爲《王仲舒銘》曰：“氣鋭而堅，又剛以嚴。哲人之常，與其友處。順若婦女，何德之光？”

153.“爾土宇昄章”，必曰“俾爾彌爾性”。務廣地而不務廣德者，人君之深戒也。“不務德而勤遠略”，齊之霸所以衰。“狄之廣莫於晋爲都”，晋之亂所以萌。

154. 風俗，世道之元氣也。觀《葛生》之詩，堯之遺風變爲北方之强矣。觀《駟驖》、《小戎》之詩，文、武好善之民變爲

① “祁祁”，翁氏本作“祈祈”。

山西之勇猛矣。晋、秦以是強於諸侯,然晋之分爲三;秦之二世而亡,風俗使然也。是以先王之爲治,威強不足而德義有餘。商之季也,有故家遺俗焉。周之衰也,懷其舊俗焉。

155.“皇皇后帝,皇祖后稷。”魯以稷配天,周之東遷,始僭禮矣。夫子以爲周公之衰,而史克何美焉?齊百庭燎,晋請王章,習以爲常,禮樂安得不自大夫出乎?

156. 朱子發曰:“《詩》全篇削去者二千六百九十四篇,如《貍首》、《曾孫》之類是也。篇中删章者,如‘唐棣之華,偏其反而。豈不爾思,室是遠而’之類是也。章中删句者,如‘巧笑倩兮,美目盼兮,素以爲絢兮’是也。句中删字者,如‘誰能秉國成,不自爲政,卒勞百姓’是也。”○若璩按:此必無之事。

157. 止齋曰:“《國風》作而二《南》之正變矣。邶、鄘、曹、鄶,特微國也,而《國風》以之終始。蓋邶、鄘自别於衛,而諸侯浸無統紀。及其厭亂思治,追懷先王先公之世,有如曹、鄶然,君子以爲是二《南》之可復。世無周公,誰能正之?是故以豳終。”○若璩按:吕東萊於《詩》一説,朱子於《詩》又一説,故各解“思無邪”之旨,前輩謂之未了公案。王魯齋出,則謂“《詩》非聖人之原本”。余頗然其説。新安方回曰:“蓋嘗以上二説,就内翰尚書王公慮麟一商略之。”今王氏新説如此,是亦未敢捨而從魯齋也。因識於此。

卷　四

宋　王應麟　撰

《周禮》

1. 漢河間獻王得《周官》，而武帝謂末世瀆亂不驗之書。唯唐太宗夜讀之，以爲真聖作，曰："不井田，不封建，而欲行周公之道，不可得也。"人君知此經者，太宗而已。劉歆始用之，蘇綽再用之，王安石三用之，經之蠹也。唯文中子曰："如有用我，執此以往。"程伯子曰："必有《關雎》、《麟趾》之意，然後可以行《周官》之法度。"儒者知此經者，王、程二子而已。

2.《漢志》謂之《周官經》，○若璩按：《河間獻王傳》亦曰《周官》。《序録》云："劉歆始建立《周官經》，以爲《周禮》。"意者《周禮》之名，仿此乎？① 然《後漢書》云："鄭衆傳《周官經》，後馬融作《周官傳》，授鄭玄。玄作《周官注》。"猶未以《周禮》名也。《隋志》自馬融注已下，始曰《周官禮》。○《隋志》："《三禮目録》一卷，鄭玄撰。"今見於《釋文》。○若璩按：鄭康成序云："世祖以來，通人達士鄭氏父子、衛宏、賈逵、馬季長皆作《周禮解詁》。"《周禮》之

---

① "仿"，《叢刊》本、翁氏本作"昉"。

名已見於此。賈公彦曰："以設位言之謂之《周官》，以制作言之謂之《周禮》。"

3. 五峰胡氏云："《周官》司徒掌邦教，敷五典；司空掌邦土，居四民。世傳《周禮》闕冬官，未嘗闕也，乃冬官事屬之《地官》。"程泰之云："五官各有羨數，天官六十三，地官七十八，春官七十，夏官六十九，秋官六十六，蓋斷簡失次。取羨數，凡百工之事歸之冬官，其數乃周。"俞庭椿爲《復古編》，亦云："《司空》之篇，雜出於五官之屬。"九峰蔡氏云："周公方條治事之官，而未及師保之職。冬官亦闕，首末未備，周公未成之書也。"○若璩按：古者三公多繫兼官，惟六卿是實職。《周禮》蓋載其實職者也，其中有三公云何，孤云何，皆六卿職之所及，亦莫或遺。蔡氏説頗傅會。

4.《考工記》，或以爲先秦書。而《禮記正義》云："孝文時，求得《周官》，不見《冬官》一篇，乃使博士作《考工記》補之。"馬融云："孝武開獻書之路，《周官》出於山巖屋壁。"《漢書》謂河間獻王得之，非孝文時也。《序録》云："李氏上五篇，失《事官》一篇，取《考工記》補之。"《六藝論》云"壁中得六篇"，誤矣。齊文惠太子鎮雍州，有盜發楚王冢，獲竹簡書，青絲編簡，廣數分，長二尺。有得十餘簡以示王僧虔，僧虔曰："是科斗書《考工記》，《周官》所闕文也。"漢時科斗書已廢，則《記》非博士所作也。易氏云："《考工記》非周書也。言周人上輿，而有梓匠之制；言周人明堂，而有世室重屋之制；言溝洫澮川，非遂人之制；言斿旗旟旐，非大司馬、司常、巾車之制，視周典大不類。"○若璩按：科斗書漢世盛行，且著之功令。見《漢・藝文志》"蕭何草律"云云。

5.《禮器》"經禮三百"，鄭氏注謂即《周禮》三百六十官。

《漢志》"《禮經》三百",臣瓚注云:"《周禮》三百,是官名也。《禮經》,謂冠昏吉凶。"蓋以《儀禮》爲《經禮》也。朱子從瓚説,謂《周禮》乃設官分職之書,禮典在其中,而非專爲禮設也。

6. 鄭康成釋經,以緯書亂之,以臆説汩之,而聖人之微指晦焉。徐氏《微言》謂鄭注誤有三:《王制》,漢儒之書,今以釋《周禮》,其誤一。《司馬法》,兵制也,今以證田制,其誤二。漢官制皆襲秦,今引漢官以比周官;小宰乃漢御史大夫之職,謂小宰如今御史中丞,如此之類,其誤三。鶴山○若璩按:鶴山,魏了翁號。謂:"以末世弊法釋三代令典,如以漢算擬邦賦,以莽制擬國服。"止齋謂:以《周禮》爲非聖人之書者,以説之者之過也。

7. 張禹以《論語》文其諛,劉歆以《周官》文其奸,猶以《詩》、《禮》發冢也。禹不足以玷《論語》,而以歆訾《周官》可乎?○西山曰:"歆之王田,安石之泉府,直竊其一二以自蓋爾。"

8. 易氏《總義》云:"府史胥徒,《通典》總言其爲六萬三千六百七十五人。"愚考之《通典》,週六萬三千六百七十五員,内二千六百四十三人,○若璩按:《文獻通考》云:"此數未知何據。據《周禮》,當作二萬五千二百六十六人。"外諸侯國官六萬一千三十二人。○按《通考》又云:"此據《王制》,殷時天下諸侯官數則合。"此乃官數,非謂府史胥徒也。

9. 嬪御、奄寺、飲食、酒漿、衣服、次舍、器用、貨賄,皆領於冢宰。冕弁、車旗、宗祝、巫史、卜筮、瞽侑,皆領於宗伯。此周公相成王,格心輔德之法。周之興也,滕侯爲卜正,吕伋爲虎賁氏。侍御僕從,罔匪正人。左右攜僕,庶常吉士。及其衰也,昏椓靡共,婦寺階亂;膳夫、内史,趣馬、師氏,締交於嬖寵；瑣瑣姻亞，私人之子，竊位於王朝。至秦而大臣不得議近臣矣，至漢而中朝得以詘外朝矣，至唐而北司是信、南司無用矣，由周公之典廢也。間有詰責幸臣，如申屠嘉；奏劾常侍，如楊秉；宫中府中爲一體，如諸葛武侯，可謂知宰相之職者。唐太宗責房玄齡以“北門營繕，何預君事”，豈善讀《周禮》者哉！我朝趙普於一薰籠之造，亦制以有司之法；李沆於後宫之立，奏以“臣沆不可”；○若璩按：宜增一事曰：“文彦博於疾勢增損，責宦者必以告。①”趙鼎於内苑移竹，責宦者罷其役，庶幾古大臣之風矣。五峰乃謂周公不當治成王燕私之事，殆未之思也。

10. 李泰伯曰：“内宰用大夫、士、世婦。每宫卿二人，皆分命賢臣，以參檢内事。○漢世皇后詹事，以二千石爲之，猶有成周遺意。

11.《漢・食貨志》：“太公爲周立九府圜法。”顔師古注：“《周官》太府、玉府、内府、外府、泉府、天府、職内、職金、職幣，皆掌財幣之官，故曰九府。”愚按：《爾雅》：“醫無間之珣玗琪，會稽之竹箭，梁山之犀象，華山之金石，霍山之珠玉，昆侖之璆琳琅玕，幽都之筋角，斥山之文皮，岱岳之五穀魚鹽，是謂九府。”五峰胡氏《皇王大紀》所述與《爾雅》同，而繼之曰：“尚父立圜法，輕重以銖，通九府之貨。”又按：《史記列傳》：“吾讀管氏《輕重》、《九府》。”劉向《別録》曰：“《九府》書，民間無有。《索隱》謂其書論鑄錢之輕重。”《鹽鐵論》文學曰：“管仲設九府，徼山海。”《通典》亦云：“太公立九府之貨。”然則九府，太公立之，管仲設之，其名列於《爾雅》，蓋即管氏書也。

---

① “告”，翁氏本作“報”。

《大紀》之説得之，顔注恐非。○《曲禮》“天子之六府”，亦與《大禹謨》之“六府”異。

12.“九嬪”注引孔子曰“日者天之明，月者地之理”，《孝經援神契》之言也。何休《公羊傳序》引孔子有云“吾志在《春秋》，行在《孝經》”，《孝經鉤命決》之言也。漢儒以緯書孔子所作。○康成注《中庸》，亦引孔子曰：“吾志在《春秋》，行在《孝經》。”

13.“宫伯掌王宫之士、庶子。”漢諸侯子入宿衛，齊王之弟章是也；入京師受業，楚王之子郢客是也。其制猶古。

14. 奄止於上士，抑其權也。唐太宗詔内侍省不立三品官，不任以事。然内侍並列於六省，開奄尹與政之階，①與周典統於冢宰異矣。

15.“八則”，“禮俗以馭其民”。吕微仲謂：“庶民可參之以俗，士以上專用禮。”此説非也。《大傳》：“百志成，故禮俗刑。”吕成公謂：“‘禮俗’不可分爲兩事。制而用之謂之禮，習而安之謂之俗。若禮自禮，俗自俗，不可謂之‘禮俗’。”

16. 王之膳服雖不會，而九式有羞服之式，冢宰所均節也。待王之膳服，不過以關市之賦，則其用簡矣。

17. 司徒掌教不言財，司馬掌政不言兵。鄉遂九畿，兵、財在其中。井田、封建，足食足兵之本也。《周官》之法不行，無善教善政，於是憂財用，畏夷狄矣。

18. 鄉有軍制，無田制。遂有田制，無軍制。○《疏》云：“鄭注互見其義。”

19. 大司徒建邦國，以土圭土其地。匠人建國，晝參諸日中之景，夜考之極星。《詩·定之方中》傳云：“度日出日

① “奄”，翁氏本作“閹”。

入，以知東西。南視定，北準極，以正南北。”愚按：《晏子春秋》景公新成柏寢之室，使師開鼓琴。師開左撫宫，右彈商，曰：“室夕，東方之聲薄，西方之聲揚。”公召大匠曰：“室何爲夕？”大匠曰：“立室以宫矩爲之。”於是召司空曰：“立宫以城矩爲之。”明日，晏子朝。公曰：“先君太公立宫，何爲夕？”對曰：“古之立國，南望南斗，北戴樞星，彼安有朝夕哉？而以今之夕者，周之建國，國之西方，以尊周也。”公曰：“古之臣乎！”樞星，即極星也。公劉居豳，“既景乃岡”，然則尚矣。

20. 蔡邕《明堂論》曰：“王居明堂之禮，南門稱門，西門稱闈，故《周官》有門闈之學：師氏教以三德，守王門；保氏教以六藝，守王闈。然則師氏居東門、南門，保氏居西門、北門也。”朱子《大學章句序》“王宫有學”，蓋謂此。魯孝公之爲公子，嘗入京師爲國子，人稱其孝，宣王命之導訓諸侯。他書言國子者，唯《周語》焉。

21.《師氏》“三德”，朱子曰：“至德以爲道本，明道先生以之。敏德以爲行本，司馬温公以之。孝德以知逆惡，趙無愧、徐仲車之徒以之。”○若璩按：趙無愧名君錫，洛陽人，事父良規，至孝絶類。徐仲車歷官神宗、哲宗朝，見《宋史》列傳第四十六。

22.《牧誓》、《顧命》，皆言“師氏”。《雲漢》之傳曰：“年穀不登，則師氏弛其兵。”《文王世子》“大司成”，注以爲師氏。而“楀維師氏”，以刺匪其人。“九兩”“師以賢得民”，注謂“諸侯師氏”，言賢者以身教也。后妃亦有之。《葛覃》云：“言告師氏。”

23.《保氏》“九數”，鄭司農云：“今有重差、夕桀、句股。”《釋文》：“夕，音的。此二字非鄭注。”愚按：《少儀》正義引鄭司農云：“今有重差、句股。”馬融、干寶等更云：“今有夕桀，各爲二篇,未知所出。”則“夕桀”二字,後人附益,非鄭注信矣。劉徽《九章算經序》云:“包犧氏始畫八卦,作九九之術,以合六爻之變。黄帝建《曆紀》,協律吕。隸首作數,周公制禮有九數。九數之流,則《九章》是矣。漢張蒼、耿壽昌皆善算,因舊文删補,故校其目。與古或異,而所論多近語。”

24. 里宰“以歲時合耦於鋤”,注云:“鋤者,里宰治處也,若今街彈之室。於此合耦,使相佐助。”疏謂漢時在街置室,檢彈一里之民。《金石録》有中平二年正月《都鄉正街彈碑》,在昆陽城中。趙明誠失於考《禮注》,而酈氏注《水經》、洪氏《隸釋》,皆以“街”爲“衛”,又誤矣。《漢·食貨志》言古制云:“春將出民,里胥平旦坐於右塾,鄰長坐於左塾,畢出,然後歸。夕亦如之。”里胥之塾,其即《里宰》所謂“鋤”者歟?

25.《庖人》注:“青州之蟹胥。”○《釋文》:“胥,息徐反。劉音素。”《字林》:“先於反,蟹醬也。”《集韻》:“蝑,蟹醢,四夜切。”○當從《集韻》。《籩人》注:“鯛者,[1]析乾之,出東海。”陸廣微《吴地記》云:“闔閭思海魚,而難於生致。治生魚,鹽漬而日乾之,故名爲鯗。”○讀如“想”。

26.《管子·地員篇》:“九州之土,爲九十物。每土有常,而物有次。群土之長,是唯五粟。次曰五沃,次曰五位,次曰五蘟,次曰五壤,次曰五浮,凡上土三十物,種十二物。中土曰五忢,次曰五纑,次曰五壏,次曰五剽,次曰五沙,次曰五塥,凡中土三十物,種十二物。下土曰五猶,次曰五弙,次曰五殖,次曰五觳,次曰五凫,次曰五桀,凡下土三十物,種十二物。凡土物九十,其種三十六。按:《大司徒》:“以土會之法,

---

① “鯛”,《叢刊》本、翁氏本作“鱅”。

辨五地之物生；以土宜之法，辨十二壤之物，而知其種。"此篇亦古制之存者。《河圖》謂："東南神州曰晨土，正南邛州曰深土，西南戎州曰滔土，正西弇州曰開土，正中冀州曰白土，西北柱州曰肥土，北方玄州曰成土，東北咸州曰隱土，正東揚州曰信土。"

27.《地員篇》："凡草土之道，各有穀造。或高或下，各有草土。葉下於攣，攣下於莧，莧下於蒲，蒲下於葦，葦下於蘿，蘿下於蔞，蔞下於荓，荓下於蕭，蕭下於薜，薜下於萑，萑下於茅，凡彼草物，有十二衰。"〇注："攣，即鬱也。衰，謂草上下相重次也。"按：《周官》有"草人"，此豈其遺制歟？

28. 土圭度地之法，景一寸，地差千里；一分，地差百里。王畿千里，以寸爲法。五等諸侯之地，以分爲法。尺有五寸者，一萬五千里之景也。天地相去三萬里。嘗考隋、唐《志》：宋元嘉十九年測於交州，何承天謂六百里差一寸。後魏永平元年測於洛陽，信都芳謂二百五十里差一寸。然宋之於陽城，魏之於金陵，皆隃度，未可據也。唐開元十二年植表浚儀，大率五百二十六里二百七十步差二寸餘，遂以舊説千里一寸爲妄。〇王朴曰："陽城乃在洛之東偏，開元得浚儀之岳臺，應南北弦居地之中。"司馬公《日景圖》云："日行黄道，每歲有差，地中當隨而轉移。故周在洛邑，漢在潁川陽城，唐在汴州浚儀。"潏水李氏云："周於陽城測景，説者謂地形西北高，東南下。極星在北，斗亦在北。極星乃天之中也，天之中則地之中。"

29. "諸公之地方五百里"，與《武成》、《孟子》之言不合。子産曰："列國一同。"《孟子》亦曰："魯方百里。"《明堂位》乃云："魯方七百里。"或謂《周官·明堂位》兼附庸而言。《職方氏》疏云:“無功,縱是公爵,惟守百里地。謂若虞公、虢公,舊是殷之公,至周仍守百里國,以無功故也。”愚按:《左氏傳》“虞仲,太王之昭也;虢仲、虢叔,王季之穆也”,皆周所封。謂“舊是殷之公”,誤矣。

30.“歲終,正治而致事”,注:“上其計簿。”疏云:“漢時考吏,謂之計吏。”今按:《説苑》:“晏子治東阿三年,景公召而數之;明年上計,景公迎而賀之。”《韓子·外儲説》:“西門豹爲鄴令,居期年,上計,君收其璽。”《新序》:“魏文侯東陽上計,錢布十倍。”《史記》:“秦昭王召王稽,拜爲河東守,三歲不上計。”然則春秋、戰國時已有上計,非始於漢。

31. 朱文公曰:“讀曹公、杜牧《孫子》,見其所論車乘人數,諸儒皆所未言。唯蔡季通每論此事,以考《周禮》軍制皆合。”愚按:《孫子·作戰篇》:“凡用兵之法,馳車千駟,革車千乘,帶甲十萬。”曹公注:“馳車,輕車也。”杜牧注:“輕車,戰車也。古者車戰,革車、輜車、重車也,載器械財貨衣裝。《司馬法》曰:‘一車甲士三人,步卒七十二人,炊家子十人,固守衣裝五人,廄養五人,樵汲五人。輕車七十五人,重車二十五人。’故二乘兼一百人爲一隊。舉十萬之衆,革車千乘,校其費用支計,則百萬之衆皆可知也。”《左氏傳》:“乙卯,楚師軍於邲。丙辰,楚重至於邲。”吕成公謂“凡戰,兵車在前,輜重常在兵車之後。楚重次日乃至,後一日,故無鈔擊之患”。唐説齋云:“儒者謂甸出七十五人,不知實出百人。其七十五人,戰車也。其二十五人,重車也。”

32. 古者步百爲畝。古之百畝,爲今四十一畝一百六十步。古之一井,爲今三百七十五畝。竇儼曰:“小畝步百,周之制也。中畝二百四十,漢之制也。大畝三百六十,齊之制也。今所用者，漢之中畝。①”《鹽鐵論》御史曰：“古者制田，百步爲畝。先帝哀憐百姓，制田二百四十步而一畝。”《通典》謂商鞅佐秦，以爲地利不盡，更以二百四十步爲畝。二説不同。

33.《禹貢》之田九等，蔿掩别楚地亦九等。《孟子》、《王制》爲五等，而《周官》止三等。解者謂《大司徒》不易、一易、再易三等，都鄙之制也；《小司徒》上、中、下地三等，六鄉之制也；《遂人》上、中、下地三等，有萊者，六遂之制也；《大司馬》上、中、下地三等，諸侯之制也。

34.《遂人》“治野”，乃鄉遂公邑之制。《匠人》“溝洫”，乃采地之制。鄭康成云：“周制，畿内用夏之貢法，税夫無公田；邦國用殷之助法，制公田不税夫。”朱文公亦云：“溝洫以十爲數，井田以九爲數。井田、溝洫決不可合，而永嘉諸儒欲混爲一。康成注分爲二，是也。”愚按：李泰伯《平土書》云：“周畿内及諸侯一用貢法。”蓋泰伯已與康成異矣，非始於永嘉諸儒也。劉氏《中義》以《匠人》溝洫求合乎《遂人》治野之制，謂《遂人》言積數，《匠人》言方法，然《周禮》、《考工》各爲一書。易氏謂《匠人》，前代之制。

35. 禹“盡力乎溝洫”，“浚畎澮，距川”。《遂人》五溝、五塗之制，因於古也。以水佐耕者豐，稻人掌之。以水佐守者固，司險掌之。自鄉遂之法弛，子駟爲田洫而喪田者以爲怨，子産作封洫而伍田疇以爲謗。晋欲使齊盡東其畝，而戎車是利。甚而，兩周爭東西之流。至商鞅決裂阡陌，吕政決通川防，古制蕩然矣。古者内爲田廬，外爲溝洫。在《易》之《師》，

① “漢”，《叢刊》本、翁氏本作“渼”。

寓兵於農,伏險於順,取下《坎》上《坤》之象。溝洫之成,自禹至周,非一人之力。溝洫之壞,自周衰至秦,非一日之積。先儒謂"井田壞而戎馬入中國,如入無人之境",悲夫!

36."人耦"、"牛耦",鄭氏注合耦並言之。疏謂周時未有牛耦耕,至漢趙過始教民牛耕。今考《山海經》后稷之孫叔均,始作牛耕。周益公云:"孔子有'犁牛'之言,冉耕亦字'伯牛',《賈誼書》、《新序》載鄒穆公曰'百姓飽牛而耕',《月令》季冬'出土牛'示農耕早晚,何待趙過?過特教人耦犁,費省而功倍爾。"

37. 盬鹽引池而化。《山海經》"鹽販之澤"①、《穆天子傳》"至於盬",晋郇瑕氏之地,而猗頓用是起者也。散鹽煮水而成。《夏書》青州之貢,《職方》幽州之利,齊之渠展,燕之遼東,而宿沙初作者也。形鹽掘地以出之,周公閱所云"鹽虎形也"。飴鹽於戎以取之。伊尹所云"和之美"者,大夏之鹽也。後周四鹽之政仿此。古者川澤之饒,與民共之。自《海王》之篇,祈望之守,作俑於齊,至漢二十倍於古。考之《漢志》,鹽官三十有五。唐有鹽之縣一百五。本朝鹽所出者十二路,爲池二,爲監七,爲場二十二,爲井六百有九,○若璩按:《玉海》作"井八百二十二"。法益詳而利無遺矣。

38."玩物喪志",召公以爲戒。凡式貢之餘財,以共玩好之用,恐非周公之典。《無逸》曰:"惟正之供。"

39.《外府》注:"泉始蓋一品,周景王鑄大泉而有二品。"韋昭注《周語》曰:"單穆公云:'古者有母平子,子權母而行。'"然則二品之來,古而然矣。

---

① "鹽",翁氏本作"盬"。

40. 古者以射、御爲藝。孔子曰:“執射乎? 執御乎?”《詩》曰:“叔善射忌,又良御忌。”“四黄既駕,兩驂不猗”,御之善也。“不失其馳,舍矢如破”,射之善也。學射者多矣。造父之師泰豆氏,尹需之習秋駕,皆學御者也。《説苑》謂“御者使人恭,射者使人端”,亦正心修身之法。○若璩按:朱子言:“六藝之射,猶略見《鄉射》、《大射》篇。御法,則廢不可考矣。”余每讀其言而三嘆之。鄭司農注:“五馭曰鳴和鸞、逐水曲、過君表、舞交衢、逐禽左。”惟漢時猶流傳此名目,恐後並名亦不能詳。惜哉! 《淮南·説山訓》:“射者使人端,釣者使人恭。”

41.“貨賄用璽節”,注:“今之印章也。”《司市》注云:“如今斗檢封。”《職金》云:“楬而璽之。”《左傳》:“季武子使公冶問璽書,追而與之。”《戰國策》:“欲璽者段干子也。”蔡邕《獨斷》云:“古者尊卑共用之。”衛宏云:“秦以來天子爲璽,又獨以玉爲之,臣下莫敢用。”唐又改璽爲寶。○《五代史》臣曰:“國以玉璽爲傳授神器,遂古無聞。”《運斗樞》曰:“舜爲天子,黄龍負璽。”《世本》曰:“魯昭公始作璽。”

42.《司門》:“正其貨賄。”“正”者,禁其淫侈而歸於正也。注讀爲“征”,非是。

43.“迹人”,春秋末,宋猶有是官。《左氏》哀十四年《傳》:“迹人來告曰:‘逢澤有介麇焉。’”

44.“司禄闕”,《孟子》云:“諸侯惡其害己也,而皆去其籍。”趙氏注:“今《周禮》司禄之官無其職,是諸侯皆去之,故不復存。”○若璩按:欲以此補《集注》,爲以經解經。

45.《槁人》注“今司徒府中有百官朝會之殿”,後漢《蔡邕集》所載“百官會府公殿下”者也。古天子之堂,未名曰殿。《説苑》:“魏文侯御廩災,素服辟正殿五日。”《莊子·説劍》

云："入殿門不趨。"蓋戰國始有是名。《燕禮》注："當東霤者，人君爲殿屋也。"疏謂"漢時殿屋四向流水"，舉漢以況周。然《漢·黄霸傳》"先上殿"注謂"丞相所坐屋"。古者屋之高嚴，通呼爲殿，不必宫中也。

46.《大宗伯》疏："《星備》云：'五星初起牽牛。歲星一日行十二分度之一，十二歲而周天。熒惑日行三十三分度之一，三十三歲而周天。鎮星日行二十八分度之一，二十八歲而周天。太白日行八分度之一，八歲而周天。辰星日行一度，一歲而周天。'"《馮相氏》疏："《星備》云：'明王在上，則日月五星皆乘黄道。'"《保章氏》疏："《星備》云：'五星更王相休廢，其色不同。王則光芒；相則内實；休則光芒無角，不動搖；廢則少光。色順四時，其國皆當也。'"《星備》之書，僅見於此，《隋》《唐志》皆不著録。

47. 周五禮之别，三十有六。唐五禮之儀，一百五十有二。《唐志》云："自梁以來，始以當時所行，傅於《周官》五禮之名，各立一家之學。"

48."九韶之舞"，①注云："當爲大磬。"愚謂"九韶"之名尚矣，不必改字。按《説苑》："孔子至齊郭門之外，遇一嬰兒，挈一壺，相與俱行。其視精，其心正，其行端。孔子謂御曰：'趣驅之，趣驅之！韶樂方作。'孔子至彼，聞韶，三月不知肉味。"齊景公作《徵招》、《角招》，蓋舜樂之存者。劉原父云："《九招》者九名，予識其三焉，祈、徵、角之謂也。"《山海經》："夏后開得《九辯》、《九歌》以下，始歌《九招》於大穆之野。"《帝王世紀》："啓升后十年，舞《九韶》。"○《竹書》曰："夏后開儛

① "韶"，《叢刊》本、翁氏本字作"磬"。下同。

《九招》。"《史記》:"禹乃興《九招》之樂。"《索隱》曰:"即舜樂《簫韶》九成。"艾軒謂"勸之以《九歌》,即《九招》之樂"。《吕氏春秋》:"帝嚳命咸黑作爲舞○若璩按:"舞"字宜衍。聲,歌《九招》、《六列》、《六英》。帝舜令質修《九招》、《六列》、《六英》,以明帝德。"然則《九招》作於帝嚳之時,舜修而用之。○秦唯《韶》、《武》二樂存。○若璩按:《後漢·孔僖傳》:"章帝幸闕里,祠孔子,作六代之樂。"疑此時安得備此樂? 蓋秦得天下,唯餘《韶》《武》耳。後讀《玉海》載《劉子·文武篇》:"漢祖海内大定,以文止戈,召鄒魯儒生而制禮儀,修六代之樂,朝諸侯於咸陽。"則闕里所作樂,其漢祖之所遺與? 抑出於夸飾而史家沿之也?

49. 班固《律曆志》述劉歆之言,以律爲下生,吕爲上生。鄭康成以黄鐘三律爲下生,以蕤賓三律爲上生。梁武帝《鐘律緯》謂"班固夾鐘中吕,過於無調。鄭康成有升陽而無降陽";陳用之《禮書》謂"自子午以左皆上生,子午以右皆下生":以鄭説爲是。張文饒《翼元》曰:"十二月之律以候月,六十日之律以候日。月律當一下一上,依次而生。日律當用蕤賓重上生。司馬遷、劉歆之法,月律也。吕不韋、淮南、京房之法,日律也。《晋志》取司馬而非淮南,梁武是京房而非班固,皆非通論。"

50.《大卜》"三兆","其頌皆千有二百"。夏后鑄鼎,繇曰:"逢逢白雲,一南一北,一西一東。九鼎既成,遷於三國。"懿氏占曰:"鳳凰于飛,和鳴鏘鏘。有嬀之後,將育于姜。"成季卜曰:"間于兩社,爲公室輔。"驪姬繇曰:"專之渝,攘公之羭,一薰一蕕,十年尚猶有臭。"衛侯繇曰:"如魚竀尾,衡流而方羊裔焉。"漢文兆曰:"大横庚庚,余爲天王,夏啓以光。"皆龜繇也。○若璩按:漏《齊世家》西伯卜曰:"所獲非龍非彲,非虎非羆,所獲霸王之輔。"《晋語》史蘇卜曰:"挾以衝骨,①齒牙爲猾,戎夏交捽。"《漢·元後傳》晋史卜曰:"陰爲陽雄,土火相乘,故有沙麓崩後六百四十五年,宜有聖女興。"襄十年孫文子卜曰:"兆如山陵,有夫出征,而喪其雄。"哀九年史龜曰:"是謂沈陽,可以興兵。利以伐姜,不利子商。"

51.《卜師》"四兆",鄭氏鍔以理推之,謂:"方兆,占四方之事也。漢武帝發《易》占,知神馬從西北來。功兆,占立功之事也。楚司馬子魚卜戰令龜。義兆,占行義之事也。惠伯曰:'忠信之事則可。'弓兆,有射意。後世有覆射之法。"

52.《龜人》"六龜",《易》"十朋之龜"。○《爾雅》十"龜"。《唐六典》:"辨龜九類五色,依四時用之。"

53.《列子》"夢有六候",與《占夢》同。《噩》作"蘁"。東坡曰:"高宗言夢,文王、武王言夢,孔子亦言夢。其情性治,其夢不亂。"西山曰:"正夢不緣感而得,餘皆感也。"

54.《大祝》"九祭",九曰"共祭"。注云:"共,猶授也。王祭食,宰夫授祭。《孝經説》曰:'共綏執授。'"疏云:"《孝經説》,《孝經緯》文。共綏執授,謂將綏祭之時,共此綏祭以授尸。"愚謂:疏謂綏祭,非也。《後漢·禮儀志》注:"《孝經援神契》曰:'尊三老者,父象也。謁者奉几,安車軟輪,供綏執授。"宋均曰:"供綏,三老就車,天子親執綏授之。"永平二年《養老詔》亦有"安車軟輪,供綏執授"之語,蓋取《孝經緯》。

55. 鄭司農注"肅操":"但俯下手,今時擅是也。"項氏云:"古之拜,如今之揖,折腰而已。介胄之士不拜,故以肅爲禮,以其不可折腰也。其儀特斂手向身,微作曲勢。此正今時婦人揖禮也。漢時婦人之拜,不過如此。或謂自唐武氏始

① "衝",翁氏本作"衔"。

尊婦人，不令拜伏，誤矣。周天元令婦人拜天臺作男子拜，則雖虜俗，婦人亦不作男子拜也。《内則》尚右手者，言斂手右向，非若今用手按膝作跪也。男之尚左亦然。”〇今考太祖問趙普拜禮：“何以男子跪而婦人不跪?”普問王貽孫，對曰：“古詩‘長跪問故夫’，婦人亦跪也。唐武后時，婦人始拜而不跪。”普問所出，對曰：“唐張建章《渤海記》備言之。”〇若璩按：嘗共胡朏明讀此條，舉劉熙《釋名》云“拜於婦人爲扶，自袖扶而上下也”，證漢婦人之拜。朏明爲解頤。朱子曰：“古者婦人首飾盛多，如副笄六珈之類，自難以俯伏地上。”此解爲正。又辨：“樂府只説‘長跪問故夫’，不曾説‘伏拜’，引者亦非。”余謂婦人拜之重者，莫遇昏禮之扱地拜。扱地拜以手至地，猶首不至手。首至手，則《書》所謂“拜手”，《大祝》所謂“空首”矣。婦人無此等。

56.《視祲》“掌十輝之法”，占日旁之氣也。二鄭解，其同者六，其異者四。《大卜》“掌三夢之法，其經運十，其别九十”，謂占夢之正法有十也，一運而九變，十運而九十變。注以“經運”爲“十輝”，先儒謂日之輝光。夢之變通，其占不同，不當改“運”爲“輝”。

57.《大史》“正歲年以序事”，注：“中數曰歲，朔數曰年。”中數三百六十五日四分日之一，朔數三百五十四日。《漢·曆志》曰：“閏所以正中朔也。”或謂：周以建子爲正，而四時之事，有用夏正建寅者。用建寅則謂之歲，用建子則謂之年。〇《洪範》正義：“從冬至及明年冬至爲一歲。”

58.《馮相氏》“致日”“致月”，注：“冬至日在牽牛，景丈三尺。夏至日在東井，景尺五寸。此長短之極。春分日在婁，秋分日在角，而月弦於牽牛、東井。”《左氏傳》：“日月之行，分同道也，至相過也。”《正義》云：“春分朔則日在婁，望則月在角。秋分朔在角，望在婁。婁、角天之中道，故晝夜等。冬至朔則日在斗，望則月在井。夏至朔在井，望在斗。斗、井南北，故晝夜長短極。”冬至古日在牽牛，今在斗。鄭注與孔疏異，曆法歲差也。

59.《保章氏》“星土”，按《乙巳占》論十二次云：“北方之宿，主吴、越；火午之辰，在周邦。天度均列，而分野殊别。一次所主，或亘萬里、跨數州，或於寰内不布一郡。”《國語》：“歲在鶉火，有周之分野。”今豐鄗當秦宿，而周分隸豫州，理實難詳。至如熒惑守心，宋景禳其咎；實沈爲祟，晋侯受其殃，事驗時有相應。”賈公彦謂：“吴、越在南，齊、魯在東。今歲星或北或西，不依國地所在。此受封之日歲星所在之辰，國屬焉故也。”或云：十二次可言者一，其惟析木乎？○尾箕艮維燕，可以言東北。○若璩按：《保章氏》“星土”之説，康成尚襲舊聞。然亦直至唐浮圖一行，始闡發無遺。見《唐·天文志》。余欲取以補鄭注之不逮。

60.“十有二歲”，注：“歲星爲陽，右行於天；太歲爲陰，左行於地，十二歲而小周。”潏水云：“歲星在天，歲陰在地。《天官書》曰：‘歲陰在攝提格，歲星在星紀。歲陰在單閼，歲星在玄枵。’自嘉祐丁酉，驗之多差，近年尤甚。歲星常先月餘，近年以來，常先一百二十餘日。”愚考《大衍曆議》曰：“歲星自商、周迄春秋之季，率百二十餘年而超一次。戰國後，其行寖急。至漢尚微差，及哀、平間餘勢乃盡，更八十四年而超一次。”三山陳氏謂：“如《左氏》之説，則寅而在卯，午而在亥；如《史記》之説，則寅而在丑，辰而在亥。以次推之，皆不同。”《汲冢師春》謂：“歲星每歲而成一分，積百四十四年而滿本數，則爲超辰之限。”

61.《外史》“達書名”，鄭康成謂：“古曰名，今曰字。”○字者，滋也。《聘禮》記云：“百名以上書於策，不及百名書於方。”王文公云：“文者，奇偶剛柔，雜比以相承，如天地之文，故謂之文。

字者，始於一而生於無窮，如母之字子，故謂之字。”夾漈謂：“獨體爲文，合體爲字。主類爲母，從類爲子。六書：象形、指事，文也；會意、諧聲、轉注，字也；假借者，文與字也。諧聲與五書同出，五書尚義，諧聲尚聲。《説文》形也，以母統子；《廣韻》聲也，以子該母。字書，眼學；韻書，耳學。”《中庸或問》曰：“司徒教民，書居其一。外史達書名於四方，大行人又九歲一諭焉。其制度之詳如此。秦以小篆、隸書爲法，而周制始改。”

62.《鎛師》注引《春秋傳》“賓將趨”，今《左傳》作“掫”。《環人》注引“御下掚馬”，今作“兩”。《職方氏》注引《國語》“閩芈蠻矣”，今作“蠻芊”。

63.《司爟》，鄭司農引《鄹子》，與《論語》馬融引《周書·月令》同。○春取榆、柳之火，夏取棗、杏，季夏取桑、柘，秋取柞、楢，冬取槐、檀。王劭曰：“《周官》四時變火以救時疾，火不數變，疾必興。聖人作法，豈徒然也？晋時有以洛陽火度江者，代代事之，相續不滅，火色變青。”《東漢·禮儀志》：“日夏至，浚井改水。日冬至，鑽燧改火。”○改水，唯見於此。

64. 水有疏導，火有出納。山林金錫之地，皆爲之厲禁。時而用之，先王財成輔相之妙也。《鹽鐵論》大夫曰：“五行，東方木，而丹、章有金銅之山；南方火，而交趾有大海之川；西方金，而蜀、隴有名材之林；北方水，而幽都有積沙之地。此天地所以均有無，通萬物也。”《管子》：“出銅之山四百六十七，出鐵之山三千六百九。”《唐六典》：“天下水泉三億三萬三千五百五十有九。”○若璩按：“丹”謂丹揚，“章”謂鄣郡。①

---

① 按此注，翁氏本在前“丹、章”下。

65. 漏刻之法，晝夜百刻。易氏云："十二時，每時八刻二十分，每刻六十分。"王昭禹云："寅、申、巳、亥、子、午、卯、酉八時，各八刻；辰、戌、醜、未四時，各九刻。"愚謂易氏之説與古法合。《司寤氏》"掌夜時"，注謂："夜晚早，若今甲、乙至戊。"疏云："甲、乙則早時，戊、亥則晚時。"愚按：衛宏《漢舊儀》："中黄門持五夜，甲、乙、丙、丁、戊夜，今謂之五更。"疏以"戊"爲"戌"，誤矣。馬融以昏明爲限，鄭康成以日出入爲限，有五刻之差。蔡邕以星見爲夜，日入後三刻、日出前三刻皆屬晝。鄭與蔡校一刻。王伯照云："晝夜長短，以岳臺爲定。九服之地與岳臺不同，則易箭之日亦皆少差。"

66. "職方氏"，漢樊毅《修西岳廟記》作"識方氏"。《史通》云："《周書·職方》之言，與《周官》無異。"

67. "兖州，其浸盧○若璩按：《周禮》作"盧"，此從《漢·地理志》。維。"注云："當爲'雷雍'，字誤也。"顔師古曰："盧水在濟北盧縣。"《説文》："濰水出琅邪箕屋山，東入海，徐州浸。《夏書》：'濰、淄其道。'"鄭讀非也。

68. 王有三朝，一曰治朝，在路門之外，宰夫、司士掌之；二曰燕朝，在路門之内，大僕掌之；三曰外朝，在皋門之内，庫門之外，朝士掌之。○内朝二，外朝一。《唐六典》："承天門，古之外朝。太極殿，古之中朝。兩儀殿，古之内朝。"○若璩按：此則蔡氏《書傳》"外朝在路門外，内朝在應門之内"之説全非。

69. 鄭康成因《左氏》"三辰旂旗"之文，謂王與公同服九章之衮。考之經，無所見。《司服》云："公自衮冕而下，如王之服。"則衮冕而上之章，日月星辰也。冕十二旒，取法天數，豈同服九章，無君臣之别哉！《郊特牲》"王被衮以象天"，注謂"有日月星辰之章"。此魯禮也，豈有周服九章，而魯乃服十二章者乎？漢明帝采《周官》、《禮記》、《尚書·皋陶篇》，乘輿服從歐陽氏説，備十二章，得古制矣。

70.“五刑之法”，疏謂：“宫刑至隋乃赦。”崔浩《漢律序》：“文帝除肉刑，而宫不易。”《書》正義：“隋開皇之初，始除宫刑。”按《通鑑》：“西魏大統十三年三月，除宫刑。”非隋也。○若璩按：宫刑西魏雖除，而於時土宇分裂。北齊天統五年，猶有應宫刑者之詔，不似隋開皇元年永行停止。詳見《尚書古文疏證》卷四第六十三條。

71.孫君孚○若璩按：君孚名升，高郵人，坐元祐黨謫。《談圃》謂：“《周官》贊牛耳，荆公言取其順聽，不知牛有耳而無竅，本以鼻聽。有人引一牛與荆公辯。”今按《周禮義》云：“牛耳，尸盟者所執。”無順聽之説，蓋荆公聞而知之。○若璩按：“尸盟者所執”五字，用鄭注。

72.《萍氏》“幾酒”，猶妹土之誥也。禹惡旨酒。《易·未濟》之終以“濡首”爲戒，曷嘗導民以飲，而罔其利哉？初榷酒酤，書於《漢武紀》，其流害萬世，甚於魯之初税畝。

73.《大戴記·朝事篇》取《周官·典命、大行人》，朱子《儀禮經傳》以爲《朝事義》。

74.《考工記》“貉逾汶則死”，先儒以“汶”爲魯之汶水。《列子釋文》云：“案《史記》‘汶’與‘岷’同，謂汶江也。今江邊人云：‘狐不渡江。’《説文》‘貉’，狐類也。逾越大水，則傷本性。”

75.有虞氏上陶。舜陶河濱，器不苦窳。周陶正猶以虞閼父爲之。

76.“周人上輿。”《中庸或問》：“軌者，車之轍迹，輿之廣六尺六寸。其轍迹在地者，相距之間，廣狹如一，無有遠邇，莫不齊同。至秦,然後車以六尺爲度。"

77.《輪人》注:"掣,讀爲'紛容掣參'之'掣'。"疏云:"今檢未得。"愚謂即《上林賦》"紛溶萷參"。

78.《冶氏》注:"鋌,讀如'麥秀鋌'之'鋌'。"《表記》注:"移,讀如'禾氾移'之'移'。"六字未知出何書,疏不釋其義,或者農書所載歟。○移,昌氏反。

79. 滈水云:"栗氏爲量。鄭玄以'方尺積千寸',此乃《九章》米粟法。"某家舊有一古銅敦,乃周成王時物。甘人侵扈,命正人出師復扈邦,賜有功師氏,而數亦皆備。

80.《嘉量》之銘,《祭侯》之辭,皆極文章之妙。而《梓人》筍虡之制,文法奇古,有飛動之狀。蓋精於道者,兼物物而後能制器。《莊子》謂梓慶削木爲鐻,鐻成,見者驚猶鬼神。以天合天,道與藝俱化,豈物物刻雕之哉!

81.《大戴記·投壺篇》云:"嗟爾不寧侯!爲爾不朝于王所,故亢而射,女強食,食爾曾孫侯氏百福。"此祭侯之辭也,與《梓人》同而略異。○萇弘設射不來,"不來"者,諸侯之不來朝者也。侯者,射埰也。因祭寓意,以爲諸侯之戒。

82.《司儀》"問君"、"君問大夫"、"君勞客",注云:"問君曰:'君不恙乎?'對曰:'使臣之來,寡君命臣於庭。'問大夫曰:'二三子不恙乎?'對曰:'寡君命使臣於庭,二三子皆在。'勞客曰:'道路悠遠,客甚勞。'勞介則曰:'二三子甚勞。'"疏云:"未知所出何文,或云是孔子聘問之辭,亦未得其實。"愚按:《説苑》魏太子擊封中山,遣倉唐使於文侯。文侯召倉唐見之,曰:"擊無恙乎?"倉唐曰:"唯唯。"如是者三,乃曰:"君出太子而封之國,君名之,非禮也。"文侯怵然變容,問曰:"子之君無恙乎?"倉唐曰:"臣來時拜送書於庭。"鄭氏所述,蓋古禮也。○《太行人》注亦云:“問不恙。”若璩按:《説苑》太子擊舍人趙倉唐,“趙”字似不宜脱。

83.《周禮》,劉向未校之前有古文,校後爲今文,古、今不同。鄭據今文注,故云“故書”。朱子曰:“八法、八則、三易、三兆之類,各有書。‘屬民讀法’,其法不可知;‘如戰之陳’,其陳法不可見矣。”

84.《冥氏》注鄭司農云:“讀爲‘冥氏《春秋》’之‘冥’。”按《儒林傳》:“冥都傳顔氏《春秋》之學。”疏謂“若《晏子》、《吕氏》之類”,非也。

85. 王肅《聖證論》譏短鄭康成,謂“天體無二,郊、丘爲一。禘是五年大祭先祖,非圜丘及郊。祖功宗德,是不毁之名,非配食明堂”,皆有功於禮學,先儒韙之。《聖證論》今不傳,《正義》僅見一二。《唐・禮志》曰:“讖緯亂經,鄭玄主其説。‘以禋祀祀昊天上帝’,此天也。玄以爲天皇大帝者,北辰耀魄寶也。‘兆五帝於四郊’,此五行精氣之神也。玄以爲靈威仰、赤熛怒、含樞紐、白招拒、汁光紀者,五天也。由是有六天之説。顯慶二年,禮官議:‘六天出緯書,南郊、圓丘一也,玄以爲二。郊及明堂祭天,而玄以爲祭太微五帝。“啓蟄而郊,郊而後耕”,而玄謂周祭感帝靈威仰,配以后稷,因而祈穀。皆繆論也。’”

86. 古未有筆,以書刀刻字於方策,謂之削。魯爲《詩》、《書》之國,故《考工記》以魯之削爲良。

87. 沙隨程氏曰:“《禹貢》冀州之北,不可畫五服之地。《周官》雍州之西,不可畫九畿之地。”

88.《師氏》:“使其屬帥四夷之隸,各以其兵服守王之門外。”《司隸》:“帥四翟之隸,使皆服其邦服,執其邦兵,守王宫。”唐太宗擒頡利，其酋長帶刀宿衛，亦古制也。然頡社率之變，幾至危殆。蓋先王德化之盛，非太宗所能及。慕冠帶百蠻之名，而不虞後患。《孟子》曰：“以力服人者，非心服也。”

89.《遂師》“抱磿”，音“歷”。《史記》樂毅書“故鼎反乎磿室”，徐廣注：“磿，歷也。”《戰國策》、《新序》作“歷室”，蓋古字通用。

90.《大史》“大師抱天時”，注云：“大出師，則大史主抱式，以知天時。”《史記·日者傳》：“旋式正棊。”《唐六典》：“太卜令三式，曰雷公、太一、六壬。其局以楓木爲天，棗心爲地。”六壬之説，許叔重曰：“水者，準也。”生數一，成數五，以水數配之，爲六壬也。遁甲者，推六甲之陰而隱遁也，本黄帝、風后之術。孤虚者，一晝爲孤，無晝爲虚，二晝爲實。以六十甲子定四方，占其孤、虚、實而向背之。○《吴越春秋》計硯曰：“孤、虚，謂天門地户也。”

91. 鄭剛忠《解義》，如“冕服九章”、“授田三等”、“治兵大閲，旗物之互建”、“六鄉六遂，師都之異名”、“陰陽之祀，有用牲之疑”、“九畿之國，有朝貢之惑”、“豆區鍾釜，有多少之差”、“世室重屋，非明堂之制”，皆辯明使有條理。

92. 古者國有閒田，田有餘夫，夫有閒民，民有羨卒，不盡其財力也。至秦而自實田，至漢而核墾田，至隋而閲丁口，至唐而括逃户隱田，於是財殫力盡，民無樂生之心矣。○若璩按：楚子重爲政，猶曰“大户已責”；晉尹鐸爲晉陽，猶曰“損其户數”，則周官可知矣。①

① “損”，翁氏本作“寛”。按：此注翁氏本在“財力也”下。

93. 取士之制，其塗有三：諸侯三年一貢士，侯國之士也；鄉大夫興賢能，王畿之士也；大司樂教國子，國之貴游子弟也。

94. 漆林之征，二十而五。漆以飾器用而已。舜造漆器，群臣咸諫，防奢靡之原也。種漆成林，重其征，所以抑末而返樸也。

卷五

宋　王應麟　撰

《儀禮》

1.《三禮義宗》云："《儀禮》十七篇，吉禮三、凶禮四、賓禮三、嘉禮七，軍禮皆亡。"《禮器》注："《曲禮》，謂今《禮》也。"即指《儀禮》。而《儀禮》疏云："亦名《曲禮》。"○晋荀崧亦云。朱文公從《漢書》臣瓚注，謂《儀禮》乃《經禮》也。《曲禮》皆微文小節，如今《曲禮》、《少儀》、《内則》、《玉藻》、《弟子職》，所謂"威儀三千"也。《逸禮·中霤》在《月令》注疏。《奔喪》、《投壺》釋文引鄭氏云："實《曲禮》之正篇。"又《遷廟》、《釁廟》，見《大戴記》，可補《經禮》之闕。

2. 韓文公讀《儀禮》，謂"考於今，無所用"。愚謂天秩有禮，小大由之。冠昏喪祭，必於是稽焉。文公大儒，猶以爲無所用，毋怪乎冠禮之行，不非鄭尹而快孫子也。①

3.《藝文志》謂之《禮古經》，未有《儀禮》之名。張淳云："疑後漢學者見十七篇中有'儀'有'禮'，遂合而名之。"孔壁

① "快"，翁氏本作"怪"。

古文多三十九篇，康成不注，遂無傳焉。○注謂"古文作某"者，即十七篇古文也。《論衡》以爲宣帝時，河内女子壞老屋得佚《禮》，恐非。《天子巡狩禮》、《朝貢禮》、《王居明堂禮》、《烝嘗禮》、《朝事儀》，見於三《禮》注。《學禮》，見於《賈誼書》。《古大明堂之禮》，見於蔡邕《論》。雖寂寥片言，如斷圭碎璧，猶可寶也。○若璩按：孔壁古文《禮》三十九篇，讀《隋·牛弘傳》始知書亡於隋以前，故《隋·經籍志》無其目。《朝事儀》見《大戴禮記》卷十二，非逸經也。賈誼引《學禮》，本《禮記·保傅》篇；《古大明堂之禮》，蔡邕明言《禮經》，皆非逸經。①

4.《六藝論》"五傳弟子"，謂高堂生之學蕭奮、孟卿、后蒼、戴德、戴聖也。

5.《士冠禮》注："今之未冠笄者著卷幘，頍象之所生。滕、薛名簂爲頍。②"○簂，古内反。《續漢·輿服志》："簂，簪珥。"《集韻》有"蔮"、③"幗"，無"簂"字。疏云："卷幘之類。"《隸釋·武榮碑》云"闕幘"。

6."兄弟畢袗玄"，注："袗，同也。古文'袗'爲'均'。"疏云："當讀如《左傳》'均服振振'。"按《後漢·輿服志》："秦郊祀之服，皆以袀玄。"蓋"袀"字誤爲"袗"。《釋文》之忍反，亦誤。

7.《士冠禮》有"醮用酒"，注以爲用舊俗。《士喪禮》云"商祝"、"夏祝"，則禮之兼夏、殷者。

8."二十爲字，未呼伯仲，至五十乃加而呼之"，此《儀禮》賈疏也。"二十已有'伯某甫'、'仲、叔、季'，雖云伯仲，皆配'某甫'而言，至五十直呼伯仲"，此《禮記》孔疏也。朱文公

---

① "經"，翁氏本作"記"。
② "簂"，《叢刊》本、翁氏本作"蔮"。下同。
③ "蔮"，《叢刊》本作"簂"。

曰:"疑孔疏是。石林○若璩按:石林,葉夢得號。謂五十爲大夫,去'某甫',言伯仲而冠以氏,如'南仲'、'榮叔'、'南季'之類。然仲山甫、尹吉甫皆卿士,亦以字爲重。"

9. 冠辭"令月吉日"、"吉月令辰",互見其言。《論語》"迅雷風烈"、《九歌》"吉日兮辰良",相錯成文。

10.《士昏禮·目録》"日入三商爲昏",疏云:"商,謂商量,是漏刻之名。故《三光靈曜》亦日入三刻爲昏,不盡爲明。案馬氏云:'日未出、日没後皆二刻半,前後共五刻。'今云三商者,據整數而言,其實二刻半也。"《詩正義》云:"《尚書緯》謂刻爲商。"夏文莊《蓮華漏銘》"五夜持宵,三商定夕",蓋取此。○蘇子美亦云:"三商而眠,高春而起。"○若璩按:《淮南·天文訓》:"日至於淵隅,是謂高春。"高春乃戌時,似誤認。

11.《鄉飲酒》疏曰:"鄉大夫飲酒,尚德也;党正飲酒,尚齒也。"公是劉氏曰:"謀賓介於先生,尚德也。旅酬以齒,老者異秩,尚年也。大夫爲僎,坐於賓東,尚爵也。"

12.《鄉射禮》"設豐"、《燕禮》"有豐",注:"豐形似豆而卑。"《三禮圖》云:"罰爵,作人形。豐,國名也。坐酒亡國,戴盂戒酒。"崔駰《酒箴》:"豐侯沉酒,①荷罌負缶,自戮於世。圖形戒後。"李尤《豐侯銘》:"豐侯醉亂,乃象其形。"

13.《燕禮》疏"四向流水曰東霤",《考工記》之"四阿",《上林賦》之"四注"也。"兩下屋曰東榮",《檀弓》之"夏屋"也。○《士冠禮》注:"周制,自卿大夫以下,其室爲夏屋。"

14. 夏侯勝善説"禮服",謂《禮》之喪服也。蕭望之以禮服授皇太子,則漢世不以喪服爲諱也。唐之奸臣以凶事非臣

---

① "酒",翁氏本作"湎"。

子所宜言，去《國恤》一篇，而凶禮居五禮之末。五服如父在爲母、叔、嫂之類，率意輕改，皆不達《禮》意者。五服制度附於令，自後唐始。○見《五代史·馬縞傳》。○若璩按：己未、庚申在京師，與汪鈍翁論喪禮不合。鈍翁詆余曰："聞渠有嚴親在，奈何喋喋與人言喪禮？豫凶事，非禮也。"余對以此條。徐原一宫贊曰："於史有徵矣，於經亦有徵乎？君其思之。"余退而思，得二事，曰：《雜記》曾申問於曾子曰："哭父母有常聲乎？"申，曾子次子也。《檀弓》："子張死，曾子有母之喪，齊衰而往哭之。"案昔者孔子没，他日子張尚存，見《孟子》。子張死，而是時曾子方有母喪，則孔子在時，曾子母在堂可知也。既在堂，胡忍以喪禮相往復，若曾子問者乎？宫贊擊節曰："雖百喙，亦不能解矣！"《舊唐·禮儀志》①高宗顯慶二年，長孫無忌奏："今律疏有舅報甥之服。"則五服制度附於令，不自後唐始。《五代史》記誤。

15.《宋·何承天傳》云："先是《禮論》有八百卷，承天删減并合爲三百卷。"又王儉别鈔《條目》爲十三卷，②梁孔子袪續一百五十卷。隋《江都集禮》，亦撮《禮論》爲之。朱文公謂："六朝人多精於《禮》，當時專門名家有此學。朝廷有禮事，用此等人議之。唐時猶有此意。"潘徽《江都集禮序》曰："《明堂》、《曲臺》之記，南宫、東觀之説，鄭、王、徐、賀之答，崔、譙、何、庾之論，簡牒雖盈，菁華蓋鮮。"杜之松借王無功《家禮問》、《喪禮新義》，無功條答之。又借王儉《禮論》，則謂："往於處士程融處曾見此本。觀其制作，動多自我。周、孔規模，十不存一。"今諸儒所著皆不傳，蓋禮學之廢久矣。

16.《禮》特牲不言牢。《楚語》"天子舉以大牢"，注："牛、

---

① "舊唐"下，翁氏本有"書"字。

② "十三卷"，翁氏本作"三十卷"，下有"閻按：《南史·王儉傳》作'十三'"十字。

羊、豕也。”“卿舉以少牢”，注：“羊、豕。”《漢·昭紀》“祠以中牢”，注：“中牢即少牢，謂羊、豕也。”〇唐《牛羊日曆》牛僧孺、楊虞卿有“太牢筆，少牢口”之語，然太牢非止於牛，少牢非止於羊也。

17. 歐陽公自云“平生何嘗讀《儀禮》”，而濮議爲言者所詆。高抑崇於“鄉飲”考《儀禮》不詳，而朱文公譏之。禮學不可不講也。〇若璩按：《蘇氏談訓》曰：“歐陽公不甚留意禮經，嘗與祖父説濮議，自云‘修平生何嘗讀《儀禮》？’偶一日至子弟書院中，几案有之，因取讀。見‘爲人後者爲其父齊衰杖期’云云，與修意合。由是破諸異議，自謂得之多矣。”然則濮議正從《儀禮》得來，昔未讀，今知之耳。王氏語誤。但《儀禮》在“不杖期”條内，歐公云杖亦誤。

18.“布八十縷爲一升”，鄭謂“升”當作“登”，登，成也。吴仁傑曰：“今織具曰簆，以成之多少，爲布之精粗。大率四十齒爲一成，而兩縷共一齒。”正合康成之説。〇衰三升，其粗者。緇布冠三十升，其細者。

19.《聘禮》注：“君行一，臣行二。”疏謂出《齊語》。今按此晏子之言，見《韓詩外傳》：“衛孫文子聘魯，公登亦登。叔孫穆子曰：‘子不後寡君一等。’”〇若璩按：《韓詩外傳》：“晏子聘魯，上堂則趨，授玉則跪。既退，孔子問焉。晏子對曰：‘夫上堂之禮，君行一，臣行二。今君行疾，臣敢不趨乎？今君之受帶也卑，①臣敢不跪乎？’孔子曰：‘善，禮中又有禮。’至衛孫文子聘魯事，乃又一義，王氏引亦非。

20.“皮樹”，注云：“獸名。”張鎰《三禮圖》云：“皮樹，人面獸形。”〇它書未見。

21.《詩》、《禮》相爲表裏。《賓之初筵》、《行葦》可以見大射儀，《楚茨》可以見少牢饋食禮。

22.《燕禮》：“公與客燕，曰：‘寡君有不腆之酒，以請吾子

---

① “帶”，翁氏本作“幣”。

之與寡君須臾焉，使某也以請。'"對曰："寡君，君之私也。君無所辱賜於使臣，臣敢辭？"〇《春秋》辭命之美，有自來矣。

23.《覲禮》："諸侯覲於天子，爲宫方三百步，四門；壇十二尋，深四尺，加方明於其上。"陳宣帝大建十年，立方明壇於婁湖，以始興王叔陵爲王官伯，臨盟百官。此與蘇綽之"六官"、蘇威之"五教"何以異？〇《傳》曰："不協而盟，無故而盟百官，不幾於戲乎！"

24.《士相見義》曰："古者非其君不仕，非其師不學，非其人不友，非其大夫不見。"〇若璩按：《士相見義》劉敞補亡，朱子《儀禮經傳通解》取之。

25."鄉先生"，謂父師、少師，教於閭塾也。古者仕焉而已者，歸教於閭里。《書大傳》謂之"父師"、"少師"，《白虎通》謂之"右師"、"左師"。

26."庠"爲鄉學，有堂有室。"序"爲州學，有堂無室。有室則四分其堂，去一以爲室，故淺。無室則全得其四分以爲堂，故深。

《禮記》

〇若璩按：壬子夏，讀唐司業李元瓘上言："明經所習，務在出身。咸以《禮記》文少，人皆競讀。"《禮記》在唐試士爲大經，何以文反少？曾遍問之人不得，質諸書末由，畜疑義者二十九載。今八月朔，晨起讀《唐書·選舉志》云："《禮記》、《春秋左氏傳》爲大經，《詩》、《周禮》、《儀禮》爲中經，《易》、《尚書》、《春秋公羊傳》、《穀梁傳》爲小經。通二經者大經、小經各一，若中經二；通三經者大經、中經、小經各一；通五經者大經皆通，餘經各一。"不覺洞然，曰：唐制通五經，固讀大經，即凡通二經三經，亦必讀一大經。《禮記》大經，僅九萬餘字，《左氏傳》一十九萬餘字。誰肯舍九萬餘字之經，而誦習十九萬餘字者乎？參以同時楊瑒奏"今之明經習《左氏》者十無二三"，正合。所謂《禮記》文少者，特較少於《左氏傳》耳。爲之快絶，附識於此。

1.《魏徵傳》曰："以《小戴禮》綜彙不倫，更作《類禮》二十篇，數年而成。太宗美其書，録置内府。"《藝文志》云："次《禮記》二十卷。"《舊史》謂"采先儒訓注，擇善從之"。《諫録》載詔曰："以類相從，別爲篇第。并更注解，文義粲然。"《會要》云："爲五十篇，合二十卷。"○《傳》以卷爲篇。《元行沖傳》："開元中，魏光乘○《集賢注記》：魏哲。請用《類禮》列於經，命行沖與諸儒集義作疏，將立之學，乃采獲刊綴爲五十篇。張説言：'戴聖所録，向已千載，與經并立，不可罷。魏孫炎始因舊書，擿類相比，有如鈔掇，諸儒共非之。至徵更加整次，乃爲訓注，恐不可用。'帝然之，書留中不出。行沖著《釋疑》曰："鄭學有孫炎，雖扶鄭義，乃易前編。條例支分，箴石間起。馬伷增革，向逾百篇；葉遵删修，僅全十二。魏氏采衆説之精簡，刊正芟礱。"○《集賢注記》張説曰："孫炎始改舊本，以類相比。徵因炎舊書，整比爲注。"朱文公惜徵於仍故。比及百年，當有明哲君子，恨不與吾同世者。"觀文公之書，則行沖之論信矣。○《隋志》：《禮記》三十卷，魏孫炎注。○若璩按：《詩》除韓、毛外，又有《葉詩》二十卷，宋葉遵注，即行沖所云葉遵也。

2."道德仁義，非禮不成"，至"是以君子恭敬、撙節、退讓以明禮"，見賈誼《新書·禮篇》。劉原父謂："'若夫坐如尸，立如齊'，乃《大戴記·曾子事父母》篇之辭，'若夫'二字失於删去。"然則《曲禮》之所采摭，非一書也。○若璩按：《大戴禮記》

“若夫坐如尸”①之上曰:“孝子唯巧變,故父母安之。”語精。

3.“恒言不稱老。”漢胡廣年已八十,繼母在堂,言不稱老。

4.“賜果於君前。”《説苑》晏子曰:“賜人主前者,瓜桃不削,橘柚不剖。”漢桓榮詔賜奇果,舉手捧之以拜。

5.“擬人必於其倫。”《説苑》:“魏文侯封子擊中山,倉唐奉使。文侯顧指左右曰:‘子之君長,孰與是?’倉唐曰:‘擬人必於其倫。諸侯無偶,無所擬之。’曰:‘長大,孰與寡人?’倉唐曰:‘君賜之外府之裘,則能勝之;賜之斥帶,則不更其造。’”

6.《列女傳》孟母曰:“《禮》:‘將入門,問孰存;將上堂,聲必揚;將入户,視必下。’”今《曲禮》闕二句。《孟子》曰:“放飯流歠,而問無齒決。”亦本於《曲禮》。

7.“在醜夷不爭。”唐沈季詮事母孝,未嘗與人爭,皆以爲怯。季詮曰:“吾怯乎?爲人子者,可遺憂於親乎哉?”

8. 古者王司敬民,豈有“獻民虜”?田以井授,豈有“獻田宅”?無總於貨寶,豈有“受珠玉”?記《禮》者,周之末造也。

9.“張拱”,出《曲禮》注。○“室中不翔”注:“行而張拱,曰翔。”“葉拱”,出《書大傳》。○“子夏葉拱而進。”又《家語》:“師襄子避席葉拱而對。”注:“兩手薄其心。”

10.“君子欠伸”一章,余在經筵進講,謂“君以自強不息爲剛,臣以陳善閉邪爲敬。講經理,討古今,有夜分日昃而不倦者。上無厭斁之心,下無顧望之意,是故學以聚之而德益

① “尸”下,翁氏本有“立如齊”三字。

進，問以辯之而理益明”，蓋因以規諷云。○若璩按：王氏在經筵，爲度宗咸淳元年。乙丑，值人日，雪，帝問有何故事，以唐李嶠、李乂等應制詩對，因奏：“春雪過多，民生飢寒，方寸仁愛，宜謹感召。”

11. 古以車戰。春秋時鄭、晋有徒兵，而騎兵蓋始於戰國之初。《曲禮》“前有車騎”，《六韜》言“騎戰”，其書當出於周末。然《左氏傳》“左師展將以昭公乘馬而歸”，《公羊傳》“齊、魯相遇，以鞍爲几”，已有騎之漸。○若璩按：程大昌《雍録》云：“古皆乘車，今古公亶父曰‘走馬’，恐此時或已變乘爲騎。蓋避狄之遽，不暇駕車。”余曾戲題其端曰：“當時有姜女同行，豈天立厥配，亦善騎馬耶？”按《樂師》云：“行以《肆夏》，趨以《采薺》，車亦如之。”注：“王行於大寢之中則奏《肆夏》詩爲節，趨於朝廷之上則奏《采薺》詩爲節。行緩而趨疾，故車之疾徐，亦以二詩爲節也。”《釋名》：“疾行曰趨，疾趨曰走。”車既可謂之趨，則亦可謂之走。

12.《曲禮》、《禮器》、《内則》疏引“《隱義》云”。按：《隋志》：“《禮記音義隱》一卷，射○若璩按：今本作“謝”。氏撰。”○又《音義隱》七卷。

13.《檀弓》載申生辭於狐突曰：“伯氏不出而圖吾君。”淡庵胡氏謂：“狐突事晋未嘗去，此云不出，記《禮》者誤。”愚考《晋語》：“申生敗翟於稷桑而反，讒言益起。狐突杜門不出，申生使猛足言於狐突曰：‘伯氏不出，奈吾君何？’”胡氏蓋未考此，非記之誤也。

14.《檀弓》筆力，《左氏》不逮也，於申生、杜蕢○《傳》作“屠蒯”。二事見之。致堂胡氏曰：“檀弓，曾子門人。其文與《中庸》之文有似《論語》。子思、檀弓，皆纂修《論語》之人也。”○若璩按：康成謂撰定《論語》者仲弓、游、夏等，非檀弓。

15.《家語·終記》云：“泰山其頽，則吾將安仰？梁木其壞，吾將安杖？哲人其萎，吾將安放？”《檀弓》無“吾將安杖”

四字。或謂廬陵劉美中家古本《禮記》“梁木其壞”之下有“則吾將安仗”五字,蓋與《家語》同。

16. 九嶷山在零陵,而云“舜葬蒼梧”者,文穎曰:“九嶷半在蒼梧,半在零陵。”

17. 曾子之子元、申,子張之子申祥,子游之子言思,皆見《檀弓》。○若璩按:言思爲申祥妻之昆弟,則子張與子游兒女姻家也。

18.《春秋繁露》言爵五等,其分土與《王制》、《孟子》同。又云:“附庸,字者方三十里,名者方二十里,人氏者方十五里。”蓋公羊家之説。

19.《王制》注:“小城曰附庸。”庸,古墉字。○王莽曰“附城”,蓋以“庸”爲城也。何校本云:“注十一字亦正文。”①

20. 馬融云:“東西爲廣,南北爲輪。”《王制》:“南北兩近一遥,東西兩遥一近。”是南北長,東西短。○若璩按:皇氏云:“近者言不滿千里,遠者言不啻千里。”熊氏則以“近者謂過千里,遥者謂不滿千里”。此云長短,用熊氏説。漢地東西九千三百二里,南北萬三千三百六十八里。隋東西九千三百里,南北一萬四千八百一十五里。唐東西九千五百一十一里,南北一萬六千九百三十八里。宋東西六千四百八十五里,南北萬一千六百二十里。元東南所至不下漢唐,而西北則過之,有難以里數限者。皆南北長、東西短也。

21. 范蜀公曰:“周兼用十寸、八寸爲尺,漢專用十寸爲尺。”

22.《夏小正》曰:“正月啓蟄。”《月令》:“孟春蟄蟲始振,仲春始雨水。”注云:“漢始以驚蟄爲正月中,雨水爲二月節。”《左傳》“啓蟄而郊”,○建寅之月。《正義》云:“太初以後,更改

---

① “王莽曰”至“‘注十一字亦正文’”:翁氏本作正文。

氣名，以雨水爲正月中，驚蟄爲二月節，迄今不改。”○改“啓”爲“驚”，蓋避景帝諱。《周書·時訓》：“雨水之日獺祭魚，驚蟄之日桃始華。”《易通卦驗》先雨水，次驚蟄，此漢太初後曆也。《月令》正義云：“劉歆作《三統曆》改之。”又按《三統曆》：“穀雨三月節，清明中。”而《時訓》、《通卦驗》清明在穀雨之前，與今曆同。然則二書皆作於劉歆之後，《時訓》非周公書明矣。是以朱子集《儀禮》，取《夏小正》而不取《時訓》。馬融注《論語》，謂《周書·月令》有“更火”之文，其篇今亡。○若璩按：《三統曆》以武王元年三月二日庚申驚蟄。三月者建寅之月，與《左氏》“啓蟄而郊”月數同。《時訓解》雖未必周公書，而先雨水後驚蟄，則是傳寫人以後之節次上改古曆耳。①

23.《周書序》：“周公辯二十四氣之應，以明天時，作《時訓》。”《唐大衍曆議》：“七十二候，原于周公《時訓》。《月令》雖頗有增益，然先後之次則同。自後魏始載于曆，乃依《易軌》所傳，不合經義。今改從古。”○李業興以來，迄《麟德曆》凡七家，皆以雞始乳爲立春初候，東風解凍爲次候，與《周書》相校二十余日。一行改從古義。《漢上易圖》云：“《夏小正》具十二月而無中氣，有候應而無日數。《時訓》乃五日爲候，三候爲氣，六十日爲節。二書詳略雖異，大要則同。《易通卦驗》所記氣候，比之《時訓》，晚者二十有四，早者三。當以《時訓》爲定。故揚子云《太玄》二十四氣、關子明《論七十二候》，皆以《時訓》。”

24.《時訓》、《月令》七十二候，雁凡四見。“孟春鴻雁來”，《夏小正》曰“雁北向”②，《吕氏春秋》、《淮南·時則訓》曰“候雁北”；○《月令》注：今《月令》“鴻”皆爲“候”，而不言“北”，蓋

---

① “若璩按”至“改古曆耳”，翁氏本在“非周公書明矣”下。

② “向”，《叢刊》本、翁氏本作“鄉”。下同。

“來”字本“北”字。康成時猶未誤，故曰：“雁自南方來，將北反其居。”其後，傳寫者因“仲秋鴻雁來”，誤以“北”爲“來”。“仲秋鴻雁來”，《呂氏》、《淮南》曰“候雁來”；“季秋鴻雁來賓，爵入大水爲蛤”，《小正》曰“九月，遰鴻雁”，《呂氏》、《淮南》曰“候雁來”，高誘、許叔重注以“候雁來”爲句；○賓爵，老爵也。栖宿人堂宇之間，有似賓客，故曰賓爵。“季冬雁北向”，《小正》在正月，《易説》在二月。《正義》謂：節氣有早晚。

25.“魚上冰”，《夏小正》曰“魚陟負冰”。○陟，升也。負冰云者，言解蟄也。《淮南》曰：“魚上負冰。”○注：“鯉魚應陽而動，上負冰也。”《鹽石新論》謂“《小戴》去一‘負’字，於文爲闕”，然《時訓》與《月令》同。《呂氏春秋》亦無“負”字。

26.“仲冬，虎始交”，《易通卦驗》云：“小寒。”“季冬，鵲始巢”，《詩推度災》云：“復之日。”“雉雊雞乳”，《通卦驗》云：“立春。”皆以節氣有早晚也。

27.《月令》正義：“穹天，虞氏所説，不知其名。”按《天文録》云：“虞昺作《穹天論》。”《晋・天文志》云：“虞聳立《穹天論》。”聳、昺，皆虞翻子也。虞喜《安天論》云：“族祖河間立《穹天》。”聳爲河間相，然則非昺也。○若璩按：《三國志・虞翻傳》：“聳，第六子；昺，第八子也。”

28.“宿離不貸”，蔡邕曰：“宿，日所在；離，月所歷。”

29.“地氣上騰”，注：“《農書》曰：‘土上冒橛，陳根可拔，耕者急發。’”《正義》云：“《氾勝之書》也。”唐中和節進《農書》。按《會要》，乃武后所撰《兆人本業記》三卷。吕温進表云：“書凡十二篇。”《館閣書目》云：“載農俗四時種蒔之法，凡八十事。”○若璩按：氾勝之，漢成帝時爲議郎。使教田三輔，有好田者師之，書十八篇。

30.《月令》冬祀行,《淮南·時則訓》冬祀井。《太玄數》云“冬爲井”。《唐月令》冬祀井,而不祀行。

31.“鷹化爲鳩”,陰爲陽所化;“爵化爲蛤”,陽爲陰所化。“堇荼如飴”,惡變而美;“荃蕙爲茅”,美變而惡。

32.《曲禮》,隋王劭勘晋、宋古本皆無“稷曰明粢”一句,立八疑十二證,以爲無此一句。

33. 公孫弘云“好問近乎知”,今《中庸》作“好學”。○若璩按:《宋·袁燮傳》:“入對寧宗:‘臣昨勸陛下勤於好問,而聖訓有曰“問則明”’。”

34.《王制》:“太史典禮,執簡記,奉諱惡。”《保傅傳》謂:“不知日月之時節,不知先王之諱與大國之忌,不知風雨雷電之眚,太史之任也。”愚謂:人君所諱言者,災異之變;所惡聞者,危亡之事。太史奉書以告君,召穆公所謂“史獻書”也。

35.《曾子問》於變禮無不講,《天圓篇》言天地萬物之理。曾子之學,博而約者也。○若璩按:此有謂“曾子之學專用心於内”者,然與?

36.《禮運》,致堂胡氏云子游作。吕成公謂:“‘蜡賓’之嘆,前輩疑之,以爲非孔子語。‘不獨親其親、子其子’,而以堯、舜、禹、湯爲‘小康’,是老聃、墨氏之論。”朱文公謂:“程子論堯、舜事業,非聖人不能。三王之事,大賢可爲,恐亦微有此意。但《記》中分裂太甚,幾以帝、王爲有二道,則有病。”

37.《夏時》、《坤乾》,何以見夏、殷之禮?《易象》、《魯春秋》,何以見周禮?此三代損益大綱領也,學者宜切磋究之。

38.《白虎通》云:“《禮運記》曰:‘六情,所以扶成五性也。’○今《禮運》無此語。五性:仁、義、禮、智、信。”韓子《原性》與此合。

39. 人者,天地之心也。仁,人心也。人而不仁,則天地之心不立矣。爲天地立心,仁也。

40.《内則》:"桑弧、蓬矢六,射天地四方。"賈誼《新書·胎教篇》:"懸弧之禮,東方之弧以梧,南方之弧以柳,中央之弧以桑,西方之弧以棘,北方之弧以棗。五弧五分矢,東、南、中央、西、北皆三射。其四弧餘二分矢,懸諸國四通門之左。中央之弧餘二分矢,懸諸社稷門之左。"《内則》,國君世子之禮;《新書》,王太子之禮也。

41. 上帝"降衷"于民,后王命冢宰"降德"于民。降德,所以全所降之衷也。元后作民父母,而"作之師";冢宰建六典,而"教典屬"焉。故曰:"周公師保萬民。"此君相之職也。二《南》之化以身教,《内則》之篇以言教。

42."養老",在《家語》則孔子之對哀公,在《書大傳》則春子之對宣王。記《禮》者兼取之。宣王問於春子曰:"寡人欲行孝弟之義,爲之有道乎?"春子曰:"昔者衛聞之樂正子曰:'文王之治岐也云云。'"《吕氏春秋》春居問於齊宣王曰:"今王爲太室,群臣莫敢諫。敢問王爲有臣乎?"王曰:"爲無。"春居曰:"臣請辟矣。"趨而出。王曰:"春子,春子,反!何諫寡人之晚也?"此即《大傳》所謂春子,但其名不同。○《大傳》名衛,《吕氏春秋》名居。

43."蒙以養正",罔不在厥初生。古者能食能言而教之,自天子至庶人一也。《慎子》曰:"昔者,天子手能衣而宰夫設服,足能行而相者導進,口能言而行人稱辭,故無失言失禮也。"《淮南·主術訓》、魏文帝《成王論》、袁宏《後漢紀論》,皆用其語。《通鑑》裴子野論"古者人君養子,能言而師授之辭,能行而傅相之禮",亦本於此。○《淮南》云:"心知規而師傅諭導,耳能聽而執正進諫。”魏文帝云:“相者導儀。”袁宏云:“身能衣。”今《慎子》存者五篇,其三十七篇亡,此在亡篇。

44.“六年,教數與方名。”數者,一至十也。方名,《漢志》所謂五方也。“九年,教數日。”《漢志》所謂六甲也。“十年,學書計。”六書、九數也。計者,數之詳,百千萬億也。《漢志》六甲、五方、書計,皆以八歲學之,與此不同。

45.“四十始仕,道合則服從,不可則去。”古之人自其始仕,去就已輕。“色斯舉矣”,去之速也。“翔而後集”,就之遲也。故曰:“以道事君,不可則止。”

46. 孟母曰:“婦人之禮,精五飯,羃酒漿,養舅姑,縫衣裳而已。”程子之母誦古詩曰:“女人不夜出,夜出秉明燭。”唐時有不識廳屏,而言笑不聞於鄰者,其習聞《内則》之訓歟?

47. 張彦遠云:“鄭玄未辯楂梨。[①]”按《内則》注:“租梨之不臧者。[②]”謂之未辯,可乎?○若璩按:謂鄭公不識樝,乃陶弘景。

48.《玉藻》注:“士以下皆禪,不合而繂積,如今作幧頭爲之也。”○幧,七消反。《後漢》向栩“著絳綃頭”,注:“字當作‘幧’。古詩云:‘少年見羅敷,脱巾著幧頭。’《儀禮》注:‘如今著幓頭,自項中而前交額上,卻繞髻也。’”

49. 紫,間色也,孔子惡其奪朱。周衰,諸侯服紫。《玉藻》云:“玄冠紫緌,自魯桓公始。”《管子》云:“齊桓公好服紫衣,齊人尚之,五素易一紫。”鄭康成以紫緌爲宋王者之後服,賈逵、杜預以紫衣爲君服,皆周衰之制也。○若璩按:五素易一紫,故蘇代書曰:“齊紫敗素也,而賈十倍。”

---

① “楂”,《叢刊》本、翁氏本作“樝”,音義同。

② “租”,翁氏本作“樝”,同。

50.“皮弁以日視朝。”沙隨程氏云：“皮弁視朝，明目達聰。若黈纊塞耳，前旒蔽明，乃祀天大裘而冕，專誠潔也。”

51.《明堂位》成王命魯公“祀周公以天子之禮樂”。《春秋意林》曰：“魯之有天子禮樂，殆周之末王賜之，非成王也。魯惠公使宰讓請郊廟之禮於天子，天子使史角往，惠公止之。其後在魯，實始爲墨翟之學。使成王之世魯已郊矣，則惠公奚請？惠公之請也，殆由平王以下乎？”惠公事見《吕氏春秋·仲春紀》。公是○若璩按：公是，即前劉原父。始發此論，博而篤矣。石林、止齋皆因之。

52. 魯公之廟，文世室也。武公之廟，武世室也。按《春秋》成公六年，立武宫。武公非始封之君，毁已久而復立，蓋僭用天子文、武二祧之禮。《春秋》之所譏，而《記》以爲禮乎？○若璩按：季文子以鞍之功立武宫，《左氏》明文。

53.《魯世家》伯禽之孫潰弑幽公而自立，周昭王之十四年也。諸侯簒弑之禍，自此始。《記》謂“君臣未嘗相弑”，不亦誣乎！太史公曰：“揖讓之禮則從矣，行事何其戾也？”

54. 孔子曰：“魯之郊禘，非禮也。周公其衰矣。”《春秋》屢書以譏其僭。又書“新作南門”、“新作雉門”及“兩觀”，皆僭王制也。若以王禮爲當用，則如泮宫、閟宫，《春秋》不書矣。

55.《少儀》“朝廷曰退”，進不可貪也；“燕游曰歸”，樂不可極也。

56.《學記》以“發慮憲”爲第一義，謂所發之志慮，合於法式也。“一年視離經辨志”，一年者，學之始；辨云者，分别其心所趨向也。慮之所發必謹，志之所趨必辨。爲善不爲利，爲己不爲人，爲君子儒不爲小人儒，此學之本也。能辨志，然後能繼志,故曰:"士先志。"

57."畿内爲學二,爲序十有二,爲庠三百,諸侯之國半之",王無咎之言也,陸務觀取焉。天子、諸侯有君師之職,公卿有師保之義,里居有父師、少師之教。

58.《列子》云:"古詩言:良弓之子,必先爲箕;良冶之子,必先爲裘。"張湛注云:"學者必先攻其所易,然後能成其所難。"

59.《文子》曰:"人生而靜,天之性也。感物而動,性之害也。物至而應,智之動也。智與物接,而好憎生焉。好憎成形,而智怵於外,不能反己,而天理滅矣。"與《樂記》相出入,古之遺言歟?致堂云:"《樂記》,子貢作。"○若璩按:《文子》明於人生而靜,上繫於"老子曰",蓋古有是言而老子傳之,記禮者亦傳之,非必有取於老也。《樂記》載子夏、魏文侯問答,爲文侯二十五年事。是時子夏年一百有八歲,子貢尚存乎?

60."大學之教也,時教必有正業。"朱子曰:"古者唯習《詩》、《書》、《禮》、《樂》,如《易》則掌於太卜,《春秋》則掌於史官,學者兼通之,不是正業。"子思曰:"夫子之教,必始於《詩》、《書》,而終於《禮》、《樂》,雜説不與焉。"○若璩按:吴文正謂:"《易》者,占筮之繇辭。《春秋》者,侯國之史記。自夫子贊《易》修《春秋》後,學者始以《易》、《春秋》合先王教士之四術而爲六經。"余亦謂《孔子世家》"孔子以《詩》《書》《禮》《樂》教,弟子蓋三千焉",此遵樂正之常法。至及門高弟,方授以《易》、《春秋》,故曰"身通六藝者七十有二人"。"六藝"乃六經,非《周官》之所云六藝也。

61."天理"二字,始見於《樂記》,如孟子"性善"、"養氣",前聖所未發也。

62.《史記·樂書》引《樂記》而注兼存王肅説,《通典》引《大傳》亦取肅注。肅字子雍,《魏志》有傳。○《集説》以肅爲元魏人，誤也。有兩王肅，在元魏者字恭懿，不以經學名。○若璩按：《北史·王肅與劉芳合傳》："肅嘗執芳手曰：'吾少來留意三《禮》，在南諸儒亟共討論。今聞卿釋，頓祛平生之惑。'"非不知經，特不及劉石經之精瞻耳。

63."禮主其減"，《史記·樂書》作"禮主其謙"。○王肅曰："自謙損也。""禮有報而樂有反"，鄭注："報，讀爲'褒'。"孫炎曰："報，謂禮尚往來，以勸進之。""石聲磬"，鄭注："磬，當爲'罄'。"《樂書》作"石聲硜"，○口鼎反。硜以立别。○《史記正義》："《樂記》，公孫尼子次撰。"

64.《南風》之詩，出《尸子》及《家語》。鄭氏注《樂記》云："其辭未聞。"

65. 艾軒曰："五音十二律，古也。舜彈五弦之琴以歌《南風》，是琴之全體具五音也。琴之有少宫、少商，則不復有琴；樂之有少宫、少徵，則不復有樂，以繁脆噍殺之調，皆生於二變也。"

66."三老、五更"。按《列子》云"禾生子伯宿於田更商丘開之舍"，"更"亦老之稱也。

67.《雜記》"里尹主之"，注："《王度記》曰：'百户爲里，里一尹，其禄如庶人在官者。'"《正義》："按《别録》，《王度記》似齊宣王時淳于髡等所説也。"

68. 孔子曰："少連、大連善居喪，東夷之子也。"唐扶餘璋之子義慈，號海東曾子；頡利之子疊羅支，其母後至，不敢嘗品肉。孰謂夷無人哉？

69.《祭法》注："司命主督察三命。"《孝經援神契》謂："命有三科：有受命以保慶，有遭命以謫暴，有隨命以督行。"《孟子》注云："命有三名：行善得善，曰受命；行善得惡，曰遭命；

行惡得惡，曰隨命。”孫子荆詩：“三命皆有極。”皆本《援神契》。

70.《祭義》曰：“術省之。”賈山《至言》：“術追厥功。”“術”與“述”同。

71.《孔悝鼎銘》：“六月丁亥，公假於大廟。”注謂：“以夏之孟夏禘祭。”《正義》：“哀十五年冬，荆聵得國。[①] 十六年六月，衛侯飲孔悝酒而逐之。此云六月命之者，蓋命後即逐之也。”愚按《通鑑外紀目録》，是年六月丁未朔，則無丁亥，當闕疑。裴松之曰：“孔悝之銘，行是人非。”

72.《經解》以《詩》爲首，《七略》、《藝文志》、阮孝緒《七録》用《易》居前。王儉《七志》，《孝經》爲初。

73.《坊記》引《論語》曰：“三年無改於父之道。”《論語》成於夫子之門人，則《記》所謂“子云”者，非夫子之言也。

74.《坊記》注引《孟子》曰：“舜年五十而不失其孺子之心。”今本云：“五十而慕。”康成注《禮》，必有所據。

75. 孔子曰：“國家有道，其言足以治；國家無道，其默足以容。”蓋銅鍉○若璩按：《大戴禮記》作“桐提“，此從《家語》。伯華之行也。○《大戴禮》、《家語》。曾子曰：“孝子之事親也，居易以俟命，不興險行以僥倖。”《中庸》之言本此。

76.“仁者人也”，注：“人也，讀如‘相人偶’之‘人’，以人意相存問之言。朱文公問吕成公：“相人偶，此句不知出於何書，疏中亦不説破。”○吕答未見，當考。《禮記集説》削此二句。《周禮》注“堪，讀如‘薄借綦’之‘綦’”，“轐，讀如‘旃僕’之‘僕’”，疏皆以爲未聞。○若璩按：鄭注《大射儀》“揖以耦”曰：“言以者，耦之

---

① “荆”，《叢刊》本、翁氏本作“蒯”。

事成於此，意相人耦也。”《聘禮》“每曲揖”曰：“以相人偶爲敬也。《公食大夫禮》“賓入三揖”曰：“相人偶。”賈公彦疏亦屢曰：“以人意相存偶。”

77.“期之喪達乎大夫”，吕與叔之説詳矣。朱文公謂：“古人貴貴之義。”然亦是周公制《禮》以後方如此。故《檀弓》又云：“古者不降，上下各以其親。”

78.“大經”、“大本”，注：“大經，《春秋》也。大本，《孝經》也。”蓋泥於緯書“志在《春秋》，行在《孝經》”之言，其説疏矣。

79.“衣錦尚絅”，《書大傳》作“尚蘏”，注：“蘏，讀爲‘絅’，或爲‘絺’。”

80. 朱文公《答項平父書》云：“子思以來，教人之法，惟以‘尊德性’、‘道問學’兩事爲用力之要。子静所説，專是尊德性事。而某平日所論，問學上多，所以爲彼學者，多持守可觀，而看義理不細。而某自覺於爲己爲人，多不得力。今當反身用力，去短集長，庶幾不墮一邊。”即此書觀之，文公未嘗不取陸氏之所長也。《太極》之書，豈好辯哉！

81. 徐彦伯《樞機論》曰：“中庸鏤其心，左階○若璩按：今《家語》作“右階”。銘其背。”中庸鏤心，未詳所出，但有服膺之語。○若璩按：鏤心即服膺。彦伯澀體，芻狗爲“卉人”，竹馬爲“篠驂”，大抵如是。

82.《樂記》：“倒載干戈，包之以虎皮，名曰建櫜。”字或作“建皋”，服虔引以解《左傳》“蒙皋比”。

83.《緇衣》葉公之顧命曰：“毋以小謀敗大作，毋以嬖御人疾莊后，毋以嬖御士疾莊士大夫卿士。”《周書・祭公篇》公曰：“汝無以嬖御固莊后，汝無以小謀敗大作，汝無以嬖御士疾大夫卿士，汝無以家相亂王室而莫恤其外。”○葉公，當作“祭公”，疑記《禮》者之誤。

84.“深衣方領”，朱文公謂：“衣領之交，自有如矩之象。續衽钩邊者，連續裳旁，無前後幅之縫。左右交钩即爲钩邊，非有别布一幅裁之，如钩而綴於裳旁也。”康成注：“钩邊，若今曲裾。”文公晚歲，去曲裾之制而不用。愚以漢史考之，朱勃之衣方領，謂之古制可也。江充之衣曲裾，謂之古制可乎？此文公所以改司馬公之説。

85.《大戴記·投壺》篇末云：“弓既平張，四侯且良。決拾有常，既順乃讓。乃揖乃讓，乃隮其堂。乃節其行，既志乃張。射夫命射，射者之聲。御車之旌，既獲卒莫。”此命射之辭也。

86. 哀公之問，非切問也，故孔子於問舜冠則不對，於問儒服則不知。

87.《儒行》言“自立”者二，言“特立”者一，言“特立獨行”者一。人所以參天地者，其要在此。“如有所立，卓爾”，顔子言之。“立天下之正位，先立乎其大者”，孟子言之。

88.《大學》之“親民”當爲“新”，猶《金縢》之“新逆”①當爲“親”也，皆傳寫之誤。

89. 古之人文以達意，非有意於傳也。《湯盤銘》以《大學》傳，《虞人箴》、《祈招詩》、《讒鼎銘》以《左氏》傳，楚狂《滄浪之歌》以孔、孟氏之書傳。

90.“知止而後有定”，《章句》云：“志有定向。”或問云：“事事物物，皆有定理，其説似不同？”當以《章句》爲正。

91. 子罕卻玉，韓起辭環，有無窮之名；季氏之璵璠，向魋之夏璜，有無窮之惡。故曰：“惟善以爲寶。”

① “逆”，翁氏本作“迎”。

92.《鄉飲酒義》"立三賓以象三光"，注："三光，三大辰也。天之政教，出於大辰焉。"《公羊傳》："大火、○心。伐、○參。北辰○北極。爲大辰。"漢文帝詔："上以累三光之明。"顔注："謂日、月、星。"

93.《春秋正義》引《辨名記》云："倍人曰'茂'，十人曰'選'，倍選曰'俊'，千人曰'英'，倍英曰'賢'，萬人曰'傑'，倍傑曰'聖'。"《禮記》正義引之，以爲蔡氏。《白虎通》引《禮别名記》曰："五人曰'茂'，十人曰'選'，百人曰'俊'，千人曰'英'，倍英曰'賢'，萬人曰'桀'，萬桀曰'聖'。"蓋《禮記》逸篇也。

94.《後漢》崔琦對梁冀曰："將使玄黄改色，馬鹿易形乎？"注言馬鹿而不言玄黄。按《禮器》"或素或青，夏造殷因"，注云："變白黑言素青者，秦二世時，趙高欲作亂，或以青爲黑，黑爲黄，民言從之。至今語猶存也。"琦所謂"玄黄改色"，即此事也。

95.《荀子》引《聘禮志》曰："'幣厚則傷德，財侈則殄禮。'禮云，禮云，玉帛云乎哉？"此即《聘義》所謂"輕財重禮"也。○若璩按：《聘禮記》："多貨則傷於德，幣美則没禮。"荀子所引自本此，於《聘義》無涉。

96.《後漢·東夷傳》："徐夷率九夷以伐宗周，西至河上。穆王畏其方熾，乃分東方諸侯，命徐偃王主之。"《檀弓》載：徐容居之對曰："昔我先君駒王西討，濟於河。"然則"駒王"即偃王歟；濟河，即所謂"西至河上"也。

97.《易乾鑿度》："水爲信，土爲知。"《中庸》注："水神則信，土神則知。"服氏注："《左傳》土爲信。"朱文公謂："信猶五行之土。服説是也。"

98.《儒行》云:“其過失可微辨,而不可面數也。”子路喜聞過,善人能受盡言。如諱人之面數,則面諛之人至,而曾子不當三數子夏矣。以是爲剛毅,焉得剛?故程子謂“游説之士所爲誇大之説”。

99. 方慤解《王制》云:“爵欲正其名,故官必特置;禄欲省其費,故職或兼掌。”愚嘗聞淳熙○若璩按:孝宗在位十二年,甲午改元。中,或言秦檜當國時,遴於除授,一人或兼數職,未嘗廢事,又可省縣官用度,於是要官多不補。御史中丞蔣繼周論之曰:“往者權臣用事,專進私黨,廣斥異己,故朝列多闕。今獨何取此?朝臣俸禄有限,其省幾何?而遺才乏事,上下交病,且一官治數司而收其禀,裴延齡用以欺唐德宗也。”以是觀之,則兼職省費,豈王者之制乎?

100.《周官》上公九命,《王制》有加則賜,不過九命。伏生《大傳》謂:“諸侯三年一貢士,一適謂之好德,再適謂之賢賢,三適謂之有功。有功者,天子一賜以車服弓矢,再賜以秬鬯,三賜以虎賁百人,號曰命諸侯。”此言三賜而已。《漢武紀》元朔元年,有司奏議曰:“古者諸侯貢士,一適謂之好德,再適謂之賢賢,三適謂之有功,乃加九錫。”“九錫”始見於此。遂爲篡臣竊國之資,自王莽始。《禮緯含文嘉》有“九錫”之説,亦起哀、平間。飾經文奸以覆邦家,漢儒之罪大矣。

101.《表記》“殷人先罰而後賞”,漢武帝謂“殷人執五刑以督奸”,皆言殷政之嚴也。《書》曰“代虐以寬”,《詩》曰“敷政優優”,豈尚嚴哉?

102.“仁右道左”,仁對道而言。張宣公以爲言周流運用處。右爲陽,而用之所行也。左爲陰,而體之所存也。

103.“國君沐粱，大夫沐稷，士沐粱。”司馬公曰：“禮别嫌明微。大夫貴，近於君，故推而遠之，以防僭逼之端。士賤，遠於君，雖與之同物，無所嫌也。”

104.“善教者使人繼其志。”弟子累其師，李斯、韓非之於荀卿也。弟子賢於師，盧植、鄭玄之於馬融也。

105.《曲禮》：“刑不上大夫。”《家語》：“冉有問刑不上於大夫，孔子曰：‘凡治君子，以禮御其心，所以屬之以廉恥之節也。’”其言與《賈誼書》同，而加詳焉。誼蓋述夫子之言也。《秋官・條狼氏》誓大夫曰“鞭”，恐非周公之法。

106.《文子》曰：“聖人不慚於影，君子慎其獨也。”《劉子》曰：“獨立不慚影，獨寢不愧衾。”○高彦先《謹獨銘》曰：“其出户如見賓，其入虚如有人。其行無愧於影，其寢無愧於衾。”四句並見《劉子》。

107.《大學章句》“咏嘆淫液”，刊本誤爲“淫泆”。

108.《月令》言“來歲”者二：季秋“爲來歲受朔日”，秦正建亥也；季冬“待來歲之宜”，夏正建寅也。○《月令》作於秦，雖用夏時，猶存秦制。《淮南・時則訓》與《月令》同。漢太初以前，猶以十月爲歲首。

109.《理道要訣》云：“周人尚以手摶食，故《記》云：‘共飯不澤手。’蓋弊俗漸改未盡。今夷狄及海南諸國、五嶺外人，皆手摶食，豈若用匕箸乎？[①] 三代之制祭立尸，自秦則廢。後魏文成時，高允獻書云：‘祭尸久廢，今俗父母亡，取狀貌類者爲尸，敗化黷禮，請釐革。’又周、隋《蠻夷傳》：‘巴、梁間爲尸以祭。’今郴、道州人祭祀，迎同姓伴神以享，則立尸之遺法，乃本夷狄風俗，至周未改耳。以人殉葬，至周方革，猶未

① “箸”，《叢刊》本、翁氏本作“筯”，義同。

能絶。○秦穆公、魏顆之父、陳乾昔。今戎狄尚有之,中華久絶矣。"○若璩按:立尸乃古法,外裔猶存耳。

110.《少儀》"穎",警枕也。謂之穎者,熲然警悟也。司馬文正公以圓木爲警枕,少睡則枕轉而覺,乃起讀書。○穎,元板作"熲"。

111."舜葬蒼梧之野。"薛氏曰:"《孟子》以爲'卒於鳴條',《吕氏春秋》'舜葬於紀'。蒼梧山在海州界,近莒之紀城。鳴條亭在陳留之平丘。"今考《九域志》,海州東海縣有蒼梧山。○若璩按:海州蒼梧山即《山海經》之郁州,無舜葬於此之説。

112.《儒行》言儒之異十有七條,程子以爲非孔子之言。胡氏謂:"游、夏門人所爲,其文章殆與荀卿相類。"

113. 古者無一民不學也。二十五家爲閭,閭同一巷。巷有門,門有兩塾。上老坐於右塾,爲右師;庶老坐於左塾,爲左師。出入則里胥坐右塾,鄰長坐左塾,察其長幼揖遜之序。新穀已入,餘子皆入學;距冬至四十五日,始出學。所謂家有塾也。聞之先儒曰:"先王之時,其人則四民也,其居則六鄉、三采、五比、四閭也,其田則一井、二牧、三屋、九夫也,其官則三吏、六聯、五侯、九伯也,其教則五典、十義、六德、六行也,其學則五禮、六樂、五射、六○若璩按:"六"當作"五"。馭、六書、九數也。少而習焉,其心安焉。正歲孟月之吉,黨正社禜之會,讀法飲射,無非教也。弟子之職,攝衣、沃盥、執帚、播灑、饌饋、陳膳、執燭、奉席,無非學也。漢有三老,掌教化父兄之教、子弟之率,餘論未泯。清議在鄉黨,而廉恥興焉;經學有師法,而義理明焉。吁,古道何時而復乎!○若璩按:"先王之時"至"其心安焉",皆魏華父《瀘州學記》之文,"其田"以下"其官”以上，有“其食則九穀、六畜、五牲、三犧也，其服則九文、六采、五色、[1]五章也”二句。王氏節去猶可，獨原文“其教則五事、五典”，由人身而人倫，最妙。易作“五典、十義”，“十義”出《禮運》，即“父子有親，君臣有義”等也，不與“五典”複乎？惜不及其時而問之。

114.“絜矩”，學者之事也。“從心所欲而不逾矩”，聖人之事也。

115.“孔子射於矍相之圃。”吕與叔曰：“孔子温良恭讓，其於鄉黨，似不能言，未聞拒人如是之甚。疑不出於聖人，特門人弟子逆料聖人之意而爲此説。將以推尊聖人，而不知非聖人之所當言。”○此言可以厲浮薄之俗，故表而出之。

《大戴禮記》

1.《大戴禮》《哀公問》、《投壺》二篇，與小戴無甚異。《禮察》篇首與《經解》同。《曾子大孝》篇與《祭義》相似，而《曾子》書十篇皆在焉。《勸學》、《禮三本》見於《荀子》。《保傅》篇則《賈誼書》之《保傅》、《傅職》、《胎教》、《容經》四篇也，《漢書》謂之《保傅傳》。

2.《大戴禮》盧辯注，非鄭氏。朱文公引《明堂》篇鄭氏注云：“‘法龜文’，未考《北史》也。”○若璩按：《盧辯傳》：“辯字景宣，以《大戴禮》未有解詁，乃注之。”

3.《易本命》篇與《家語》同，但《家語》謂子夏問於孔子，孔子曰：“然。吾昔聞老聃，亦如汝之言。”子夏曰：“商聞《山書》曰”云云。大戴以“子曰”冠其首，疑此篇子夏所著，而大

---

① “色”，翁氏本作“服”。

戴取以爲《記》。

4.《踐阼》篇載武王十七銘,《後漢·朱穆傳》注引《太公陰謀》武王衣之銘曰:"桑蠶苦,女工難,得新捐故後必寒。"鏡銘曰:"以鏡自照見形容,以人自照見吉凶。"觴銘曰:"樂極則悲,沉湎致非,社稷爲危。"《崔駰傳》注引《太公金匱》武王曰:"吾欲造起居之誡,隨之以身。"几之書曰:"安無忘危,存無忘亡。孰惟二者,必後無凶。"杖之書曰:"輔人無苟,扶人無咎。"《太平御覽》諸書引《太公陰謀》筆之書曰:"毫毛茂茂,陷水可脱,陷文不活。"箠之書曰:"馬不可極,民不可劇。馬極則蹶,民劇則敗。"又引《金匱》,其冠銘曰:"寵以著首,將身不正,遺爲德咎。"書履曰:"行必慮正,無懷僥倖。"書劍曰:"常以服兵,而行道德。行則福,廢則覆。"書車曰:"自致者急,載人者緩。取欲無度,自致而反。"書鏡曰:"以鏡自照,則知吉凶。"門之書曰:"敬遇賓客,貴賤無二。"户之書曰:"出畏之,入懼之。"牖之書曰:"窺望審,且念所得,可思所忘。"鑰之書曰:"昏謹守,深察訛。"硯之書曰:"石墨相著而黑,邪心讒言,無得污白。"書鋒曰:"忍之須臾,乃全汝軀。"書刀曰:"刀利磑磑,無爲汝開。"書井曰:"原泉滑滑,連旱則絶。取事有常,賦斂有節。"蔡邕《銘論》謂:"武王踐阼,于太師,①作席几、楹杖、器械之銘十有八章。"參考《金匱》、《陰謀》之書,則不止於十八章矣。書於篇後,俾好古者有考。○若璩按:書於篇後,謂《踐阼》篇也。王氏嘗集解《踐阼》篇。

5."武王東面而立,師尚父西面道丹書之言。"皇氏曰:"王在賓位,師尚父在主位,此王廷之位。若尋常師徒之教,

---

① "于太師"上,翁氏本有"咨"字。

則師東面，弟子西面，與此異。”〇若璩按：古弟子北面。郭隗曰：“北面拘指，逡巡而退以求臣，則師傅之材至矣。”一曰：詘指而事之，北面而受學，則百己者至。

6. 山谷以太公所誦《丹書》及武王銘書於坐之左右，以爲息黥補劓之方。朱文公亦求程可久寫《武王踐阼》一篇，以爲左右觀省之戒。〇《儀禮經傳》删“且臣聞之”至“必及其世”。《大學或問》因湯《盤銘》及武王之銘。

7.《大戴記》之《夏小正》，《管子》之《弟子職》，《孔叢子》之《小爾雅》，古書之存者，三子之力也。

8.《誥志》篇孔子曰：“古之治天下者必聖人。聖人有國，則日月不食，星辰不孛。”慈湖〇若璩按：慈湖，楊簡號。謂：“堯、舜、禹之時，歷年多無日食。至太康失邦，始日食。曆家謂日月薄食可以術推者，衰世之術也，而亦不能一一皆中。一行歸之君德，頗與孔子之言合。一行之術精矣，而有此論，則誠不可委之數。”

9.《説苑》引子思曰：“學所以益才也，礪所以致刃也。吾嘗幽處而深思，不若學之速；吾嘗跂而望，不若登高之博見。故順風而呼，聲不加疾，而聞者衆；登丘而招，臂不加長，而見者遠。故魚乘於水，鳥乘於風，草木乘於時。”與《大戴禮》、《荀子・勸學》篇略同。隋、唐《志》又有蔡邕《勸學篇》一卷，《易正義》引之云：“鼫鼠五能，不成一伎術。”〇晋蔡謨讀《爾雅》不熟，幾爲《勸學》死，謂《勸學篇》也。《荀子》“梧鼠”，大戴云“鼫鼠”；“蟹六跪二螯”，大戴云“二螯八足”。

10.《曾子》曰：“與君子游，如長日加益而不自知也。”董仲舒之言本於此。“行其所聞，則廣大矣。”仲舒云：“行其所知，則光大矣。”

11.《曾子制言》曰："良賈深藏如虚，君子有盛教如無。"與《史記》、《老子》之言略同。

12.《公符篇》載《孝昭冠辭》，其后氏曲臺所記歟？○《後漢·禮儀志》注引《博物記》云。《迎日辭》，亦見《尚書大傳》。○三句與《洛誥》同。

13.《哀公問五義》云："穆穆純純，其莫之能循。"《荀子》云："繆繆肫肫，其事不可循。"蓋古字通用。楊倞注："繆，當爲'膠'。肫，與'訰'同。"非也。

14. 賈誼"審取捨"之言，見《禮察》篇。

15.《四代》篇引《詩》云："'東有開明。'○避景帝諱也。於時雞三號，以興庶虞。庶虞動，蜚征作。嗇民執功，百草咸淳。"○庶虞，蓋山虞、澤虞之屬。馬融《廣成頌》用"飛征"。

16.《虞戴德》篇："昔商老彭及仲傀，政之教大夫，官之教士，技之教庶人。"○仲傀當考。

17.《小辨》篇子曰："綴學之徒，安知忠信？"○劉歆書"綴學之士"，本此。

18."傳言以象，反舌皆至。"○象者，象胥，舌人之官也。

19."《爾雅》以觀於古，足以辨言矣。"注謂："依於《雅》、《頌》。"○張揖云："即《爾雅》也。"《爾雅》之名，始見於此。

20.《保傅》篇："靈公殺泄冶，而鄧元去陳以族從。"○鄧元事唯見於此，當考。○若璩按：鄧元事亦見賈誼《新書》卷之十。

21.《文王官人》篇[①]："其少不諷誦，其壯不論議，其老不教誨，亦可謂無業之人矣。"○此言可以儆學者。○若璩按：《荀子》引孔子曰："少而不學，長無能也。老而不教，死無思也。是故，若子少思

① "篇"下，翁氏本有"阎按：当作《曾子立事》"。

長則學,老思死則教。”余幾一日百誦之。

22. 傅氏《夏小正序》:“鄭注《月令》引《小正》者八。”今按《月令》“孟冬講武”注引《夏小正》“十一月王狩”,凡引《小正》者九。○《詩·七月》箋引《小正》者一。朱子發曰:“《夏小正》具十二月而無中氣,有候應而無日數。至《時訓》乃五日爲候,三候爲氣,六十日爲節。豈《時訓》因《小正》而加詳歟?”

23.《孔子三朝》七篇,《藝文志》注:“孔子對魯哀公語也。三朝見公,故曰三朝。”《大戴禮記》《千乘》、《四代》、《虞戴德》、《誥志》、《小辨》、《用兵》、《少閒》,凡七篇。

樂

1.《樂緯動聲儀》:“顓頊之樂曰《五莖》,帝嚳之樂曰《六英》。”《漢志》、《白虎通》云“《六莖》、《五英》”。《帝王世紀》:“高陽作《五英》、高辛作《六莖》。”《列子》注以《六瑩》爲帝嚳樂,《淮南子》注以《六瑩》爲顓頊樂。《通鑑外紀》云:“《漢志》、《世紀》仿六樂撰其名,故多異。”

2. 徐景安《樂章文譜》曰:“五音合數,而樂未成文。案旋宫以明均律,迭生二變,方協七音。乃以變徵之聲,循環正徵;復以變宫之律,回演清宫。其變徵以變字爲文,其變宫以均字爲譜。唯清之一字,生自正宫,倍應聲同,終歸一律。”陳晋之《樂書》謂:“二變四清,樂之蠹也。四清之名,起於鐘磬二八之文;二變之名,起於六十律旋宫之言,非古制也。”朱文公曰:“半律,《通典》謂之子聲,此是古法。但後人失之,而唯存黄鐘、大吕、太簇、夾鐘四律,有四清聲,即半聲是也。變宫、變徵,始見於《國語》注。《後漢志》乃十二律之本聲,自宫而下，六變七變而得之者，非清聲也。凡十二律皆有二變，一律之内通五聲，合爲七均。祖孝孫、王朴之樂皆同。所以有八十四調者，每律各添二聲而得之也。"○正聲是全律之聲，如黄鐘九寸是也。子聲是半律之聲，如黄鐘四寸半是也。宫與羽，角與徵，相去獨遠，故於其間制變宫、變徵二聲。《仁宗實録》叙皇祐新樂云："古者黄鐘爲萬事根本，故尺、量、權、衡皆起於黄鐘。至晋、隋間，累黍爲尺而以制律，容受卒不能合。及平陳得古樂，遂用之。唐興，因其聲以制樂，其器雖無法，而其聲猶不失於古。王朴始用尺定律，而聲與器皆失之。太祖患其聲高，特減一律，至是又減半律。然太常樂比唐之聲猶高五律，比今燕樂高三律，失之於以尺而生律也。"其言皆見於范蜀公《樂書實録》，蓋蜀公之筆也。房庶言以律生尺，蜀公謂黄帝之法也。司馬公謂："胡、李之律生於尺，房庶之律生於量，皆難以定是非。"蔡季通謂："律、度、量、衡，言蓋有叙，若以尺寸求之，是律生於度；若以累黍爲之，是律生於量，皆非也。故自爲律吹之而得其聲。"○蜀公父名度，故以"度量"爲"尺量"。然《實録》不宜避私諱。

3.《淮南子·天文訓》云："律以當辰，音以當日。一律而生五音，十二律而爲六十音。因而六之，故三百六十音以當一歲之日。"京房六十律，錢樂之三百六十律，本於此。

4.《考工記·磬氏》疏："案《樂》云：'磬前長三律二尺七寸，後長二律尺八寸。'"朱文公問蔡季通："不知所謂'樂云'者是何書？"今考《三禮圖》，以爲《樂經》。《書大傳》亦引《樂》曰："舟張辟雍，鶬鶬相從。"漢元始四年立《樂經》，《續漢志》鮑鄴引《樂經》。今其書無傳。○若璩按：王充《論衡》："陽成子長作《樂經》。"

5. 晉戴逵上表曰："上之所好，下必有過之者焉。是故雙劍之節崇，而飛白之俗成；挾琴之容飾，而赴曲之和作。"蓋用阮籍《樂論》之語。○《樂論》云："吴有雙劍之節，趙有挾琴之容。"

6. 樂名，周以"夏"，宋以"永"，梁以"雅"，周、隋以"夏"，唐以"和"，本朝以"安"。

7. 傅玄《琴賦》："齊桓曰'號鐘'，楚莊曰'繞梁'，相如曰'燋尾'，伯喈曰'緑綺'。"《宋書·樂志》曰："世云'燋尾'，伯喈琴。以傅氏言之，非伯喈也。"今按《蔡邕傳》注引《琴賦序》："相如'緑綺'，蔡邕'焦尾'。"《宋志》恐誤。

8. 嵇叔夜《琴賦》："曲引所宜，則《廣陵》、《止息》。"李善注："應璩《與劉孔才書》曰：'聽《廣陵》之清散。'"傅玄《琴賦》曰："馬融譚[①]思於《止息》。"明古有此曲。韓皋謂嵇康爲是曲，當晉、魏之際，以魏文武大臣敗散於廣陵始。晉雖暴興，終止息於此。今以《選》注考之，《廣陵散》、《止息》皆古曲，非叔夜始撰也。○魏揚州刺史治壽春，亦非廣陵。顧況《廣陵散記》云："曲有《日宫散》、《月宫散》、《歸雲引》、《華岳引》。"然則"散"猶"引"也，敗散之説非矣。○譚思，何校本作"覃思"。

9. "銅山西崩，靈鐘東應"，《世説》注引東方朔、樊英事。《樂纂》又謂：晉人有銅澡盤，自鳴。張茂先曰："此器與洛陽鐘聲諧，宫中撞鐘，故鳴。"

10.《朱子語録》云："《漢·禮樂志》劉歆説樂處亦好。"《漢志》無劉歆説樂，此記録之誤。《近思續録》亦誤取之。○隋牛弘引劉歆《鐘律書》，出《風俗通》。

11. 周"無射"之鐘，至隋乃毀。唐顯慶之輅，至本朝猶

---

① "譚"，翁氏本作"覃"。

存。物之壽，亦有數邪？

12. 徐氏之禮善盤辟之容，而不能明其本；制氏之樂紀鏗鎗之聲，①而不能言其義。漢世所謂禮樂者，叔孫通之儀，李延年之律爾。禮缺而樂遂亡，徐氏之容，制氏之聲，亦不復傳矣。

13. 夏侯太初《辯樂論》："伏羲有《網罟》之歌，神農有《豐年》之咏，黄帝有《龍衮》之頌。"元次山《補樂歌》有《網罟》、《豐年》二篇。《文心雕龍》云："二言肇於黄世，《竹彈》之謡是也。"○《竹彈歌》見《吴越春秋》。

14. 韓文公《琴操》十首。琴有十二操，不取《水仙》、《壞陵》二操。

15. 范蜀公《議樂》曰："秬一稃二米，今秬黍皆一米。"楊次公非之曰："《爾雅》：'秬，黑黍。秠，一稃二米。'其種異。以爲必得秠然後制律，未之前聞也。"○晁子止曰："縱黍爲之則尺長，律管容黍爲有餘，王朴是也。横黍爲之則尺短，律管容黍爲不足，胡瑗是也。"

16.《新唐書·樂志》，多取劉貺《太樂令壁記》。

17.《吕才傳》云："制尺八，凡十二枚，長短不同，與律諧契。"尺八，樂器之名。○見《摭言》、《逸史》。《仙隱傳》："房介然善吹竹笛，名曰'尺八'。"

18.《文子》曰："聽其音則知其風，觀其樂即知其俗，見其俗即知其化。"與《樂記》意同。

19.《吕氏春秋》："齊之衰也，作爲大吕。"即《樂毅書》所云"大吕陳於元英"者。

---

① "鎗"，翁氏本作"鏘"。

20. 孔子鼓瑟，有鼠出游，狸微行造焉，獲而不得，而曾子以爲有貪狼之志。客有彈琴，見螳螂方向鳴蟬，惟恐螳螂之失也，而蔡邕以爲有殺心。二事相類。

21.《琴操》曰："聶政父爲韓王冶劍不成，王殺之。時政未生。及長，入太山，遇仙人，學鼓琴。七年，琴成入韓。"豈韓有兩聶政與？〇若擄按：《琴操》多不足辯。

22. 范蜀公曰："清聲不見於經，唯《小胥》注云：'鐘磬者編次之二八十六枚，而在一簴，謂之堵。'至唐又有十二清聲，其聲愈高。國朝舊有四清聲，置而弗用。至劉几用之，與鄭、衛無異。"今考皇祐二年，王堯臣等言："准正聲之半，以爲十二子聲之鐘，故有正聲、子聲各十二。"子聲即清聲也。唐制以十六爲小架，二十四爲大架，今太常鐘垂十六。舊傳正聲之外，有黄鐘至夾鐘四清聲。又樂工所陳，自磬、簫、琴、籥、巢笙五器，本有清聲；塤、篪、竽、筑、瑟五器，本無清聲。〇劉几用四清聲，未可以爲非。

23. 西山先生曰："禮中有樂，樂中有禮。朱文公謂'嚴而泰，和而節'。禮勝則離，以其太嚴，須用有樂。樂勝則流，以其太和，須用有禮。"

24. 致堂胡氏曰："禮、樂之書，其不知者指《周官》、《戴記》爲《禮經》，指《樂記》爲《樂經》。其知者曰：'《禮》、《樂》無全書。'此考之未深者。孔子曰：'吾自衛反魯，然後樂正，《雅》、《頌》各得其所。'是《詩》與《樂》相須，不可謂樂無書。《樂記》則子夏所述也。至於禮，夫子欲爲一書而不果成，夏杞、殷宋之嘆是也。"〇若璩按：此又以《樂記》子夏作。

25. 魯雖賜以天子之禮樂，其實與天子固有隆殺也。樂有夷、蠻而無戎、狄也；門有雉、庫而無皋、應也。尊用四代之尊,而爵無虞氏之爵也;俎用四代之俎,而豆無虞氏之豆也。其後魯公僭天子之制,三家僭魯公之制,陪臣僭三家之制。然魯有郊廟之禮,始於惠公之請,在平王東遷之後。〇説見前。〇若璩按:《小戴禮記》原無《明堂位》,只緣馬融增入,遂留話柄至今。①

26.《鄉飲酒》:"升歌三終,〇《鹿鳴》、《四牡》、《皇皇者華》。笙入三終,〇《南陔》、《白華》、《華黍》。間歌三終,〇歌《魚麗》,笙《由庚》;歌《南有嘉魚》,笙《崇丘》;歌《南山有臺》,笙《由儀》。合樂三終。〇《周南》《關雎》、《葛覃》、《卷耳》,《召南》《鵲巢》、《采蘩》、《采蘋》。《周南》、《召南》,《燕禮》謂之鄉樂,亦曰房中之樂。〇若璩按:《周禮・磬師》謂之燕樂。大射,歌《鹿鳴》三終,〇《鹿鳴》、《四牡》、《皇皇者華》。管《新宫》三終。〇其篇亡。笙詩無辭,則管詩亦無辭。〇《左傳》宋公享昭子,賦《新宫》。則《新宫》有辭。

① "留話柄",翁氏本作"紛紛"。

卷 六

宋 王應麟 撰

《春秋》

1.《春秋》之法，韓文公"謹嚴"二字盡之。學《春秋》之法，吕成公"切近"二字盡之。

2.《詩》亡然後《春秋》作。《詩》、《春秋》相表裏，《詩》之所刺，《春秋》之所貶也。《小雅》盡廢，有宣王焉，《春秋》可以無作也。《王風》不復《雅》，君子絶望於平王矣。然《雅》亡而《風》未亡，清議蓋凜凜焉。《擊鼓》之詩，以從孫子仲爲怨，則亂賊之黨猶未盛也。《無衣》之詩，待天子之命然後安，則簒奪之惡猶有懼也。更齊、宋、晋、秦之伯，未嘗無《詩》，禮義之維持人心如此。魯有《頌》而周益衰，變風終于陳靈而《詩》遂亡。夏南之亂，諸侯不討而楚討之，中國爲無人矣。《春秋》所爲作與？

3."春，王正月"，程氏《傳》曰："周正月非春也，假天時以立義耳。"胡氏《傳》曰："以夏時冠月，垂法後世。以周正紀事，示無其位，不敢自專。"朱文公謂："以《書》考之，凡書月皆不著時，疑古史記事例如此。至孔子作《春秋》，然後以天時加王月，以明上奉天時，下正王朔之義。而加“春”於建子之月，則行夏時之意亦在其中。① 以程子“假天時以立義”考之，則是夫子作《春秋》時，特加此四字以繫年，見行夏時之意。如胡氏之説，則周亦未嘗改月，而夫子特以夏正建寅之月爲歲首，月下所書之事，是周正建子月事。自是之後，月與事常差兩月，恐聖人制作，不如是錯亂無章也。劉質夫説，似亦以“春”字爲夫子所加，但魯史謂之《春秋》，似元有此字。石林葉氏考《左傳》“祭足取麥，穀鄧來朝”，以爲經、傳所記，有例差兩月者，是經用周正，而傳取國史；有自用夏正者，失於更改也。陳氏《後傳》曰：“以夏時冠周月，則《魯史》也。夫子修《春秋》，每孟月書時，以見《魯史》每正月書王以存周正，蓋尊周而罪魯也。”張氏《集傳》曰：“周官布治，言正月之吉，此周正也，而以夏正爲正歲。《詩・七月》言月，皆夏時，而以周正爲‘一之日’。可見兼存之法。”沙隨程氏曰：“周正之春，包子、丑、寅月。吕成公《講義》於‘春’字略焉，蓋闕疑之意。”○若璩按：《春秋》，魯史記之名，孔子前已然。年有四時，不可遍舉四字以爲書號，故交錯互舉，取“春”“秋”二字耳，此豈聖人特筆哉！②

4. 胡文定《春秋傳》曰：“元，即仁也。仁，人心也。”龜山謂：其説似太支離，恐改元初無此意。○東萊《集解》亦不取。

5. 隱元年有正月，後十年皆無正月。陸淳曰：“元年有正，言隱當立而不行即位之禮。十年無正，譏隱合居其位而不正以貽禍。”

6.《春秋》書“侵”者才五十八，○若璩按：胡傳以爲侵六十。

---

① “意”，翁氏本作“義”，非。
② “聖人”，翁氏本作“《春秋》”。

而書“伐”者至於二百一十三。蘇氏謂:“三《傳》侵伐之例,非正也。有隙曰‘侵’,有辭曰‘伐’。”愚謂:《孟子》曰“春秋無義戰”,非皆有辭而伐也。

7.《金石録》:“鼎銘有云:‘王格大室即立。’按古器物銘,凡言‘即立’,或言‘立中庭’,皆當讀爲‘位’,蓋古字假借。其説見鄭氏注《儀禮》。秦泰山刻石猶如此。”愚按:《周禮·小宗伯》“掌建國之神位”,故書“位”作“立”,鄭司農云:“立讀爲位。古者立、位同字。古文《春秋經》‘公即位’爲‘公即立’。”蓋古字通用。《詛楚文》“變輸盟刺”,即“渝”字,朱文公引以證《公》、《穀》“鄭人來輸平”即《左氏》“渝平”也。○胡文定謂以物求平,恐不然。

8.《史記·孔子世家》:“文辭有可與人共者,至於爲《春秋》,筆則筆,削則削,子夏之徒不能贊一辭。”曹子建《與楊德祖書》:“昔尼父之文辭,與人通流。至於制《春秋》,游、夏之徒乃不能措一辭。”李善注引《史記》曰:“子游、子夏之徒,不能贊一辭。”今本無“子游”二字。

9.《公羊》疏:案閔因叙云:“昔孔子制《春秋》之義,使子夏等十四人求周史記,得百二十國寳書。”○今經止有五十餘國。通戎夷宿、潞之屬,僅有六十。莊七年《傳》云:“《不修春秋》曰‘雨星不及地尺而復’;君子修之,曰‘星賈如雨’。”何氏曰:“《不修春秋》,謂‘史記’也。古者謂‘史記’爲‘春秋’。”劉原父謂:“何休以《不修春秋》,《百二十國寳書》、《三禮春秋》。”朱文公謂:“二書不傳,不得深探聖人筆削之意。”○若璩按:“三禮”二字疑不可曉,反覆窮思,似是“修爲”二字。質諸《公羊傳疏》,頗合。因自笑曰:邢邵言日思誤書,更是一適。墨子曰:“吾見百國《春秋》。”

10.王介甫《答韓求仁問春秋》曰:“此經比他經尤難,蓋三《傳》不足信也。”尹和靜云：“介甫不解《春秋》，以其難之也。廢《春秋》，非其意。”朱文公亦曰：“《春秋》義例，時亦窺其一二大者，而終不能自信於心，故未嘗敢措一辭。”

11. 鶴山曰：“《春秋》由懼而作，書成而亂賊懼。亂賊蓋陷溺之深者，而猶懼焉，則人性固不相遠也。”其説本於吕成公《講義》。

12. 書“尹氏卒”，此尹氏立王子朝之始也。書“齊崔氏出奔衛”，此崔杼弑其君之始也。比事觀之，履霜堅冰之戒明矣。聖人絶惡於未萌，必謹其微。

13. 薛士龍《春秋旨要序》謂：“先王之制，諸侯無史。天子有外史，掌四方之志，而職於周之太史。隱之時，始更魯曆而爲魯史。[①] 諸侯之有史，其周之衰乎。《費誓》、《秦誓》列於《周書》，《甘棠》、《韓奕》編之《南》、《雅》，烏在諸侯之有史也？晋乘始於殤叔，秦史作於文公。王室之微，諸侯之力政焉爾。止齋《後傳》因之。朱文公以爲：“諸侯若無史，外史何所稽考而爲史？古人生子，則閭史書之。閭尚有史，況一國乎！”〇愚謂：《酒誥》曰“矧太史友、内史友”，則諸侯有史矣。〇若璩按：成王封伯禽有史有典策。典策，春秋之制也。

14.《春秋》日食三十六，有甲乙者三十四，曆家推驗精者不過二十六，〇有日朔者二十六，以周曆考之，朔日失二十五；魯曆校之，又失十三。唐一行得二十七。〇朔差者半。本朝衛朴得三十五，獨莊十八年三月，古今算不入食法。〇若璩按：春秋三十六日食，有誤五爲三者，莊公十八年、僖公十二年是；有誤三爲二者，文公元年是；有誤十爲七者，宣公八年是；有誤九爲六者，昭公十七年是；有以後

---

① “曆”，翁氏本作“歷”。

月作前月，不應閏而閏先時者，隱公三年、桓公三年、十七年、莊公二十五年、三十年是；有以前月作後月，應閏而不閏後時者，宣公十七年、成公十七年、襄公十五年、二十七年、昭公十五年、定公十二年是。至僖公十五年五月之交，宜在四月。然乃亥時月食，非日食。何誤至此？蓋史失其官，閏餘乖次。從古未有過於春秋之世，則難信亦未有過春秋之書者也。衛朴以莊公十八年三月獨不入食法，不知法推是歲五月壬子朔，申時日食。《元史》郭守敬曰“蓋誤五爲三”，是也。詳見余《潛丘札記》。

15. 漢日食五十三，後漢七十二，唐九十三。曆法一百七十三日有餘一交會。然《春秋》隱元年至哀二十七年，凡三千一百五十四月，唯三十七食，是雖交而不食也。襄二十一年九月、十月，二十四年七月、八月頻食，是頻交而食也。○漢高帝三年十月、十一月亦頻食。○若璩按：比月頻食，此理所絶無者。曆家如姜岌、一行皆言之鑿鑿，不必西法爲然。余嘗意襄公二十一年、二十四年之前之後，必有某公某年爲冬十月庚辰朔日有食之者，又有爲八月癸巳朔日有食之者，脱其簡於彼而錯其簡於此，事固有之，理或一解，秦雲九頗以爲然。

16. 西疇崔氏曰：“《春秋》桓四年、七年無秋冬，定十四年無冬，桓十七年書‘夏五’而闕其月，莊二十二年書‘夏五月’而闕其事，僖二十八年書‘壬申’而不繫之月，桓十年書‘五月’而不繫之夏，昭十二年書‘十二月’而不繫之冬。郭公、仲孫忌與凡日食而不繫朔與日者，皆闕也。”

17.《孟子題辭》仲尼有云：“我欲托之空言，不如載之行事之深切著明也。”《太史公自序》：“聞之董生曰：‘子曰：“我欲載之空言，不如見之行事之深切著明也。”’”《正義》云：“此《春秋緯》文。”愚謂：緯書起哀、平間，董生時未有之，蓋爲緯書者述此語耳。

18.“公矢魚於棠”，朱文公曰：“據《傳》曰‘則君不射’，是以弓矢射之，如漢武親射蛟江中之類。”按《淮南·時則訓》：“季冬，命漁師始漁，天子親往射魚。”則《左氏》陳魚之説非矣。

19.《春秋》正月書王者九十二，二月書王者二十有三，三月書王者一十九。○元年，不以有事無事皆書王。何休謂：“二月、三月皆有王者，以存二王之後。”○二月，殷之正月。三月，夏之正月。先儒以爲妄。

20.“紀侯大去其國”，陳齊之謂：“聖人蓋生名之。大，名也。若漢欒大是也。”愚按：以“大”爲紀侯之名，本劉質夫説。

21. 魯哀公問仲尼曰：“《春秋》之記曰：‘冬十二月，賈霜不殺菽。’何爲記此？”仲尼對曰：“此言可以殺而不殺也。夫宜殺而不殺，桃李冬實。天失道，草木猶犯干之，而況於人君乎！”此《韓非》書所載也。以《魯論》“焉用殺”之言觀之，恐非夫子之言也。法家者流托聖言以文其峭刻耳。胡文定公《春秋傳》取之，未詳其意。

22. 沙隨《春秋例目》云：“有蜮，或考隸古《春秋》作‘有蟘’。《爾雅》：‘食葉蟘。’音特。”○《爾雅》：“蜚，蠦蜰。”郭璞注：“蜰，即負盤臭蟲。劉歆曰‘負蠜’，誤矣。”江休復《雜志》：“唐彦猷有舊本《山海經》，説‘蜚處淵則涸，行木則枯’，疑《春秋》所書即此物。若是‘負蠜’，不當云有，謂之多可也。”

23. 郎顗謂：“魯僖遭旱，修政自敕，時雨自降。”然《春秋》於僖公初書雨，已而書雩，已而書大旱，公之德衰矣。○若璩按：《晋·袁甫傳》：“《公羊》有言：‘魯僖甚悦，故致旱。’”此何休注也。

24. 名不可不謹也。《春秋》或名以勸善，或名以懲惡，衮鉞一時，薰蕕千載。東漢豪傑耻不得豫黨錮，慕其流芳也。我朝鐫工之微，不肯附名黨碑，懼其播惡也。名教立而榮辱公,其轉移風俗之機乎！○若璩按:鐫工安民,李仁父《長編》作李姓,①非。余親至西安碑林中辨之。

25.“公如京師”,非禮也。晋、楚可以言如,京師不可以言如,於是朝覲之禮廢矣。

26. 仲子之賵,宰書其名;成風之賵,王不書天,正三綱也。《公羊氏》乃有“母以子貴”之説。謂之知《春秋》之義,可乎？漢章帝不以尊號加於賈貴人,晋明帝不以尊號加於荀豫章君,猶近古也。

27. 齊侯、衛侯胥命于蒲。《荀子》曰:“《春秋》善胥命。”程子、胡文定皆善之。劉原父以爲自相命,非正也。止齋亦以爲相推長也。於是齊僖稱小伯,黎之臣子亦以方伯責衛宣。愚謂:齊、衛胥命,此霸者之始。其末也,齊、魏會於徐州以相王。霜凝冰堅,其來漸矣。

28. 書郊九,皆卜不吉。失時、牛災,則書之。書大雩二十一,皆在午、未、申之月。建巳之雩,常事不書。

29. 三書蒐於昭公之時,兵權在大夫。再書蒐於定公之時,兵權在陪臣。

30. 定公六月即位,而於春夏書元年。《正義》謂:“漢、魏以來,雖於秋冬改元,史於春夏即以元年冠之,因於古也。”《通鑑》漢建安二十五年之初,漢尚未亡,即以爲魏黄初元年。朱文公謂:“奪漢太速,與魏太遽,非《春秋》存陳之意。”

31.《春秋》三書“孛”,而昭十七年:“有星孛于大辰,申須曰:‘彗,所以除舊布新也。’”《史記·天官書》劉更生封事云:“《春秋》彗星三見。”則彗、孛一也。《晏子春秋》齊景公睹彗

① “父”,翁氏本作“甫”。

星,使伯常騫禳之。晏子曰:“孛又將出。彗星之出,庸何懼乎?”則孛之爲變,甚於彗矣。○齊有彗星,見於《傳》而經不書。

32. 星孛東方,在於越入吴之後;彗見西方,在衛鞅入秦之前。天之示人著矣。

33. 齊桓之將興也,恒星不見,星隕如雨;晋文之將興也,沙鹿崩,自是諸侯無王矣。晋三大夫之命爲侯也,九鼎震,自是大夫無君矣。人事之感,天地爲之變動,故董子曰:“天人相與之際,甚可畏也!”

34. 晋自武、獻以來,以詐力強其國,故《傳》曰:“晋人,虎狼也”;“晋人無信”;“晋所以霸,師武臣力也。”《春秋》書:“晋人納捷災于邾,弗克納”;“晋士丐帥師侵齊,至穀,聞齊侯卒乃還。”此《孟子》所謂彼善於此者,君子與之,義理之在人心,不可泯也。《剥》之上九,一陽尚存。《春秋》之作,見人心之猶可正也。

35. 列國之變,極于吴、越。通吴以疲楚者,晋也。通越以撓吴者,楚也。《春秋》於是終焉。唐以南詔攻吐蕃,而唐之亡以南詔。本朝以女真滅契丹,而中原之亡以女真。女真之將亡也,吾國又不監宣和,而用夾攻之策,不知《春秋》之義也。

36. 邢有狄難,已遷於夷儀,三國之師城邢。俾反其國都,故列三國稱師,以著其功。淮夷病杞,方伯不能斥逐蠻夷,使杞人安其都邑,乃城緣陵使遷,故書諸侯而不列序。狄入衛,逾年,齊侯方城楚丘以處文公,故但書城楚丘而不著其城之者。書愈略者,功愈降也。沙隨程氏云。

37. 齊桓之霸,自盟于幽至會于淮,凡十有二會,而孔子稱九合諸侯。劉氏《意林》曰:“始于幽,終于淮,合者九。”崔氏曰："道其不以兵車而已。莊十六年，九國盟于幽。二十七年，五國又盟于幽。僖元年，六國會于檉。二年，四國盟于貫。五年，八國會王世子于首止。七年，五國盟于甯母。八年，王人與七國會于洮。九年，宰周公與七國會于葵丘。十三年，七國會于鹹。凡九合諸侯也。牡丘之盟，陽穀之會，淮之會，蓋有兵車矣。"胡氏《通旨》曰："桓公霸四十二年，會盟凡二十有一，獨稱九合，舉衣裳之會爾。"《穀梁傳》衣裳之會十有一，《論語》疏謂："不取北杏及陽穀爲九。"《史記》兵車之會三，乘車之會六。其説不同。朱文公謂："九，《春秋傳》作'糾'，展喜犒師之詞云爾。"李氏韶《世紀》云："桓公會不邇三川，盟不加王人；文公會畿内，盟子虎矣。桓公寧不得鄭，不納子華，懼其奬臣抑君；文公則爲元咺執衛侯矣。此夫子所以有正譎之辨。"

38.《春秋繁露》曰："《春秋》甚幽而明，無傳而著。"又曰："《易》無達吉，《詩》無達詁，《春秋》無達例。"○若璩按：今《繁露》"例"兩作"辭"。陸農師稱之。又曰："不由其道而勝，不如由其道而敗。"攻媿謂：○按攻媿，樓鑰號。"真得夫子心法。"○何校本云："達吉，疑作'達占'。"

39. 董仲舒《春秋決獄》，其書今不傳。《太平御覽》載二事，其一引《春秋》許止進藥，其一引夫人歸于齊。《通典》載一事，引"《春秋》之義，父爲子隱"。應劭謂："仲舒作《春秋決獄》二百三十二事，○隋、唐《志》：十卷。今僅見三事而已。"○若璩按：《藝文類聚》亦載一事。御史中丞衆議薛況之罪，孔季彦斷梁人之獄，皆以《春秋》合於經誼。終軍之詰徐偃，則論正而心刻矣。吕步舒使治淮南獄，窮驗其事，蓋仲舒弟子不知其師書者也。公孫弘以《春秋》之義繩臣下，張湯請博士弟子治

《尚書》、《春秋》，補廷尉史。是以《春秋》爲司空城旦書也。胡文定公曰："《春秋》立法謹嚴，而宅心忠恕。"斯言足以正漢儒之失。○《鹽鐵論》文學曰："吕步舒弄口而見戮。"○若璩按："文學曰"當作"丞相史曰"。

40. 劉原父深於《春秋》，然議郭后祔廟，引《春秋》"禘于太廟，用致夫人"，"致者不宜致也，且古者不二嫡，當許其號而不許其禮。"張洞非之曰："按《左氏》，哀姜之惡，所不忍道，而二《傳》有非嫡之辭。敞議非是。"然則稽經議禮，難矣哉！

41. 桓以許田賂鄭，宣以濟西田賂齊，身爲不義而以賂免。取宋郜鼎，納莒僕寶玉，人欲横流，天理滅矣。末流之敝，貨范鞅而昭公不入矣，竊寶弓而盜臣肆行矣，受女樂而孔子遂去矣。三叛人以邑來，知利而不知義矣。《孟子》是以有"不奪不饜"之戒。

42. 公如京師者一，朝王所者二，卿大夫如京師者五，其簡如是，而朝聘於大國，史不絶書。尊卑之分不明，強弱之力是視。記《禮》者以魯爲有道之國，道焉在哉？

43. 衛人立晉，不稱公子者，宣公淫亂，此狄入衛之兆也。居中國，去人倫，變華而狄，以滅其國。東徙渡河，終不復還舊封。《詩》以《鶉之奔奔》在《定之方中》之前，其戒深矣。故於晉始立名之。

44. 書狄入衛，書楚子入陳，不忍諸夏見滅于夷狄，故稱"入"焉。書吴入郢，楚昭出奔，猶有君也；申包胥求救，猶有臣也，故不言楚。書於越入吴，國無人焉，如升虚邑，故言吴。

45. 禮樂自天子出，而獻六羽焉；非天子不制度，而税畝焉，故皆書曰"初"。《史記·表》於秦書"初立西畤"、"初租禾"、"初爲賦"，取法乎《春秋》。

46. 陳同甫《春秋屬辭》:公會戎于潛、公及戎盟于唐,曰:"聖人不與戎狄共中國,故中國不與戎狄共禮文。"齊侯使其弟年來聘、鄭伯使其弟語來盟,曰:"諸侯以國事爲家事,聖人以國事爲王事。"鄭世子忽復歸于鄭、許叔入于許,曰:"不能大復國於諸侯,則力不足以君國;不能公復國於諸侯,則義不足以有國。"公如齊納幣、大夫宗婦覿用幣,曰:"父子之大義,不以夫婦而遂廢;夫婦之常禮,不以強弱而有加。"鄭伯逃歸不盟、鄭伯乞盟,曰:"去就不裁於大義,則舉動無異於匹夫。"宋公會于盂、戰于泓,曰:"與夷狄共中國者,必不能與夷狄爭中國。"盟于翟泉,晋人、秦人圍鄭,曰:"鋭於合諸侯者,必有時而惰;工於假大義者,必有時而拙。"狄圍衛,衛遷于帝丘;衛人侵狄,衛人及狄盟,曰:"避夷狄之兵,以見小國之無策;要夷狄之好,以見中國之無霸。"遂城虎牢、戍鄭虎牢,曰:"公其險於天下,所以大霸者制敵之策;歸其險於一國,所以成霸者服叛之功。"城杞、城成周,曰:"大夫之於諸侯不自嫌,則列國之於王室何以辨?"其發明經旨,簡而當。

47.《晋語》司馬侯曰:"羊舌肸習於《春秋》。"《楚語》申叔時曰:"教之《春秋》。"皆在孔子前,所謂《乘》、《檮杌》也。魯之《春秋》,韓起所見,《公羊傳》所云"《不修春秋》"也。

48. 康節邵子學於李挺之,先視以陸淳《春秋》,欲以表儀《五經》。既可語《五經》大旨,則授《易》終焉。此學自《春秋》而始也。横渠張子謂:"非理明義精,殆未可學。"朱子謂:"《春秋》乃學者最後事。"此學至《春秋》而終也。

49. 孫明復《春秋總論》曰:"《周禮》九命作伯,得專征諸侯。孟子所謂五霸者,伯也。"李泰伯常語司馬公《迂書》,皆用此説。《通鑑》謂王霸無異道,先儒非之。愚按:“五伯”,見《左傳》成二年,杜氏注云:“夏伯昆吾,商伯大彭、豕韋,周伯齊桓、晋文。”以霸爲伯可也,而非孟子則過矣。邵子於五霸,取秦穆、晋文、齊桓、楚莊。○若璩按:杜注五伯本服虔説,見《毛詩》疏。此三代之五伯也。

50. 錫桓公命,葬成風,王不書“天”。桓四年、七年去秋、冬二時,此天法也。不書即位,名天子之宰,貶諸侯,討大夫,此王法也。孟子謂天子之事,邵子謂盡性之書,胡文定謂傳心之要典也。

51. 明天理,正人倫,莫深切於《春秋》。三忠臣書“及”,而爲義者勸焉;三叛人書名,而不義者懼焉。書克段、許止而孝悌行矣,書仲子、成風而綱常立矣,書郜鼎、衛寶而義利辨矣,書遇于清、會于稷而亂賊之黨沮矣。

52. 宣之於仲遂,定之於意如,以私勞忘大誼,不若叔孫昭子遠矣。晋文公以定襄王而請隧,王弗許,曰:“班先王之大物,以賞私德。”又曰:“余敢以私勞變前之大章?”真文忠《文章正宗》以此篇爲首,其有感於寶慶之臣乎?○若璩按:寶慶,理宗初即位乙酉改元之臣,謂史彌遠。懔懔焉《春秋》之法也。

53.“晋陽以叛”書,聖筆嚴矣,《公羊氏》乃謂“逐君側之惡”。《穀梁》亦云:“以地正國。”漢之亂賊,晋之強臣,唐之悍將,假此名以稱亂,甚於《詩》、《禮》發冢者也。

54. 平王之遷,戎爲之也;襄王之出,狄爲之也。《春秋》之筆,戎爲先,狄次之。其末也,淮夷列諸侯之會,天下之變極矣。

55.《春秋》以道名分,其特書,皆三綱之大者。曰“成宋亂”,以宋督弗討,而貨賂是取也;曰“宋災故”,以蔡般弗討,而細故是恤[①]也；曰"用致夫人"，以嫡妾無辨，而宗廟之禮亂也；曰"大夫盟"，以君弱臣強，而福威之柄移也。吁，其嚴乎！

56. 沈既濟書中宗曰："帝在房陵。"孫之翰、范淳夫用其例，《春秋》"公在乾侯"之比也。沙隨程氏謂："三子不以敬王之例書居，而引諸侯之在他國者，其考《春秋》而未熟者歟。"朱文公詩以爲范太史受説伊川，然既濟之議，乃其始也。○若璩按：初，吴兢撰國史，爲《則天本紀》次高宗下。既濟奏議，以爲則天皇后進以強有，退非德讓。史臣追書，當稱爲"太后"，不宜曰"上"。中宗雖降居藩邸，而體元繼代，本吾君也，宜稱"皇帝"，不宜曰"廬陵王"。睿宗在景龍前天命未集，假臨大寶，於誼無名，宜曰"相王"，未容曰"帝"。且則天改周正朔，立七廟，天命革矣。今以周厠唐列爲帝紀，考於禮經，是謂亂名。中宗嗣位在太后前，而叙年制紀，反居其下。方之躋僖公，[②]是謂不智。昔漢高后稱制，獨有王諸吕爲負漢約，無遷鼎革命事。時孝惠已殁，子非劉氏不紀，吕后尚誰與哉？議者猶謂不可，况中宗以始年即位，季年復祚，雖尊名中奪，而天命未改，足以首事表年，何所拘閡，而列爲二紀？魯昭公之出，《春秋》歲書其居曰"公在乾侯"。君在，雖失位不敢廢也。請省《天后紀》合《中宗紀》，每歲首必書孝和在，所以統之曰"皇帝在房陵，太后行某事，改某制"，《紀》稱中宗而事述太后，名不失正，禮不違常矣。夫正名所以尊王室，書法所以觀後嗣。且太后遺制，自去帝號。及孝和上謚，聞元册命，而后之名不易。今祔陵配廟，皆以后禮，而獨承統於帝，是有司不時，正失先旨。若后姓氏名諱，才藝智略，崩葬日月，宜入《皇后傳》，題其篇曰'則天順聖武皇后'云。"議不行。今《唐書》則《帝紀》、《后傳》兩收則天，殆亦參用其説焉。

57. 大雩、大閲、大蒐、肆大眚，凡以"大"言者，天子之禮也，書魯之僭。《月令》曰："大雩帝。"天子雩上帝，諸侯雩山

① "恤"，原作"卹"，改本字。
② "躋"，翁氏本作"躋"。

川。經書“大雩”二十有一,非禮也。賈逵云:“言大,别山川之雩。”○諸侯雩上帝,於是季氏旅泰山矣。

58. 溴梁之盟,大夫無君;申之會,諸侯皆狄,春秋之大變也。有雞澤之盟,而後有溴梁之盟;有宋之盟,而後有申之會。君臣、夷夏之分,謹其微而已。

59. 諸侯之主盟,自齊桓始也。北杏、鄄之會魯不至,及幽之盟而始會焉,則魯不亟於從霸也。夷狄之主盟,自楚靈始也。申之會魯不至,及薳啓強之召,而後如楚焉,則魯不亟於從狄也。故曰:“魯一變,至於道。”

60. 幽王之尹氏,不能世吉甫之賢,而秉國不平,西周所以夷於列國也。景王之尹氏,又世太師之惡,而私立王子朝,東周所以降於戰國也。

61. 魯,秉禮之國也。大夫不止僭諸侯而旅泰山,以《雍》徹,僭天子矣。陪臣不止僭大夫而竊寶弓,祀先公,僭諸侯矣。

《左氏》

1. 三《傳》皆有得於經而有失焉。“《左氏》善於《禮》,《公羊》善於讖,《穀梁》善於經”,鄭康成之言也。“《左氏》艷而富,其失也巫;《穀梁》清而婉,其失也短;《公羊》辯而裁,其失也俗”,范武子之言也。“《左氏》之義有三長,二《傳》之義有五短”,劉知幾之言也。“《左氏》拘於赴告,《公羊》牽於讖緯,《穀梁》窘於日月”,劉原父之言也。“《左氏》失之淺,《公羊》失之險,《穀梁》失之迂”,崔伯直之言也。“《左氏》之失專而縱,《公羊》之失雜而拘,《穀梁》不縱不拘而失之隨”,晁以道之言也。“事莫備於《左氏》，例莫明於《公羊》，義莫精於《穀梁》。或失之誣，或失之亂，或失之鑿”，胡文定之言也。“《左氏》傳事不傳義，是以詳於史而事未必實；《公羊》、《穀梁》傳義不傳事，是以詳於經而義未必當”，葉少蘊之言也。“《左氏》史學，事詳而理差；《公》、《穀》經學，理精而事誤”，朱文公之言也。學者取其長舍其短，庶乎得聖人之心矣！啖趙以後，憑私臆決，甚而閣束三《傳》，是猶入室而不由户也。

2. 吕成公謂：“《左氏》有三病：周、鄭交質，不明君臣之義，一也；以人事傅會災祥，二也；記管、晏之事則善，説聖人之事則陋，三也。”王介甫疑《左氏》爲六國時人者十一事。○介甫《左氏解》一卷，其序謂“爲《春秋》學餘二十年”。《館閣書目》以爲依托。

3. 漢武帝好《公羊》，宣帝善《穀梁》，皆立學官。《左氏》嘗立而復廢。賈逵以爲明劉氏之爲堯後，始得立。不以學之是非，而以時之好惡，末哉，漢儒之言經也！○若璩按：賈逵雖明劉氏爲堯後，止令逵選高才生二十人，教以《左氏》與簡紙經傳各一通，未嘗立學官。立學官乃光武因陳元之言，然旋立旋廢。

4. “八世之後，莫之與京”，其田氏簒齊之後之言乎。“公侯子孫，必復其始”，其三卿分晋之後之言乎。“其處者爲劉氏”，其漢儒欲立《左氏》者所附益乎。皆非《左氏》之舊也。新都之簒，以沙麓［崩］爲祥；①釋氏之熾，以恒星不見爲證。蓋有作俑者矣。

5.《正義》云：“和帝元興十一年，鄭興父子奏上《左氏》，始得立學，遂行於世。至章帝時，賈逵上《春秋大義》四十條。”愚

---

① “崩”字原脱，從翁氏本補。

嘗考和帝元興止一年，安得有十一年？一誤也。鄭興子衆終於章帝建初八年，不及和帝時，二誤也。章帝之子爲和帝，先後失序，三誤也。《釋文序録》亦云“元興十一年”，皆非也。

6.“優而柔之，使自求之”，《大戴禮》孔子之言也。東方曼倩、杜元凱皆用之。

7. 老泉《謚論》云：“婦人有謚，自周景王穆后始。”愚按：魯惠公聲子已有謚，在春秋之初。○若璩按：文姜亦不從夫謚。金仁山謂特謚爲文也，計必有秀慧之質，晨雊之才者。

8. 衆仲對羽數，服、杜之説不同。服虔云：“天子八八，至士二八。”則每佾八人。杜預云：“天子六十四人，至士四人。”則人數如其佾數。宋太常傅隆以杜注爲非，①謂：八音克諧，然後成樂，故必以八人爲列。降殺以兩，減其二列爾。預以爲一列又減二人，至士止餘四人，豈復成樂？劉原父謂：士無舞，特牲、少牢皆士禮，無用樂舞之儀。○若璩按：今《宋書·樂志》“故必以八人爲列”，②“人”誤作“八”，“列”誤作“例”，王氏所見本尚古。

9. 石碏曰“陳桓公方有寵於王”，《公羊傳》公子翬曰“吾爲子口隱矣”，《荀子》周公曰“成王之爲叔父”，《穆天子傳》亦云“穆滿”，皆生而稱謚，紀事之失也。○若璩按：顧寧人歷引生而稱謚，及《魯語》鮑國謂子叔聲伯曰“子何辭苦成叔之邑”，以“成”爲謚，不知下文稱苦成氏，《晋語》稱苦成叔子。《左傳》苦成叔傲，寧殖曰：“苦成家其亡乎？”則“成”非謚，蓋亦邑名。

10. 富辰言周公封建親戚，凡二十六國。成鱄言武王兄弟之國十有五人，姬姓之國四十人。○《史記》云：“文、武、成、康

① “杜注”，翁氏本作“杜預”。
② “今”，翁氏本作“今本”。

所封數百，而同姓五十五。”與此同。《荀子》謂周公立七十一國，姬姓獨居五十三人。《漢表》謂周封國八百，同姓五十有餘。後漢章和元年詔謂周之爵封千有八百，姬姓居半。當以成鱄之言爲正。皇甫謐亦云：“武王伐紂之年，夏四月乙卯，祀於周廟，將率之士皆封，諸侯國四百人，兄弟之國十五人，同姓之國四十人。”○若璩按：富辰首舉國名，皆文王之子、武王之弟。明十六人，何以云成鱄十五人當爲正？①

11. 宋人請猛獲於衛，衛人欲勿與，石祁子曰：“天下之惡一也。”名臣之言，可訓萬世。蓋祁子之學識，見於不沐浴佩玉之時。衛多君子，淵原有自來矣。

12. 原繁曰：“臣無二心，天之制也。”此天下名言，萬世爲臣之大法。《西山讀書記》取之，《博議》貶繁，恐未爲篤論。

13. 鄭伯謂燭之武曰：“若鄭亡，子亦有不利焉。”觀《魏受禪碑》、《唐六臣傳》，利災而樂亡者有矣。

14. 君之於民亦曰忠。季梁云：②“上思利民，忠也。”子之於親亦曰慈。《内則》云：“慈以旨甘。”聖賢言忠，不顓於事君，爲人謀必忠，於朋友必忠告，事親必忠養。以善教人，以利及民，無適非忠也。

15.《素問》：“立端於始，表正於中，推餘於終，而天度畢矣。”注謂：“立首氣於初節之日，示斗建於月半之辰，退餘閏於相望之後。”此可以發明《左氏》“正時”之義。

16.《通鑑外紀目録》云：“杜預《長歷》③既違五歲再閏，又非歸餘於終，但據《春秋》經傳，考日辰朔晦，前後甲子不合則置

---

① “云”，翁氏本作“言”。

② “梁”，翁氏本作“良”；“云”，翁氏本作“曰”。

③ “歷”，翁氏本作“曆”。後同。

一閏,非歷也。"《春秋分記》云:"《長歷》於隱元年正月朔則辛巳,二年則乙亥。諸歷之正皆建子,而預之正獨建丑焉。日有不在其月,則改易閏餘,強以求合。故閏月相距,近則十餘月,遠或七十餘月。"劉羲叟起漢元以來爲《長歷》,《通鑑目録》用之。○若璩按:《春秋長歷論》止有言"當順天以求合,非爲合以驗天"二語是。

17."王貳于虢","王叛王孫蘇",曰"貳"曰"叛",於君臣之義失矣,不可以訓。《通鑑》書燕叛齊而《大事記》非之,書蜀漢寇魏而《綱目》非之,書晋寇梁而《讀史管見》非之,况天子之於臣乎!

18.晋假道於虞,曰:"冀爲不道,入自顛軨,伐鄍三門。"杜氏以冀亭爲冀國。嘗考之《東漢・西羌傳》,渭首有冀戎。《史記》云秦武公伐而縣之,漢天水郡之冀縣也。入顛軨者,蓋冀戎。○前此虢公敗犬戎于渭汭,蓋亦渭首之戎。但秦之縣冀,在晋假道於虞之前,蓋其餘種也。晋自有冀邑。○冀缺爲卿,復與之冀。○若璩按:杜注"冀,即晋之冀亭",最是。王氏以爲漢冀縣,則今伏羌縣也,距虞千有餘里。

19.子犯曰:"民未知禮,未生其共。""生"之一字,與《樂記》"易直子諒之心,油然生矣"、《孟子》"樂則生矣"之"生"同。温公省試《民受天地之中以生論》,以"生"爲"活",其説以爲民受天地之中,則能活也。朱文公謂此説好。

20.楚箴曰:"民生在勤。"生,如"生於憂患"之"生",蓋心生生不窮。勤則生矣,生則烏可已也?怠焉則放,放則死矣。故公父文伯之母曰:"民勞則思,思則善心生。"

21.古者以德爲才,十六才子是也。如狄之酆舒,晋之知伯,[1]齊之盆成括。以才稱者,古所謂不才子也。

---

① "知",翁氏本作"智"。

22. 禹，鯀之子也。史克於鯀曰“世濟其凶”，而於禹曰“世濟其美”。論其世，則鯀非美也。於此見立言之難。

23. 貴而能貧，張文節、司馬公有焉。能賤而有恥，劉道原、陳無己有焉。○若璩按：富而能臣，見定十三年注“能執臣禮”。

24. 楚有夏州，以夏變夷。衛有戎州，以夷變夏。○若璩按：楚復封陳鄉，取一人焉以歸，謂之夏州。夏，氏也。

25.《管子・大匡篇》：“管仲曰：‘君會其君臣父子，則可以加政矣。’公曰：‘會之道奈何？’曰：‘諸侯無專立妾以爲妻，毋專殺大臣，毋國勞，毋專予禄士庶人，毋專棄妻，毋曲堤，毋貯粟，無禁材。行此卒歲，則始可以罰矣。’君乃布之於諸侯，諸侯許諾，受而行之。”《孟子》所謂“五禁”，略見于此。吕成公曰：“如内政之類，桓公於五命之戒，亦未免有所犯，故《左氏》隱而不書，使後世不知桓公躬言之而躬自蹈之也。”《説苑》晉文公合諸侯而盟曰：“無以美妾疑妻，無以聲樂妨政，無以奸情害公，無以貨利示下。”亦五禁之意，傳記不載。

26. 趙衰以壺飧從徑，餒而弗食，故使處原。《韓非子》曰：“晉文公出亡，箕鄭挈壺餐而從。迷而失道，與公相失，餓而不敢食。及文公反國，曰：‘輕忍飢餒之患，而必全壺餐，是將不以原叛。’乃舉以爲原令。”此即趙衰事也。

27. 杜預解《傳》云：“諸侯諒闇，國事皆用吉禮。”議太子服云：“高宗無服喪之文，唯稱不言而已。”飾經舞禮，不可以訓。

28. 伯宗伐潞，曰：“後之人或者將敬奉德義，以事神人，而申固其命，若之何待之？”樂毅伐齊，曰：“待彼悔前之非，改過恤下而撫其民，則難慮也。”羊祜伐吴，曰：“若更立令主，雖有百萬之衆，長江未可窺也。”此皆兵家權謀，惟恐人之遷善，豈所謂以善養人者哉?

29.“西陸朝覿”,其説有三:服氏謂春分奎晨見東方,杜氏謂三月奎朝見,鄭氏謂四月昴朝見。《爾雅》:“西陸,昴也。”劉炫云:“鄭爲近之。”《詩》“三星在天”,其説有二:毛氏以爲參,十月始見;鄭氏以爲心,三月見東方。朱文公從鄭説。

30.“季氏有嘉樹,韓宣子譽之。”服虔云:“譽,游也。宣子游其樹下。夏諺曰:‘一游一譽,爲諸侯度。’”○《孟子》注引“苑宣子豫焉”,“苑”字誤。

31. 宋伯姬,先儒謂婦人之伯夷。《左氏》謂女而不婦,非也。陸淳又以爲“非可繼可傳之道”。胡文定譏之,謂以此卜其貪生惜死,不知命矣。愚謂:淳党叔文而不羞,由其不知命也。

32. 衛侯賜北宫喜謚曰“貞子”,賜析朱鉏謚曰“成子”,是人臣生而謚也。魏明帝有司奏帝制作興治,爲“魏烈祖”,是人君生而謚也。○若璩按:孫盛謂:“此當年而逆制,祖宗未終而豫,自尊顯是也。”何屺瞻告余:“頃得宋槧本不全《左傳》,恰有昭二十年衛侯賜北宫喜事。杜注云:‘皆死而賜謚及墓田。’傳終言之,較近刻少未字,而字意尤明,義尤協,似勝王氏所據之本。王氏本與吾輩今日同。”余擊節曰:“若果未死賜謚,是豫凶事,非禮也。杜當以爲譏,不應云‘終言之’。一字之增,何啻天壤?宋槧本真寶也。”

33. 蔡墨曰:“國有豢龍氏,有御龍氏。”後漢有侍御史擾龍宗,豈其苗裔歟?

34. 甯殖愧諸侯之策,賈充憂謚傳,其惡不可掩也,是以知“可欲之謂善”。

35.《左氏》曰:“先二子鳴。”《莊子》曰:“子以堅白鳴。”昌黎《送東野序》言“鳴”字，本於此。

36. 人生求富，而子文逃之；富，人之所欲，而晏子弗受，庶幾乎無欲矣！

37. 僑不以防怨爲善，而怨自弭，故僑與鄭俱昌；斯以分過爲忠，而過益彰，故斯與秦俱亡。

38. 韓非曰：“宋君失刑而子罕用之，故宋君見劫。”李斯曰：“司城子罕相宋，身行刑罰，以威行之，期年遂劫其君。”愚按：襄九年宋樂喜爲司城以爲政，即子罕也。《左氏》載其言行，《檀弓》亦稱之，賢大夫也。《宋世家》無子罕劫君之事，非、斯乃與田常並言，不亦誣乎！《戰國策》謂忠臣令誹在己，譽在上。宋君奪民時以爲臺，而民非之。子罕釋相爲司空，民非子罕而善其君。此即《左氏》分謗之事。司城，宋之司空也。宋無兩子罕，則非、斯之言妄矣。《史記》鄒陽曰：“宋信子罕之計而囚墨翟。”《漢書》作“子冉”，文穎注以“子冉”爲子罕，皆所未詳。○若璩按：《韓非子·外儲説右下》兩載司城子罕謂宋君曰：“慶賞賜與，民之所喜也，君自行之。殺戮誅罰，民之所惡也，臣請當之。”宋君曰：“諾。”處期年，子罕殺宋君而奪政。與田常事宛似，自屬誣罔，然王氏竟未讀此。

39. 臧文仲“廢六關”。《家語》云“置六關”，注：“謂文仲置關以稅行者，故爲不仁。”

40. 氣、志有交勝之理，治、亂有可易之道，故君相不可以言命。多福自我求，哲命自我貽，故聖賢可以言天。天者，理而已。以萇叔爲違天，是人臣不當扶顛持危也；以楚克有陳爲天道，是夷狄可以猾夏亂華也。○趙氏震揆曰：“《左氏》之害義，未有甚於記女寬之論萇弘也。自昔聖賢，未嘗以天廢人。殷既錯天命，王子則曰：‘自靖自獻。’周天命不又，大夫則曰：‘黽勉從事。’治亂安危,天之天也;危持顛扶,人之天也。以忠臣孝子爲違天,則亂臣賊子爲順天矣,而可哉?"

41. 劉文公合諸侯於召陵,及皋鼬,將長蔡於衛。衛侯使祝佗私於萇弘,乃長衛侯於盟。考之《春秋》,是年三月會于召陵,蔡侯已在衛侯之上矣。五月盟于皋鼬,不序諸侯。經無長衛之文,《傳》未足信也。○若璩按:盟與會不同,盟較會之次爲重,《傳》固云"乃長衛侯於盟",非會也。會在召陵,蔡固在衛上。① 盟在皋鼬,衛則在蔡上。異地復異事,王氏於此析猶未精。

42.《韓詩外傳》:"受命者必以其祖命之。孔子爲魯司寇,命之曰:'宋公之子弗甫何孫魯孔丘,命爾爲司寇。'"○古重世族,故命必以祖。

43.《文選·補亡詩》"蕩蕩夷庚",李善注:"夷,常也。"《辯亡論》"旋皇輿於夷庚"注引繁欽《辨惑》:"吴人以船楫爲輿馬,以巨海爲夷庚。庚者,藏車之所。"愚按:《左傳》成十八年"披其地以塞夷庚",《正義》謂:"平道也。"二字出於此,《選》注誤。

44. 齊伐晋,入孟門。孟門山在慈州文城。② 林成已《春秋論》謂孟門即孟津,誤矣。晋裴秀客京相璠撰《春秋土地名》,其説多見於《水經注》。○若璩按:胡朏明曰:"唐文城縣即今山西平陽府吉州。此孟門則近朝歌。杜注以爲晋隘道,非也。文城,河中之石槽山也。"余《禹貢錐指》"冀州壺口"下辨甚詳。

45. 匠慶謂季文子曰:"子爲正卿,而小君之喪不成,不終君也。君長,誰受其咎?"吕文靖於李宸妃之喪,③ 其意本

---

① "固",翁氏本無此字。
② "文城"下,翁氏本有"縣"字。
③ "宸",翁氏本作"辰"。

於此。

46. 衛公叔發，注謂公叔文子。《論語》孔注作"公孫拔"。《集注》云"公孫枝"，蓋傳寫之誤。○若璩按：鄭氏注《檀弓》亦云："名拔，或作發。"

47.《史記》：仲尼弟子顏高，字子驕。定八年《傳》："公侵齊，門于陽州。士皆坐列，曰：'顏高之弓六鈞。'皆取而傳觀之。陽州人出，顏高奪人弱弓，籍丘子鉏擊之，與一人俱斃。"豈即斯人歟？《家語》作"顏刻"。《孔子世家》云："過匡，顏刻爲僕。"古者文武同方，冉有用矛，樊遲爲右；有若與微虎之宵攻，則顏高以挽強名，無足怪也。

48.《攻媿》跋語用"飛矢在上，行人在下"，迂齋引熙寧八年舊弼"韓、富、文三公"之對。愚考《春秋釋例》曰："使以行言，言以接事，信令之要，於是乎在。舉不以怒，則刑不濫；刑不濫，則兩國之情得通。兵有不交而解者，皆行人之勛也。是以雖飛矢在上，走驛在下。"○見《正義》。《攻媿》之言本此。○嘉熙庚子，愚試胄闈，王圖南發策亦用此二語。○若璩按：王氏淳祐元年辛丑進士，前一年爲嘉熙四年庚子，故猶試國子監也。

49.《釋例》終篇云："稱'凡'者五十，其別四十有九。"蓋以"母弟"二凡，其義不異故也。《隋志》有《春秋五十凡義疏》二卷。

50. 魏絳曰："靡自有鬲氏，收二國之燼，以滅浞而立少康。"杜氏謂："靡，夏遺臣事羿者。"真文忠辯之曰："靡忠於王室如此。考其本末，乃事相，非羿也。豈有夏之忠臣而肯事羿者哉？"張宣公曰："若靡，可謂忠之盛者矣！"○若璩按：靡于后羿被殺後始奔有鬲氏，故曰曾事羿，注非無因。

51."師曠驟歌《北風》，又歌《南風》"，服氏注："《北風》，無射、夾鐘以北。《南風》，姑洗、南吕以南。律是候氣之管，氣則風也。”

52.“讒鼎之銘”，服氏注：“疾讒之鼎，《明堂位》所云‘崇鼎’是也。一云：讒，地名。禹鑄九鼎於甘讒之地，故曰讒鼎。”《正義》謂二説無據。愚考《韓子·説林》曰：“齊伐魯，索讒鼎，魯以其贋往。齊人曰：‘贋也。’魯人曰：‘真也。’齊曰：‘使樂正子春來，吾將聽子。’”《新序》、《吕氏春秋》皆曰“岑鼎”，二字音相近。然則讒鼎，魯鼎也。《明堂位》魯有崇鼎，服注不爲無據。

53. 謂之《鄭志》，以明兄弟之倫；謂之《宋志》，以正君臣之分。

54. 宋人取長葛，經以爲冬，《傳》以爲秋。劉原父謂：“《左氏》雜取諸侯史策，有用夏正者，有用周正者。”

55.《公羊》疏：“《左氏》先著竹帛，故漢時謂之古學。《公羊》漢世乃興，故謂之今學。是以《五經異義》云：‘古者《春秋》左氏説，今者《春秋》公羊説。’”鄭衆作《長義》十九條十七事，論《公羊》之短，《左氏》之長。賈逵作《長義》四十條，云“《公羊》理短，《左氏》理長”。魏鍾繇謂：“《左氏》爲太官，《公羊》爲賣餅家。”

56. 權載之問《左氏》云“夏五之闕”、“《艮》八之占”，名對也。

57. 史趙曰：“自幕至于瞽瞍，無違命。舜重之以明德，置德於遂。”《魯語》：“幕，能帥顓頊者也，有虞氏報焉。”韋昭注云：“幕，舜之後，虞思也，爲夏諸侯。”《鄭語》：“虞幕，能聽協風，以成樂物生者也。”注亦以爲舜後虞思。按《左氏》，則幕在瞽瞍之先，非虞思也。○若璩按：金仁山《前編》亦辯舜出於虞幕，祖顓頊，不祖黄帝之説頗悉。

58.“穆有塗山之會”，注：“在壽春東北。”《説文》：“嵞，會稽山。一曰：九江當嵞也。民以辛、壬、癸、甲嫁娶。”按《漢·地理志》“九江郡當塗”，應劭注：“禹所娶塗山，侯國。有禹虚。”蘇鶚《演義》謂宣州當塗，誤也。東晋以淮南當塗流民寓居于湖，僑立當塗縣以治之，唐屬宣州。漢之當塗，乃今濠州鍾離也。

59.“季平子卒，陽虎將以璵璠斂，仲梁懷弗與。”《吕氏春秋》云：“孔子徑庭而趨，歷級而上，曰：‘以寶玉收，譬之猶暴骸中原也。’”《説文》云：“孔子曰：‘美哉璠璵！遠而望之，奂若也；近而視之，瑟若也。一則理勝，二則孚勝。’”《初學記》引《逸論語》曰：“璵璠，魯之寶玉也。”○下與《説文》同。其即季孫之事歟。

60. 范武子之德，本於“家事治”。宣子不能守家法，乃縱女祁之惡，信子鞅之讒，錮逐欒盈，幾危晋國，忝厥祖矣。再傳而吉射亡，宜哉！

61.“子，周公之孫也，多饗大利，猶思不義”，子贛之責公孫成也。劉歆亦少愧哉！

62.“猶秉周禮”，“齊猶有禮”，觀“猶”之一字，則禮廢久矣。

63. 吕向注《雪賦》曰：“隱公之時，大雪平地一尺。是歲大熟，爲豐年。桓公之時，平地廣一丈，以爲陽傷陰盛之證。”按《左氏》於隱公云“平地尺爲大雪”，不言是歲大熟。桓公事無所據，其説妄矣。桓八年冬十月，雨雪。建酉之月而雪，未聞其廣一丈也。

64. 柳子《晋問》：“魏絳之言：‘近寶則公室乃貧。’”按

《左傳》成六年,此乃韓獻子之言。○若璩按:東坡《石鐘山記》"魏獻子之歌鐘也","獻"當作"莊"。何屺瞻曰:"詩文中誤用事有自誤者,有因古人之誤而亦誤者,如晋悼作魏絳乃出《水經注》。"非不記《左傳》,故以示博,此又一例也。

65. 劉勰《辨騷》:"班固以爲羿、澆、二姚,與《左氏》不合。"洪慶善曰:"《離騷》用羿、澆等事,正與《左氏》合。"孟堅所云,謂劉安説耳。

66.《列子》載"隨會知政,群盜奔秦"、"趙襄子勝翟,有憂色",皆格言也。而謂隨會時有趙文子,又謂孔子聞襄子之言,其先後差齵。凡諸子紀事,若此者衆。《説苑》載祁奚救叔向,以欒盈爲欒達,○若璩按:《史記》"欒盈"皆作"欒逞",避惠帝諱也。"欒達"二字,乃"欒逞"傳寫之訛,非《説苑》本然。王氏偶未契勘及此。范宣子爲范桓子,皆誤。

67.《考古編》謂:"歐陽公論二帝三王世次差舛,發端於杜佑《通典》。"按《釋例》、《世族譜》已有此疑,則發端乃杜預也。○若璩按:曹魏時博士張融難王肅,亦以五帝非黄帝子孫相續次者,又前於預。

68. 雍熙中校九經,史館有宋臧榮緒、梁岑之敬所校《左傳》,諸儒引以爲證,孔維謂不可。按據杜鎬引《貞觀敕》,以經籍訛舛,由五胡之亂,學士多南遷,中國經術浸微。今並以六朝舊本爲證,持以詰維,維不能對。○見《談苑》。太平興國中校《漢書》,安德裕取《西域傳》山川名號字之古者,改附近人集語。錢熙謂人曰:"予於此書,特經師授,皆有訓説,豈可胸臆塗竄,以合詞章?"○見晏元獻公書。觀鎬、熙之言,則經史校讎,不可以臆見定也。○若璩按:齊武帝賜晋安王子懋以杜預手所定《左傳》,梁蕭琛得三輔相傳班固真本《漢書》,此二書當更奇。

69. 前輩學識,日新日進。東坡《咏三良》,其和淵明者,與在鳳翔時所作議論夐殊。吕成公《博議》,論公孫敖二子。及《續説》,則謂"宗子有君道";趙宣子使臾駢送賈季帑,則謂"古人風俗尚厚。《博議》非是"。可以見進德修業之功。

70. 齊、晋、楚之霸,皆先服鄭。范雎、李斯之謀,皆先攻韓。蓋虎牢之險,天下之樞也。在虢曰制,在鄭曰虎牢,在韓曰成皋。虢叔恃險而鄭取之,鄭不能守而韓滅之,韓又不監而秦並之。秦之亡也,漢、楚爭之。在德不在險,佳兵者好還,信夫!○若璩按:《戰國策》三晋既破智氏,將分其地,段規曰:"分地必取成皋。"韓王曰:"成皋石溜之地也,無所用之。"段規曰:"不然!臣聞百里之厚而動千里之權者,地利也。王用臣言,則韓必取鄭矣。"王曰:"善!"果取成皋。是成皋不待鄭亡而久入晋矣。

71. 欲治國者先齊家。家之不齊,莫甚於魯、衛,觀《詩》可見已。衛不足言也。魯自括、戲之爭,而桓、宣皆篡兄矣;自文姜之亂,而哀姜襲其迹矣;自成風事季友,而敬嬴事襄仲矣。家法不修,故曰:"魯、衛之政,兄弟也。"然衛多君子。魯無君子者,斯焉取斯?風化猶孅也。畏清議者亦曰:"何以見魯、衛之士?"政治雖濁,風俗不衰,與漢之東都同。

72. 周人以諱事神,名終將諱之。《曲禮》注云:"生者不相辟名。衛侯名惡,大夫有石惡。君臣同名,《春秋》不非。"《理道要訣》云:"自古至商,子孫不諱祖父之名,周制方諱。"○夷狄皆無諱。漢宣帝詔曰:"古天子之名,難知而易諱也。其更諱詢。"則生而稱諱矣。《博議》謂"名子者當爲孫地",出《顔氏家訓》。○若璩按:《孔疏》引熊氏曰:"石字誤,當作名字。蓋大夫有名惡者,謂齊惡,非石惡也。"

73.《河圖》曰:"昆山出五色流水,其白水入中國,名爲河。”故晉文公投璧於河，曰：“有如白水。”

74. 狐偃曰：“求諸侯莫如勤王。”荀彧以此勸曹操迎獻帝。○彧之言曰：“晉文公納周襄王，而諸侯景從。”豈誠於爲義者？故曰：“譎而不正。”《淮南》之書，謂晉文“得之乎閨内，失之乎境外”，非也。辰嬴之事，閨内之法安在哉？《詩》於《衛風·木瓜》，[1]猶美齊桓，而《唐風》不録晉文，亦以是夫！

75. 介之推曰：[2]“身將隱，焉用文之？”君子之潛也，名不可得聞。先儒謂召平高於四皓，申屠蟠賢於郭泰。

76. 邵子曰：“修夫聖者，秦穆之謂也。”蓋取其悔過自誓。胡文定謂：“文四年見伐不報，始能踐自誓之言矣。《尸子》稱穆公明於聽獄，斷刑之日，揖士大夫曰：‘寡人不敏，使民入於刑，寡人與有戾焉。二三子各據爾官，無使民困於刑。’此雖大禹之泣辜，無以過。以此坊民，猶有立威於棄灰者。”○若璩按：嘗謂秦穆公曰“其君實惡，其民何罪”，楚共王曰“其自爲謀也則過矣，其爲吾先君謀也則忠大哉”，二君之言可爲萬世法。

77. 楚之興也，篳路藍縷；其衰也，翠被豹舄。國家之興衰，視其儉侈而已。

78. 樂王鮒毁叔向，以平公不好賢也。梁丘據不毁晏子，以景公好賢也。二臣皆從君者，易地則皆然。○劉貢父詩云。顧子曰：“昔梁丘據之諫景公也，於房；晏嬰之諫景公也，於朝。然晏嬰之忠著於竹素，梁丘之佞于今不絶。”○顧夷《義訓》，《唐志》在儒家。梁丘據豈能諫景公哉？斯言繆矣！

79. 或求名而不得，如向戌欲以弭兵爲名，而宋之盟，其

---

① “於”，翁氏本作“如”。
② “之”，翁氏本作“子”。

名不列焉。或欲蓋而名章，如趙盾僞出奔，崔杼殺太史，將以蓋弑君之惡，而其惡益著焉。推此類言之，可見謹嚴之法。求名非謂齊豹，名章不止三叛也。

80. 孫郃論春秋無賢臣，蓋諸侯不知有王，其臣不能正君以尊王室。此孟子所以卑管、晏也。

81. 周之替也，自原伯魯之不説學。秦之亡也，自子楚之不習誦。

82. 史墨對趙簡子曰："天生季氏以貳魯侯。"又曰："君臣無常位，自古以然。"簡子在晋，猶季氏在魯也。史墨之對，其何悖哉！張睢陽責尹子奇曰："未識人倫，焉知天道？"○若璩按：張睢陽語以前，惟郭璞嘗遇顔含，欲爲之筮。含曰："年在天，位在人。修己而天不與者，命也；守道而人不知者，性也。自有性命，無勞蓍龜。"皆理學精言。尹子奇，按《通鑑》，當作"令狐潮"。

83. "今天或者大警晋也"，畏而能自修者也。"雖晋之强，能違天乎"，怠而不自强者也。

84. 叔向曰："楚辟我衷，若何效辟？"王魏公之於寇萊公，曰："不可學他不是。"

85. 公山不狃曰："君子違，不適讎國。所托也則隱。"斯言也，蓋有聞於君子矣。背君父以覆宗國者，不狃之罪人也。

86. 齊人歌曰："唯其儒書，以爲二國憂。"春秋之季，已輕儒矣。至戰國，而淳于髡有"賢者無益"之譏，秦昭王有"儒無益"之問，末流極於李斯。

87. 申包胥似張子房，天下士也。楚破矣，請秦師以卻吴；韓亡矣，借漢兵以滅秦。其相似一也。入郢之仇未報，則使越，爲之謀以滅吴；○見《吴語》。韓王成之仇未報，則從漢，爲之謀以滅項。其相似二也。楚君既入而逃賞，漢業既成而謝事。其相似三也。自夏靡之後，忠之盛者，二子而已。然楚國復興，而韓祀不續，天也，子房之志則伸矣。我思古人，唯漢諸葛武侯可以繼之。鞠躬盡力，死而後已，其志一也。若梁之王琳、唐之張承業，功雖不就，抑可以爲次矣，不當以功之成否論。吁！春秋亡國五十二，未見其人也。遂之四氏，僅能殲齊戍。其亡而復存者，唯一包胥，豈不難哉？太史公傳伍員而不傳包胥，非所以勸忠也。《戰國策》楚莫敖子華曰："昔吴與楚戰於柏舉，三戰入郢。棼冒勃蘇贏糧潛行，上崢山，逾深溪，蹠穿膝暴，七日而薄秦朝。鶴立不轉，晝吟宵哭。七日不得告，水漿無入口。秦遂出革車千乘，卒萬人，屬之子滿○《左氏》作"蒲"。與子虎下塞以東，與吴人戰於濁水，大敗之。"棼冒勃蘇即申包胥也，豈蚡冒之裔，楚之同姓歟？《淮南·修務訓》云："申包胥贏糧跣走，跋涉谷行，上峭山，赴深溪，游川水，犯津關，躐蒙籠，蹶沙石，蹠達膝，曾繭重胝，七日七夜，至於秦庭。鶴跱而不食，晝吟宵哭，面若死灰，顔色黴黑，涕液交集，以見秦王。"亦與子華之言同。所謂"莫敖大心深入吴軍而死"，以《左氏》考之，即左司馬戌也。戌者，葉公諸梁之父也。諸梁定白公之亂，不有其功而老於葉。其聞包胥之風而師法之歟？○雀立，元板作"鶴立"。

88. 邾文公之知命，楚昭王之知大道，惠王之知志，其所知有在於卜祝史巫之外者。裨竈言鄭之將火，或中或否，子産謂："焉知天道？"梓慎言魯之將水，昭子曰："旱也。"秋大旱，如昭子之言。亦非知天者也。故聖人以人占天。

89. 鉏麑之於趙宣子，沐謙之於司馬楚之，誠敬之感人至矣。商君載甲操戟，李林甫重關復壁，不亦愚乎！

90.《春秋》書災異，不書祥瑞，所以訓寅畏，防怠忽也。

災異，古史官之職。隕石六鷁，宋襄以問周内史。有雲夾日，楚昭以問周大史。在漢則太史公掌天官，張衡爲日官。我朝舊制，太史局隸秘書，凡天文失度，三館皆知之。淳熙中，熒惑入斗，同修國史李燾，類次漢元鼎至宣和四十五事以進。熒惑犯氐，秘書丞蔣繼周言："氐者，邸也。驛傳宜備非常。"不淹旬，都進奏院災。蓋每有星變，館吏以片紙録報，故得因事獻言。自景定○若璩按：理宗在位三十六年，庚申改元。後，枋臣○按枋臣，謂賈似道。欲末殺災異，①三館遂不復知。甲子，○按景定五年。彗星宫中見之，乃下求言之詔，則蒙蔽可見。壬申，按度宗咸淳八年。地生毛，明年失襄陽。災異其可忽哉！爲人臣不知《春秋》之義，其禍天下極矣，叔輒所以哭日食也。○若璩按：馬貴與言："古太史所職掌者，察天文記時政，蓋合占候、紀載之事以一人司之，②故其時象緯有變，而紀録無遺。"

91. 宋襄求諸侯而敗於泓，楚靈卜得天下而辱於乾溪。《淮南子》曰："侯而求霸者，必失其侯；霸而求王者，必喪其霸。"

92. 臧孫於魯曰："國有人焉。"師慧於宋曰："必無人焉。"襄仲於秦曰："不有君子，其能國乎？"有士五人，晋文所以霸也。有大叔儀，有母弟鱄，衛獻所以入也。有趙孟，有伯瑕，有史趙、師曠，有叔向、女齊，晋所以未可偷也。曰"子無謂秦無人"，曰"無善人，則國從之"。國之存亡輕重，視其人之有無而已。舜有臣五人，武王有亂臣十人，殷有三仁，周有八士。之人也，始可謂之有。虞有宫之奇，項有范增，不能有

① "末"，翁氏本作"抹"。
② "紀"，翁氏本作"記"。

其有矣。魏之窺吴,則曰:“彼有人焉。”賈生言天下倒縣,則曰:“猶爲國有人乎?”此皆以人爲盛衰也。

93. 隱公之大夫多不氏,猶可言未命也。宋昭公之大夫多不名,則説者不一矣。

94.《春秋》誅亂臣賊子,《左氏》謂“稱君,君無道也”;《穀梁》謂“稱國以弑其君,君惡甚矣”。安定先生曰:“是啓亂臣賊子之言也。其爲害教大矣。”

95. 宗人釁夏之守禮,聖人遺化也。後世犯葵丘之禁者多矣。漢之劉輔、魏之棧潛、我朝之鄒浩,守經據古,其有魯宗人之風乎!〇若璩按:劉輔諫成帝不宜立趙倢伃爲后,棧潛諫文帝不宜立郭貴嬪爲后。

96. 夫差之報越,其志壯矣。燕昭報齊似之,取其大節而略其成敗可也。慕容盛之討蘭汗,其言曰:“免不同天之責。凡在臣民,皆得明目當世。”君子猶有取焉,況吴乎!

97. 周之大寶鎮,《河圖》、《大訓》列焉。《易象》在魯,《三墳》、《五典》在楚,周不能有其寶矣。然而老聃之禮、萇弘之樂,文獻猶存。及王子朝以典籍奔楚,〇若璩按:奔楚爲魯昭公十六年事,在倚相之後。於是觀射父、倚相,皆誦古訓以華其國,以得典籍故也。區區一鼎,與懷璧同,其能國乎?〇若璩按:楚昭王失國,猶賴蒙穀入大宫,負雞次之典以浮於江,逃於雲夢中。昭王反蒙穀,獻典五官得法,而百姓大治,非典籍之力乎?

98. 古之謀國者,知彼知己,如良醫察脈,如善弈觀棋,德刑、政事、典禮不易。“楚自克庸以來”,此晋臣之知楚也。“晋君類能而使之”,此楚臣之知晋也。皆以紀綱風俗知之。楚自邲之後,晋自蕭魚之後,精神景象非昔矣。

99. 請討陳恒之年,《春秋》終焉。夫子之請討也,將以見之行事。請討不從,然後托之空言。○若璩按:馬公驌告余曰:“使孔子請討而得也,經大書曰‘齊陳恒弑其君’,‘壬公伐齊,殺陳恒’。春秋二百餘年,一大快也。請而不得,《春秋》可以絶筆矣。《春秋》之作,以亂臣賊子之故。其不作,亦以亂臣賊子之故哉!”

100. 杜氏注云:“仲尼之徒,皆忠於魯國。”《史記》載夫子之言曰:“夫魯,父母之國。國危如此,二三子何爲莫出?”此夫子之訓也。

101. 仲子有文在手,曰“爲魯夫人”。成季、唐叔有文在手,曰“友”、曰“虞”。《正義》云:“《石經》古文‘虞’作‘㕦’,‘魯’作‘𣍘’,手文容或似之。‘友’及‘夫人’當有似之者。”○若璩按:吾鄉張文潛生而有文在其手,曰“表”,故以爲名而字文潛。陸務觀云。

102.《藝文志》:“《春秋虞氏微傳》二篇。”按劉向《别録》云:“虞卿作《抄撮》九卷,授荀卿,卿授張蒼。”然則張蒼師荀卿者也。《左氏傳》漢初出,蒼家亦有功於斯文矣。浮丘伯亦荀卿門人,申公事之受《詩》,是爲《魯詩》。《經典序録》:“根牟子傳趙人荀卿子,荀卿子傳魯人大毛公,是爲《毛詩》。荀卿之門有三人焉,李斯、韓非不能玷其學也。”○《毛詩傳》以“平平”爲辯治,又以五十矢爲束,皆與《荀子》同。

103. 御孫曰:“儉,德之共也;侈,惡之大也。”古之格君心者,必以儉。董仲舒《對策》,乃謂儉非聖人之中制。公孫弘亦云:“人主病不廣大舒弘。”正邪雖殊,而啓武帝之侈心則一。

104. 伯宗好直言,而不容于晋;國武子好盡言,而不容于齊:小人衆而君子獨也。漢士習於諂諛,而以汲長孺爲戆、朱游爲狂;晋士習於曠達,而以卞望之爲鄙。君子之所守,不以習俗移也。

105. 列國大夫之無君，晋爲之也。會于戚而不討孫林父，會于夷儀而不討崔杼，會于適歷而不討季孫意如，君臣之義不明，而大夫篡奪之禍，晋自及矣。《晋語》趙宣子曰："大者天地，其次君臣。"然宣子能言之，而躬自犯之。

106. 寺人披之斬袪，芋尹無宇之斷旌，其讎一也。披請見而晋文讓之，無宇執人於宫而楚靈赦之。楚靈之量，優於晋文矣。漢高帝之赦季布，魏武帝之免梁鵠，吴景帝之遣李衡，皆有君人之量。

107. 楚伍參曰"晋之從政者新"，謂荀林父也。士彌牟曰"晋之從政者新"，謂范鞅也。一以喪師，一以失諸侯。《書》曰："人惟求舊。"○若璩按：謂荀林父"新從政在本月"，范鞅"新從政僅十日"，"新"字奇確。

108. 以近事爲鑑，則其言易入，申叔豫以子南戒薳子馮是也。告君亦然。樊噲諫高帝曰："獨不見趙高之事乎？"爰盎諫文帝曰："獨不見人彘乎？"

109. 劉炫謂：《國語》非丘明作。○《傳》言鄢陵之敗，苗賁皇之爲。《楚語》云："雍子之爲。"與《傳》不同。傅玄云："《國語》非丘明作，有一事而二文不同。"葉少藴云："古有左氏、左丘氏。太史公稱'左丘失明，厥有《國語》'。"今《春秋傳》作左氏，而《國語》爲左丘氏，則不得爲一家。文體亦自不同，其非一家書明甚。左氏，○王荆公以爲六國時人。蓋左史之後以官氏者。朱文公謂左氏乃左史倚相之後，故其書説楚事爲詳。○鄭漁仲云："左氏世爲楚史。"司馬氏謂左氏欲傳《春秋》，先作《國語》。《國語》之文，不及《傳》之精也。○若璩按：黄楚望書出極辨，以《左氏》爲楚人之非，蓋均載晋、楚之事，辭意間多與晋而抑楚是也。

110. 臧文仲以玉磬告糴於齊,見《魯語》。《容齋三筆·書博古圖》謂《左傳》無玉磬之説,非也。

111.《晋語》:伯宗索士庇州犁,得畢陽。及欒弗忌之難,諸大夫害伯宗,畢陽實送州犁于荆。畢陽之孫豫讓,見《戰國策》。祖孫皆以義烈著,所謂"是以似之"者。太史公不書於《傳》,故表而出之。

112.《晋語》:知宣子將以瑶爲後,知果曰:"不如宵也。"弗聽。知果别族于太史,爲輔氏。○《通鑑》取此。《戰國策》:張孟談因朝智伯,而出遇智過轅門之外。智過入見智伯曰:"二主殆將有變。"智過言之不聽,出更其姓爲輔氏。○《韓非子》同,云"更其族"。智過即智果也。二説之先後不同。

113.《楚語》伍舉曰:"德義不行,則邇者騷離,而遠者距違。"注:"騷,愁也。離,畔也。"伍舉所謂"騷離",屈平所謂"離騷",皆楚言也。揚雄爲《畔牢愁》,與《楚語》注合。

114.《皇王大紀》:"景王二年,○襄三十年。楚公子圍至晋,晋趙武子鞅鳴玉以相。"按《楚語》王孫圉聘於晋,定公饗之,趙簡子鳴玉以相,蓋楚昭王時。鞅者,武之孫也。今以王孫圉爲公子圍,以鞅爲武之子,皆誤。

115. 古者,孫以王父字爲氏。子産,子國之子,《國語》謂公孫成子,《左傳》謂公孫僑。○子産之子,始爲國氏。致堂作《子産傳》,曰"國僑",非也。○若璩按:子産之子,《左傳》謂之國參。

116.《鄭語》"依鞣歷莘",[①]《史記·鄭世家》注"莘"作"華"。《水經注》:"黄水經華城西。史伯曰:'華,君之土也。'

---

① "鞣",《叢刊》本、翁氏本作"畩"。

韋昭曰：'華，國名。秦白起攻魏，拔華陽。'司馬彪曰：'華陽在密縣。'《括地志》：'華陽城在鄭州管城縣南。'"可以證今本之誤。○按下文"前華後河"，則上文當作"華"。 ○若璩按：此證致精，朱鬱儀反以酈注"華"字誤，誤矣。何屺瞻曰："明道本'前華後河'，正作'華'。"

117.《晋語》竇犨對趙簡子曰："君子哀無人，不哀無賄；哀無德，不哀無寵；哀名之不令，不哀年之不登。"味其言，見其賢矣。《史記》："孔子將西見趙簡子，聞竇鳴犢之死，臨河而嘆。"《索隱》云："鳴犢，犨字。"《通鑑外紀》於周敬王二十八年書簡子殺鳴犢，三十年書竇犨對簡子，誤也。

118. 江端禮嘗病柳子厚作《非國語》，乃作《非非國語》。東坡見之曰："久有意爲此書，不謂君先之也。"然子厚《非國語》，而其文多以《國語》爲法。○若璩按：東坡《續楚語論》即東坡《非非國語》。

119. 古以一句爲一言。《左氏傳》："子大叔九言。"《論語》："一言蔽之，曰思無邪。"秦、漢以來，乃有句稱。今以一字爲一言，如五言、六言、七言詩之類，非也。○若璩按：《戰國策》："臣請三言而已矣。益一言，臣請烹。"是古以一字爲一言不爲非。又按：盧六以曰："《論語》子貢問曰：'有一言而可以終身行之者乎？'子曰：'其"恕"乎。'亦以一字爲一言。"是《論語》已有兩例也。

120. 史墨曰："越得歲而吴伐之，必受其凶。"杜牧注《孫子》曰："歲爲善星，不福無道；火爲罰星，不罰有德。"嘉定○若璩按：寧宗在位十四年戊辰。中，日官言五福太一臨吴分。真文忠公奏："漢之肇造，以寬仁得民，而不在五星之聚井；晋之卻敵，以將相有人，而不在歲星之臨吴。"

121. 子産鑄刑書，趙鞅、荀寅鑄刑鼎。至鄧析竹刑，則書於竹簡矣。然《甫刑》云"明啓《刑書》",其來已久。《漢·杜周傳》"不循三尺法",注:"謂以三尺竹簡書法律也。"朱博亦云:"奉三尺律令以從事。"《鹽鐵論》乃云:"二尺四寸之律,古今一也。"蓋律書以二尺四寸簡,舉其大數,謂之三尺。曹褒《新禮》寫以二尺四寸簡。漢禮與律令同録,其制一也。"

122. 襄子曰:"以能忍恥,庶無害趙宗乎?"○若璩按:《吕覽》尹鐸謂趙簡子曰:"敦顔而上色者忍醜。"《説苑·談叢》云:"能忍恥者安,能忍辱者存。"吕居仁謂"忍詬"二字,古之格言,學者可以詳思而致力。○若璩按:嘗戲謂韓信屈於市之少年,步騭屈於郡之豪族,何淮陰人偏能忍辱耶? 亦一異。

123."内有疑妻之妾,此宫亂也;庶有疑室之子,此家亂也;朝有疑相之臣,此國亂也。"管子之言,即辛伯之諗周桓公也。然管子能言之,而不能格齊桓之心。

124. 子曰:"《左氏》之失,在以成敗論人。"愚嘗觀蔡邕《獨斷》引王仲任曰:"君子無幸而有不幸,小人有幸而無不幸。"○若璩按:與《論衡》不同,王氏所擇精矣。韓文公謂:"君子得禍爲不幸,而小人得禍爲常;君子得福爲常,而小人得福爲不幸。"亦仲任之意。斯言可以正《左氏》之失。

125. 宋人享趙文子,叔向爲介。司馬置折俎,禮也。仲尼使舉是禮也,以爲多文辭。服虔云:"以其多文辭,故特舉而用之。後世謂之'孔氏聘辭'。以孔氏有其辭,故《傳》不復載也。"《正義》謂:"孔氏聘辭,不知事何所出。"

126."是謂一終,一星終也。"今俗語云"一匝"。《淮南子》:"以數雜之壽憂天下之亂,猶憂河水之少,泣而益之也。"○《文子》作"數集"。注:"雜,匝也。人生子,從子至亥爲一匝。"○俗語出於此。

127. 或以益爲皋陶之子。《列女傳》:“睪子生五歲而贊禹。”曹大家注:“皋陶之子伯益也。”○李邕爲《李思訓碑》云:“睪子贊禹,甘生相秦。”“睪”與“皋”同。林少穎謂:“伯益即伯翳,其後爲秦。臧文仲聞六、蓼滅,曰:‘皋陶、庭堅不祀忽諸。’使皋陶猶有後於秦,則文仲之言,不若此之甚也。”○《列子》:“夷堅聞而志之。”服虔注:“即庭堅也。”○若璩按:伯益爲皋陶子,亦見高誘注《吕氏春秋》及鄭氏《詩譜》、陸德明《音義》。詳《尚書古文疏證》卷四第五十八條。

128. 嫠不恤緯,齊女有禮。漆室女憂君,況委質爲臣者乎?○《列女傳》:“魯漆室女。”《韓詩外傳》云:“魯監門之女嬰。”莒婦投紡,復其夫之讎而不知有君,①與不恤緯者異矣。

129. 漢世祖罷郡國都尉,晋武帝去州郡武備,其害皆見於後。唐穆宗之銷兵,則不崇朝而變生焉。故曰:“誰能去兵?”

130. 劉知幾曰:“能言吾祖,郯子見師;不識其先,籍談取誚。”鄧名世曰:“春秋時善論姓氏者,魯有衆仲,晋有胥臣,見《晋語》。鄭有行人子羽,皆能探討本源,自炎、黄而下,如指諸掌。”○鄭漁仲曰:“《世本》、《公子譜》二書,皆本《左傳》。”

131. 子皮曰:“君子務知大者遠者,小人務知小者近者。”程子謂:“君子之志,所慮者豈止一身,直慮及天下千萬世;小人之慮,一朝之忿,不遑恤其身。”

132. “莊公寤生。”《風俗通》云:“俗説兒墮地,未能開目視者,謂之寤生。”○若璩按:《周書·寤儆解》王曰:“今朕寤,有商驚予。”注云:“言夢爲紂所伐,故驚。”《史記解》王召左史戎夫曰:“今夕朕

① “有”,翁氏本作“其”。

寤,遂事驚子。”参以《説文》“寤,晝見而夜夢也”,則莊公寤生者乃夢中所生,解較直捷。

133. 黄池之會,王孫雒曰:“必會而先之。”吴、晋爭先,雒之謀也,然不能救吴之亡,故《吕氏春秋》曰:“吴王夫差染於王孫雒、太宰嚭。”然則雒亦嚭之流耳。○若璩按:何屺瞻傳明道二年刊《國語》,正作“王孫雒”,與王氏當日所引本同。今流俗本盡作“雄”。

134. 晋有四姬,鄭子産有男女辨姓之言。考之《穆天子傳》,穆王有盛姬。蓋周禮之壞自王朝始,諸侯何誅焉?

135. 叔向習《春秋》,爲平公之傅,而不能諫四姬之惑,何也?曰:正己則可以格君心之非。叔向娶於申公巫臣氏,違母之訓而從君之命。無諸己而後非諸人,自反而不縮,其能正君乎?先儒有言:“寡欲之臣,然後可以言王佐。”

136. 季武子曰:“有叔向、女齊以師保其君。”公室之卑,私言於晏嬰;杞田之治,僅及於侵小。師保固如是乎?

137. 魯用田賦,仲尼曰:“有周公之典在。”晋鑄刑鼎,仲尼曰:“晋國將守唐叔之所受法度。”周公之典、唐叔之法度,魯、晋所以立國也。是以漢循高祖之法則治,唐變太宗之制則亂。○夏有“典則”,商云“成憲”,周云“舊章”。

138. 古也有志:“克己復禮,仁也。”或謂:“克己復禮”,古人所傳,非出於仲尼。致堂曰:“夫子以克己復禮爲仁,非指克己復禮即仁也。胥臣曰:‘出門如賓,承事如祭,仁之則也。’蓋《左氏》粗聞闕里緒言,每每引用,而輒有更易。穆姜於隨舉文言亦此類。”○若璩按:亦有辯,見《尚書古文疏證》卷五第七十六條。

139.《晋語》欒氏之臣辛俞曰:“三世仕家君之,再世以下主之。”○注：“大夫稱主。”優施謂里克妻曰：“主孟啖我。”○注：“大夫之妻稱主”。《左傳》醫和謂趙孟曰：“主是謂矣。”魏戊曰：“主以不賄聞於諸侯。”此大夫稱主也。○若璩按：盧六以曰：“《魯語》‘以歜之家而主猶績，懼于季孫之怒也’，此子稱母亦稱主也。”齊侯使高張來唁公，稱“主君”。子家子曰：“齊卑君矣。”主君，大夫之稱也。《史記·甘茂傳》：“樂羊拔中山，魏文侯示之謗書。樂羊曰：‘此非臣之功也，主君之力也。’”《戰國策》：“梁王魏嬰觴諸侯於范臺，魯君曰：‘主君之尊，儀狄之酒也；主君之味，易牙之調也。’”魏以大夫爲諸侯，故猶稱主君。○若璩按：《周禮》“主以利得民”，注云：“主謂公卿大夫。”是大夫稱主，周之制也。

卷七

宋　王應麟　撰

《公羊》

1. 漢武尊《公羊》家，而董仲舒爲儒者宗。"正誼不謀利，明道不計功"二言，得夫子心法。太史公聞之董生者，又深得綱領之正。嘗考公羊氏之《傳》，所謂讖緯之文與黜周王魯之説，①非《公羊》之言也。蘇氏謂："何休，《公羊》之罪人。"晁氏謂："休負《公羊》之學。五始、三科、九旨、七等、六輔、二類、七缺，皆出於何氏，其《墨守》不攻而破矣。"

2.《筆談》曰："《史記·年表》：'平王東遷三年，魯惠公即位。'《纂例》'隱公'下注云：'惠公三年，平王東遷。'不知啖趙得於何書？《鹽石新論》以爲啖趙所云，出何休《公羊音訓》，當作'平王東遷三年，惠公立'。此休一時記録之誤。"安定謂："平王東遷，孝公之三十七年也。明年，惠公立。《春秋》不始於孝公、惠公者，不忍遽絶之，猶有所待焉。歷孝逾惠，莫能中興，於是絶之，所以始於隱公也。"

---

① "讖緯"，翁氏本誤"纖緯"。

3. 漢以《春秋》決事，如雋不疑引“蒯聵違命出奔，輒距而不納，[①]《春秋》是之”；蕭望之引“士丐侵齊，聞齊侯卒，引師而還。君子大其不伐喪”；丞相、御史議封馮奉世，引“大夫出疆，有可以安國家，顓之可也”，皆本《公羊》。雖於經旨有得有失，然不失制事之宜。至於嚴助以《春秋》對，乃引“天王出居于鄭，不能事母，故絶之”，其謬甚矣。

4.《左氏》載曹劌問戰、諫觀社，藹然儒者之言。《公羊》乃有盟柯之事，太史公遂以曹沫列刺客之首。此戰國之風，春秋初未有此習也。○《穀梁》柯盟曹劌，《公羊》作“曹子”。然則“沫”即“劌”也。○若璩按：盧六以曰：“《索隱》云：‘沫宜音劌。’沫、劌聲相近而字異耳。”此游士之虛語，而燕丹之用荆軻，欲以齊桓待秦政，不亦愚乎！

5.“九世猶可以復讎乎？雖百世可也。”漢武用此義伐匈奴，儒者多以《公羊》之説爲非。然朱子序《戊午○若璩按：高宗紹興八年。讜議》曰：“有天下者，承萬世無疆之統，則亦有萬世必報之讎。”吁，何止百世哉！

6.“臣不討賊，非臣也；子不復讎，非子也”，“讎者無時焉可與通”：此三言者，君臣父子、天典民彝係焉。公羊子大有功於聖經。

7. 以祭仲廢君爲行權，范甯已譏其失矣。孟子曰：“有伊尹之志則可。”若祭仲者，董卓、司馬師、孫綝、桓温之徒也，其可褒乎？

8.“葵丘之會，桓公震而矜之。”安定謂：“前則致王世子于首止，今又致宰周公于葵丘，其心盈亦甚矣。《穀梁》以爲

---

① “距”，翁氏本作“拒”。

美,非美也;《孟子》以爲盛,有激而云。"

9. 以衛石惡爲惡人,劉原父非之曰:"董賢可謂賢乎!"又以仲孫何忌爲"譏二名",新莽之制,其出于此歟? 東漢之士,猶無二名者。○若璩按:《野客新書》:"《後漢傳》如蘇不韋字公先,王延壽字文考,謝夷吾字堯卿,郭延年字公游,此分明知其爲二名者,安得謂絶無? 第尚沿王莽之禁,寥寥耳?"

10. "用致夫人",《公羊》以爲姜氏,譏以妾爲妻也。董仲舒謂"成風",先儒取之。仲舒説經,蓋不泥於《公羊》也。晋江临曰:"厭屈私情,所以上嚴祖考。"曾謂《周禮》在魯,其臣無一江临彩乎?①

11. "晋人執宋仲幾于京師。仲幾之罪何? 不蓑城也。"注云:"若今以草衣城是也。"《漢·五行志》:"董仲舒以爲宋中幾亡尊天子之心,而不衰城。"顔注云:"衰城,謂以差次受功賦也。"按《左氏傳》:"遲速衰序,於是焉在。"又云:"宋仲幾不受功。""蓑"字當從《漢志》作"衰",○音初爲反。衰,差也。與《左氏》合。

12. 公羊子,齊人。其傳《春秋》,多齊言。登來、○若璩按:見隱五年。化我、○按:桓六年"行過無禮謂之化",則"我"字非齊語。樵之、○按:見桓七年。漱浣、○按:見莊三十一年。筍將、○按:文十五年"齊魯名竹簁曰筍",不與下"將"字連。踴爲、○按:僖十年"踴豫也",不與下"爲"字連。詐戰、○按:僖三十三年"詐卒"也,不與下"戰"字連。往黨、○按:文十三年"黨所也",不與上"往"字連。往殆、○按:襄五年"殆疑",不與上"往"字連。于諸、○按:見哀六年。累、○按:見桓二年。怴、○按:見桓五年。如、○按:見隱元年。昉、○按:見

① "临",《叢刊》、翁氏本作"彩"。

隱二年。棓、○按：見成二年。脰○按：見莊十二年。之類是也。鄭康成，北海人。其注三《禮》，多齊言，麴麫夬曰媒、○按：見《媒氏》。疾爲戚、○按：見《考工氏》。麇爲獐、○按：見《畫績》。漚曰涹、○按：見《㡛氏》。椎爲終葵、○按《玉人》，當作"終葵爲椎"。手足掔爲骹、○按：見《弓人》。全菹爲芋、○按：見《士喪禮》。祭爲隨、○按：見《士虞禮》。題肩謂擊征、○按：見《月令》。滑曰瀡、○按：見《内則》。相絞訐爲掉磬、○按：見《内則》。無髮爲秃楬、○按：見《明堂位》。穛爲相、○按：見《樂記》。殷聲如衣、○按：見《中庸》。祈之言是○按：見《緇衣》。之類是也。方言之異如此，則《書》之誥、誓其可強通哉？○若璩按：王氏引何休注爲《齊語》者已見上矣，猶有遺者：莊四年"怒"，莊二十年"瘠"，莊二十四年"僂"，莊二十八年"伐"、"又伐"，宣八年"廢"，宣十八年"墠"，昭二十一年"因諸"，皆齊人語也。《三禮注》遺者尤多。《司尊彝》云："獻，讀爲摩莎之莎。"《齊語》又云："齊人命諸酒曰滌。"《圉師》云："齊人言鈇椹之椹。"《蟈氏》云："齊魯間謂鼃爲蟈。"《考工記》云："齊人之言終古，猶言常也。"《廬人》云："齊人謂柯斧柄爲椑。"《士冠禮》云："齊人名舊爲韎韐。①"《聘禮》云："萊陽之間刈稻聚把，有名爲筥者。"《檀弓》云："居，讀爲姬姓之姬，齊魯間助語也。"《禮器》云："齊人所善曰麾。"《内則》云："齊人呼佩巾爲紛。"又云："紀、莒之間名諸爲濫。"又云："東海鰫魚有骨名乙，在目旁。"《樂記》云："齊語稱裂爲殈。"《雜記》云："齊人呼卷爲武。"《喪大記》云："齊人謂棺束爲緘繩。"《緇衣》云："資當爲至，齊、魯之語。"

13. 文公二年："公子遂如齊納幣。"譏喪娶也。娶在三年之外，則何譏乎？喪娶三年之内，不圖婚娶者大吉也，非常吉也。其爲吉者主於己，以爲有人心焉者，則宜於此焉變矣。公羊子之言，天理民彝之正也。《左氏》以爲禮、以爲孝，其害

① "舊"，翁氏本作"蒨"。

教最甚。杜氏謂:"諒闇既終,嘉好之事通於外内,其悖理又甚焉。"《中庸》曰:"三年之喪,達乎天子。"《孟子》曰:"三年之喪,自天子達於庶人。"左、杜而忘諸乎?杜預在晋,議太子之服,謂:"周公不言高宗服喪三年,而云諒闇,此服心喪之文也。叔向不譏景王除喪,而譏其宴樂已早,明既葬應除,而違諒闇之節也。司馬公以爲'巧飾經傳,以附人情'。"○預但知春秋衰世之禮,而未知先王制禮之本也。《公羊》長於《左氏》,此其一端也。

《穀梁》

1.《穀梁傳序》:"凡傳以通經爲主,經以必當爲理。夫至當無二,而三《傳》殊説,庸得不棄其所滯,擇善而從乎?"《孝經序》襲其語。

2. 桓五年《傳》:"鄭,同姓之國也,在乎冀州。"注:"冀州則近京師。"按鄭之始封,在今京兆,其地屬雍州。東遷之後徙新鄭,在今河南,其地屬豫州。謂近京師則可,謂在冀州則非。或曰:"冀州,中州也。《淮南子》:'正中冀州,曰中土。'"○若璩按:《墜形訓》少室、太室在冀州。《泰族訓》:"周既失道,則以天下之大畏於冀州。"又"中土"高誘注曰"冀州",皆足爲證。

3. 秦自殽之敗,即楚,見吕相絶秦,故《穀梁》曰:"秦之爲狄,自殽之戰始。"止齋曰:"楚之伯,秦之力也。自滅庸以後,秦爲楚役。"○若璩按:僖二十五年秦囚楚申公鬬克以歸,三十三年有殽之敗,使鬬克歸楚求成,此秦楚修好之始事也。

4. 伯宗攘輦者之善,穀梁子非之。董公遮説漢王,趙涉遮説條侯,繫天下興亡安危之大幾,用其言而不用其人,何哉？

5. 隱九年，俠卒。俠者，所俠也。所氏見于史者，漢有所忠，○《食貨》、《郊祀志》，《石慶、司馬相如傳》。後漢有所輔。○《獨行·劉茂傳》。《風俗通》："所姓，宋大夫華所事之後。魯有所氏，非但出於宋也。"然無駭、翬、挾、柔、溺、宛。先儒謂大夫未爵命於天子，不氏。則俠之氏爲所非也。

6.《公羊傳》於襄二十一年云："十有一月庚子，孔子生。"《穀梁傳》於二十年十月云："庚子，孔子生。"二十一年，賈逵注經云："此年仲尼生。"昭二十四年，服虔載賈逵語云："仲尼時年三十五。"定以孔子爲襄二十一年生也。《孔子世家》云："魯襄公二十二年生。"杜注從《史記》。臧榮緒以宣尼生庚子日，陳《五經》拜之。然以年則《公》、《穀》、《史記》有一年之差，以月則《公》、《穀》有一月之差。今不可考。○若璩按：王氏後宋景濂有《孔子生卒歲月辨》一篇，生主《公》、《穀》，歲己酉；卒主《左氏》，歲壬戌，相距則七十四年，與歷所傳孔子年七十三者不合。辭雖辨，實不通曆法。近黄太沖以曆上推，斷生於襄公二十二年建酉之月二十七日庚子，與羅泌《路史》吻合。余亦推以曆，嘆爲定論。

7. 侯國不守典禮，而使宰咺歸賵；[①]侯國不共貢職，而使石尚歸脤。經書天王以是始終，蓋傷周而嘆魯也。《穀梁》謂石尚欲書《春秋》，曾是以爲禮乎？

8.《文中子》謂："范甯有志於《春秋》，徵聖經而詰衆《傳》。"蓋杜預屈經以申《傳》，何休引緯以汩經，唯甯之學最善。

9.《穀梁》言大侵之禮，與《毛詩·雲漢》傳略同；言蒐狩

① "咺"，翁氏本作"喧"。

之禮,與《毛詩·車攻》傳相合。此古禮之存者。

10.《左傳正義》云:"漢代古學不行,明帝集諸學士作《白虎通義》。因《穀梁》之文,爲之説曰:'王者諸侯所以田獵何?爲苗除害,上以共宗廟,下以簡集士衆也。春謂之田何?春,歲之本,舉本名而言之也。夏謂之苗何?擇其懷任者也。秋謂之蒐何?蒐索肥者也。冬謂之狩何?守地而取之也。四時之田總名爲田何?爲田除害也。'"今《白虎通義》十卷,無此語,豈亦有逸篇歟?然章帝會諸儒於白虎觀,《正義》謂明帝,亦誤。

11. 某,或作"厶",出《穀梁》注:"鄧,厶地。"

12."穀梁子,或以爲名赤,或以爲名俶,秦孝公時人。"今按:《傳》載《尸子》之語,尸佼與商鞅同時,故以穀梁子爲秦孝公時人,然不可考。〇《漢書》但云魯學。〇若璩按:名赤,見《風俗通》;名俶字元始,見阮孝緒《世録》。趙氏《損益義》云然,盧六以云宜補入。

《論語》

1. 或問:"《論語》首篇之次章,即述有子之言。而有子、曾子獨以'子'稱,何也?"曰:"程子謂此書成於有子、曾子之門人也。"曰:"柳子謂孔子之没,諸弟子以有子爲似夫子,立而師之。其後不能對諸子之問,乃叱避而退,則固常有師之號,是以稱子。其説非歟?"曰:"非也。此太史公采雜説之謬,宋子京、蘇子由辨之矣。《孟子》謂子夏、子張、子游以有若似聖人,欲以所事孔子事之。朱子云:'蓋其言行氣象有似之者,如《檀弓》所記子游謂有若之言似夫子之類是也。'豈謂貌之似哉?”曰:“有子不列于四科,其人品何如?”曰:“宰我、子貢、有若智足以知聖人,此《孟子》之言也。蓋在言語之科,宰我、子貢之流亞也。”曰:“有子之言,可得聞與?”曰:“‘盍徹’之對,‘出類拔萃’之語,見於《論》、《孟》。而《論語》首篇所載,凡三章,曰‘孝弟’,曰‘禮’,曰‘信恭’,尤其精要之言也。其論‘晏子焉知禮’,則《檀弓》述之矣。《荀子》云:‘有子惡卧而焠掌,可以見其苦學。’”曰:“朱子謂有子重厚和易,其然與?”曰:“吴伐魯,微虎欲宵攻王舍,有若與焉,可謂勇於爲義矣,非但重厚和易而已也。”曰:“有子、曾子並稱,然斯道之傳,唯曾子得之。子思、孟子之學,曾子之學也,而有子之學無傳焉,何歟?”曰:“曾子守約而力行,有子知之而已。智足以知聖人,而未能力行也。《家語》稱其‘彊識好古道’,其視以魯得之者,有間矣。”曰:“學者學有子可乎?”曰:“孝弟、務本,此入道之門、積德之基,學聖人之學莫先焉。未能服行斯言,而欲凌高厲空,造一貫忠恕之域,吾見其自大而無得也。學曾子者,當自有子孝弟之言始。”曰:“《檀弓》記有子之言,皆可信乎?”曰:“王無咎嘗辨之矣。若語子游欲去喪之踊;孺子䵵之喪,哀公欲設撥以問若,若對以爲可,皆非也。唯《論語》所載爲是。”○若璩按:嘗讀此條,因悟有若不可屈兩廡,當於廟庭上廣而爲十二哲。德行有三人焉,閔子騫、冉伯牛、仲弓;言語亦三人焉,宰我、子貢、有若;政事亦三人焉,冉有、季路、公西華;文學亦三人焉,子游、子夏、子張。或曰:公西華政事之才,實並由、求,既聞命矣。而子張之列文學也,何居? 余曰:子夏、子游、子張,皆有聖人之一體。他日子夏、子張、子游以有若似聖人,皆孟子言也。前以孟子斷升有若,則此以孟子斷屬文學,於子張也何疑?

2.《春秋正義》云:“哀公問主於宰我,案古《論語》及孔、鄭皆以爲社主，張、包、周等並爲廟主。”今本作“問社”。《集解》用孔氏説，凡建邦立社，各以其土所宜之木，亦不言社主。然《正義》必有據。

3. 張衡《思玄賦》：“匪仁里其焉宅兮，匪義迹其焉追。”注引《論語》：“里仁爲美。宅不處仁，焉得知?”里、宅，皆居也。石林云：“以擇爲宅，則里猶宅也。蓋古文云然。今以宅爲擇，而謂里爲所居，乃鄭氏訓解，而何晏從之。當以古文爲正。”致堂云：“里，居也。居仁如里，安仁者也。”

4. 商爲“起予”，理明辭達也。回非“助我”，默識心通也。

5.《説苑》：“管仲築三歸之臺，以自傷於民。”《集注》取之。

6.“舉直錯諸枉”，“舉枉錯諸直”。孫季和謂：“舉直而加之枉之上，則民服，枉固服於直也。舉枉而加之直之上，則民不服，直固非枉之所能服也。”○若諸家解，何用加二“諸”字? ○若璩按：此尤與子夏“舜有天下，選於衆，舉皋陶”，不言錯四凶引證合。

7. 王景文曰：“孔子見起證而知其末，故曰：‘其或繼周者，雖百世可知也。’孟子見進證而知其極，故曰：‘千歲之日，可坐而致也。’邵氏見困證而知其窮，故曰：‘苟有命世之人，雖民如夷狄，三變而帝道可舉。惜時無百年之世，世無百年之人，時難人難，不其然乎?’”○邵子之言，見《觀物篇》。

8.“默而識之”，朱子謂不言而存諸心。“屢空”不取虚中之説，恐學者流於異端也。

9. 申棖，鄭康成云：“蓋孔子弟子申續。《史記》云：‘申棠，字周。’《家語》云：‘申續，字周。’”今《史記》以“棠”爲“黨”，《家語》以“續”爲“績”，傳寫之訛也。《後漢王政碑》云：

“有羔羊之潔，無申棠之欲。”亦以“根”爲“棠”，則申棠、申根一人爾。唐開元封申黨召陵伯，又封申根魯伯。本朝祥符封根文登侯，又封党淄川侯，俱列從祀。“黨”即“棠”也，一人而爲二人，失於詳考《論語釋文》也。《史記索隱》謂《文翁圖》有申根、申堂。[①] 今所傳《禮殿圖》有申黨，無申根。○若璩按：直至明嘉靖九年，始存根去黨，以合《論語》。末行“申棠”，元板作“申堂”。

10. 甘羅曰：“項橐七歲爲孔子師。”董仲舒《對策》：“此亡異於達巷黨人，不學而自知。”孟康注：“‘人’，項橐也。”《隸釋》載《逢盛碑》，以爲后橐。孟康之説未知所出，《論語注疏》無之。

11. “師摯之始”，鄭康成謂魯太師之名。“太師摯適齊”，孔安國以爲魯哀公時人，康成以爲周平王時人。班固《禮樂志》謂：“殷紂作淫聲，樂官師瞽抱其器而奔散，或適諸侯，或入河海。”《古今人表》列太師摯以下八人於紂時。吴斗南云：“按《商本紀》紂世抱樂器而奔者，太師疵、少師強也。《人表》亦列此二人於師摯八人之後，誤合兩事爲一。”石林云：“司馬遷論周厲王事曰：‘師摯見之矣。’則師摯，厲王時人也。”諸説不同，横渠從孔安國注。

12. “考其所爲，觀其所由，察其所安”，亦見《大戴禮·文王官人篇》。

13. 老彭，鄭注云：“老聃、彭祖。”龜山曰：“老氏以自然爲宗，謂之不作可也。”朱文公曰：“以《曾子問》言禮證之，述而不作，信而好古，皆可見。蓋聃周之史官，掌國之典籍、三皇五帝之書，故能述古事而信好之。如五千言，或古有是語

① “堂”，翁氏本作“棠”。

而傳之。《列子》引黄帝書，即'谷神不死'章也。聃雖知禮，謂行之反以多事，故欲滅絶之。《禮運》'謀用是作，兵由此起'，亦有此意。"致堂曰："仲尼問禮，或以證舊聞，或以絶滅禮學之故，[①]振而作之，使於問答之際有啓發，非以爲師也。"

14. 王無咎云："鹿邑之外有互鄉城，邑人相傳，謂互鄉童子見孔子者，此處也。前代因立互鄉縣，其城猶存。"○鹿邑屬亳州。○若璩按：《宋・地理志》"亳縣"當作"亳州"。

15. "不舍晝夜"，《釋文》："舍，音捨。"《集注》亦云："上聲。"而《楚辭辨證》云："洪引顔師古曰：'舍，止息也。屋舍、次舍，皆此義。'《論語》'不舍晝夜'，謂曉夕不息耳。今人或音捨者，非是。"《辨證》乃朱子晚歲之書，當從之。

16. 龐涓、孫臏同學兵法，蘇秦、張儀同學從衡，李斯、韓非同學刑名，始也朋而終也仇。故曰："小人同而不和，比而不周。"

17. 思欲近，近則精；慮欲遠，遠則周。

18. 四教以文爲先，自博而約；四科以文爲後，自本而末。

19. 互鄉童子則進之，開其善也；闕黨童子則抑之，勉其學也。

20. 草廬一言而定三分之業，一言之興邦也；夕陽亭一言而召五胡之禍，一言之喪邦也。

21. 唐太宗文學館學士，許敬宗與焉；裴晋公淮西賓佐，李宗閔與焉。以是知佞人之難遠。

22. 尹和静云："君臣以義合者也，故君使臣以禮，則臣

---

① "學"，翁氏本作"樂"。

事君以忠。”東澗○若璩按:東澗,湯漢號。謂:“如言‘父慈子孝’,加一‘則’字,失本義矣。”

23.“以能問於不能,以多問於寡,有若無,實若虛,犯而不校”,顏子“和風慶雲”之氣象也。“富貴不能淫,貧賤不能移,威武不能屈”,孟子“泰山巖巖”之氣象也。

24.“麻冕,禮也;今也純,儉。”鄭注:“純,黑繒也,側基反。”而《釋文》以鄭爲下音。今讀者從上音如字,非也。按《儀禮疏》,古“緇”、“紂”二字並行,“緇布”之“緇”,本字不誤。“紂帛”之“紂”,多誤爲“純”。《周禮》“純帛”注:“純,實‘緇’字。古‘緇’以‘才’爲聲。”○《釋文》:“純,側其反,依字從糸、才。”《詩·行露》箋“紂帛”《釋文》云:“紂,音緇。依字糸旁才。後人以才爲屯,因作純。”又《豐》詩箋云:“士妻紂衣。”《儀禮》“純衣”,《釋文》無音,亦非也。《集解》“純,絲也。”取《説文》。

25.“君子不以紺緅飾”,孔氏注:“一入曰緅。”石林云:“《考工記》:‘三入爲纁,五入爲緅,七入爲緇。’緅在纁、緇之間。《爾雅》:‘一入爲縓。’《禮》:‘練衣黄裏,縓緣;練冠、麻衣縓緣。’蓋孔氏誤以‘緅’爲‘縓’,則‘緅’不可爲近喪服。”《集注》謂:“緅,絳色,以飾練服。”亦用孔注。○《正義》曰:“一入爲緅,未知出何書。”又云:“三年練以緅飾衣,似讀緅爲縓。”當以石林之説爲正。

26. 馬融注《論語》云:“所因,三綱五常。”《大學衍義》謂:三綱之説,始見於《白虎通》。愚按:《谷永傳》云:“勤三綱之嚴。”《太玄·永》次五云:“三綱得于中極,天永厥福。”其説尚矣。《禮記正義》引《禮緯含文嘉》有三綱之言,然緯書亦起於西漢之末。

27.《太平御覽》引《莊子》曰:“孔子病,子貢出卜。孔子曰:'子待也。吾坐席不敢先,居處若齋,食飲若祭,吾卜之久矣。'子路請禱。"可以參觀。

28."仁者靜",孔安國云:"無欲故靜。"○與《太極圖説》同。

29. 石林解"執禮"云:"猶執射、執御之執。《記》曰:'秋學禮,執禮者詔之。'蓋古者謂持禮書以治人者,皆曰'執'。《周官・大史》:'大祭祀,宿之日讀禮書;祭之日,執書以次位常。凡射事,執其禮事。'此禮之見於書者也。"解"《雅》、《頌》各得其所"云:"季札觀魯樂,以《小雅》爲周德之衰,《大雅》爲文王之德。《小雅》皆變雅,《大雅》皆正雅。楚莊王言武王克商,作《頌》,以《時邁》爲首,而《武》次之,《賚》爲第三,《桓》爲第六,以所作爲先後。以此考之,《雅》以正變爲大小,《頌》以所作爲先後者,《詩》未删之序也。論政事之廢興,而以所陳者爲大小;推功德之形容,而以可告者爲先後者,删《詩》之序也。"其説可以補注義之遺。

30.《吕氏春秋》:"楚有直躬者,其父竊羊而謁之上。上執而將誅之,直躬者請代之。將誅矣,告吏曰:'父竊羊而謁之,不亦信乎?父誅而代之,不亦孝乎?信且孝而誅之,國將有不誅者乎?'荆王聞之,乃不誅也。孔子聞之,曰:'異哉,直躬之爲信也,一父而載取名焉!'故直躬之信,不若無信。"此即葉公所云也。○致堂曰:"直躬,猶曰正己,而《吕氏春秋》以爲人姓名,妄也。"

31. 周生列子云:①"舜嘗駕五龍以騰唐衢,武嘗服九駿以馳文塗。此上御也。"謂五臣、九臣。

32.《文子》曰:"人皆以無用害有用,故知不博而日不足。

① "列",《叢刊》本、翁氏本作"烈"。

以博弈之日問道，聞見深矣。"可以發明無所用心之戒。○言無所用心之害，非以博弈爲賢也。讀此章者，當以韋昭之論、陶侃之言參觀。

33. 曹操《祭橋玄文》曰："仲尼稱不如顏淵。"注引《論語》："孔子謂子貢：'吾與汝俱不如也。'"按包氏解云："吾與女俱不如。"

34. "周有八士"，包氏注云："四乳生八子。"其説本董仲舒《春秋繁露》。○謂四産得八男，皆君子雄俊，此天所以興周國。《周書·武寤篇》○若璩按：當作《和寤解》。"尹氏八士"，注云："武王賢臣。"《晋語》"文王詢八虞"，賈逵云："周八士，皆在虞官。"以仲舒"興周"之言考之，當在文、武時。○若璩按：楊升庵以《周書·克殷解》"命南宫忽振鹿臺之財"爲即仲忽，"命南宫百達遷九鼎"即伯達；《君奭》"有若南宫括"即伯括。則"八士"者，南宫氏也。康成注"成王時人"者近之，亦一解。《魏書·靈徵志》："高祖延興三年，秀容郡婦人一産四男，四産十六男。"《後山叢談》："郯城民妻有二十一子，而雙生者七"，較八士更多三乳。

35. 東坡解"孟莊子之孝"爲獻子，石林謂："以獻子爲穆伯之子，以惠叔爲惠伯，讀《左氏》不精，二者皆誤。"○致堂取蘇説，而不辨其誤。○若璩按：穆伯即公孫敖，乃孟獻子之祖。獻子父文伯，名穀，叔服所謂"穀也食子"者。惠叔名難，公孫敖次子，叔服所謂"難也收子"者。至惠伯爲叔仲氏，父公孫兹，祖叔牙，與惠叔係從祖昆弟，小功服，非一人也。

36.《吕氏春秋·不苟論》云："孔丘、墨翟晝日諷誦習業，夜親見文王、周公旦而問焉。"注引《論語》"夢見周公"。○孔、墨並稱，始於戰國之士。其流及於漢儒，雖韓退之亦不免。

37. "逸民"各論其行，而不及朱張。或曰："其行與孔子同，故不復論也。"《釋文》引王弼注："朱張，字子弓，荀卿以比孔子。"

38."虞仲、夷逸,隱居放言。"包氏注:"放,置也,不復言世務。"介之推曰:"言,身之文也。身將隱,焉用文之?"《中庸》曰:"其默足以容。"古注亦有味。

39.《論語》疏:"案《春秋少陽篇》,伯夷姓墨,名允,字公信。伯,長也。夷,謚。叔齊名智,字公達,伯夷之弟。齊,亦謚也。"《少陽篇》未詳何書。○真宗問陳彭年墨允、墨智何人,彭年曰:"伯夷、叔齊也。"上問見何書,曰:"《春秋少陽》。"夷、齊之父,名初,字子朝。胡明仲曰:"《少陽篇》以夷、齊爲伯、叔之謚,彼已去國,隱居終身,尚誰爲之節惠哉?蓋如伯達、仲忽,亦名而已矣。"

40. 沮、溺、荷蓧之行雖未能合乎中,陳仲子之操雖未能充其類,然唯孔、孟可以議之。斯人清風遠韻,如鸞鵠之高翔,玉雪之不污,視世俗殉利亡恥、饕榮苟得者,猶腐鼠糞壤也。小人無忌憚,自以爲中庸;而逸民清士,乃在譏評之列,學者其審諸!

41.《吕氏春秋》云:"子路揜雉,得而復釋之。"蓋因"子路共之",①而爲此説。朱文公《集注》引晁、劉兩説,"共"字當爲"拱執"之義。

42. 上蔡云:"聖人語常而不語怪,語德而不語力,語治而不語亂,語人而不語神。"本王無咎之説。

43. 陸務觀云:"'一言可以終身行之者,其"恕"乎!'此聖門一字銘也。'《詩》三百,一言以蔽之,曰"思無邪"。'此聖門三字銘也。"

44."爲力不同科",馬融解云:"力役有上、中、下三科。"

---

① "共",翁氏本作"拱"。

〇五峰謂此説是。

45.“譬諸草木，區以別矣。”五峰曰：“草木生於粟粒之萌，及其長大，根莖華實，雖淩云蔽日，據山蟠地，從初具乎一萌之内，而未嘗自外增益之也。”〇用《樂記》“區萌”字，音勾。朱文公曰：“林少穎亦説與黄祖舜如此。”

46.《漢·藝文志》“小道可觀”，《蔡邕傳》“致遠則泥”，以子夏之言爲孔子。《唐·孔穎達傳》“以能問於不能”，以曾子之言爲孔子。

47.“卞莊子之勇。”《或問》云：“事見《新序》。”愚按：《荀子·大略篇》：“齊人欲伐魯，忌卞莊子，不敢過卞。”此可見其有勇也。

48.《史記正義》：“首陽山有五。”顔師古注《漢書》云：“伯夷歌登彼西山，當以隴西爲是。”石曼卿詩曰：“恥生湯、武干戈日，寧死唐虞揖遜區。①”謂首陽在河東蒲坂，乃舜都也。余嘗考之《曾子書》，以爲“夷、齊死於濟、澮之間，其仁成名於天下”。又云：“二子居河、濟之間。”則曼卿謂首陽在蒲，爲得其實。〇澮，水名，《左氏》所謂“汾澮”。

49. 水一也，孔子觀之而明道體之無息，孟子觀之而明爲學之有本。荀子亦云：“水至平，端不傾，心術如此象聖人。”其觀於水也，亦亞於孔、孟矣。於此見格物之學。

50. 吕成公讀《論語》“躬自厚而薄責於人”，遂終身無暴怒。絜齋見象山讀《康誥》，有感悟，反己切責，若無所容。前輩切己省察如此。

51. 孔庭之教曰《詩》、《禮》。子思曰：“夫子之教，必始

① “遜”，翁氏本作“讓”。

於《詩》、《書》而終於《禮》、《樂》,雜説不與焉。”《荀子·勸學》亦曰:“其數則始乎誦經,終乎讀《禮》;其義則始乎爲士,終乎爲聖人。”○經,謂《詩》、《書》。

52. 四勿九思,皆以視爲先。見弓以爲蛇,見寢石以爲伏虎,視汩其心也。閔周者黍稷不分,念親者莪蒿莫辨,心惑其視也。吴筠《心目論》以“動神者心,亂心者目”。《陰符經》:“心生於物,死於物,機在目。”蔡季通釋其義曰:“《老子》曰:‘不見可欲,使心不亂。’西方論六根、六識,必先曰眼、曰色,均是意也。”

53. 古者士傳言諫,其言責與公卿大夫等。及世之衰,公卿大夫不言而士言之,於是有欲毁鄉校者,有謂“處士横議”者,不知三代之盛,士亦有言責也。夫子曰:“天下有道,庶人不議。”而不及士,其指微矣。○乙酉二月,夢前宰輔以太學所上書求余跋語。夢中作此,寤而識之。○若璩按:乙酉爲元世祖至元二十二年,宋亡已九載,猶感夢如是,與韋孟夢爭王室何異?

54. “非帷裳,必殺之。”鄭康成云:“帷裳,謂朝祭之服,其制正幅如帷。非帷裳者,謂深衣,削其幅縫,齊倍要。”見《春秋正義》。○《集解》不取《集注》,用鄭説。

55. 孔門弟子,唯言偃,吴人;而澹臺滅明,南游至江。《史記正義》:“蘇州南五里,有澹臺湖。”《儒林傳》:“澹臺子羽居楚。”

56.《韓非》曰:“季孫相魯,子路爲郈令。魯以五月起衆爲長溝,子路以其私秩粟爲漿飯,要作溝者於五父之衢而餐之。孔子聞之,使子貢往覆其飯,擊毁其器,曰:‘魯君有民,子奚爲乃餐之?’言未卒,而季孫使者至,讓曰:‘肥也起民而使之,先生使弟子令徒役而餐之,將奪肥之民耶?’孔子駕而去魯。”此雖與《論語》、《史記》不同，然亦夫子去魯之一事也。○考《左氏傳》，郈，叔孫之邑也。

57. 申屠嘉不受私謁，則可以折幸臣；董仲舒正身率下，則可以事驕王。魏相以廉正，霍氏不能誣袁安；任隗以素行，竇氏無以害。故曰：“其身正，不令而行。”“苟正其身矣，於從政乎何有？”

58. 君子不因小人而求福，孔子之於彌子也；不因小人而避禍，叔向之於欒王鮒也。朱博之黨丁、傅，福可求乎？賈捐之之諂石顯，禍可避乎？故曰：“不知命，無以爲君子。”

59. 朱子以無垢○若璩按：無垢，張九成號。爲雜學，《論語集注》獨取“審富貴，安貧賤”一語。①

60. 陳仲猷曰：“‘逝者如斯夫’，道體無窮，借水以明之。‘鳶飛戾天，魚躍于淵’，道體無不在，借鳶、魚以明之。”葉仲圭曰：“‘出入無時，莫知其鄉’，常人之心也。‘寂然不動，感而遂通’，聖人之心也。聖人之心，豈常人之所無哉？昏與明異而已矣。”仲猷、仲圭，皆余同年。

61. 王充云：“‘浴乎沂’，涉沂水也。‘風乎舞雩’，風，歌也。”仲長統云：“諷於舞雩之下。”愚以“風”爲“諷”，②則與“咏而歸”一意矣。當從舊説。○“愚”下何校本有“謂”字。

62. 上蔡《論語解》引元澤○王元澤。云：“教之化民也深於命，民之效上也捷於令。”本《史記》趙良之言。○《商君傳》。

63.《集注》：“蘧伯玉於孫林父、甯殖放弑之謀，不對而出。”按《左氏傳》，甯殖當爲甯喜。

---

① “一”，翁氏本作“之”。
② “愚”下，《叢刊》本、翁氏本有“謂”字。

64.《史記·循吏傳》"孫叔敖三得相而不喜,三去相而不悔",與令尹子文之事相類,恐是一事。○若璩按:孫叔敖爲令尹於楚莊王十六年癸亥,後七年莊王即卒。叔敖死莊王時,必無三相三去之事。

65. 范伯崇曰:"温故而不知新,雖能讀《墳》、《典》、《索》、《丘》,足以爲史,而不足以爲師。"

66.《劉子·謹獨篇》曰:"顔回不以夜浴改容。"《顔氏家訓》曰:"曾子七十乃學,名聞天下。"皆未詳所出。《家語》"曾參少孔子四十六歲",非老而學者。

67. 蘧伯玉,《史記》謂"孔子所嚴事",不當在弟子列。《禮殿圖》有之,而唐、宋皆錫封從享。公伯寮非孔子弟子,乃季氏之黨,致堂胡氏之説當矣。《家語》不列其名氏,蓋自《史記》失之。《家語》有縣亶,字子象,《史記索隱》以爲縣豐,唐、宋封爵皆不及焉。《禮記·檀弓》有縣子,豈其人與?○若璩按:《檀弓》明著縣子之名曰瑣。

68. 柳子厚《與太學諸生書》曰:"仲尼'吾黨狂狷',南郭獻譏。"按《荀子·法行篇》:南郭惠子問於子貢曰:"夫子之門,何其雜也?"○非以"狂狷"爲譏。

69."無可無不可",致堂謂以五字成文。聖人從容中道,無所偏倚。世之通儻不泥者,纔足謂之"無不可"爾。馬援以此稱高帝,亦稔於常談。○若璩按:元稹亦稱杜子美詩爲"無可無不可"。

70. 夫子之割之席,曾子之簀,一於正而已。論學則曰"正心",論政則曰"正身"。

71."善人吾不得而見之矣,得見有恒者斯可矣。"善人,周公所謂"吉士"也。有恒,周公所謂"常人"也。

72. 微生高,《漢·古今人表》作"尾生高"。○蓋即《莊子》所謂尾生。東方朔曰:"信若尾生。"然尾生之信,非信也。

73. 鄭校周之本,以《齊》、《古》讀正凡五十事。○《釋文》。

74. 陳自明以"子見南子"爲南蒯。以《傳》考之,昭公十二年南蒯叛,孔子年方二十有二,子路少孔子九歲,年方十三。其説鑿而不通矣。

75. 聖人毋必,而《鄉黨》言"必"者十有五,○若璩按:"五"當作"七"。[①] 記必爲之事也。其傳《易》曰:"積善之家,必有餘慶;積不善之家,必有餘殃。""陰疑於陽,必戰。""小人勿用,必亂邦也。"著必然之理也。

76. 孔門受道,唯顔、曾、子貢。○太史公稱"子貢一出,存魯,亂齊,破吴,強晋,伯越",是以戰國説客視子貢也。又列於《貨殖傳》。以《論語》一言而斷其終身,可乎? 子貢聞"一以貫之"之傳與曾子同,貨殖何足以疵之?

77. "過則勿憚改";"非禮勿視,非禮勿聽,非禮勿言,非禮勿動";"己所不欲,勿施於人";"勿欺也",皆斷以"勿"。蓋去惡不力,則爲善不勇。

78. 孔門獨顔子爲好學,所問曰"爲仁"、曰"爲邦",成己成物,體用本末備矣。

79. "唐棣"與"常棣"不同。致堂謂"偏其反而"即《詩·常棣篇》,孔子删而不取",恐誤。

80. 闕党之童,游聖門者也。夫子抑其躁,是以知心之易放。互鄉之童,難與言者也。夫子與其進,是以知習之可移。

---

① "七"下,翁氏本有"何本作七"四字。

《孝經》

1.《孝經序》"六家異同",今考《經典序録》有孔、鄭、王、劉、韋五家,而無虞翻注。○有虞槃佑,東晋處士也。

2. 致堂謂:"《孝經》非曾子所自爲也。曾子問孝於仲尼,退而與門弟子言之,門弟子類而成書。"晁子止謂:"何休稱子曰'吾志在《春秋》,行在《孝經》',則孔子自著也。今首章云'仲尼居',則非孔子所著矣,當是曾子弟子所爲書。"馮氏曰:"子思作《中庸》,追述其祖之語,乃稱字。"是書當成於子思之手。

3.《古文孝經》,《漢志》、《書序》謂出孔壁,而許沖上其父《説文》曰:"孝昭帝時,魯國三老所獻。"其説不同。

4."當不義,則子不可不爭於父。"《孟子》云:"父子之間不責善。"荆公謂:"當不義則爭之,非責善也。"晁子止《讀書志》乃謂"介甫阿其所好"。蓋子止守景迂之學,以《孟子》爲疑,非篤論也。朱文公於《孟子集注》,取荆公之説。

5."是何言與",司馬公解云:"言之不通也。"范太史説誤以"言之不通也"五字爲經文。古今文皆無,《朱文公集》所載《刊誤》亦無之。○近世所傳《刊誤》以五字入經文,非也。

6.《孝經》鄭氏注。陸德明云:"與康成注《五經》不同。"今按:康成有"六天"之説,而《孝經注》云:"上帝,天之别名。"故陸澄謂"不與注《書》相類"。

7.《荀子》述孔子之言曰:"昔萬乘之國有爭臣四人,則封疆不削;千乘之國有爭臣三人,則社稷不危;百乘之國有爭臣二人,則宗廟不輟。父有爭子,不行無禮;士有爭友,不爲不義。"與《孝經》稍異。

8. 彭忠肅公以"致敬"、"致樂"、"致憂"、"致哀"、"致嚴"裒集格言爲《五致録》。司馬公《家範》亦以"五致"類事,忠肅之書本於此。① ○若璩按:忠肅名龜年,字子壽,清江人,嘗從朱子質疑《五致録》,見《宋史》本傳。

9.《國史志》云:"《孝經》孔安國傳,古二十二章,有《閨門篇》,爲世所疑。《鄭氏》注今十八章,相承言康成作。《鄭志目録》不載,通儒皆驗其非。開元中,孝明纂諸説,自注,以奪二家。然尚不知鄭氏之爲小同。"○若璩按:鄭氏乃小同,注《孝經》,非康成也,説頗有徵。

10. 王去非云:"學者學乎孝,教者教乎孝,故皆從孝字。"○慈湖、蒙齋謂古"孝"字只是"學"字。愚按:《古文韻》"學"字古《老子》作"孝";"教"字郭昭卿《字指》作"孝"。○若璩按:蒙齋,袁甫號。

11."不敢毁傷"至"不敢失於臣妾",言"不敢"者九。《管子》曰:"賢者行於不敢,而立於不能。"《詩》於《文王》、《仲山甫》,皆曰:"小心翼翼。"

12."求忠臣必於孝子之門",《孝經緯》之言也。○見《東漢·韋彪傳》注。

13. 劉盛不好讀書,唯讀《孝經》、《論語》,曰:"誦此能行足矣,安用多誦而不行乎?"蘇綽戒子威云:"讀《孝經》一卷,足以立身治國,何用多爲?"愚謂:梁元帝之萬卷,不如盛、綽之一言。學不知要,猶不學也。

14. 范太史《孝經説》曰:"能事親則能事神。"真文忠公《勸孝文》曰:"侍郎王公○蓋梅溪也。見人禮塔,呼而告之曰:

① "書",翁氏本作"言"。

‘汝有在家佛,何不供養?’”蓋謂人能奉親,即是奉佛。

15.“嚴父莫大於配天。”《神宗聖訓》云:“周公宗祀,乃在成王之世。成王以文王爲祖,則明堂非以考配明矣。”○自唐代宗用杜鴻漸等議,明堂以考肅宗配上帝。一時誤禮非祀,無豐昵之義。

16.“孝子之事親終矣。”此言喪祭之終,而孝子之心昊天罔極,未爲孝之終也。曾子戰兢知免,而易簀得正,猶在其後。信乎!終之之難也。

卷八

宋　王應麟　撰

《孟子》

1.《孟子集注序説》引《史記·列傳》,以爲《孟子》之書孟子自作。《韓子》曰:"軻之書,非自著。"謂《史記》近是。而《滕文公》首章道"性善",注則曰:"門人不能盡記其詞。"又第四章"決汝漢",注曰:"記者之誤。"吴伯豐以問朱文公,文公答曰:"前説是,後兩處失之。"熟讀七篇,觀其筆勢,如鎔鑄而成,非綴緝所就也。

2. 趙氏《孟子章指》引《論語》曰:"力行近仁。"誤以《中庸》爲《論語》。無垢《孝經解》,誤以"臨深履薄"爲衛武公之詩。致堂《無逸傳》,誤以"不解于位"爲《泂酌》。○吴才老《書裨傳·臣辯》,誤以晋侯重耳爲申生;誠齋《易傳後序》,誤以韓宣子爲季札。

3.《文選》陳孔璋《爲曹洪書》云:"有子勝斐然之志。"注引《墨子》曰:"二三子復於子墨子曰:'告子勝仁。'子墨子曰:'未必然也。告子爲仁,猶跂以爲長,偃以爲廣,不可久也。'"勝蓋告子之名,豈即《孟子》所謂告子歟?

4.《文選注》引《孟子》曰:"墨子兼愛,摩頂致於踵。"趙岐曰:"致,至也。"今本作放踵。○注無"致,至也"三字。

5.《元和郡縣志》:"齊雪宫故趾,在青州臨淄縣東北六里。《晏子春秋》所謂'齊侯見晏子於雪宫'"。○若璩按:今《晏子春秋》無李吉甫所引語。

6.《孟子》"以齊王,由反手也",趙岐注謂:"譏管、晏不勉其君以王業。""文王望道而未之見",注謂:"殷録未盡,尚有賢臣,道未得至。"王無咎非之曰:"岐名通《孟子》,而實汩之。"

7."琴張",注謂:"子張善鼓琴。"蓋未知《左傳》有琴張。

8."周公思兼三王,以施四事",注云:"四事,禹、湯、文、武所行事也。"而伏生《大傳》云:"周公兼思三王之道,以施於春秋冬夏。[①]"其説陋矣。

9.滕定公、文公,按趙氏注:"《古紀世本》滕國有考公麋、元公弘,即定公、文公也。"《世本》今無傳,此可備參考。

10."《志》曰:喪祭從先祖。"注引《周禮》小史"掌邦國之志"。愚謂:邦國之志,若"周志"、"史佚之志"、"鄭書"、"楚書"、"秦記"之類。

11.《孟子》疏謂:"齊王悦南郭先生吹竽,喜鄒忌鼓琴,安知與衆樂樂?"愚考之《史記》,騶忌以鼓琴見齊威王,非宣王也。唯南郭處士吹竽,乃宣王時。見《韓非·内儲説》。

12.《説苑》:"景差相鄭,鄭人有冬涉水者,出而脛寒。後景差過之,下陪乘而載之,覆以上衽。叔向聞之曰:'景子爲人國相,豈不固哉?吾聞良吏居之三月而溝渠修,十月而津

① "春夏秋冬",翁氏本作"春秋冬夏"。

梁成。六畜且不濡足,而況人乎?'"此即《孟子》所言子産以乘輿濟人之事也。叔向之時,鄭無景差,當以《孟子》爲正。

13.“曾西”,注以爲曾子之孫,《集注》因之。《經典序録》:“曾申,字子西,曾參之子。子夏以《詩》傳曾申,左丘明作《傳》以授曾申。”○曾西之學,於此可考。楚鬭宜申、公子申皆字子西,則曾西之爲曾申無疑。○若璩按:此足正《集注》之誤,以齊桓爲兄亦然。

14. 郅惲曰:“孟軻以強其君之所不能爲忠,量其君之所不能爲賊。”與今《孟子》語小異。

15.“謹庠序之教,申之以孝悌之義,頒白者不負戴於道路矣。”愚按:《書大傳》云:“歲事既畢,餘子皆入學。十五入小學,十八入大學。距冬至四十五日,始出學,傅農事。上老平明坐於右塾,庶老坐於左塾,餘子畢出,然後歸。夕亦如之。餘子皆入,父之齒隨行,兄之齒雁行。朋友不相逾。輕任並重任分,頒白不提挈。出入皆如之。此之謂造士。”《漢書·食貨志》云:“春將出民,里胥平旦坐於右塾,鄰長坐於左塾。云云。入者必持薪樵,輕重相分,班白不提挈。”孝悌之義,當以是觀之。

16.“棄禮捐恥”,○若璩按:賈誼語。秦所以敗;“恥尚失所”,○按:干寶語。晋所以替。恥之於人大矣!

17. 陳蕃諫校獵曰:“齊景公欲觀於海,放乎琅邪。晏子爲陳百姓,惡聞旌旗輿馬之音,舉首嚬眉之感,景公爲之不行。”此以《孟子》二章爲一事。

18. 梁惠王“西喪地於秦七百里”。濡水李氏曰:“初北地郡屬魏,後盡爲秦並。喪於秦,不止七百里也。”○若璩按:魏無北郡地,當作“上郡”。《正義》云:“今鄜、綏等州也。”《秦本紀》惠文君十年,魏納上郡十五縣,即《魏世家》襄王七年,盡入上郡于秦。事在孟子適梁後八年。當梁惠王語時,地止喪七百里仍是實録。

19.《法言·修身篇》引《孟子》曰:“夫有意而不至者有矣,未有無意而至者也。”今《孟子》無此語,其在《外書》歟?

20. 周子靜○端朝。爲學官,小司成襲蓋卿以“守氣不如守約”命題。子靜曰:“‘氣’不與‘約’字對,兩‘守’字著略點,晦翁注甚明,豈可破句讀《孟子》?”

21.《尸子》引孔子曰:“誦《詩》讀《書》,與古人居。”《金樓子》曰:“曾生謂:誦《詩》讀《書》,與古人居;讀《書》誦《詩》,與古人期。”《孟子》:“頌其詩,讀其書,不知其人,可乎?”斯言亦有所本。

22. 命不可委,故孟子言“立命”;心不可委,故南軒以陶淵明“委心”之言爲非。

23. 仁曰仁術,儒曰儒術,術即道也。申不害以術治韓,晁錯言“術數”,公孫弘謂“智者術之原”,君子始惡乎術矣。故學者當擇術。

24. 致堂曰:“楊朱與老聃同時,墨翟又在前,宗師大禹,而晏嬰學之。以爲楊、墨出於師商,考之不詳甚矣。”朱文公曰:“莊周之學,出於老氏。[①] 韓子始謂子夏之後有田子方,子方之後流而爲莊周。以其書之稱子方者考之,則子方之學子夏,周之學子方者,皆不可見。”愚謂:觀此二説,則異端之學,非孔門弟子傳流之差也。○若璩按:《史記·儒林傳序》:“如田子方、段干木、吴起、禽滑釐之屬,皆受業於子夏之倫。”故曰子夏之學有田子方。田子方侍坐,魏文侯自稱其師,曰東郭順子爲真人,爲天人,正

---

① “老氏”,翁氏本作“老子”。

莊周所宗尚者,安得謂非其傳流?昌黎語皆有本。

25. 莊子曰:"爲善無近名,爲惡無近刑,緣督以爲經。"又曰:"將處夫材與不材之間。"此子莫之執中也。

26. 楊之學似老,墨之學似佛。○楊朱書,唯見於《列子》。

27. 董仲舒云:"以仁治人,以義治我。"劉原父云:"仁字從'人',義字從'我',豈造文之意邪?"愚謂:告子'仁内義外'之説,孟子非之。若以人我分仁義,是仁外義内,其流爲'兼愛'、'爲我'矣。

28.《孟子》引費惠公之言,謂小國之君也。春秋時,費爲魯季氏之邑。《史記·楚世家》有鄒、費、郯、邳,蓋戰國時以邑爲國,意者魯季氏之僭歟?○若璩按:《吕氏春秋》亦有"以滕、費則勞,以鄒、魯則逸",爲《日知録》所遺。

29."仁,人心也。""求其放心",此孟子直指本心處。但禪學有體無用。

30."曹交",注謂曹君之弟。按《左傳》哀公八年,宋滅曹。至孟子時,曹亡久矣。曹交,蓋以國爲氏者。○若璩按:曹亡久矣,余有辯,見《四書釋地續》。

31. 老泉《三子知聖人污論》,誤以"污"字爲句。趙岐謂:"孟子知其言大過,故貶謂之污下。"亦非孟子之意。○若璩按:何屺瞻曰:"今刊本趙注非全文,僞疏每章之首總舉大意,其語多協韻者,皆割趙注爲之。毛斧季從真定梁氏借得宋槧本影鈔者具在,安得好古之士重刊以復趙注之舊也?"聞所未聞。

32.《史記·六國表》注:皇甫謐曰:"《孟子》稱禹生石紐,西夷人也。"今無此語。

33. 孟子字未聞。《孔叢子》云"子車",注:"一作子居。居貧坎軻,故名軻,字子居。"亦稱字子輿,疑皆傅會。○《聖證論》云:"子思書《孔叢子》有孟子居,即是軻也。"《傅子》云"孟子輿"。

34.《孟子正義》云:"唐林謹思《續孟子書》二卷,謂《孟子》七篇非軻自著,乃弟子共記其言。"與韓文公之説同。

35.《正義序》云"孫奭",《崇文總目》、《館閣書目》、《讀書志》皆無之。朱文公謂:"邵武士人作。不解名物制度,其書不似疏。"

36.《吕氏春秋》:"舜行德三年而三苗服。孔子聞之,曰:'通乎德之情,則孟門、太行不爲險矣。'"故曰:"德之速,疾乎以郵傳命。"此可以證《孟子》引孔子之言。

37. 墨之治喪以薄。《宋書·禮志》引《尸子》:"禹治水,爲《喪法》曰:'桐棺三寸,制喪三日。'"蓋墨家托於禹也。

38. 好樂,好勇,好貨色,齊宣王所以不能用孟子也。文帝好清静,故不能用賈誼。武帝好紛更,故不能用汲黯。○若璩按:"好樂",當讀如悦樂之樂。莊暴此章惟"鼓樂之樂"讀如字。宋陳善《捫蝨新話》實云,詳見余《潛丘札記》。

39."上有好者,下必甚焉。"光武封一卓茂,而節義之俗成;太宗誅一德儒,而諫爭之門闢。信乎!如風之偃草也。○若璩按:晋傅玄疏言:"魏武好法術,而天下貴刑名;魏文慕通達,而天下賤守節。"霸朝且然,況大一統之君哉?

40. 不仁而得天下,未之有也。秦皇以不仁得之矣,二世而失,猶不得也。

41."惟尹躬暨湯咸有一德,克享天心。"故湯曰"天吏",尹曰"天民"。

42. 孟子,學伊尹者也。"當今之世,舍我其誰也?"是亦聖之任。

43."仁在乎熟之而已矣。"子路,未熟之五穀;管仲,已熟之蕢稗；楊、墨，五穀之螟螣。

44. 照乘之珠、和氏之璧，戰國之君以爲寶，故曰"諸侯之寶三"。

45. 爲"天吏"則可以伐燕，於漢、楚見之。[①] 董公未説漢王之前，以強弱角勝負，所謂以燕伐燕也。三軍縞素之後，則爲天吏矣。仁義之言，齊、梁以爲迂闊者，董公一言而漢、楚之興亡決焉，可謂豪傑之士。○若璩按：董公遮説漢王之言，賴《漢書》始得聞。

46. 弱而不可輕者，民也，古先哲王曰"敬民"，曰"畏民"。石守道謂："湯以七十里亡夏，文王以百里亡商，陳勝以匹夫亡秦，民可不畏乎？"故曰："民爲貴。"○太史公以陳涉與湯、武並言，涉豈能爲湯、武哉？蓋楚、漢間豪傑之餘論也。○若璩按：趙威后對齊使者言："苟無歲，何有民？苟無民，何有君？"戰國時猶有此高論。

47. "善推其所爲"，此心之充拓也；"求其放心"，此心之收斂也。致堂曰："心無理不該。去而不能推，[②]則視之不見，聽之不聞，痒痾疾痛之不知。存而善推，則潛天地，撫四海，致千歲之日至，知百世之損益。"此言充拓之功也。西山曰："心一而已。由義理而發，無以害之，可使與天地參；由形氣而發，無以檢之，至於違禽獸不遠。"此言收斂之功也。不闔則無闢，不涵養則不能推廣。

48. "守孰爲大？守身爲大。"有猷有爲矣，必曰有守；"不虧其義"矣，必曰"不更其守"。何德將嘆習曰："入時愈深，則趨正愈遠。"以守身爲法，以入時爲戒，可謂士矣。

---

① "漢楚"，翁氏本作"楚漢"。
② "去"，翁氏本作"亡"。

49.“行一不義、殺一不辜而得天下,皆不爲也。”諸葛武侯謂“漢賊不兩立”,其義正矣,然取劉璋之事,可謂義乎?○若璩按:朱子曰:“三代而下,以義爲之,只有一個諸葛孔明。郭汾陽功名愈大而心愈小。《易》傳及諸葛,次及郭汾陽。”①

50.“君子可欺以其方,難罔以非其道。”日無再中之理,而新垣平言之;日無漸長之理,而袁充言之。漢文、隋文皆以是改元。漢文悟平之詐,而隋文終受充之欺,此存亡之判與!○若璩按:漢文帝改後元元年,隋文帝改仁壽元年。

51.“夫道一而已矣。”爲善而雜於利者,非善也;爲儒而雜於異端者,非儒也。

52.堯使契爲司徒,教以人倫,學所以明人倫。舜察於人倫,居中國,去人倫,無君子,如之何其可也?孟子道性善,稱堯、舜,莫大於人倫。此正人心之本原也。

53.《晏子春秋》曰:“有賢而不知,一不祥;知而不用,二不祥;用而不任,三不祥。”《孟子》謂:“言無實不祥,不祥之實,蔽賢者當之。”蓋古有此言也。

54.孺子“滄浪”之歌,亦見於《楚辭·漁父》。考之《禹貢》,漢水東爲滄浪之水,則此歌楚聲也。《文子》亦云:“混混之水濁,可以濯吾足乎!泠泠之水清,可以濯吾纓乎!”

55.“無恒産而有恒心者,惟士爲能”,古之士所以異於民也。蘇秦無二頃田,而奔走游説,豈所謂士哉?水心葉氏云:“周衰,不復取士。孔、孟不以其不取而不教也,孔、孟之徒不以其不取而不學也,道在焉故也。”

56.“不得志,修身見於世。”上蔡謝子曰:“天下皆亂而已

---

① “次及郭”,翁氏本無“郭”字。

獨治，不害爲太平。”蜀士楊肩吾曰：“天下雖不治平，而吾國未嘗不治且平者，岐周是也。一國雖不治平，而吾家未嘗不治且平者，曾、閔是也。一家雖不治平，而吾身吾心未嘗不治且平者，舜與周公是也。”○《文子》亦云：“不憂天下之亂，而樂其身治者，可與言道矣。”

57.《鹽鐵論》引《孟子》曰：“居今之朝，不易其俗，而成千乘之勢，不能一朝居也。”又云：“今之士，今之大夫，皆罪人也。”又云：“王者與人同，而如彼者，居使然也。”與今本不同。○若璩按：《鹽鐵論》“皆罪人也”下有“皆逢其意以順其惡”句，不宜漏。

58. 民心之得失，此興亡之大幾也。林少穎云：“民之思漢，則王莽不能脅之使忘；①民之忘漢，則先主不能強之使思。”唐與政○若璩按：與政，宋唐説齋之字，名仲友，金華人。云：“民心思漢，王郎假之而有餘；民心去漢，孔明扶之而不足。”

59.《論語》終於《堯曰篇》，《孟子》終於“堯、舜、湯、文、孔子”，而《荀子》亦終於《堯問》，其意一也。

60.“利與善之間”，君子必審擇而明辨焉。此天理人欲之幾，善惡正邪之分界也，孟子之言公。“不夷不惠，可否之間”，“材與不材之間”，楊、莊之言私。②

61.“若將終身焉”，窮不失義；“若固有之”，達不離道。能處窮，斯能處達。

62.“養心莫善於寡欲”，注云：“欲，利也。”雖非本指，“廉者招福，濁者速禍”，亦名言也。道家者流謂“丹經萬卷，不如守一”，愚謂不如《孟子》之七字。不養其心而言養生，所謂

① “忘”，翁氏本作“亡”。

② “楊”，《叢刊》本、翁氏本作“揚”。

“舍爾靈龜，觀我朵頤”也。○若璩按：真西山疏亦云：“臣竊謂仙經萬卷，不若誦《無逸》之一篇；道家千言，豈如玩靜壽之兩語？”

63.《吕氏春秋·開春論》云：“《神農之教》曰：‘士有當年而不耕者，則天下或受其飢矣；女有當年而不績者，則天下或受其寒矣。’故身親耕，妻親績，所以見致民利也。”《管子》引《神農之數》，《文子》亦引《神農之法》，此即許行所爲神農之言歟？《漢·藝文志》農家有《神農》二十篇，劉向《别録》云：“疑李悝、商君所説。”

64. 孔子、孟子皆不之秦。荀子嘗入秦，而譏其無儒。孔子順曰：“秦爲不義，義所不入。”其志如魯仲連。○若璩按：嘗謂人知齊威王之朝周，而不知後有趙肅侯之朝天子；知魯仲連義不帝秦，而不知先已有孔子順義不入秦。

65. 句容有盜，改置社稷而盜止。下邳多盜，遷社稷於南山之上，盜亦衰息。見陳后山《談叢》。岳州田鼠害稼，雍明遠曰：“迎貓之祭不修也。”命祭之，鼠隨以斃。見《范蜀公集》。《孟子》有“變置社稷”，《禮記》有“八蜡”，孰謂古制不可行於今乎？

66.“求在我者”，盡性於己；“求在外者”，聽命於天。李成季曰：“與其有求於人，曷若無欲於己？與其使人可賤，不若以賤自安。”吕居仁亦以見人有求爲非。○若璩按：魏冰叔亦言：“能無求者，天不能賤。”

67.“宿於畫”，《水經注》云：“澅○若璩按：今本《水經注》作“灄”。水出時水東，去臨淄城十八里，所謂澅中也。俗以澅水爲宿留水，以孟子三宿出澅。”○或云：當作“晝”。《後漢》“耿弇進軍晝中”，《史記》“晝邑人王蠋”，《通鑑》作“晝邑”。

68.“以刃與政，有以異乎？”邵子之論秦曰：“殺人之多，不必以刃。謂天下之人，無生路可趨也。”

69.“商鞅富強之術，誘三晋之民力耕於内，而使秦民應敵於外。”使梁王用孟子之言，施仁政於民，秦焉得誘之？仁勝不仁，如春融冰泮，故曰“仁者無敵”。○若璩按：“商鞅”四句出杜氏《通典》，爲君卿語。

70.“蓋大夫王驩”。漢泰山郡蓋縣故城，在沂州沂水縣西北。

71. 趙氏《春秋論》曰：“‘五伯者，三王之罪人’，謂其三代而春秋之也，齊桓其作俑也。‘今之諸侯，五伯之罪人’，謂其春秋而戰國之也，晋定其作俑也。‘今之大夫，今之諸侯之罪人’，謂其戰國而七國之也，晋之韓、趙、魏其作俑也。”

72. 止齋曰：“人多言常平出漢耿中丞，顔師古以壽昌爲權道，豈知常平爲古法？[①] 孟氏言‘狗彘食人食而不知檢，塗有餓莩而不知發’，今文作‘檢’，班氏《食貨志》作‘斂’是也。”夫豐歲不斂，饑歲不發，豈所謂無常平乎？○若璩按：古雖豐穰，未有以人食供狗彘者。“狗彘食人食”二語，即下章“庖有肥肉”四語意。《集注》所謂“厚斂於民以養禽獸”耳，殊不必泥《班志》。

73. 陳烈讀“求其放心”，而悟曰：“我心不曾收，如何記書？”遂閉門静坐，不讀書百餘日，以收放心。然後讀書，遂一覽無遺。○前賢之讀書如此。[②]

74.“若民則無恒産，因無恒心”，孟子言戰國之民也。周之盛時，以井牧授田，以鄉遂設教。‘攸介攸止，烝我髦士’，士亦田野之秀民也。不惟士有常心，民亦有常心矣。故曰：

---

① “爲”，《叢刊》本、翁氏本作“蓋”。
② “前賢”，翁氏本作“古人”。

“文、武興，而民好善。”

小學

1.《爾雅》注：“漢武帝時，得豹文鼮鼠，孝廉郎終軍知之，賜絹百匹。”《文選注》引《竇氏家傳》以爲竇攸，世祖詔諸侯子弟從攸受《爾雅》。二説不同。

2.《爾雅》：“西至於邠國，謂之四極。”朱文公曰：“邠國近在秦隴，非絶遠之地。”愚按：《説文》引《爾雅》曰：“西至汃國，謂四極。汃，西極之水也。”○府巾切。

3.《爾雅疏》：“按《尸子·廣澤篇》云：‘墨子貴兼，孔子貴公，皇子貴衷，田子貴均，列子貴虚，料子貴别，囿其學之相非也，數世矣而已，皆弇於私也。天、帝、后、皇、辟、公、弘、廓、宏、溥、介、忳、夏、幠、冢、贖、昄，皆大也，[1]十有餘名而實一也。若使兼、公、虚、均、衷、平、易、别囿一實，則無相非也。《仁意篇》述太平之事云：‘燭於玉燭，飲於醴泉，暢於永風。春爲青陽，夏爲朱明，秋爲白藏，冬爲玄英。四氣和，正光照，[2]此之謂玉燭。甘雨時降，萬物以嘉，高者不少，下者不多，此之謂醴泉。其風，春爲發生，夏爲長嬴，秋爲方盛，冬爲安静。四氣和爲通正，此之謂永風。’”○四氣和，正光照，元板作“四氣和，爲正光”。

4.《爾雅疏》引舍人云：“按《經典序録》，《爾雅》有犍爲文學注二卷。”一云：“犍爲郡文學，卒史臣舍人，漢武帝時

---

① “贖”，翁氏本作“晊”。
② “四氣”，翁氏本作“四時”。

待詔。”

5.《白虎通》引《親屬記》,即《爾雅·釋親》也。《通典》顏延之曰:“伯叔有父名,則兄弟之子不得稱姪。從母有母名,則姊妹之子不可言甥。且甥姪唯施於舅姑耳。”雷次宗曰:“姪字有女,明不及伯叔。甥字有男,見不及從母。”劉共父刊《二程先生集》,改“姪”爲“猶子”。朱文公謂:“古人固不謂兄弟之子爲姪,亦無云‘猶子’者,○記禮者言猶己之子。但云兄之子、弟之子。”然從俗稱姪,亦無害於義理也。○若璩按:《顏氏家訓》云:“《爾雅》、《喪服經》、《左傳》姪名雖通男女,並是對姑之稱。晋世已來,始呼叔姪。”余謂《吕氏春秋》:“黎丘部有奇鬼焉,喜效人之子姪昆弟之狀。”先秦已稱兄弟之子爲姪,見於此。

6.“傅,負版”,郭璞注:“未詳。”即柳子所爲作《蝜蝂傳》者也。○《西京賦》“戎葵,懷羊”,《爾雅》“葵,懷羊”,璞亦曰“未詳”。

7. 陸璣爲《詩草木疏》,劉杳爲《離騷草木疏》,王方慶有《園庭草木疏》,李文饒有《山居草木記》,君子所以貴乎多識也。然《爾雅》不釋“蘇薮”,字書不見“栮榿”,學者恥一物之不知,其可忽諸?○若璩按:“蘇薮”璞注雖云未聞,其實《爾雅》以“薮”釋“蘇”,薮即上文之蔆縷。① 璞注“今蘩蔞,或曰鷄腸草”是也。王氏千慮,亦有一失。

8.“檟,苦荼”,注:“今呼早采者爲荼,晚取者爲茗。一名荈。”《説文》:“茗,荼芽也。”東坡詩:“周詩記苦荼,茗飲出近世。”○若璩按:《三國志·韋曜傳》:“曜初見禮異,或密賜荼荈以當酒。”茶事見史始此。

9.《急就篇》注:“牡蒙,一名黄昏。”後山詩“黄昏湯”,疑

---

① “蔆縷”,翁氏本作“蔆蔞”。

即此也。

10. 終軍之對“鼮鼠”，盧若虚之辯“鼫鼠”，江南進士之問“天雞”，劉原父之識“六駁”，可謂善讀《爾雅》矣。蔡謨不識“彭蜞”，人謂讀《爾雅》不熟。田敏不知“日及”，學之陋也。○若璩按：木槿花朝開暮落，故名日及。不知日及改爲白及，見《宋史·儒林》敏本傳。

11. 唐玄度《十體書》曰：“周宣王太史籀始變古文，著大篆十五篇。秦焚《詩》、《書》，唯《易》與史篇得全。逮王莽亂，此篇亡失。建武中獲九篇。章帝時王育爲作解説，所不通者十有二三。”按《説文》多引王育説，如“天屈西北爲无”，“蒼頡出見禿人伏禾中，因以制字”。

12.《説文叙》：“尉律試八體，○大篆、小篆、刻符、蟲書、摹印、署書、殳書、隸書。亡新使甄豐等改定古文，時有六書。○古文、奇字、篆書、佐書、繆篆、鳥蟲書。佐即隸也。《書正義》亦云：“秦有八體，亡新六書。”○去大篆、刻符、殳書、署書，加古文、奇字。《藝文志》謂：“漢興，蕭何草律，著其法，曰：‘太史試學童，以六體試之。’”○古文、奇字、篆書、隸書、繆篆、蟲書。律即《尉律》也。六體非漢興之法，當從《説文叙》改“六”爲“八”。○若璩按：《説文序》“漢興試八體”，“八”字實誤，辨見余《潛丘札記》。

13.《急就篇》“長樂無極老復丁”，顔氏解爲“蠲其子孫之役”，非也，即《參同契》所謂“老翁復丁壯”。○朱文公詩：“自慶樽前老復丁。”《黄庭經》亦有此三字。

14. 董彦遠○若璩按：彦遠名逌，東平人。徽猷閣待制，即撰《廣川書跋》十卷、《畫跋》六卷者。《除正字謝啓》叙字學，涉獵該洽。其略云：“殘經不悟於郭亡，○董疏：莊公二十有四年“郭公”，胡傳曰：“此郭公也，先儒或以爲郭亡。”郭亡之説本《新序》。”闕文徒存於夏有。○閔疏：成二年衛侵齊，與齊師遇，石子欲還，孫子曰："不如戰也。"夏有杜注闕文，失新築戰事。馬不足一者，既失其全；○閔疏：《萬石君傳》："建爲郎中令，書奏事。事下，讀之曰：'誤書"馬"者，與尾當五，今乃四，不足一，上譴死矣。'"虎多於六者，自乖其數。○閔疏：《顔氏家訓》："《後漢書》酷吏樊曅爲天水郡守，民歌曰：'寧見乳虎穴，不入冀府寺。'而江南書本'穴'皆誤作'六'。夫虎豹穴居，事之較者，所以班超云：'不探虎穴，安得虎子？'寧當論其六七乎？"書殘武殪，閔疏：宣六年，《周書》曰"殪戎殷"。殪即壹、衣即殷也。"壹戎衣而有天下"，①鄭注："衣，讀如'殷'，齊人言殷聲如衣。"某按："壹戎衣"，《武成》文。啓指爲殘，似據《康誥》。頌亂湯齊；○閔疏：《長發》"至於湯齊"，毛傳："齊如字。"《禮記·孔子閒居》注音"躋"。《詩》孔疏言三家詩有讀爲"躋"者。下文"聖敬日躋"，《閒居》"躋"作"齊"，音齋，故曰亂。烏寫混淆，○閔疏：《海録碎事》："古語云：字經三寫，烏焉成馬。"則本文"寫"字似有誤。○董疏："'寫'當作'馬'。"魚魯雜糅。○閔疏：張鷟云："魯之與魚，淄澠莫辨。《抱朴子》云：'以魚爲魯，以帝爲虎。'"增河南之邑爲雒，減漢東之國爲隋；○閔疏：《事文類聚》："漢以火行，忌水，故'洛'字去'水'而加'佳'。隋以周齊不遑寧處，故'隨'字去'辵'而從'隋'。"避上則辠不從辛，○閔疏：《説文》"辠"字從辛從自，言罪人蹙鼻苦辛之狀。秦以"辠"似"皇"字，改爲"罪"。絶下則對因去口。○董疏：古"對"字本從"口"。《説文》云："漢文帝以'口'多非實，改從'士'。"束合而棘氏微，足省而踈姓絶。○閔疏：《晋書·束據傳》："本姓棘，其先避仇改焉。"《束皙傳》："漢踈廣之後，王莽末廣曾孫孟達避難，自東海徙居沙鹿山南，因去'踈'之足，遂改姓焉。"定文於六穗之禾，訓同於導；○閔疏：《顔氏家訓》："《封禪書》：'導一莖六穗於庖，犧雙觡共抵之獸。'此'導'訓擇。光武詔云'非徒有豫養導擇之勞'是也。《説文》云：'䆃，禾

① "壹"上，翁氏本有"中庸"二字。

名。'引《封禪書》爲證，無妨自當有禾名蕖，但非相如所用。禾一莖六穗於庖，豈成文乎？縱强爲此語，則下句當云'麟，雙觡共抵之獸'，不得云'犧'也。"某按《史記》載此書，"道"下從"禾"。《漢書》、《文選》俱從"寸"。顔注："導，擇也。"分序於八寸之策，執異爲宗。○董疏：《北史·徐遵明傳》："見鄭玄《論語序》云'書以八寸策'，誤作'八十宗'，因曲爲之説，其僻也皆如此。"丁、尾亂真，○董疏：《莊子》云："丁、子有尾。"李頤注："夫萬物無定形，形無定稱。在上爲首，在下爲尾。世人謂右行曲波爲尾。今'丁'、'子'二字雖左行曲波，亦是尾也。"按《説文》"丁"字作"𠆢"，是無尾也，故曰亂真。钩、須失實。○閔疏：《荀子·不苟篇》"钩有須"注："即'丁、子有尾'也。丁之曲者爲钩，須與尾皆毛類，是同也。○董疏：按《説文》："钩，曲也。丁之曲者爲钩。"今钩曲而丁直，故曰失實。書立書肖，而既謬國名；○閔疏：劉向《戰國策序》："本字多誤脱爲半字，以'趙'爲'肖'，以'齊'爲'立'。"爲卷爲端，而遂乖服制。○董疏：《玉藻》："龍卷以祭，玄端而朝日於東門之外，聽朔於南門之外。"注："'卷'或作'衮'，字之誤也。"○孔疏：《禮記》本或作"卷"字，其正經《司服》及《覲禮》皆作"衮"字，故鄭注《王制》云"卷，俗讀，其通則曰衮"，是也。又注："'端'當爲'冕'，字之誤也。"孔疏："知'端'當爲'冕'者，以下諸侯皮弁聽朔，朝服視朝，是視朝之服卑於聽朔。今天子皮弁視朝，若玄端聽朔，則是聽朔之服卑於視朝，與諸侯不類。且聽朔大，視朝小，故知'端'當爲'冕'也。"篆形誤僞，誰正雲興之"祁祁"？○閔疏：《顔氏家訓》："詩云：'有渰萋萋，興云祁祁。'毛傳：'渰，陰雲貌。萋萋，雲行貌。祁祁，徐貌。'按渰已是陰雲，何勞復云'興雲祁祁'耶？'雲'當爲'雨'，俗寫誤耳。"隸體散亡，共守鸞聲之"鉞鉞"。○閔疏：《説文》："鉞，車鑾聲。從金戉聲，呼會切。《詩》曰：'鑾聲鉞鉞。'"俗作"鐬"，以"鉞"作斧戉之戉，非是。按今《庭燎》作"噦噦"。鎖定"銀鐺"之名，○閔疏：《顔氏家訓》："《後漢書》：'囚司徒崔烈以鋃瑺鏁。'鋃鐺，大鏁也，世多誤作金銀字。武烈太子亦誤，嘗作詩云：'銀鎖三公腳。'"車改"金根"之目。○閔疏：《事文類聚》"退之子昶，性闇劣，爲集賢校理，史傳有‘金根車’,悉改‘根’字作‘銀’字。”知一束二縫之爲“來”,○閔疏:《説文》:“來,周所受瑞麥。”來麰一束二縫,象芒束之形,天所來也,故爲形來之來。指二首六身之爲“亥”。郡章立信,救時惟正於“四羊”;○閔疏:《東觀漢記》:“馬援上書:成皋令印‘皋’字爲‘白’下‘羊’,丞印‘四’下‘羊’,尉印‘白’下‘人’、‘人’下‘羊’。即一縣長吏,印文不同,恐天下不正者多。符印,所以爲信也,所宜齊同。”事下大司空,正郡國印章。國史傳疑,考義共惑於“三豕”。○閔疏:《家語》:“卜商返衛,見讀史志者云:‘晋師伐秦,三豕渡河。’子夏曰:‘非也,“己亥”耳!’讀史志者問諸晋史,果曰‘己亥’。”傅會作九禾之“秀”,離析爲三刀之“州”。○閔疏:《事文類聚》:“光武生濟陽縣舍。是歲縣界有嘉禾生,一莖九穗,因名曰秀。晋王濬爲廣漢太守,夜夢三刀懸于卧室梁上。須臾,又夢一刀。主簿李毅曰:‘三刀爲州字。文益一刀者,①明府其臨益州乎?’果然。”○董疏:按《説文》“秀”字從禾從乃,不從九也。“州”字從川,不從刀也。故曰“傅會”,曰“離析”。合樂之奏,妄加文武之爲“斌”;○閔疏:魏明帝太和初,公卿奏歌以咏德,舞以象事。于文,文武爲“斌”,謹製樂府名“章斌”之舞。② ○董疏:《説文》本作“彬”,文質備也。從文配武,過爲鄙淺,故曰“妄加”。定經之名,誤合日月之爲“易”。○閔疏:易,蜥易,蝘蜓,守宫也。象形,從勿。秘書説:“‘日’、‘月’爲‘易’,象陰陽也。”徐曰:“謂下爲‘月’字也。”見《説文》及《韻補》。○董疏:吾衍謂:“《説文》引《蒼頡》‘易’字象蜥蜴形。蜥蜴善變,則知古人托之以喻其變不疑也。”虞翻曰“‘日’、‘月’爲‘易’”,不可從。字失部居,改白水真人之兆;○閔疏:《光武帝紀》:“王莽纂位,忌惡劉氏,以錢文有‘金刀’,故改爲‘貨泉’。或以‘貨泉’字文爲‘白水真人’。”○董疏:《説文》“泉”字象水流出成川形,不從白亦不從水也,故曰“字失部

---

① “文”,翁氏本作“又”。
② “府”,翁氏本作“舞”。

居”。書忘形象，作非衣小兒之謡。○閔疏：《朝野僉載》：“裴炎爲中書令，時徐敬業欲反，令駱賓王爲謡曰：‘一片火，兩片火，緋衣小兒當殿坐。’教炎莊上小兒誦之，並都下童子皆唱。炎遂與合謀内應。”又《唐書・裴度傳》：“張權輿欲傾度，作僞謡云：‘非衣小兒坦其腹，天上有口被驅逐。’”據啓“非”字似用張謡。但以儷白不類，惟加‘系’旁，始失裴字形象，對又較精。○董疏：“非”當作“緋”。四十八安取於“桒”？○閔疏：《事文類聚》：“蜀何祇夢井中生桒，以問占夢趙直。直曰：‘桒非井中之物，會當移植。然桒字“四十”下“八”，壽恐不過此。’祇後至犍爲太守，四十八果卒。”○董疏：何祇事見《益部耆舊傳》。俗桒字從四十八。按《説文》從叒從木，不從十從八也，故曰“安取於桒”。三十七未足語“世”。○閔疏：《秦始皇紀》會稽碑俱四字句，獨三十有七年多一字。元申屠駉家藏舊刻“丗有七年”。三十爲丗，速達反。退之自謂識字，故《孔戣志銘》亦云：“孔丗丗八。”丗字丗字，俗俱作“世”。○董疏：《説文》“世”字從丗，三十並也，音撤。三十年爲一世，七字從一，世旁作乜，似七字，乃從丗而曳長之，不從七也，故曰“未足語‘世’”。梁父七十二家，名雖俱在；○閔疏：《漢・郊祀志》：“齊桓公欲封禪，管仲曰：‘古者封泰山禪梁父者七十二家，而夷吾所記者十有二焉。’”○董疏：桓譚《新論》：“泰山之上，有八百餘處，而可識知者僅七十有二。”尉律四十九類，書蓋已亡。○閔疏：尉律，見《説文敘》。徐鍇曰：“尉律，漢律篇名。”○董疏：《藝文志》：“元始中，徵天下通小學者以百數，各令記字於庭中。揚雄取其有用者作《訓纂篇》，凡八十九章。”四十九，疑作八十九，未知是否。誤存舟二間之爲“航”，○閔疏：《顔氏家訓》：“‘亘’從二間舟。《詩》云‘亘之秬秠’是也。今之隸書轉‘舟’爲‘日’。”何法盛《中興書》乃以“舟”在“二”間爲舟航字，誤。安識門五日之爲“閏”？○閔疏：襄九年“晋復伐鄭，十二月癸亥門其三門。閏月戊寅，濟於陰阪。”注：“此年無閏月戊寅，戊寅是十二月二十日。疑‘閏’爲‘門’字。‘閏’内‘王’爲‘五’字，‘月’爲‘日’字。晋攻鄭門，門各五日。癸亥去戊寅十六日，以癸亥始攻，攻輒五日，凡十五日也。”學者遍觀異書而求其事之所出，亦多識之一也。彦遠有《古文集類叙》，云：“孔安國以隸古易科斗，故漢人不識古字。開元又廢漢隸，易以今文，故唐人不識隸古。”○今按：《書叙》“爲隸古定”，《正義》謂：“就古文體而從隸以定之，雖隸而猶古，蓋存古則可慕，爲隸則可識。”非謂隸書爲隸古也。○若璩按：“今按《書序》”一段，似王氏後自較其説者。余晚而得董斯張《吹景集》，載與其僚婿閔元衢合疏彦遠此啓曰：“困學翁所不能詳其出者，吾兩人以數年排纘力，①始語語分疏之，寧非曠世一大快？”余故録之於逐句下，惟見襄三十年《傳》者不録。斯張字遐周，元衢字康侯，並烏程人，爲胡朏明鄰邑前輩，朏明嘗稱其學“貪奇炫博”云。○何屺瞻曰：“閔、董果淹雅，其引《海録碎事》、《事文類聚》而不舉本書，微染俗學，與胡傳、《學古編》並後出書。

15. 宋景文公云：“蕭何自題蒼龍、白虎二闕，後世署書由何始。”《説文》：“扁，署也，从户册。”户册者，署門户之文也。

16. 夾漈《金石略》云：“《祀巫咸大湫文》，李斯篆。”愚按：方氏跋《詛楚文》，以爲秦惠文王二十六年。石湖○若璩按：石湖，范成大號。亦謂：“當惠文王之世。後百餘年東巡泰山，刻石。”則小篆非出於李斯。

17. 古器銘云“十有三月”、“十有四月”、“十有九月”，云“正月乙子”，或云“丁子”。吕與叔《考古圖》謂：“嗣王逾年未改元，故以月數，乙子即甲子，丁子即丙子。世質人淳，取其同類。不然，殆不可考。”曾子固謂：“古字皆重出，此文作三者，特二字耳。

18.《毛伯敦》“祝”下一字，劉原父以爲“鄭”，曰：“文、武

---

① “纘”，翁氏本作“鑽”。

時毛叔鄭也。”而吕與叔以爲“邾”。《簠銘》“中”上一字,歐陽公以爲“張”,曰:“宣王時張仲也。”而與叔以爲“弡”。《周姜敦》“伯”下一字,歐陽公以爲“冏”,曰:“穆王時伯冏也。”而與叔以爲“百”。古文難考,幾於郢書燕説。

19.《博古圖》:《晋姜鼎銘》“用蘄綽綰眉壽”,《伯碩父鼎銘》“用祈丐百禄眉壽綰綽”,《孟姜敦銘》“綰綽眉壽”。石湖云:“似是古人祝延常語。”愚謂:《漢書》安世房中歌云“克綽永福”,顔氏注:“綽,緩也。亦謂延長。”

20. 張燕公《謝碑額表》云:“孔篆吴札之墳,秦存展季之壠。”言孔子篆者,始見於此。

21.《金石録·汲縣太公碑》云:“晋太康二年,得竹策之書。其《紀年》曰:‘康王六年,齊太公望卒。’參考年數,蓋壽一百一十餘歲。”今按《書·顧命》云“齊侯吕伋”,則成王之末,伋已嗣太公爲齊侯矣。

22. 潏水李氏云:“古印有文曰‘祭尊’,非姓名,乃古之鄉官也。”《説苑》載鄉官又有“祭正”,亦猶祭酒也。

23. 秦《詛楚文》作於惠文王之時,所詛者楚懷王也。懷王遠屈平,邇靳尚,而受商於之欺,致武關之執,非不幸也。然入秦不反,國人憐之,如悲親戚。積怨深怒,發於陳、項,而秦亡也忽焉。六國之滅,楚最無罪。反爾好還,天人之理也。南公曰:“楚雖三户,亡秦必楚。”吁,秦詛楚邪?楚詛秦耶?○若璩按:此亦見王氏懷抱。

24. 徐楚金《説文繫傳》,有《通釋》、《部叙》、《通論》、《祛妄》、《類聚》、《錯綜》、《疑義》、《系述》等篇。吕太史謂:“元本斷爛,每行滅去數字,故尤難讀。若得精小學者,以許氏《説文》參繹,恐猶可補也。”今浙東所刊,得於石林葉氏、蘇魏公本也。

25.《説文》:“飲器象爵者,取其鳴節節足足也。”《宋·符瑞志》:“鳳凰其鳴,雄曰節節,雌曰足足。”然則爵即鳳凰歟?

26. 宣和中,陝右人發地,得木簡于甕,字皆章草。檄云“永初二年,六月丁未朔,廿日丙寅”。朱文公《答吴斗南書》謂:“東漢討羌檄,日辰與《通鑑長曆》不同。”蓋指此也。”今考《通鑑目録》,漢安帝永初二年,六月乙未朔。○《後漢紀》五月有丙寅,七月有戊辰,恐當以《長曆》爲正。○何校本云:“注二十字亦正文。”

27.《漢·西域傳》:“安息國書革,旁行爲書記。”顔氏注:“今西方胡國及南方林邑,書皆横行不直下。”《法苑珠林》云:“造書凡有三人,長名曰梵,其書右行;次曰佉盧,其書左行;少者蒼頡,其書下行。”夾漈《六書略》云:“梵書左旋,其勢向右;華書右旋,其勢向左。”

28. 韓文公曰:“凡爲文辭,宜略識字。”杜子美曰:“讀書難字過。”字豈易識哉?李衡《識字説》曰:“讀書須是識字。固有讀書而不識字者,如孔光、張禹、許敬宗、柳宗元,非不讀書,但不識字。孔光不識‘進退’字,張禹不識‘剛正’字,許敬宗不識‘忠孝’字,柳宗元不識‘節義’字。”此可爲學者之戒。

29. 周越《書苑》云:“郭忠恕以爲小篆散而八分生,八分破而隸書出,隸書悖而行書作,行書狂而草書聖。”以此知隸書乃今真書。趙明誠謂:“誤以八分爲隸,自歐陽公始。”○庾肩吾云:“隸書,今之正書。”張懷瓘云:“隸書者,程邈造。字皆真正,亦曰真書。”《千文》云:“杜槁鐘隸。”《王羲之傳》:“尤善隸書。”

30. 康節邵子之父古,字天叟,定律吕聲音,以正天下音及古今文,謂:“天有陰陽,地有剛柔;律有闢翕,吕有唱和。

一陰一陽交，而日月星辰備焉；一剛一柔交，而金木水火備焉。一闢一翕，而平、上、去、入備焉；一唱一和，而開發收閉備焉。律感吕而聲生焉，吕應律而音生焉。"《觀物》之書本于此，謂："闢翕者律天，清濁者吕地。先閉後開者春也，純開者夏也，先開後閉者秋也，冬則閉而無聲。東爲春聲，陽爲夏聲。此見作韻者亦有所至也。銜、凡，冬聲也。"横渠張子曰："商、角、徵、羽皆有主，出於脣齒喉舌，獨宫聲全出於口，以兼五聲也。"夾漈鄭氏曰："聲爲經，音爲緯。平、上、去、入，四聲也，其體縱，故爲經。宫、商、角、徵、羽、半徵、半商，七音也，其體横，故爲緯。"

31. 七音三十六字母出於西域，豈所謂"學在四夷"者歟？司馬公以三十六字母總三百八十四聲，爲二十圖。夾漈謂："梵人長於音，所得從聞入；華人長於文，所得從見入。華則一音該一字，梵則一字或貫數音。"○鳩摩羅什曰："天竺國俗，甚重文制。其宫、商體韻，以入管弦爲善。凡覲國王，必有贊德。佛經中偈頌，皆其式也。"

32. 諧聲，六書之一也，聲韻之學尚矣。夾漈謂："五書有窮，諧聲無窮。五書尚義，諧聲尚聲。"《釋文序録》云："古人音書，止爲譬況之説，孫炎始爲反語。"《考古編》謂周顒始有翻切，非也。○若璩按："音書止爲譬況"三句，出《顔氏家訓》。

33. 隋陸法言爲《切韻》五卷，後有郭知玄等九人增加。唐孫愐有《唐韻》。今之《廣韻》，則本朝景德、祥符重修。今人以三書爲一，或謂《廣韻》爲《唐韻》，非也。鶴山魏氏云："《唐韻》於二十八删、二十九山之後，繼以三十先、三十一仙。今平聲分上下，以一先二僊爲下平之首，不知'先'字蓋自'真'字而來。"愚考徐景安《樂書》，凡宫爲上平、商爲下平、角爲入、徵爲上、羽爲去，則唐時平聲已分上下矣。米元章云："五聲之音，出於五行自然之理。沈隱侯只知四聲，求其宫聲不得，乃分平聲爲二。"然後魏江式曰："晋吕静仿李登《聲類》之法，作《韻集》五卷，宫、商、角、[1]徵、羽各爲一篇。"則韻分爲五，始於吕静，非自沈約始也。約《答陸厥》曰："宫、商之聲有五，文字之别累萬。以累萬之繁配五聲之約，高下低昂，非思力所學。"沈存中云："梵學入中國，其術漸密。"○若璩按：曾親見吴彩鸞所書《唐韻》，次第較鶴山亦不合。○何校本云："'米元章曰'以下，當自爲一條。"

34. 潛虚以"萸"爲"天"，古文也。見《廣韻》，而《集韻》不載。○《古文韻》"萸"字，《碧落》文。

35.《廣韻》言姓氏甚詳，然"充"字有充虞，○見《孟子》。"歸"字有齊歸，○見《左傳》。其遺闕多矣。"賁、育"，謂孟賁、夏育也。《廣韻》以"賁"爲姓，"古有勇士賁育"，謬矣。○若璩按："賁"字爲姓者音"肥"。

36. 顔魯公在湖州，集文士，摭古今文字爲《韻海鏡源》三百六十卷，以包荒萬彙，其廣如海，自末尋源，照之如鏡。《崇文總目》僅存十六卷，今不傳。○若璩按：《宋・藝文志》顔真卿《韻海鑑源》亦僅十六卷。"鏡"爲"鑑"者，避翼祖嫌名也。

37.《韓非・五蠹》曰："蒼頡之作書也，自環者謂之'私'，背私謂之'公'。"《説文》云："自營爲'厶'，背厶爲'公'。"

38. 宋元憲寶玩《佩觿》三篇。蘇文忠每出，必取聲韻音訓文字置篋中。晁以道晚年，日課識十五字。

39. 夾漈謂："《説文》定五百四十類爲字之母。然母能

---

① "角"，《叢刊》本、翁氏本作"龣"。

生而子不能生,誤以子爲母者,二百十類。"

40. 吴孫休自制名字以命其子,武曌、劉龑因之,皆字書所無。○《梁四公記》亦然。

41.《隋志》以《蒼頡》、《訓纂》、《滂喜》爲《三蒼》,《説文繫傳》以《蒼頡》、《爰歷》、《博學》爲《三蒼》,并《訓纂》爲四篇。○若璩按:《三蒼》之名,以《隋・經籍志》爲定。蓋趙高所作《爰歷篇》、胡母敬作《博學篇》并於李斯《蒼頡篇》已久,而不復可别識矣。《訓纂》揚雄作,《滂喜》賈魴作。

42.《急就篇》"沐浴"、"揃搣"、"寡合"同,《莊子・外物篇》"眥搣可以休老",亦作"揃搣"。

43."不"字本方久反。凡書之"不"字,皆點入聲。"其"字本音箕,○"夜如何其。"凡書之"其"字,皆點平聲。○《攻媿集》。

44. 李瀚《蒙求》,以平聲與上、去、入相間。○近世續《蒙求》者不知此。攻媿云。

經説

1."六經",始見於《莊子・天運篇》。○孔子曰:"治《詩》、《書》、《禮》、《樂》、《易》、《春秋》六經。"以《禮》、《樂》、《詩》、《書》、《易》、《春秋》爲"六藝",始見於太史公《滑稽列傳》。○孔子曰:"六藝於治,一也。"或云"七經"。○後漢趙典學孔子七經。蜀秦宓謂:"文翁遣相如東受七經。"或以六經、六緯爲"十二經"。○《莊子・天道篇》。或以"五經"、"五緯"爲"十經"。○《南史・周續之》。或云"九經"。○《釋文序録》:"《易》、《書》、《詩》、《周禮》、《儀禮》、《禮記》、《春秋》、《孝經》、《論語》。"《唐・谷那律傳》"九經庫",始有"九經"之名。《樂經》既亡，而有"五經"，自漢武立博士始也。邵子定以《易》、《書》、《詩》、《春秋》爲"四經"，猶春、夏、秋、冬，皇、帝、王、伯。○若璩按：吴文正謂："經焚于秦而《易》獨存，經出於漢而《樂》獨亡。"

2.《漢·藝文志》云："六藝之文，《樂》以和神，仁之表也；《詩》以正言，義之用也；《禮》以明體，故無訓；《書》以廣聽，知之術也；《春秋》以斷事，信之符也。五者蓋五常之道，相須而備，而《易》爲之原。"《白虎通》云："有五常之道，故曰'五經'：《樂》仁，《書》義，《禮》禮，《易》智，《詩》信也。"二説不同。然"五經"兼五常之道，不可分也。

3. 後漢翟酺曰："文帝始置一○若璩按：今本作"五"，此云"一"，於事雖合，於文則改。經博士。"考之漢史，文帝時，申公、○按：此出《楚元王傳》。韓嬰皆以《詩》爲博士。○所謂《魯詩》、《韓詩》。五經列于學官者，唯《詩》而已。景帝以轅固爲博士，[①]○所謂《齊詩》。而餘經未立。武帝建元五年春，初置五經博士。《儒林傳贊》曰："武帝立五經博士，《書》唯有歐陽，《禮》后，《易》楊，《春秋》公羊而已。"立五經而獨舉其四，蓋《詩》已立於文帝時，今并《詩》爲五也。○若璩按：《孟子題辭》："孝文皇帝欲廣游學之路，《論語》、《孝經》、《孟子》、《爾雅》皆置博士，後罷傳記博士，獨立五經而已。"朱子謂此事在《漢書》無考。余謂劉歆《移太常博士書》云："孝文皇帝，《尚書》初出屋壁，《詩》始萌芽，天下衆書往往頗出，皆諸子傳説，猶廣立於學官，爲置博士。"非岐説之所本乎？第史文不備耳。

4. 石經有七：漢熹平則蔡邕，魏正始則邯鄲淳，晋裴頠，唐開成中唐玄度，後蜀孫逢吉等，本朝嘉祐中楊南仲等，中興

① "轅固"下，翁氏本有"生"字。

高廟御書。○後蜀石經於高祖、太宗諱皆缺畫，唐之澤深矣。

5.《唐·儒學傳序》："文宗定《五經》，鑱之石，張參等是正訛文。"按《文粹》，劉禹錫《國學新修五經壁記》云："初大曆中，[1]名儒張參爲司業，始詳定五經，書于論堂東西廂之壁。"《序》以參爲文宗時，誤矣。參所定乃書於壁，非鑱石也。○若璩按：今關中唐時石刻張參《五經文字》具在。南渡後榷場中無拓本，故厚齋未之見耳。《舊史紀》云："開成二年十月癸卯，宰臣判祭酒鄭覃進《石壁九經》一百六十卷。"《會要》載是年八月覆定石經字體官唐玄度狀："今所詳覆，多因司業張參《五經字》爲准。"《藝文志》參有《五經文字》三卷，玄度有《九經字樣》一卷。文宗時是正訛文，乃玄度，非參也。

6.《皇覽·冢墓記》曰："漢明帝時，公卿大夫諸儒八十餘人，論五經誤失，符節令宋元上言：'秦昭王與吕不韋好書，皆以書葬。王至尊，不韋久貴，冢皆以黄腸題湊，處地高燥，未壞。臣願發昭王、不韋冢，視未燒《詩》、《書》。"愚謂："儒以《詩》、《禮》發冢"，《莊子》譏"假經以文奸者"爾。乃欲發冢以求《詩》、《書》，漢儒之陋至此。○若璩按：嘗持論此舉未行，秦漢後遂不獲見六經全文，爲終古之恨，頗爲世人所怪。昭襄王葬茝陽，《括地志》云在雍州藍田縣西六里。不韋冢，《皇覽》云在河南洛陽北邙道西大冢，是。《魏·地形志》云在陽翟縣，恐非。

7. 歐陽文忠公《筆説》云："安昌侯張禹曰：'書必博見，然後識其真僞。'"當考所出。

8. 艾軒云："日用是根株，文字是注脚。"此即象山"《六經》注我"之意。蓋欲學者於踐履實地用工，不但尋行數

---

① 曆，原作"歷"，改從《叢刊》本，用本字。

墨也。

9. 虞溥《厲學》曰："聖人之道，淡而寡味，故學者不好也。及至期月，所觀彌博，所習彌多，日聞所不聞，日見所不知，然後心開意朗，敬業樂群，忽然不覺大化之陶己，至道之入神也。學者不患才不及，而患志不立。"任子曰："學所以治己，教所以治人。不勤學無以爲智，不勤教無以爲仁。"愚謂：此皆天下名言，學者宜書以自儆。○若璩按：《晋・虞溥傳》："學徒既至，溥乃作誥以獎訓之。"《厲學》當名曰《學誥》。

10.《文中子》言："聖人述史三焉，《書》、《詩》、《春秋》三者同出於一。"魯望謂：①"六籍之中有經有史，《禮》、《詩》、《易》爲經，《書》、《春秋》實史耳。"○舜、皋陶之《賡歌》、《五子之歌》皆載於《書》，則《詩》與《書》一也。《文中子》之言當矣。

11. 王微之云："觀書，每得一義，如得一真珠船。"見陸農師詩注。

12. 古未有板本，好學者患無書。桓譚《新論》謂："梁子初、楊子林所寫萬卷，至於白首。"南齊沈驎士年過八十，手寫細書，滿數十篋。梁袁峻自寫書課，日五十紙。《抱朴子》所寫，反覆有字。《金樓子》謂："細書經、史、《莊》、《老》、《離騷》等六百三十四卷，在巾箱中。"後魏裴漢○若璩按：後《魏書》無裴漢，當作後周。借異書，躬自録本，其勤與編蒲緝柳一也。《國史・藝文志》："唐末，益州始有墨板，多術數、字學小書。○按：考之《册府元龜》，吴、蜀皆有之。蜀中始有板本《文選》。亦見王明清《揮麈録》。後唐，詔儒臣田敏校《九經》，鏤本于國子監。國初，廣諸義疏音釋，令孔維、邢昺讎定頒布。"

---

① "魯望"上，翁氏本有"陸"字。

13.《春秋正義》云："傅咸爲《七經詩》，王羲之寫。"今按《藝文類聚》、《初學記》載傅咸《周易》、《毛詩》、《周官》、《左傳》、《孝經》、《論語》詩，皆四言，而闕其一。

14. 鄭康成注二《禮》，○若璩按：二《禮》，亦謂《周禮》、《禮記》。引《易説》、《書説》、《樂説》、《春秋説》、《禮家説》、《孝經説》，皆緯候也。《河》、《洛》、七緯，合爲八十一篇：《河圖》九篇，《洛書》六篇，又别有三十篇，《七經》緯三十六篇。《易》緯：《稽覽圖》、《乾鑿度》、《坤靈圖》、《通卦驗》、《是類謀》、《辨終備》。《書》緯：《琁璣鈐》①、《考靈曜》、《刑德放》、《帝命驗》、《運期授》。《詩》緯：《推度災》、《氾歷樞》、《含神務》。《禮》緯：《含文嘉》、《稽命徵》、《斗威儀》。《樂》緯：《動聲儀》、《稽耀嘉》、《汁圖徵》。《孝經》緯：《援神契》、《鉤命決》。《春秋》緯：《演孔圖》、《元命包》、《文耀鉤》、《運斗樞》、《感精符》、《合誠圖》、《考異郵》、《保乾圖》、《漢含孳》、《佑助期》、《握誠圖》、《潛潭巴》、《説題辭》。又有《尚書中候》、《論語讖》，在七緯之外。按李尋有"五經六緯"之言，蓋起於哀、平，至光武篤信之，諸儒習爲内學。隋焚其書，今惟《易》緯存焉。《正義》多引讖緯，歐陽公欲取《九經》之疏删去讖緯之文，使學者不爲怪異之言惑亂，然後經義純一。其言不果行。

15. 朱文公謂："五經疏，《周禮》最好，《詩》、《禮記》次之，《書》、《易》爲下。"愚考之《隋志》，王弼《易》、孔安國《書》至齊、梁始列國學，故諸儒之説不若《詩》、《禮》之詳實。○若璩按：朱子又謂："《儀禮》疏不甚分明。"余謂《左傳》疏雖詳亦略。

16. 司馬文正公曰："新進後生口傳耳剽，讀《易》未識卦

① "琁"，翁氏本作"璇"。

爻，已謂《十翼》非孔子之言；讀《禮》未知篇數，已謂《周官》爲戰國之書；讀《詩》未盡《周南》、《召南》，已謂毛、鄭爲章句之學；讀《春秋》未知十二公，已謂三《傳》可束之高閣。"朱文公曰："近日學者，病在好高。《論語》未問'學而時習'，便説'一貫'；《孟子》未言'梁惠王問利'，便説'盡心'；《易》未看六十四卦，便讀《繫辭》。此皆躐等之病。"

17.《宋・符瑞志》云："孔子齋戒，向北辰而拜，告備于天曰：'《孝經》四卷，《春秋》、《河》、《洛》凡八十一卷，謹已備矣。'"○見《援神契》。是以聖人爲巫史也。緯書謬妄，而沈約取之，無識甚矣。

18.《家語》齊太史子餘嘆美孔子云："天其素王之乎！"素，空也，言無位而空王之也。董仲舒《對策》云："見素王之文。"賈逵《春秋序》云："立素王之法。"鄭玄《六藝論》云："自號素王。"盧欽《公羊序》云："制素王之道。"皆因《家語》之言而失其義，所謂郢書燕説也。《莊子》云："玄聖素王之道。①"祥符中，謚孔子爲"玄聖"。後避聖祖名，改"至聖"。

19. 自漢儒至於慶曆間，談經者守訓故而不鑿。《七經小傳》出，而稍尚新奇矣。至《三經義》行，視漢儒之學若土梗。古之講經者，執卷而口説，未嘗有講義也。元豐間，陸農師在經筵，始進講義。自時厥後，上而經筵，下而學校，皆爲支離曼衍之詞。説者徒以資口耳，聽者不復相問難，道愈散而習愈薄矣。陸務觀曰："唐及國初，學者不敢議孔安國、鄭康成，況聖人乎？自慶曆後，諸儒發明經旨，非前人所及，然排《繫辭》，毀《周禮》，疑《孟子》，譏《書》之《胤征》、《顧命》，黜

① "王"，原誤作"土"，據翁氏本改。

《詩》之《序》,不難於議經傳注乎?”斯言可以箴談經者之膏肓。

20. 西山先生《大學衍義後序》謂:“有進奸言於經幄者,嘗以問西山之子仁甫,答云:“講《易·乾》之《文言》,知進退存亡,爲奸言以罔上。”

21. 秦有《誓》而《書》亡;魯有《頌》而《詩》亡;魯郊禘、秦僭時而《禮》亡;大夫《肆夏》、三家《雍》撤①而《樂》亡。

22.《法言》曰:“古之學者耕且養,三年通一經。”《藝文志》曰:“古之學者耕且養,三年而通一藝。”蓋劉歆《七略》取《法言》之語。

---

① “撤”,翁氏本作“徹”。

卷九

宋 王應麟 撰

天道

1.《三五曆紀》:“天去地九萬里。”《淮南子》以爲五億萬里。《春秋元命包》:“陽極於九,周天八十一萬里。”《洛書甄曜度》:“一度千九百三十二里,天地相去十七萬八千五百里。”《孝經援神契》:“周天七衡六間,相去萬九千里八百三十三里三分里之一,合十一萬九千里。從内衡以至中衡,中衡以至外衡,各五萬九千五里。”《關令内傳》:“天地南午北子,相去九千萬里;東卯西酉,亦九千萬里;四隅空相去九千萬里。天去地四十千萬里。天有五億五萬五千五百五十里,地亦如之,各以四海爲脈。”《論衡》:“天行三百六十五度,積凡七十三萬里,天去地六萬餘里。”《靈憲》:“自地至天一億萬六千二百五十里。垂天之晷,薄地之儀,皆千里而差一寸。”《周髀》:“天離地八萬里。冬至之日,雖在外衡,常出極下地上二萬里。”《周禮疏》:“案《考靈耀》①‘從上臨下八萬里,天以圓

① “考靈耀”,翁氏本作“考靈曜”,下同。

覆,地以方載。'《河圖括地象》:'西北爲天門,東南爲地户。天門無上,地户無下。極廣長,南北二億三萬一千五百里,東西二億三萬三千里。'《廣雅》:'天圜,南北二億三萬三千五百里七十五步,東西短減四步,周六億十萬七百里二十五步。從地至天,億一萬六千七百八十七里半。下度地之厚,與天高等。'《天度》云:'東方七宿七十五度,南方七宿百一十二度,西方七宿八十度,北方七宿九十八度四分度之一,四方三百六十五度四分度之一。度二千九百三十二里。二十八宿間相距,積百七萬九百一十三里,徑三十五萬六千九百七十里。'"《月令》正義:"《考靈耀》云:'一度二千九百三十二里千四百六十一分里之三百四十八。周天百七萬一千里,是天圓周之里數也。以圍三徑一言之,直徑三十五萬七千里,此二十八宿周迴直徑之數也。然二十八宿之外,上下東西,各有萬五千里,是爲四游之極,謂之四表。據四表之内,并星宿内,總三十八萬七千里。天之中央、上下正半之處,一十九萬三千五百里,地在於中,是地去天之數也。'"安定胡先生云:"南樞入地下三十六度,①北樞出地上三十六度,狀如倚杵,②此天形也。一晝一夜之間,凡行九十餘萬里。人一呼一吸謂之一息,一息之間,天行八十餘里。人之一晝一夜,有一萬三千六百餘息,是故一晝一夜而天行九十餘萬里。"致堂胡氏謂:"天雖對地而名,未易以智識窺,非地有方所可議之比也。③"

2.《河圖括地象》云:"天左動,起於牽牛;地右動,起於

---

① "樞",翁氏本誤作"極",下同。
② "倚",翁氏本作"依"。
③ "非地"下,翁氏本有"爲"字。

畢。"《尸子》云:"天左舒而起牽牛,地右闢而起畢、昴。"《爾雅注》:"牽牛,斗者,日月五星之所終始,故謂之星紀。"

3. 楊倞注《荀子》云:"天無實形,地之上空虛者,盡皆天也。"其説本於張湛《列子注》,謂:"自地而上,則皆天矣,故俯仰喘息,未始離天也。"

4.《黄帝書》曰:"天在地外,水在天外,水浮天而載地。"又曰:"地在太虚之中,大氣舉之。"道書謂:"風澤洞虚,金剛乘天。"佛書謂:"地輪依水輪,水輪依風輪,風輪依虚空,虚空無所依。""風澤洞虚"者,風爲風輪,所謂大氣舉之也;①澤爲水輪,所謂浮天載地也。"金剛乘天"者,道家謂之"剛風",岐伯謂之"大氣",葛稚川云自地而上四千里之外,其氣剛勁者是也。張湛解《列子・湯問》曰:"太虚無窮,天地有限。"朱文公曰:"天之形雖包於地之外,而其氣常行乎地之中。"則"風輪依空虚"可見矣。②

5.《三禮義宗》:"天有四和。昆侖之四方,其氣和暖,謂之和。天道左轉,一日一夜,轉過一度。日月左行於天而轉,一日一夜,匝於四和。"愚按,《周髀》云:"天地四極四和。"注謂:"四和者,謂之極。子午卯酉,得東西南北之中。"《義宗》之説本此。

6.《白虎通》曰:"日月徑千里。"徐整《長曆》曰:"大星徑百里,中星五十,小星三十。"晋魯勝《正天論》謂:"以冬至之後,立晷測影,準度日月星。案日、月裁徑百里,③無千里。星十里,不百里。"未詳其説。

---

① "謂",翁氏本誤作"爲"。
② "空虚",《叢刊》本、翁氏本作"虚空"。
③ "案",翁氏本作"按"。

7.《月令正義》引《前漢·律曆志》二十八宿之度，不載四分度之一。愚謂《天度》列爲二十八宿，唯斗有餘分。《續漢志》斗二十六，四分退二。《晋志》斗二十六，分四百五十五。皆有餘分。唐一行謂《太初曆》，“今赤道星度，其遺法也”。《續漢志》黄道度與《前志》不同。賈逵論云：“五紀論日月循黄道，南至牽牛，北至東井，率日日行一度，月行十三度十九分度七。今史官一以赤道爲度，不與日月行同。”而沈存中謂：“二十八宿度數，皆以赤道爲法，唯黄道度有不全度者，蓋黄道有斜有直，故度數與赤道不等。①”蔡伯静亦謂：“歷家欲求日月交會，故以赤道爲起算之法。《月令正義》引赤道度，其以是歟？”《淮南子·天文訓》“箕十一四分一”，與漢、晋《志》不同。

8. 日右轉，星左轉，約八十年差一度。漢文帝三年甲子，冬至，日在斗二十二度；唐興元元年甲子，冬至，日在斗九度。九百六十一年差十三度。見李肇《國史補》。裴胄問董生云：“貞觀三年己丑，②冬至，日在斗十二度，每六十年餘差一度。此李淳風之説也。漢太初元年丁丑冬至，日在斗二十度，至慶曆甲申，《崇天曆》冬至，日在斗五度八十四分，每八十五年退一度。每年不及者一分差。見《武經總要》。歲差之説不同。”賈逵云：“古曆冬至日在建星，即今斗星。《太初曆》冬至日在牽牛初。”何承天云：“堯冬至，日在須女十度。《太初歷》冬至，在牽牛初四分。《景初曆》在斗二十一。”祖沖之云：“漢初用《秦曆》，冬至日在牛六度，《太初曆》日在牛初，《四分法》日在斗二十二。晋姜岌以月蝕，知冬至在斗十七。今參

---

① “等”，翁氏本作“同”。

② “貞觀”，《叢刊》本、翁氏本作“正觀”，避宋仁宗趙禎之諱。下同。

以中星，課以蝕望，冬至日在斗十一。通而計之，未盈百載，所差二度。”沈存中云：“《顓帝曆》冬至，日宿斗初，今宿斗六度。《堯典》日短星昴，今日短星東壁。”

9. 信都芳曰：“渾天覆觀，以《靈憲》爲文；蓋天仰觀，以《周髀》爲法。”劉智謂：“黄帝爲蓋天，顓頊造渾儀。”《春秋文曜鈎》謂：“帝堯時，羲和立渾儀。”而本朝韓顯符《渾儀法要序》以爲伏羲立渾儀，①未詳所出。

10.《後漢·天文志》：“黄帝始受《河圖》，鬬苞授規日月星辰之象，故星官之書自黄帝始。”鬬苞，似是人名氏，當考。

11. 刻之長短，由日出之蚤晚。景之長短，由日行之南北。此語蓋出於方氏《禮記解》。

12.《觀象賦》，後魏張淵撰。見《後魏書》。《初學記》云“宋張鏡”，非也。

13.《大象賦》，《唐志》謂黄冠子李播撰。李台《集解》：“播，淳風之父也。”今本題楊炯撰，畢懷亮注。《館閣書目》題張衡撰，李淳風注。薛士龍書其後曰：“專本巫咸星贊，旁覽不及《隋書》，時君能致諸蘭臺，②坐卧渾儀之下，其所論著，何止此耶?”愚觀賦之末曰：“有少微之養寂，無進賢之見譽。恥附耳以求達，方卷舌以幽居。”則爲李播撰無疑矣。播仕隋高祖時，棄官爲道士，時未有《隋志》，非“旁覽不及”也。張衡著《靈憲》，楊炯作《渾天賦》，後人因以此賦附之，非也。

14.《步天歌》，《唐志》謂“王希明丹元子”。今本“司天右拾遺内供奉王希明撰，喬令來注”。《二十八舍歌》、《三垣

---

① “本朝”，《叢刊》本作“前朝”。
② “諸”，《叢刊》本、翁氏本作“之”。

頌》、《五行吟》，總爲一卷。鄭漁仲曰："隋有丹元子，隱者之流也，不知名氏，作《步天歌》，句中有圖，言下見象。王希明纂漢、晋《志》釋之。"然則王希明、丹元子，蓋二人也。

15. 沈約《宋志》："五星聚者有三：周將伐殷，聚房；齊桓將霸，聚箕；漢高入秦，聚東井。周、漢以王，齊以霸。"襄陵許氏謂："恒星不見，星隕如雨，齊桓之祥也。沙鹿崩，晋文之祥也。桓將興而天文隳，文欲作而地理決，王道之革也。"

16. 後漢永建初，李郃上書曰："趙有尹史，見月生齒齕畢大星，占有兵變。趙君曰：'天下共一畢，知爲何國也？'下史於獄。其後公子牙謀殺君，如史所言。"《天文志》注《李氏家書》。按，太史公《天官書》："昔之傳天數者，趙尹皋。"又謂"皋、唐、甘、石，因時務論其書傳。"尹史，即皋也。[①] 其占驗僅見於此，《趙世家》不載。

17. 星家有甘、石、巫咸三家，太史公謂"殷商，巫咸"。考之《書》："伊陟贊于巫咸，作《咸乂》四篇。"又曰："在太戊，巫咸乂王家。"孔安國云："巫，氏也。"馬融謂"殷之巫"也，鄭康成謂"巫官"。孔穎達云："咸、賢父子並爲大臣，必不世作巫官，言'巫，氏'是也。"《後漢·天文志》乃云"湯則巫咸"，當以《書》爲正。《史記正義》："巫咸，吴人。今蘇州常熟縣西海隅山上有巫咸、巫賢冢，並識之以廣異聞。"郭璞《巫咸山賦序》："巫咸以鴻術爲帝堯之醫。"此又一巫咸也。

18. 《莊子》言："傅説乘東維，騎箕尾，而比於列星。"古賦有云："傅説奉中闈之祠。"注云："傅説一星，在尾北後河中，蓋後宫女巫也。"説爲商良相，豈爲後宫女巫祈子而禱祠

① "皋"，《叢刊》本、翁氏本作"尹皋"。

哉？此天官之難明者也。

19.《春秋繁露》云："天不剛，則列星亂其行；君不堅，則邪臣亂其官。故爲天者務剛其氣，爲君者務堅其政。"丁鴻《日食封事》："天不可以不剛，不剛則三光不明；王不可以不強，不強則宰牧縱橫。"其言出於此。

20. 元祐末，日食不盡如鈎。元符末，日食正陽之朔。此皆有陰慝見於祲象，志壹之動氣也。

21. 元祐七年三月望，月食既。王巖叟言："《漢·曆志》：'月食之既者，率二十三食而復既。'按，元豐八年八月望，食之既，今未及二十三食而復既，則是不當既而既也。"愚謂月食之既，猶儆戒如此，況日食乎？

22.《素問》：《太始天元册文》有"九星"之言。王冰，若璩按："冰"當作"砅"，"砅"古"厲"字。注云："上古世質人淳，九星垂明，中古道德稍衰，標星藏曜，故星之見者七焉。九星謂天蓬、天芮、天衝、天輔、天禽、天心、天任、天柱、天英。此蓋從標而爲始，遁甲式法，今猶用焉。"《楚辭》劉向《九嘆》云："訊九魁音祈。與六神。"注："九魁，謂北斗九星也。"《補注》謂："北斗七星，輔一星，在第六星旁，又招摇一星，在北斗杓端。《北斗經疏》云：'不止於七而全於九，加輔、弼二星故也。'"與《素問注》不同。《曲禮》"招摇在上"注："招摇星在北斗杓端，主指者。"《正義》引《春秋運斗樞》云："北斗七星：第一天樞，第二旋，第三機，第四權，第五衡，第六開陽，第七摇光，摇光則招摇也。"《淮南·時則訓》注："招摇，斗建也。"《楚辭補注》以"招摇"在七星之外，恐誤。徐整《長曆》曰："北斗七星間，相去九千里，皆在日、月下。其二陰星不見者，相去八千里。"若璩按：王砅見杜詩，即《我之曾祖姑，爾之高祖母》一首也。砅，肅宗寶應時人，自號啓玄子，首注《素問》八十一篇者，精於醫。《唐人物志》云："王砅，仕至太僕令，年八十餘，以壽終。"近杜注都遺此。"《素問》：《太始天元册》文有'九星'之言"，元板作"醫書《素問》之中亦嘗有'九星'之言"。又"從標而爲始"下，元板缺"遁甲式法今猶用焉"八字，多"所謂九星者此也"七字。

23. 王介甫云："雲，陰中之陽。風，陽中之陰。"朱文公云："緯星，陰中之陽。經星，陽中之陰。"按，《素問・天元紀大論》：天有陰陽，地亦有陰陽，故陽中有陰，陰中有陽。

24. 顔之推《歸心篇》：孔毅父《星説》，皆仿屈子《天問》之意。然《天問》不若《莊子・天運》之簡妙。巫咸袑之言，不對之對，過柳子《天對》矣。傅玄《擬天問》，見《太平御覽》。

25. 古詩"黄姑織女時相見"之句，此所云"黄姑"，即"河鼓"也，吴音訛而然。

26.《黄帝風經》曰："調長祥和，天之善風也。折揚奔厲，天之怒風也。"見《御覽》。《周官》："小祝寧風旱。"漢代田之法，能風與旱。此昌黎所以訟風伯也。

27.《太平御覽》以五色雲列於咎徵。宋景平元年，有雲五色如錦，而徐羡之廢帝。韓魏公五色雲見之事，不見於國史，疑《家傳》之增飾也。元板空此條。

28.《龍城録》"月落參横"之語，《容齋隨筆》辨其誤，然古樂府《善哉行》云："月没參横，北斗闌干。親交在門，[1]忘寢與餐。"《龍城録》語本此，而未嘗考參星見之時也。

29.《天經》，紹興三十年若璩按：高宗在位三十四年庚辰。王及甫按，及甫同州進士。上。朱文公謂："類集古今言天者，極爲該備。"

---

① "親交"，《叢刊》本作"親友"。

30. 星始則見於辰，終則伏於戌。自辰至戌，正於午，中於未。《堯典》舉四時之正，以午爲中；《月令》舉十二時之中，以未爲中。以火星論之，以午爲正，故《堯典》言“日永星火，以正仲夏”。以未爲中，故《月令》言“季夏昏火中”。至申爲流，故《詩》曰“七月流火”。以辰爲見，以戌爲伏，故《傳》曰“火見於辰，火伏而蟄者畢”。諸星亦然。《詩·定之方中》亦以十月中於未也。朱子曰：“堯時昏旦星中於午。《月令》差於未，漢、晋以來又差。今比堯時似差及四分之一。”

31.《後魏·天象志》曰：“班史以日暈五星之屬列《天文志》，薄蝕彗孛之比入《五行説》。① 七曜一也，而分爲二《志》，故陸機云：‘學者所疑。’”

32. 凡星皆出辰没戌，故五星爲五辰，十二舍亦爲十二辰。

33. 弧與建星，非二十八宿，而昏明舉之者，由弧星近井，建星近斗。《月令正義》。二十八宿連四方爲名者，唯箕、斗、井、壁四星。《詩正義》。

34.《唐·天文志》：“咸通中，熒惑、鎮、太白、辰星聚于畢、昴，在趙、魏之分。詔鎮州王景崇被衮冕，軍府稱臣以厭之。”衰世之政，其怪如此，是謂人妖，何以弭變？元板空此條。

35.《月令》凡三儺，一以季春，一以仲秋。鄭康成謂：“陰氣右行，季春之中，日行歷昴；陽氣左行，仲秋之月，宿直昴、畢。昴有大陵積尸之氣，氣佚則厲鬼隨而出行，於是索室驅疫以逐之。《王居明堂禮》曰：‘季春出疫于郊，以禳春氣。仲秋九門磔禳，以發陳氣，禦止疾疫。’”然則民之疾，係乎日星之行度。古者，聖君範圍於上，賢相燮理於下，是爲天地之

---

① “彗”，《叢刊》本作“慧”。

良醫。皇建有極，五福錫民，莫不壽考且寧。儺，所以存愛民之意而已。

36.《唐・天文志》："測景在浚儀岳臺。"按，宋次道《東京記》："宣德門前天街西第一岳臺坊，今祥符縣西九里有岳臺。"《圖經》云："昔魏主遥祀霍山神，①築此臺禱於其上，因以爲名。"

曆數②

1.《太初曆》以前，曆上元泰初四千六百一十七歲，至於元封七年，復得閼逢攝提格之歲。孟康注："此爲甲寅之歲。"《大事記解題》："按《通鑑目録》、《皇極經世》'太初元年，歲次丁丑'，當考。"愚按，《大衍曆議》云："《洪範傳》曰：'曆記始於顓頊上元太始閼蒙攝提格之歲，畢、陬之月，朔日己巳立春，七曜俱在營室五度。'秦《顓頊曆》元起乙卯，漢《太初曆》元起丁丑，推而上之，皆不值甲寅，猶以日月五緯復得上元本星度，故命曰閼蒙攝提格之歲，③而實非甲寅。"其説可以補《解題》之遺。

2.《大衍曆議》曰："《考靈曜》、《命曆序》皆有甲寅元，其所起在《四分曆》。庚申元後百十四歲，緯所載壬子冬至，則其遺術也。"按，《漢志》魯釐公五年，正月辛亥朔旦冬至，殷曆以爲壬子。《隋志》"《春秋緯命曆序》云：'僖公五年正月壬子朔旦冬至。'"然則緯與殷曆同，故劉洪曰："《甲寅曆》於孔子時效。"即《命曆序》所謂孔子修《春秋》用殷曆也。《晋志》姜

---

① "祀"，《叢刊》本、翁氏本作"事"。
② "曆數"二字，原本無，據《叢刊》本、翁氏本增。
③ "命"，翁氏本作"名"。

岌曰:“考其交會,不與殷曆相應。”《春秋分記》曰:“周正皆建子也,今推之曆法,積之氣候,驗之日食,則春秋隱、桓之正,皆建丑。莊、閔、僖、文、宣之正,建子及丑者相半。至成、襄、昭、定、哀之正,而後建子,間亦有建亥者,非一代正朔自異尚也,曆亂而不之正也。”

3. 曆有小曆,有大曆。唐曹士蔿《七曜符天曆》,一云《合元萬分曆》,本天竺曆法,以顯慶五年庚申爲曆元,雨水爲歲首,世謂之小曆,行于民間。石晋《調元曆》用之。後周王朴校定大曆,削去符天之學,爲《欽天曆》。

4. 劉貺曰:“曆動而右移,律動而左轉。”

5. 劉洪曰:“曆不差不改,不驗不用。未差無以知其失,未驗無以知其是。失然後改之,是然後用之。”李文簡以爲至論。若璩按:《李燾傳》:“乾道四年,新曆成,燾引劉洪此論於疏,乞申飭曆官討論。”

6. 蓂莢謂之曆草,田俅子曰:“堯爲天子,蓂莢生於庭,爲帝成歷。”而《大戴·明堂篇》謂:“朱草日生一葉,至十五日生十五葉,十六日一葉落,終而復始。”唐律賦有《朱草合朔》。古有云:“梧桐不生,則九州異。”注謂一葉爲一月,有閏十三葉。平園《閏月表》用梧桐之葉十三。① 若璩按:平園,周必大號。

7. 納甲之法,朱文公謂今所傳京房占法,見於《火珠林》者,是其遺説。《参同契》借以寓行持進退之候。虞翻云:“日月垂天,成八卦象:三日暮震象;月出庚八日兑象;月見丁十五日乾象。月盈甲壬十六日旦巽象。月退辛二十三日艮象;月消丙三十日坤象;月滅乙晦夕朔旦坎象;水流戊日中離象,

① “閏月”,翁氏本無此二字。

火就已。”虞與魏伯陽皆會稽人，其傳蓋有所自。漢上朱氏云：“乾納甲、壬，坤納乙、癸，震納庚，巽納辛，坎納戊，離納己，艮納丙，兑納丁。庚、戊、丙三者，得於乾。辛、己、丁三者，得於坤。始於甲、乙，終於壬、癸，而天地五十五數具焉。”又有“九天九地之數，乾納甲壬，坤納乙癸，自甲至壬，其數九，故曰九天。自乙至癸，其數九，故曰九地”。九天九地之説者，九天之上，六甲子也；九地之下，六癸酉也。

8. 五運六氣，一歲五行主運各七十二日。少陰君火，太陰湿土，少陽相火，陽明燥金，太陽寒水，厥陰風木。而火獨有二。天以六爲節，故氣以六期爲一備。地以五爲制，故運以五歲爲一周。《左氏》載醫和之言曰：“天有六氣，降生五味。”即《素問》五六之數。《易》、《洪範》、《月令》其致一也。楊退脩謂：①“五運六氣，通之者唯王砯，然遷變行度，莫知其始終次序。”程子曰：“氣運之説，堯、舜時十日一雨，五日一風，始用得。”

9. 朱文公嘗問蔡季通：“十二相屬起於何時？首見何書？”又謂：“以二十八宿之象言之，唯龍與牛爲合，而他皆不類。至於虎當在西，而反居寅；雞爲鳥屬，而反居酉，又舛之甚者。”《韓文考異》：“《毛穎傳》封卯地謂十二物，未見所從來。”愚案，②“吉日庚午，既差我馬”，午爲馬之證也。“季冬出土牛”，丑爲牛之證也。蔡邕《月令論》云：“十二辰之會，五時所食者，必家人所畜，丑牛、未羊、戌犬、酉雞、亥豕而已。其餘虎以下非食也。”《月令正義》云：“雞爲木，羊爲火，牛爲

① “脩”，《叢刊》本作“修”。
② “案”，《叢刊》本、翁氏本作“按”。

土，犬爲金，豕爲水。但陰陽取象多塗，故午爲馬，酉爲雞，不可一定也。"十二物，見《論衡·物勢篇》。若璩案：獨不及辰之禽龍。《説文》亦謂巳爲蛇象形。

10. 自帝堯元年甲辰至宋德祐丙子，若璩按：瀛國公在位二年。凡三千六百三十三年。帝堯而上，六閼逢無紀。致堂云："有書契以來，凡幾鴻荒，幾至德矣。《廣雅》自開闢至獲麟，二百七十六萬歲，分爲十紀，蓋茫誕之説。"劉道原《疑年譜》謂：大庭至無懷氏，無年而有總數。堯、舜之年，衆説不同。《三統曆》次夏、商、西周，與《汲冢紀年》及《商曆》差異，況開闢之初乎？王質景文云："渾淪以前，其略見於釋氏之《長含經》。開闢以後，其詳見於邵氏之《皇極經世》。"

11. 以十一星行歷，推人命貴賤，始於唐貞元初都利術士李彌乾。《聿斯經》，本梵書。程子謂："三命是律，五星是歷。"晁氏謂："泠州鳩曰：[①]'武王伐殷，歲在鶉火，月在天駟，日在析木之津，辰在斗柄，星在天黿。'五星之術，其來尚矣。"

12.《定之方中》，公劉之詩，擇地之法也。"我辰安在？"論命之説也。《傳》云："不利子商。"則見姓之有五音。《詩·吉日》"維戊"、"庚午"，則見支幹之有吉凶。

13.《五代史·馬重績傳》：刻漏之法，[②]以中星考晝夜爲一百刻，六十分刻之二十爲一時，時以四刻十分爲正，此自古所用也。今考《五代會要》：晉天福三年，司天臺奏《漏刻經》云："晝夜一百刻，分爲十二時，每時有八刻三分之一。十六分爲一刻，[③]一時有八刻二十分。四刻十分爲正前，十分四

① "泠"，《叢刊》本作"冷"。
② "刻漏"，《叢刊》本、翁氏本作"漏刻"。
③ "十六"，《叢刊》本、翁氏本作"六十"。

刻爲正後，二十分中心爲時正。”上古以來，皆依此法。歐陽公作史，於“六十分”之上，闕“八刻”二字，不若《會要》之明白。若璩按：《五代史記・馬重績傳》正有“八刻”二字，①則王氏所見本不如今本矣。

14.《數術記遺》云：“世人言‘三不能比兩’，乃云‘捐悶’與‘四維’。”甄鸞注《藝經》曰：“‘捐悶’者，周公作。先布本位，以十二時相從。徐援稱‘捐悶’是奇兩之術。”《御覽》引《藝經》作“悁悶”。“三不能比兩”者，孔子所造，布十干於其方，戊己在西南。“四維”，東萊子所造，布十二時四維。

15. 桓譚《新論》曰：“老子謂之玄②，楊子謂之太玄。”石林謂：《太玄》皆《老子》緒餘。老氏道生一，一生二，二生三。三之爲九，故九而九之爲八十一章。《太玄》以一玄爲三方，自是爲九，而積之爲八十一首。《金樓子》云：“揚雄有《太玄經》，楊泉有《太元經》。”

16. 潛虛，心學也，以元爲首，心法也。人心其神乎，潛天而天，潛地而地。温公之學，子雲之學也。《先天圖》皆自中起，萬化萬事生乎心，豈惟先天哉！《連山》始《艮》，終而始也。《歸藏》先《坤》，闔而闢也。《易》之《乾》，太極之動也，《玄》之中，一陽之初也。皆心之體，一心正而萬事正，謹始之義在其中矣。邵子曰：“《玄》其見天地之心乎？”愚於《虛》亦云：“《虛》之元，即《乾》、《坤》之元，即《春秋》之元，一心法之妙也。”張文饒《衍義》以養氣釋元，似未盡本旨。

17.《管子・幼官篇》：“冬十二始寒盡刑，十二小榆賜

① “五代史記”，翁氏本作“五代史”。

② “玄”，原本作“玄”，翁氏本作“元”，皆避康熙帝名字玄燁之諱所致。

予，十二中寒收聚，十二中榆大收，十二寒至静，十二大寒之陰。”若璩按：有“十二大寒終”句，不宜漏。注云：“陰陽之數，日辰之名。”盤洲按，盤洲，洪适號。於閏十一月，用中榆立閏，蓋出於此。

18.《國史志》云：“歷爲算本。治歷之善，積算遠，其驗難而差遲；治歷之不善，積算近，其驗易而差亦速。”

19. 曆元始於冬至，[①]卦氣起於《中孚》。《豳詩》於十月，“曰爲改歲”。周以十一月爲正，蓋本此。“曰爲改歲”，用周正。“何以卒歲”，乃夏正。

---

① “始”，翁氏本作“起”。

卷　十

宋　王應麟　撰

地理

1.《三禮義宗》引《禹受地記》,王逸注《離騷》引《禹大傳》,豈即太史公所謂《禹本紀》者歟?

2.《鹽鐵論》:"大夫曰:'鄒子推終始之運,謂中國,天下八十分之一,名赤縣神州,而分爲九州,絶陵陸不通,乃爲一州。有大瀛海圜其外,所謂八極而天下際焉。故秦欲達九州,方瀛海,朝萬國。'文學曰:'鄒衍怪説,熒惑諸侯。秦欲達瀛海而失其州縣。'"愚謂秦皇窮兵胡粤,流毒天下,鄒衍迂誕之説實啓之。異端之害如此。

3.《管子》曰:"齊之水道躁而復,故其民貪粗而好勇;楚之水淖弱而清,故其民輕果而賊;越之水濁重而洎,故其民愚疾而垢;秦之水泔最而稽,淤滯而雜,故其民貪戾罔而好事;晋之水枯旱而運,[1]淤滯而雜,故其民諂諛而葆詐,巧佞而好

① "晋",《叢刊》本、翁氏本作"齊晋"。

利;燕之水萃下而弱,沉滯而雜,[①]故其民愚戇而好貞,輕疾而易死;宋之水輕勁而清,故其民間易而好正。[②] 是以聖人之化世也,其解在水。故水一則人心正,水清則民心易。”此即《漢志》所謂“繫水土之風氣”也。杜牧亦云:“山東之地,程其水土,與河南等常重十三,故其人沈鷙多材力,重許可,能辛苦。”

4. 太史公、班孟堅謂“禹釃二渠以引其河”,一貝丘,一漯川。李垂《導河書》曰:“東爲漯川者,乃今泉源赤河。北出貝丘者,乃今王莽故瀆。而漢塞宣房所行二渠,蓋獨漯川,其一則漢决之,起觀城,入蒲臺,所謂武河者也。”晁補之《河議》曰:“二渠於《禹貢》無見。若璩按:兖州之漯,即“禹厮二渠”之一渠。禹時河入海,蓋在碣石。”《地理志》:“碣石在北平驪城縣西南。”計勃海北距碣石五百餘里。而河入勃海,蓋漢元光三年,河徙東郡所更注也。而言禹時河入勃海,何哉?若璩按:《齊都賦》“海旁出爲勃”,不獨今天津衛之海名勃,碣石之海亦名勃。或曰:抑别有證乎?余曰:莫妙于太史公《天官書》“中國山川東北流,[③]其維首在隴蜀,尾没于勃碣”,班固增其文曰“尾没于勃海碣石”,益明顯矣。

5. 蔡氏《禹貢傳》曰:“鳥鼠,《地志》在隴西郡首陽縣西南,今渭州渭源縣西也。”此以唐之州縣言,若本朝輿地,當云“今熙州渭源堡”。又曰:“朱圉,《地志》在天水郡冀縣南,今秦州大潭縣也。”按《九域志》,建隆三年,秦州置大潭縣。熙寧七年,以大潭隸岷州,今爲西和州,當云:“今西和州大潭縣。”朱文公《詩傳》曰:“秦德公徙雍,今京兆府興平縣。”按《輿地廣記》,鳳翔府天興縣,故雍縣,秦德公所都也。興平,

① “沉”,翁氏本作“沈”,古同“沉”。
② “間”,翁氏本作“閒”。
③ “于”,翁氏本作“乎”。

乃章邯爲雍王所都之廢丘也，當云："雍，今鳳翔府天興縣。"

6.《吕氏春秋》："禹南至九陽之山，羽人裸民之處，①不死之鄉。"此屈子《遠游》所謂"仍羽人於丹丘兮，留不死之舊鄉。朝濯髪於湯谷兮，夕晞余身兮九陽"。

7. 朱文公謂："漢之尋陽縣在江北，今之江州，非古九江地。"其説明矣。然漢柴桑縣屬豫章郡，而莽以豫章郡爲九江，柴桑縣爲九江亭，則九江之名，其誤久矣。以九江爲洞庭，本於《水經》，而胡、晁、曾氏因之。

8.《國語》注"姑蔑，今太湖"，當作"大末"。"甬句東，今句章東，海口外洲"，當作"浹口"。蓋傳寫之誤。唐盧潘引《地理志》："浙江出黟縣南率山，東入海。"今《漢志》云："蠻夷中。"

9.《戰國策》："田單爲棧道木閣，迎齊王與后於城陽山中。"非但蜀有棧閣也。若璩按：《淮南・本經訓》"延樓棧道"，即宫室亦有之。

10. 楚"北有甘魚之口"，鮑氏注"疑爲濟陰高魚"，非也。《左氏》昭十三年《傳》"次于魚陂"，注云："竟陵縣城西北，有甘魚陂。"

11.《大事記解題》："沈黎郡、汶山郡，②《地理志》不載。按《輿地廣記》，漢武帝置郡，既而罷之。"愚按，《黄霸傳》"入穀沈黎郡"，《後漢・莋都夷傳》："武帝所開，以爲莋都縣，元鼎六年，以爲沈黎郡。至天漢四年，并蜀爲西部，置兩都尉，一居旄牛，主徼外夷；一居青衣，主漢人。"《冉駹夷傳》："武帝所開。元鼎六年，以爲汶山郡。至地節三年，省并蜀郡，爲北

---

① "裸"，《叢刊》本作"祼"。
② "汶"，《叢刊》本作"文"。

部都尉。靈帝時，復分蜀郡北部爲汶山郡。”《宣帝紀》：地節三年十二月，“省汶山郡，并蜀”。

12. 荀卿爲蘭陵令，縣在漢屬東海郡，今沂州承縣。誠齋《延陵懷古》有《蘭陵令》一章，蓋誤以南蘭陵爲楚之蘭陵也。古靈若璩按：古靈，陳襄號。詩亦誤。① 若璩按：《魏・地形志》：“蘭陵郡蘭陵縣，有荀卿冢。”與《史記》“卒，因葬蘭陵”合。

13. 文中子父曰“銅川府君”。隆爲銅川令。阮氏注：“上黨有銅鞮縣。”龔氏注：“隋初置銅川縣，今忻州秀容是。”愚考《隋・地理志》：“定襄若璩按：當作“樓煩”，始統秀容。郡秀容縣，開皇初，置新興郡銅川縣。十八年，置忻州。”龔注是也。若璩按：龔氏，名鼎臣，明道間人。

14. 《中説》“同州府君”，龔氏本作“司州”，注云：“宋武置司州於虎牢，西魏始改華州爲同。”

15. 子夏居西河，在汾州。文中子之教，興於河汾。若璩按：《宋史・地理志》“汾州治西河縣”，即今更名汾陽縣，非古子夏設教地也。詳見余《博湖掌録》。

16. 《漢・地理志》言風俗，多取太史公《貨殖傳》。然太史公語尤奇峻，可以參觀。

17. 《地理志》：“《禹貢》桐柏大復山，在平氏東南，淮水所出，東南至淮陵若璩按：“陵”似當作“浦”。入海。”《禹貢集解》云：“淮陵，晋猶存，不知何代廢省，今其地當在楚州界。”愚考《宋・州郡志》：“淮陵郡，本淮陵縣。”漢屬臨淮，後漢屬下邳，晋永寧元年爲淮陵國。《輿地廣記》：“泗州招信縣，本淮陵縣，漢屬臨淮郡，宋曰睢陵，置濟陰郡。”今按，漢、晋有淮陵、睢陵二

① “詩”，《叢刊》本作“字”。

縣，宋濟陰郡有睢陵縣，而淮陵郡無淮陵縣。蓋宋之睢陵，即漢之淮陵也。《廣記》："漢睢陵故城，在淮陽軍下邳縣。"《寰宇記》："古淮陵城，在招信縣西北二十五里。"然則《禹貢解》以淮陵在楚州，非也。

18.《志》謂"齊俗彌侈，織作冰紈綺繡純麗之物，號爲冠帶衣履天下"，"臨淄有服官"。《說苑》："《墨子》曰：'錦繡絺紵，亂君之所造，其本皆興於齊景公喜奢而忘儉。幸有晏子以儉鐫之，然猶幾不能勝。'"齊俗之侈，蓋自景公始。

19. 琅邪郡靈門縣壺山，浯水所出。音吾。元次山名浯溪，亦有所本，非自造此字也。

20.《溝洫志》"史起引漳水溉鄴"，出《吕氏春秋·先識覽》，以"賢令"爲"聖令"，"舄鹵"爲"斥鹵"。若璩按：《河渠書》以引漳水溉鄴爲西門豹。余謂西門豹當魏文侯時，史起當襄王時，皆爲鄴令，皆鑿十二渠利民，故左思《魏都賦》"西門溉其前，史起灌其後"，《括地志》亦云爾。

21.《史記·貨殖傳》"南陽西通武關、鄖關"，《正義》云："《地理志》宛西通武關，而無鄖關。'鄖'當爲'洵'。洵水上有關，在金州洵陽縣。"愚按，《漢志》漢中郡長利縣有鄖關，長利，今商州上津縣，武關在商洛縣，《正義》失之。

22. 古公事獯鬻，而商不與；晋拜戎不暇，而周不知，封建之效也。唐以幽鎮捍契丹，及幽鎮亡，而契丹之患始熾，方鎮之效也。郡縣削弱，則夷狄之禍烈矣。

23.《九域志》："滄州有漢武臺。"《唐·太宗紀》："貞觀十九年，[①]伐高麗，班師，次漢武臺，刻石紀功。"臺餘基三成，

① "貞觀"，《叢刊》本作"正觀"。避諱，下同。

燕、齊之士爲漢武求仙之處。

24. 李太白《蜀道難》云:“蠶叢及魚鳧,開國何茫然?爾來四萬八千歲,不與秦塞通人烟。”其説本揚雄《蜀記》。愚謂:岷、嶓載于《禹貢》,庸、蜀見于《牧誓》,非至秦始通也。

25.《水經》引天下之水百三十七,江、河在焉。酈氏注引枝流一千二百五十二。《通典》謂:“晋郭璞注,三卷。後魏酈道元注,四十卷。皆不詳撰者名氏,不知何代之書。云‘濟水過壽張’,則前漢壽良縣,光武更名。‘又東北過臨濟’,則狄縣,安帝更名。‘荷水過湖陸’,則湖陵縣,章帝更名。‘汾水過永安’,則彘縣,順帝更名,故知順帝以後纂序也。”愚按,《經》云“武侯壘”,又云“魏興安陽縣”,注謂:“諸葛武侯所居。魏分漢中,立魏興郡。”若璩按:王禕《水經序》於“立魏興郡”下有“又云江水東徑永安宫南,[①]則昭烈托孤於武侯之地也”。又其言“北縣名多曹氏時置,南縣名多孫氏時置。是又若三國以後人所爲也”一段,似王氏原文,爲今刊本鈔本所遺,殊可惜,特補於此。又云“改信都從長樂”,則晋太康五年也。然則非後漢人所撰。《隋志》云“郭璞注”,而不著撰人。《舊唐志》云:“郭璞撰。”愚謂:所載及魏、晋,疑出於璞也。《新唐志》始以爲桑欽,而又云“一作郭璞撰”,蓋疑之也。《經》云:“河水又北薄骨律鎮城。”[②]注云:“赫連果城也。”乃後魏所置,其酈氏附益歟?按,《前漢·儒林傳》:“古文《尚書》,塗惲授河南桑欽君長。”晁氏《讀書志》謂:“欽,成帝時人。”意者欽爲此書,而後人附益,“如《山海經》禹、益所記,有長沙、零陵、桂陽、諸暨之名;《本草》神農所

① “江水”下,翁氏本有“又”字,疑衍。
② “河”,翁氏本作“何”。

述,有豫章、朱崖、趙國、常山、奉高、真定、臨淄、馮翊之稱;《爾雅》作於周公,而云‘張仲孝友’;《蒼頡篇》造於李斯,而云‘漢兼天下’;皆非本文”,顔之推嘗論之矣。《通典》又謂:“景純注解疏略,多迂怪。”今郭注不傳。若璩按:《漢・地理志》班固自注引桑欽言者七,是欽通地理學,有撰著,故後人以《水經》歸之與。至作郭璞撰,可一言以折曰:璞注《山海經》引《水經》者八,此豈經出璞手哉?

26.《三輔黄圖》所載“靈金内府”及“天禄閣青藜杖”,皆王嘉《拾遺記》譎誕之説。程泰之謂《黄圖》,蓋唐人增續成之。《水經注》引《黄圖》,今本所無。若璩按:王氏弟應鳳,字仲儀,有《訂正三輔黄圖》。

27.《殷芸小説》云:“諸葛武侯躬耕於南陽。”南陽是襄陽墟名,非南陽郡也。若璩按:南陽爲墟名,出《異苑》,注杜者不甚遵之。

28.《素問》云:“天不足西北,左寒而右涼;地不滿東南,右熱而左温。”

29.《漢袁良碑》云:“帝御九龍殿,引對飲宴。”《集古録跋》謂:“九龍殿名,惟見於此。”愚按,張平子《東京賦》曰:“九龍之内,寔曰嘉德。”注:“九龍,本周時殿名。門上有三銅柱,柱有三龍相糾繞,故曰九龍。嘉德殿在九龍門内。”非但見於此碑也。

30.武后在洛陽,不歸長安。此《通鑑》所載也。張柬之等舉兵,至后所寢長生殿,又遷后於上陽宫,皆在洛陽。程泰之《雍録》乃謂長安宫殿,誤矣。

31.馮衍賦云:“皋陶釣於雷澤兮,賴虞舜而後親。”未詳所出。《水經注》引《墨子》曰:“舜漁濩澤。”今《墨子・尚賢篇》曰："舜漁雷澤，堯得之服澤之陽。""服"字，疑即"濩"字。

32、《漢·王嘉傳》"爲南陵丞"，顔注："南陵，縣名，屬宣城。"按，漢無宣城郡南陵縣，宣城縣屬丹陽郡。南陵屬京兆，文帝七年置。顔注不考《地理志》，何邪？

33.《禹貢》"冀州，治梁及岐"。先儒皆以爲雍州之山。晁氏謂："冀州之吕梁狐岐山也。"蔡氏《集傳》從之。朱文公曰："梁山證據不甚明白。"若璩按：朱子不甚分明之言，最精。

34.《賈誼書》曰："所謂建武關、函谷、臨晋關者，大抵爲備山東諸侯也。"①武關在商州商洛，以限南諸侯。函谷在陝州靈寶，以限北諸侯。臨晋在同州朝邑，以限東諸侯。

35. 鮑明遠《登大雷岸與妹書》云："棧石星飯，結荷水宿。旅客貧辛，波路壯闊。"其詞奇麗超絶，②翰墨畦徑，可以諷誦。明遠妹令暉，有文才，能詩，見鍾嶸《詩品》。大雷在舒州望江縣，《水經注》所謂"大雷口"也。晋有大雷戍，陳置大雷郡。庾亮《報温嶠書》："無過雷池一步。""積雨爲池，謂之雷池，東入于江，爲大雷口。"《元和郡縣志》云。

36. 余仕于吴郡，③若璩按：仕吴郡，乃淳祐登第④，差監平江百萬東倉也。嘗見長洲宰，其圃扁曰"茂苑"，蓋取諸《吴都賦》。余曰："長洲非此地也。"問其故，余曰："吴王濞都廣陵。《漢·郡國志》：'廣陵郡東陽縣有長洲澤，吴王濞太倉在此。'東陽，今盱眙縣，故枚乘説吴王云'長洲之苑'，服虔以爲'吴苑'，韋昭以爲長洲在吴東，蓋謂廣陵之吴也。"曰："它有所据

① "所謂"，《叢刊》本作"所爲"。
② "詞"，翁氏本作"辭"。
③ "于"，翁氏本作"於"。
④ "第"下，翁氏本有"初"字。

乎?”曰:“隋虞綽撰《長洲玉鏡》,蓋煬帝在江都按,時贈諸葛穎,亦有“參翰長洲苑”之句。所作也。長洲之名縣,始於唐武后時。”《元和郡縣志》“苑在長洲縣西南七十里”,未足據也。當從《郡國志》。若璩按:萬歲通天元年,析吴縣,置長洲,蓋取《越絶書》“走犬長洲”以名,①亦非無其地。

37. 殺胡林,在欒城縣。唐屬趙州,後屬真定府。《紀異録》云:“林内射殺狐,②因以名之。”《續通典》云:“唐天后時,襲突厥,群胡死於此,故以名之。”

38. 隋牛弘封奇章公,僧孺其後也。奇章,巴州之縣,梁普通六年置,取縣東八里奇章山爲名。隋、唐《志》、《通典》、《九域志》、《輿地廣記》皆云“其章”,誤也。《續通典》作“奇章”。

諸子

1.《漢志》:“《曾子》十八篇。”今世所傳,視漢亡八篇矣。十篇見於《大戴禮》。景迂云:“世知讀《曾子》者,殆未見其人也。”朱文公云:“所記雖或甚疏,亦必切於日用躬行之實。”

2. 太史公序《曆書》曰:“律居陰而治陽,曆居陽而治陰,律曆更相治,間不容翲忽。”出《曾子·天圓章》。《曾子》云:“其間不容髮。”

3.《通鑑》載“子思言苟變於衛侯”,在安王二十五年。③《大事記》云:“去孔子没百有三年,子思逮事孔子,未必至是

① “蓋取《越絶書》‘走犬長洲’以名”,翁氏本作“蓋取《越絶書》、《吴越春秋》‘走犬長洲’之文以名縣”。

② “射殺狐”,《叢刊》本作“射殺一狐”。

③ “二十五年”,《叢刊》本作“三十五年”。

時尚存。”薛常州亦云:“子思之年,毋乃過於壽考乎?”若璩按:“言苟變”事出《孔叢子》,自不足信。

4.《家語》:“《荀子》謂:‘孔子觀於魯桓公之廟,有攲器焉。’”《韓詩外傳》、《説苑》皆云:“觀於周廟,有攲器焉。”《晋·杜預傳》云:“周廟攲器,至漢東京,猶在御坐。”當以周廟爲是。若璩按:《南史·祖冲之傳》亦云“造攲器,獻竟陵王子良”,與周廟不異。

5.《皇覽·記陰謀》:“黄帝《金人器銘》:武王問尚父曰:‘五帝之誡,可得聞乎?’尚父曰:‘黄帝之戒曰:吾之居民上也,摇摇恐夕不至朝。故爲金人,三封其口,曰古之慎言。’”按,《漢·藝文志》“道家”有《黄帝銘》六篇。蔡邕《銘論》:“黄帝有《巾机》之法。”《皇覽》撰集於魏文帝時,①漢《七略》之書猶存。《金人銘》,蓋六篇之一也。

6. 胡文定銘龜山楊公曰:“孰能識車中之狀,意欲施之。”《韓詩外傳》云:“孔子出衛之東門,逆姑布子卿,曰:‘二三子引車避。有人將來,必相我者也。’孔子下步,姑布子卿曰:‘羸乎若喪家之狗。’子貢以告,孔子曰:‘丘何敢乎?’②子貢曰:‘何足辭也?’子曰:‘汝獨不見夫喪家之狗歟?既斂而椁,布器而祭。顧望無人,意欲施之。上無明王,下無賢方伯,王道衰,政教失,強陵弱,衆暴寡,百姓縱心,莫之綱紀。是人固以丘爲欲當之者也,丘何敢乎?’”文定蓋用此以比二程。

7. 荀卿《非十二子》,《韓詩外傳》引之,止云十子,而無

---

① “撰”,翁氏本無此字。
② “丘”,翁氏本作“某”字,下兩“丘”同此,屬避諱。

子思、孟子。愚謂:荀卿非子思、孟子,蓋其門人如韓非、李斯之流,托其師説以毁聖賢。當以《韓詩》爲正。

8. 荀卿曰:"盜名不如盜貨。田仲、史鰌不如盜也。"陳仲子猶可議,直哉史魚,以爲盜名,可乎?《非十二子》,史鰌與子思、孟軻皆在焉,豈有法仲尼而非三子者乎?

9.《楚辭·漁父》:"吾聞之,新沐者必彈冠,新浴者必振衣,安能以身之察察,受物之汶汶者乎?"《荀子》曰:"新浴者振其衣,新沐者彈其冠,人之情也。其誰能以己之僬僬,受人之掝掝者哉?"荀卿適楚,在屈原後,豈用《楚辭》語歟?抑二子皆述古語也。"僬僬",元板作"潐潐"。

10.《荀子》曰:"非其人而教之,齎盜糧、借賊兵也。"獨不知李斯、韓非乎?

11.《成相》曰:"禹敷土,[①]平天下,躬親爲民行勞苦,得益、皋陶、横革、直成爲輔。"注云:"横革、直成,[②]未聞。"韓侍郎云:"此論益、皋陶之功,横而不順者革之,直者成之也。"愚嘗考《吕氏春秋》云:"得陶、化益、真窺、横革、之交五人佐禹,故功績銘乎金石,著於盤盂。"陶即皋陶也,化益即伯益也,真窺即直成也,"真"與"直"字相類。[③] 横革即横革也,皆禹輔佐之名。之交,未詳。《世本》"化益"作"井",宋衷云"伯益"。

12.《王霸篇》"罣牢天下而制之",《馬融傳》注作"皋牢,猶牢籠也"。

13. 孟子三見齊王不言事,曰:"我先攻其邪心。"楊倞注云:"以正色攻去邪心,乃可與言也。"此《莊子》所謂"正容以

---

① "敷",《叢刊》本、翁氏本作"傅"。
② "直成",《叢刊》本作"直"。
③ "字",翁氏本無此字。

悟之，使人之意也消"。

14.《荀子》曰："千人萬人之情，一人之情是也。"《阿房宫賦》之語本此。

15.《勸學篇》"青出之藍"，作"青取之於藍"；"聖心循焉"，作"備焉"；"玉在山而木潤"，作"草木潤"；"君子如嚮矣"，作"知嚮矣"。《賦篇》"請占之五泰"，作"五帝"。監本未必是，建本未必非，餘不勝紀。今監本乃唐與政台州所刊。熙寧舊本亦未爲善，當俟詳考。五泰，注云："五泰，①五帝也。"監本改爲"五帝"，而删注文。

16. 河間獻王之言，惟見於《説苑》，謂："堯存心於天下，加志於窮民，痛萬姓之罹罪，憂衆生之不遂也。有一民飢，則曰：'此我飢之也。'有一人寒，則曰：'此我寒之也。'一民有罪，則曰：'此我陷之也。'仁昭而義立，德博而化廣，故不賞而民勸，不罰而民治。先恕而後教，是堯道也。"又曰："禹稱：'民無食，則我不能使也。功成而不利於人，則我不能勸也。'故疏河以導之，鑿江通於九派，灑五湖而定東海。民亦勞矣，然而不怨苦者，利歸於民也。"又曰："湯稱：'學聖王之道，譬如日焉；静居獨思，譬如火焉。'夫捨學聖王之道，若捨日之光。獨思，若火之明也，可以見小，未可用大知，惟學問可以廣明德慧也。"又曰："《管子》稱：'倉廩實，知禮節；衣食足，知榮辱。'夫穀者，禮義所以行，而人心所以安也。《尚書》"五福"，以富爲始。子貢問爲政，孔子曰：富之。既富，乃教之。此治國之本也。"司馬公爲《獻王贊》，謂："用其德，施其志，帝王之治復還，其必賢於文、景遠矣。"若璩按：欲以河間獻王德，代

① "五泰"，翁氏本無此二字。

杜子春祀兩廡，以有功《周禮》爲最先。朱子云："胡氏言使河間獻王爲君，董仲舒爲相，汲黯爲御史大夫，則漢治必盛。某謂如此差除，那裏得來？"河間獻王之言，亦見《春秋繁露》，謂："衣服容貌者，所以説目也；聲言應對者，所以説耳也；好惡去就者，所以説心也。故君子衣服中而容貌恭，則目説矣；言理應對遜，則耳説矣；好仁厚而惡淺薄，就善人而遠僻圖，則心説矣。"

17.《法言序》舊在卷後，司馬公《集注》始置之篇首，《詩》、《書》之《序》亦然。

18. 老泉《太玄論》曰："疑而問，問而辯[1]，問辯之道也。揚雄之《法言》，辯乎其不足問也，問乎其不足疑也，求聞於後世而不待其有得，君子無取焉。"東坡亦謂《太玄》、《法言》"雕蟲而變其音節，謂之經，可乎？"

19.《法言》末篇稱"漢公"，斯言之玷，過於美新矣。司馬公雖曲爲之辯，然不能滌莽大夫之羞也。

20. "五兩之綸，半通之銅。"注云："半通，闕。"今按，仲長統《昌言》曰："身無半通青綸之命。"注《十三州志》曰："有秩、嗇夫，得假半章印。"半通，半章也。

21. "美靈根，閉朋牖"，《太玄》之心學也。

22.《中説·前述》云："隋文帝坐太極殿，召見，因奏太平之策十有二焉。"按，《唐會要》："武德元年五月，改隋大興殿爲太極殿。"隋無此名。

23. "《詩》失於齊、魯"，當從龔氏本云"《論》失於齊、魯"，謂《論語》也。上文已言"齊、韓、毛、鄭，《詩》之末也"，不當重出。

24. "封禪，秦漢之侈心。"此河汾篤論也。房、魏學於河

---

① "辯"，翁氏本作"辨"，下同。

汾，而議封禪之禮，不以爲非，安在其爲守師説乎？梁有許懋，而唐無人焉，曾謂房、魏不如懋乎！

25. 龔氏注《中説》，引古語云："上士閉心，中士閉口，下士閉門。"愚按，《楚辭·橘頌》云："閉心自謹，終不過失兮。"王逸注："閉心，捐欲也。"

26.《中説》於文取陸機，於史取陳壽，自魏、晋而下言之也。

27. "記註興，而史道誣矣。""註"，當作"注"。"記注"，謂漢、晋以後起居注之類。虚美隱惡，史無直筆，故曰"誣"。阮逸謂若裴松之注《三國志》，恐非。

28. "張玄素問禮"，注云："史傳未見。"玄素，蒲州人，《唐書》有傳，注以爲未見，非也。

29. "戎狄之德，黎民懷之，三才其舍諸？"此叔恬之言也。元魏之君，唯稱孝文，然治家無法，佳兵不已，再傳而遂亂，安在其黎民懷之也①？

30. "文中子游馬頰之谷，遂至牛首之溪。"龔氏本云："子游黄頰之谷，遂至白牛之溪。"注云："王績嘗題詩黄頰山壁。"愚按，《負苓者傳》："文中子講道于白牛之溪。"當從龔本。

31. 仲長子光，《中説》稱之，王無功爲《傳》云："著《獨游頌》及《河渚先生傳》以自喻。文中子比之虞仲、夷逸。"又爲祭文云："明道若昧，進道若退。鳥飛知還，龍亢靡悔。藏用以密，養正以蒙。不見其始，孰知其終？"

---

① "也"，翁氏本无此字。

32. 無功《荅馮子華書》曰：[①]“吾家三兄生於隋末，傷世擾亂，有道無位，作《汾亭》之操，蓋孔氏《龜山》之流也。吾嘗親受其調，頗謂曲盡。近得裴生琴，更習其操，洋洋乎覺聲品相得。”又曰：“吾往見薛收《白牛溪賦》，韻趣高奇，詞義曠遠，嵯峨蕭瑟，真不可言。壯哉邈乎，揚、班之儔也！高人姚義常謂吾曰：‘薛生此文，不可多得，登太行，俯滄溟，高深極矣！’”可附《中説》注。

33. 李百藥曰：“分四聲八病。”按，《詩苑類格》沈約曰：“詩病有八：平頭、上尾、蜂腰、鶴膝、大韻、小韻、旁紐、正紐。唯上尾、鶴膝最忌，餘病亦通。”

34. 杜淹《文中子世家》：“二子：長福郊，少福時。”龔氏本載前述長子福獎。劉禹錫撰《王質碑》云：“文中子生福祚，福祚生勉，勉生怡，怡生潛。”質，潛之季子，爲諫議大夫、給事中，終宣歙觀察使，《唐書》有傳。福畤之子，見於《文藝傳》者，勔、勮、勃、助、劼、勸。“太原府君召三子而教焉”，龔氏注云：“文中子三子：福獎、福祚、福畤。”按“福獎”，[②]疑即“福郊”也。書此以補《世家》之闕。

35. 王無功《游北山賦序》云：“余周人也，本家于祁，[③]永嘉之際，扈遷江左。地實儒素，人多高烈。穆公銜建元之恥，歸于洛陽。同州悲永安之事，退居河曲。始則晉陽之開國，終乃安康之受田。”其賦云：“白牛溪裏，岡巒四峙，信兹山之奥域，昔吾兄之所止。許由避地，張超成市。察俗删詩，依經正史。組帶青衿，鏘鏘儗儗。階庭禮樂，生徒杞梓。山似尼

① “荅”，翁氏本作“答”。
② “福獎”上，《叢刊》本、翁氏本均無“按”字。
③ “于”，翁氏本作“於”。下同。

丘，泉疑泗涘。”又注云：“此溪之集，門人常以百數。河南董恒、南陽程元、中山賈瓊、河南薛收、太山姚義、太原温彦博、京兆杜淹等十餘人，稱爲俊穎。而姚義慷慨，同儕方之仲由；薛收以理達，方莊周。門人多至公輔，而文中之道未行。”然無功不及房、杜、魏，何哉？鄭毅夫論《中説》之妄，謂：“李德林卒於開皇十二年，通時年八九歲，未有門人，而有‘德林請見，歸而有憂色，援琴鼓《蕩》之什，門人皆沾襟’；關子明太和中見魏孝文，如存于開皇間，亦一百二三十歲矣，而有‘問禮於子明’。是二者，其妄不疑。”晁氏《讀書志》謂：“薛道衡仁壽二年出襄州，通仁壽四年始到長安，其書有‘内史薛公見子於長安’。”用此推之，則以房、杜爲門人，抑又可知也。

36.《世説》，其言清以浮，有天下分裂之象；《中説》，其言閎以實，有天下將治之象。

37. 張巨山《讀管子》曰：“讀《心術》、《白心》、《内業》諸篇，知其功業之所本，然後知世之知《管子》者殊淺也。書多古字，如‘況’作‘兄’，‘釋’作‘澤’，此類甚衆。召忽曰：‘百歲之後，吾君下世，犯吾君命而廢吾所立，奪吾糾也，雖得天下，吾不生也，兄與我齊國之政也。’而注乃謂：‘召忽謂管仲爲兄。’‘澤命不渝’，而注乃以爲‘澤恩之命’。甚陋，不可遍舉。”愚謂《管子》乃尹知章注，今本云房玄齡，非也。若璩按：張巨山，名嵲，襄陽人，官敷文閣待制，見《宋史》列傳第二百四《文苑七》。

38.《地員篇》云：“管仲之正天下也，其施七尺，施者，大尺之名。瀆田悉徙，五種無不宜。其立后而手實。”謂立君以主之，手常握此地之實數。① “手實”之名，始見於此。吕惠卿因以行

① “常”，翁氏本作“嘗”。

手實之法。蘇文忠論管仲之無後，利不可與民爭也，蓋有激云。

39. 傅子謂《管子》，書過半是後之好事者所加，《輕重篇》尤鄙俗。《古史》謂："多申、韓之言，以智欺其民，以術傾鄰國，有不貲之寶、石壁菁茅之謀，使管仲信然，何以霸哉？"

40. 管仲曰："決獄折中，臣不如賓胥無，請立爲大理。"《吕氏春秋》云："臣不如弦章。"①按，《説苑》，弦章在景公時，當以《管子》爲正。

41. 黄帝六相，一曰"蚩尤"，《通鑑外紀》改爲"風后"。

42.《弟子職》，《漢志》附于《孝經》，②朱子謂："疑是作内政時，士之子常爲士，因作此以教之。"若璩按：馬公驌以爲蓋古塾師教條，管子之作《内政》，用以教士之子者爾。③

43. 晁景迂云："王弼注《老子》，知'佳兵者不祥之器'，至於'戰勝，以喪禮處之'，非《老子》之言。不知'常善救人，故無棄人；常善救物，故無棄物'，獨得諸河上公，而古本無有也。傅奕能辯之。"

44.《老子》曰："治人事天，莫若嗇。夫唯嗇，是謂早復。早復謂之重積德。"司馬公謂："不遠而復，不離於德，可以修身。"朱文公謂："能嗇，則不遠而復。重積德者，先已有所積，復養以嗇，是又加積之也。"王弼注本作"早服"，而注云："早服，常也。"亦當爲"復"。

45. 方伯謨，文公高弟也。其言曰："老子之言，蓋有所激者，生於衰周，不得不然。世或黜之，以爲申、韓慘刻，原於

---

① "如"，《叢刊》本、翁氏本作"若"。
② "于"，翁氏本作"於"。
③ "用"，翁氏本無此字。

《道德》,亦過矣。”又曰:“釋氏固夷也,至於立志堅決,吾亦有取焉。”似與師説背馳。若璩按:何屺瞻曰:“朱子《與黄直卿手畢》云:①‘伯謨不幸,未去時亦安静明了,但可惜後來一向廢學,身後但有詩數篇耳’。”據此則方之,②所造可見。其“安静明了”,或得之二氏者也。王氏以爲高弟,③蓋據陸放翁所作墓志而云。此條議論亦具載墓志中。④ 伯謨,名士繇,一名伯休,莆陽人。⑤

46. “生之徒十有三”,《韓非·解老》云:“四肢與九竅。”

47. 首章以“有”、“無”字下斷句,自王介甫始。朱文公謂:名可名,有名、無名皆一義。常無欲,是説無欲。

48. “惟無以天下爲者,可以有天下。”此即舜、禹有天下而不與之意。湯、武之征伐,非利天下也。無利天下之心,而與天下同其利,然後可以得天下。

49. “谷神”一章,養生者宗焉。《春秋繁露》謂:“養生之大者,在愛氣閑欲以平意。平意以静神,静神以養氣。古之道士有言曰:‘將欲無陵,固守一德。’此言神無離形,則氣多内充。”董子亦有得於此。

50. 文子者,老子弟子也。序曰:“亦曰計然,姓辛,名研,字文子。”其書稱平王問道,老子與孔子同時。又云范蠡師之,去平王之時遠矣⑥。序謂周平王時人,非也。其言曰:“玉在山而草木潤,珠生淵而岸不枯。”荀子取之。“譬若積薪燎,後者處上”,汲黯取之。“再實之木,其根必傷”,明德后取之。“用兵有五:有義

① “云”,翁氏本作“曰”。
② “據此”,翁氏本無此二字。
③ “以”,翁氏本作“目”。
④ “議論”,翁氏本無此二字。
⑤ “莆陽人”,翁氏本作“莆田人,移居依朱子於建陽”。
⑥ “去”上,翁氏本有“其”字。

兵,有應兵,有忿兵,有貪兵,有驕兵。義兵王,應兵勝,忿兵敗,貪兵死,驕兵滅”,魏相取之。“臨河欲魚,不如歸而織網”,董仲舒取之。“孔子無黔突,墨子無暖席”,班固、杜甫、韓愈取之。“心欲小,志欲大,智欲圓,行欲方”,孫思邈取之。“德均則衆者勝寡,力敵則智者制愚”,陸抗取之。“欲治之主不世出”,王吉取之。“寸而度之,至丈必差;銖而解之,至石必過。石稱丈量,徑而寡失”,枚乘取之。“山有猛獸,林木爲之不斬;園有螫蟲,葵藿爲之不采;國有賢臣,折衝千里”,鄭昌取之。“文之所加者深,則權之所服者大;德之所施者博,則威之所制者廣”,班固《刑法志》取之。①“人之將疾,必先厭魚肉之味;國之將亡,必先惡忠臣之語”,《越絶》、劉子取之。“乳犬之噬虎,伏雞之搏狸”,何休注《公羊》取之。又曰“士有一定之論,女有不易之行”、“同言而信,信在言前;同令而行,誠在令外”、“狡兔得而獵犬烹,高鳥盡而良弓藏”,皆見此書。其見於《列》、《莊》、《淮南子》者,不可縷數。

51.《文子》曰:“虛無因循,常後而不先,譬若積薪燎,後者處上。”汲長孺學黄、老言,故用《文子》之語。顔注云:“積薪之言,出《曾子》。”當考。

52.《戰國策》云:“不聞老萊子之教孔子事君乎?示之其齒之堅也,六十而盡相靡也。”《孔叢子》云:“老萊子謂子思曰:‘子不見夫齒乎?雖堅剛,卒盡相摩;舌柔順,終以不敝。’”②《漢·藝文志》:“老萊子與孔子同時。”若璩按:《史記·老子傳》亦云爾。當從《國策》。

① “志”,原作“制”,據《漢書》所載與《叢刊》本、翁氏本改。
② “敝”,《叢刊》本、翁氏本作“弊”。

53. 壺丘子林,列子之師也。《吕氏春秋》云:"子産相鄭,往見壺丘子林,與其弟子坐,必以年。"然則與子産同時。

54. 列子以仕衛爲"嫁於衛",從一而終,之死靡它,是之謂正。

55.《列子》言"西方之聖人","西極之化人",佛已聞於中國矣。

56."狐父之盗",《史記正義》:"《括地志》:狐父亭,在宋州碭山縣東南三十里。"

57. 東坡欲去《莊子》《盗跖》、《漁父》篇,而邵子《觀物外篇》謂:"《盗跖》言事之無可奈何者,雖聖人亦莫如之何;《漁父》言事之不可强者,雖聖人亦不可强。"

58. 五峰云:"《莊子》之書,世人狹隘執泥者,取其大略,不爲無益。若篤行君子,句句而求,字字而論,則其中無真實妙義,不可推而行也。"愚謂此讀《莊子》之法。伊川一生不曾看《莊》、《列》。

59.《韓詩外傳》:"楚成王讀書於殿上,而輪扁在下,作而問曰:'不審主君所讀何書也?'"與《莊子》同而小異。《漢·古今人表》作"輪邊"。

60.《大宗師》曰:"道可傳而不可受。"屈子《遠游》曰:"道可受兮不可傳。"敢問其所以異?曰:"《莊子》所謂傳,傳以心也。屈子所謂受,受以心也。目擊而存,不言而喻。耳受而口傳之,離道遠矣。"

61. 朱文公謂:"《庚桑楚》一篇,皆是禪。"

62.《天運篇》:"孔子見老聃歸,三日不談。弟子問曰:'夫子見老聃,亦將何規哉?'孔子曰:'吾乃今於是乎見龍,龍合而成體,散而成章,乘乎雲氣,而養乎陰陽。予口張而不能噆,予又何規老聃哉?'"《太平御覽》引《莊子》曰云云。孔子曰:"吾與汝處於魯之時,人用意如飛鴻者,吾走狗而逐之;用意如井魚者,吾爲鈎繳以投之。吾今見龍,云云。余口張不能嗋,舌出不能縮,又何規哉?"與今本異。

63. 初寮若璩按:初寮,王安中號。謂:"《莊子》之言風,其辭若與風俱鳴於衆竅,掩卷而坐,猶覺翏翏之逼耳。"①

64.《齊物論》:"女以妄聽之奚。"張文潛《銘商瑶》曰:"造物則奚。"句法本此。

65、"飾小説以干縣令",疏云:"縣,高也。謂求高名令聞。"有進士程文用此,犯聖祖名②。

66. 謂惠子曰:"儒、墨、楊、秉四,與夫子爲五。"《列子·釋文》:"公孫龍,字子秉。"秉,謂公孫龍也。

67."魯雞固能矣",注云:"大雞也,今蜀雞。"《爾雅》:"雞大者蜀。"韓文公《守戒》曰:"魯雞之不期,蜀雞之不支。"是以蜀雞爲小也,未詳。若璩按:昌黎熟于《莊》,"蜀",本"越"字。

68. 荆公曰:"古之善事親者,非事其親之謂也,事其心而已矣。""事其心",出《人間世》。

69. 吕吉甫曰:"聖人之所以駴天下,神人未嘗過而問焉。"蓋孔氏與老氏同生於衰周,莊子與孟子俱游於梁惠,其書之言,未嘗相及,以此而已。

70."以恬養知"者,主静而識益明;"以知養恬"者,致知而本益固。

71. 向秀注《莊子》,而郭象竊之;郗紹作《晋中興書》,而

---

① "翏翏",翁氏本作"寥寥"。
② "名",翁氏本作"諱"。

何法盛竊之。二事相類。

72.“支離疏鼓筴播精”,《文選》注作“播精”。

73.郭象注曰:“聖人之在天下,暖然若陽春之自和,故蒙澤者不謝;淒乎若秋霜之自降,故彫落者不怨。”李太白云:“草不謝榮於春風,木不怨落於秋天。”其語本此。注又曰:“世有假寐而夢經百年者,則無以明今之百年,非假寐之夢者也。”邯鄲枕、南柯守之説,皆原此意。幽求子曰:“當其夢時,睹山念木,或志在舟楫,因舟念水,因水念魚。”東坡《夢齋銘》,意出於此。

74.《莊子》稱“墨翟、禽滑釐聞其風而悦之”,則滑釐,墨者也。《史記·儒林傳》謂:“田子方、段干木、吴起、禽滑釐之屬,皆受業于子夏之倫,[①]爲王者師。”豈滑釐逃儒而入於墨,亦若吴起之言兵歟?《説苑》載“禽滑釐問墨子”。[②]

75.庖丁解牛,行其所無事也。《管子》云:“屠牛坦朝解九牛而刀可以莫鐵,則刃游間也。”賈誼疏云:“解十二牛。”《胡子知言》云:“一目全牛萬隙開。”横渠詩語也。

76.王坦之著《廢莊論》,而其論多用《莊》語。胡文定《春秋綱領》有取於《莊子》之言,其可廢乎?

77.豫且事有二:《説苑》:“吴王欲從民飲,伍子胥曰:‘昔白龍下清冷之淵,化爲魚,豫且射,中目。白龍不化,豫且不射。’”張平子《東京賦》所謂“白龍魚服,見困豫且”者也。《史記·龜策傳》褚先生曰:“宋元王二年,江使神龜使於河,至於泉陽。漁者豫且舉網,得而囚之,置之籠中。夜半,龜來

---

① “于”,翁氏本作“於”。
② “説苑”下,翁氏本有“反質篇”三字。

見夢於宋元王。"《莊子》所謂"神龜能見夢於元君,而不能避余且之網"者也。

78. 郭象注云:"喜懼戰於胸中,固已結冰炭於五臟矣。[1]"韓文公《聽穎師琴詩》"無以冰炭置我腸",本於此。

79.《齊物論》非欲齊物也,蓋謂物論之難齊也。是非毀譽,一付於物,而我無與焉,則物論齊矣。邵子詩謂"齊物到頭爭",恐誤。張文潛曰:"莊周患夫彼是之無窮,而物論之不齊也,而托之於天籟。其言曰:'吹萬不同,而使其自已也。'此言自以爲至矣,而周固自未離夫萬之一也,曷足以爲是非之定哉?雖然,如周者,亦略税駕矣。"

《莊子》逸篇

80. 陸德明《序録》曰:[2]"莊生宏材命世,[3]辭趣華深,正言若反,故莫能暢其弘致。後人增足,漸失其真。故郭子玄云:'一曲之才,妄竄奇説,若《閼奕》、《意修》之首,《危言》、《游鳧》、《子胥》之篇,凡諸巧雜,十分有三。'《漢書·藝文志》:'《莊子》五十二篇',即司馬彪、孟氏所注是也。言多詭誕,或似《山海經》,或類占夢書,故注者以意去取。其内篇衆家並同,自餘或有《外》而無《雜》,唯子玄所注,特會莊生之旨。"北齊杜弼注《莊子·惠施篇》。今無此篇,亦逸篇也。若璩按:"弘致",元板"私致"。"《意修》之首",作"《意修》之旨"。[4]

---

① "臟",翁氏本作"藏"。
② "序",翁氏本作"叙"。
③ "材",《叢刊》本、翁氏本作"才"。
④ "若璩按"至"《意修之旨》",翁氏本無此。

81. 闕奕之隸，與殷翼之孫、遏氏之子，三士相與謀，致人於造物，共之元天之上。元天者，其高四見列星。司馬彪曰："元天，山名。"

82. 游鳧問雄黄曰："今逐疫出魅，擊鼓呼噪，何也？"雄黄曰："黔首多疾，黄帝氏立巫咸，使黔首沐浴齋戒以通九竅，鳴鼓振鐸以動其心，勞形趨步以發陰陽之氣，飲酒茹葱以通五藏。夫擊鼓呼噪，逐疫出魅鬼，黔首不知，以爲魅祟也。"

83. 插桃枝於户，連灰其下，童子入不畏，而鬼畏之，是鬼智不如童子也。

84. 童子夜嘯，鬼數若齒。

85. 小巫見大巫，拔茅而棄，此其所以終身弗如。

86. 尹儒學御三年而無所得，夜夢受秋駕。明日往朝師，師曰："今將教子以秋駕。"司馬彪曰："秋駕，法駕也。"

87. 空閲一作門。來風，桐乳致巢，此以其能苦其性者。司馬彪曰："門户孔空，風善從之。桐子似乳，著其葉而生，其葉似箕，鳥喜巢其中也。"

88. 紼謳所生，必於斥苦。司馬彪曰："斥，疏緩也。苦，用力也。引紼所以有謳歌者，爲人用力不齊，故促急之也。"

89. 庚市子肩之毁王也①。

90. 孔子病，子貢出卜。孔子曰："汝待也。吾坐席不敢先，居處若齋，食飲若祭，吾卜之久矣。"

91. 老子見孔子從弟子五人，問曰："前爲誰？"對曰："子路勇且多力。其次子貢爲智，曾子爲孝，顔回爲仁，子張爲武。"老子嘆曰："吾聞南方有鳥，名爲鳳，鳳之所居也，②積石

---

① "肩"，翁氏本作"堅"。

② "鳳"，原作"凰"，據《叢刊》本、翁氏本改。

千里，河水出下，鳳鳥居上①。天爲生食，其樹名瓊枝，高百仞，以璆琳琅玕爲寶。天又爲生離珠，一人三頭，遞起以飼琅玕。鳳鳥之文，戴聖嬰仁，右智左賢②。”“居上”，元板作“居止”。

92. 善卷，堯聞其得道之士，乃北面而師事之。蒲衣八歲，而舜師之。

93. 廉者不食不義之食，不啖不義之水。

94. 仲尼讀《春秋》，老聃踞竈觚而聽。觚，竈額也。

95. 羊溝之雞，三歲爲株。相者視之，則非良雞也。然數以勝人者，③以狸膏塗其頭。羊溝，鬬雞處。株，魁帥也。④ 雞畏狸也。

96. 惠子始與莊子相見，而問乎莊子曰：“今日自以爲見鳳凰而徒遭燕雀耳。”坐者俱笑。

97. 豫樟初生，可抓而絶。

98. 鵠上高城之垝，而巢於高榆之顛。城壞巢折，凌風而起。故君子之居世者，得時則義行，失時則鵠起。

99. 金鐵蒙以大緤，載六驥之上，則致千里。

100. 孔子舍於沙丘，見主人曰：“辯士也⑤。”子路曰：“夫子何以識之？”曰：“其口窮踦，其鼻空大，其服博，其睫流，其舉足也高，其踐地也深，鹿與而牛舍。”

101. 青鵶愛子忘親。司馬彪曰：“鵶鳥專愛其子，而忘其母也。”

---

① “居上”，《叢刊》本作“居止”。

② “右智左賢”，翁氏本作“右賢左智”。

③ “然”，《叢刊》本、翁氏本作“然而”。

④ “帥”，翁氏本作“師”。

⑤ “辯”，翁氏本作“辨”。

102. 聲氏之牛，夜亡而遇夔，止而問焉：“我有四足，動而不善，子一足而超踊，何以然？”夔曰：“以吾一足王於子矣。”

103. 市上之人有善戴尊者，累十尊而行。人有與之更者，行道未半，而以其尊顛。酒尊也。

104. 亡羊而得牛，斷指而得頭。

105. 羌人死，燔而揚其灰。

106. 子張見魯哀公不禮士也，托僕夫而去，曰：“臣聞君好士，故不遠千里而見。君之禮士也，有似葉公子高之好龍：室雕文，盡寫以龍，於是天龍下之，窺頭於牖，施尾於堂。①葉公見之，棄而還走，失其魂魄，五色無主。是葉公非不好龍也，好夫似龍而非龍也。今君非不好士也，好夫似士而非士者也。”

107. 流脈並作，則爲驚怖；陽氣獨上，則爲癲病。

108. 以十鈞射者，見天而不見雲；以七鈞射者，見鵠而不見鴿；以五鈞射者，見鴿而不見雀。

109. 函牛之鼎沸，蟻不得措一足焉。喻聖主之法明，奸至不敢蹈也。②

110. 趙簡子出田，鄭龍爲右。有一野人，簡子曰：“龍下射彼，使無驚吾馬。”三命鄭龍，鄭龍不對，簡子怒。鄭龍曰：“昔吾先君伐衛克曹，③退爲踐土之盟，不戮一人。君今一朝

---

① “施”，《叢刊》本作“拖”。
② “蹈也”，《叢刊》本作“蹈之”。
③ “克”，《叢刊》本作“免”。

田，[①]而曰‘必爲我殺人’，是虎狼殺人，故將救之。”簡子愀焉曰：[②]“不愛其身以活人者，可無從乎？”還車輟田，曰：“人之田也得獸，今吾田也得士。”

111. 梁君出獵，見白雁群集。梁君下車，彀弩一作弓。欲射之。道有行者不止，白雁群駭。梁君怒，欲射行者。其御公孫龍下車撫其心，梁君忿然作色而怒曰：“龍不與其君，而顧與他人，何也？”公孫龍對曰：“昔者齊景公之時，齊，一作“宋”。天旱三年，卜之，曰：‘必以人祠乃雨。’景公下堂頓首曰：‘吾所以求雨者，爲民也。今必使吾以人祠乃且雨，寡人將自當之。’言未卒而天大雨方千里者何？爲有德於天而惠施於民也。今主君以白雁之故，而欲射殺人，無異於虎狼。”梁君援其手與上車，歸入郭門，呼萬歲曰：“樂哉！今日獵也。人獵皆得禽獸，吾獵獨得善言而歸。”

112. 人而不學，命之曰“視皮”；一作“肉”。學而不行，命之曰“輒囊”。輒，縶者也。一作“撮”。

113. 秋禽之肥，易牙和之，非不美也，彭祖以爲傷壽，故不食之。

114. 祝牧謂其妻曰：“天下有道，我戟子佩；天下無道，我負子戴。”

115. 易姓而王，封於泰山，禪於梁父者，七十有二代。其有形兆垠堮勒石，凡千八百餘處。

116. 槐之生也，入季春，五日而兔目，十日而鼠耳，更旬而始規，二旬而葉成。鷂爲鸇，鸇爲布穀，布穀爲鷂，此物變也。

---

① “君”，《叢刊》本、翁氏本誤作“吾”。

② “焉”，翁氏本作“然”。

117. 盧敖見若士,深目鳶肩。

118. 禮若亢鋸之柄。亢,舉也。禮有所斷割,猶舉鋸之柄以斷物也。

119. 叔文相莒三年歸,其母自績,謂母曰:"文相莒三年,有馬千駟,今母猶績,文之所得事,皆將棄之已。"母曰:"吾聞君子不學《詩》、《書》、射、御,必有博塞之心;小人不好田作,必有竊盜之心;婦人不好紡績織紝,必有淫泆之行。好學爲福也,猶飛鳥之有羽翼也。"若璩按:余孫名"學翼"。取此。

120. 漢《七略》所録,若《齊論》之《問王》、《知道》,《孟子》之《外書》四篇,今皆亡傳。《莊子》逸篇十有九,《淮南鴻烈》多襲其語,唐世司馬彪注猶存,《後漢書》、《文選》、《世説》注、《藝文類聚》、《太平御覽》間見之。斷圭碎璧,亦足爲篋櫝之珍。博識君子,或有取焉。若璩按:漢嚴遵《老子指歸》引《莊子》甚多,皆不見今《莊子》書,其爲逸篇可知。備載之,以補王氏之漏焉。任車未虧,僮子行之。及其傾覆也,顛高墮谷,千人不能安。卵之未剖也,一指麾之,及其爲飛鴻也,奮翼凌雲,罾繳不能達也。胎之能乳也,一繩制之,及其爲牡也,羅網不能禁也。虎也執群獸,食牛馬劍戟,不能難也。故漣滴之流,久久而成江海;小蛇不死,化爲神龍。積微之善以至吉祥,小惡不止乃至滅亡。我之所以爲我者,豈我也哉?我猶爲身者非身,身之所以爲身者,以我存也。而我之所以爲我者,以有神也。神之所以留我者,道使然也。道之所生,天之所興。始始于不始,生生于不生。存存于不存,亡亡于不亡。夫起福生利,成功遂事,備物致用,使人大富。天下奢僭,財貨不足,民人愈醜。福滿山澤,金玉成積,國愈不安,民益少利,飾智相愚,以詐相要,防堤邪淫奸宄之路密,分别同異是非之變衆,則國家昏而政事衰。作方遂伎,雕琢文采,奇變異怪,以褒有德,以别尊卑,巧故滋起,俊出愈奇。令速賞深,罰峻刑嚴,斫肌膚、斷四支,疏遠不隱,親近不和,罪至夷滅,賞至封侯。天地振慄,盜賊愈多。夫飢而倍食,渴而大飲，熱而投水，寒而入火，所若雖除，其身必死。胸中有瘕不可鑿，喉中有疾不可剥也，蚊虻著面不可射也，蟣蝨著身不可斫也。夫日月之出入也同明，人之死生也同形，春秋之分也同利，玄聖之與野人也同容，① 通者之與閉塞也同事，道士之與赤子也同功。凡此數者，其中異而外同，非有聖人莫之能明。夫陰而不陽，萬物不生；陽而不陰，萬物不成。天地之道，始必有終，終必有始。夫嬰兒未知，而忠信于仇讐，及其壯大有識，欺紿兄嫂。三軍得意則下亡虜，窮溪之獸不避兕虎，其事非易事，理然也。

121.《太平御覽》引《蘇子》曰："蘭以芳自燒，膏以明自焫，翠以羽殃身，蚌以珠致破。"蘇秦能爲此言，而不能保其身。《漢書》楚老父之言，本於此。《文子》引《老子》曰："鳴鐸以聲自毁，膏燭以明自煎。"

122.《尸子》曰："孝已事親，一夜而五起，視衣厚薄、枕之高下也。"又曰："蒲衣生八年，舜讓以天下；周王太子晋生八年，而服師曠。"《漢書》稱孝已，《莊子》稱蒲衣子，其事見此。太子晋事，見《周書》。

123. 鄒陽曰："里名勝母，曾子不入。"《尸子》謂："孔子至於勝母，暮矣而不宿；過於盜泉，渴矣而不飲，惡其名也。"

124.《尸子》曰："舜兼愛百姓，務利天下。其田也，荷彼耒耜，耕彼南畝，與四海俱有其利。雷澤也，旱則爲耕者鑿瀆，狩則爲獵者表虎，故有光若日月，天下歸之若父母。"《文心雕龍》："舜之祠田云：荷此耒耜，②耕彼南畝，四海俱有。"謂之"祠田"，豈它有所据乎？③"狩"，元板作"儉"。

---

① "玄聖"，原本作"玄聖"，翁氏本作"元聖"，缺筆避諱。

② "耒"，《叢刊》本作"長"。

③ "它"，翁氏本作"他"。"据"，翁氏本作"據"。

125. 程子,見《家語》。子華子,見《莊子》。近有《子華子》之書,謂程本字子華,即孔子傾蓋而語者。後序謂鬼谷子之師。水心銘鞏仲至,所謂《程子》,即此書也。朱文公謂:“詞艱而理淺,近世巧於模擬者所爲,決非先秦古書。”

126.《韓子·内儲説》謂叔向譺萇弘。按《左傳》哀三年,“周人殺萇弘”,叔向之没久矣。

127.《韓子》曰:“殷之法,刑棄灰於街者。子貢以爲重,問之仲尼。仲尼曰:‘知治之道也。’”以商鞅之法爲殷法,又托於仲尼,法家侮聖言至此。

128.《五蠹》曰:“周去秦爲從,期年而舉;衛離魏爲衡,半歲而亡。是周滅於從,衛亡於衡也。”按《史記》,赧王倍秦,與諸侯約從。衛爲衡之事,未詳。

129.《説疑》曰:“有扈氏有失度,讙兜氏有孤男,三苗有成駒,桀有侯侈,紂有崇侯虎,晋有優施。此六人者,亡國之臣也。”崇侯、優施事甚著。《古今人表》桀時有雅侈,餘皆闕。《吕氏春秋》云:“夏桀染於羊辛、岐踵戎,殷紂染於崇侯、惡來,周厲王染於虢公長父、榮夷終,幽王染於虢公鼓、祭公敦。此四王者,所染不當。”《古今人表》桀時有干辛。榮夷終,即榮夷公。虢公鼓,即虢石父。《墨子》云:“夏桀染於干辛、推哆。”

130.《韓子》曰:“商君教秦孝公燔《詩》、《書》而明法令。”愚按,《史記·商君傳》不言燔《詩》、《書》,蓋《詩》、《書》之道廢,與李斯之焚之無異也。

131. 又云:“吴起教楚悼王損不急之枝官。”注:“謂非要急,若樹之枝也。養樹者必披落其枝,爲政者亦損其閒冗。”宋景文詩:“何言漢樸學,正似楚枝官。”“枝官”二字,前未有用者。

132. 又云:“儒服帶劍者衆,而耕戰之士寡。堅白無厚之詞章,而憲令之法息。”愚謂“堅白”,公孫龍之言也;“無厚”,鄧析之言也。

133. “漁者持鱣,婦人拾蠶,利之所在,皆爲賁、諸。”吕太史《西漢手筆》曰:“利之所激,深宫之女皆儀、秦也。”文法本此。

134. “叔瞻、宫之奇,亦虞、鄭之扁鵲也。”後魏崔浩謂:“王猛之經國,苻堅之管仲也;慕容恪之輔少主,慕容暐之霍光也;劉裕之平逆亂,司馬德宗之曹操也。”筆墨畦徑,皆有自來。

135. “必恃自直之箭,百世無矢;恃自圜之木,千世無輪。”劉夢得用此語。“恃”字,①作“俟”。

136. 距、②孱之費金璧,西門豹之納璽。戰國之時,官邪賂章,毁譽決於左右之口,於此可見,若阿、即墨之斷者,幾何人哉? 趙之郭開,齊之后勝,皆受秦間金。魏信陵之以毁廢,亦以萬金爲間。三國遂墟矣。

137. “人主以二目視一國,一國以萬目視人主。”此名言也。《鄭長者》之書,見《漢·藝文志》。若璩按:“人主”二句見《韓非子》,爲齊宣王之語。宣聞之《鄭長者》有言“夫虚靜無爲而無見也”,方爲長者語。王氏《漢藝文志考證》卻合。

138. “吏者,民之本綱也。聖人治吏不治民。”斯言不可以韓非廢。若璩按:《韓》③“摇木者拊其本,張網者引其綱”。

139. 《韓子》謂:“趙襄子賞有功者五人;高赫若璩按:《史

---

① “字”,翁氏本无此字。
② “距”,翁氏本作“鉅”。
③ “《韩》”下,翁氏本有“謂”字。

記》作"共",《吕氏春秋》作"赦"。《淮南·人間訓》與《韓子》同。爲賞首。仲尼聞之曰:'善賞哉,襄子賞一人,而天下爲人臣者莫敢失禮。'"事在孔子後,孔鮒已辨其妄。然傳記若此者衆。《說苑》:"周威公問於寧[①]子曰:'取士有道乎?'寧子曰:'楚平王有士,曰楚傒胥丘,負客,出亡之晋,晋人用之,是爲城濮之戰。'"城濮在楚成王時,以爲平王,謬矣。寧子,寧越。又曰:"晋平公好樂,多賦斂,治城郭。有咎犯者,見門大夫以樂見,平公内之,[②]對曰:'臣不能爲樂,臣善隱。'"又曰:"石乞侍坐於屈建,屈建曰:'白公其爲亂乎?'"又曰:"介子推行年十五而相荆,仲尼聞之,使人往視。"又曰:"晋靈公造九層臺,荀息聞之,上書求見,曰:'臣能累十二博棋,加九雞子其上。'"按犯、建、子推、息四人事迹,皆在前。劉子政博極群書,何述紀之誤也?《新序》楚共王逐申侯,晋文公遇欒武子,[③]葉公諸梁問樂王鮒,皆不同時。

140.《韓子》云:"趙襄子召延陵生,令將車騎先至晋陽。"[④]《戰國策》云"延陵王",誤也。鮑氏改"王"爲"君",亦未之考。

141.《韓子》云:"吴起欲攻秦小亭,置一石赤菽東門外,令人能徙此於西門外者,賜之上田宅,人爭徙之。乃下令曰:'明日攻秦,能先登者,仕之大夫,賜之上田宅。'於是攻之,一朝而拔。"《吕氏春秋》云:"吴起治西河,欲論其信於民,夜日置表於南門之外,令於邑中曰:'明日,有人能僨南門之外表

---

① "寧",原作"甯",《叢刊》本作"寗",今統一作"寧"。下同。
② "内",翁氏本作"纳"。
③ "欒武子"下,翁氏本有"也"字。
④ "將車騎",《叢刊》本、翁氏本作"將軍車騎"。

者,仕長大夫。’明日日晏矣,莫有僨表者。民相謂曰:‘此必不信。’有一人曰:‘試往僨表,不得賞則已,何傷?’往僨表,來謁吴起。起自見而出,仕之長大夫。自是之後,民信吴起之賞罰。”愚按商鞅入秦,在吴起死後二十一年,徙木予金,其祖吴起之遺智歟?“赤菽”,元板作“赤黍”。

142.《説文》:“古者宿沙初作,煮海鹽。”《魯連子》曰:“古善漁者宿沙瞿子,使漁于山,則雖十宿沙子,不得一魚焉。”又曰:“宿沙瞿子善煮鹽,使煮漬沙,①雖十宿沙不能得也。”

143.《鶡冠子·博選篇》用《戰國策》郭隗之言,《王鈇篇》用《齊語》管子之言,不但用賈生《服賦》而已。柳子之辯,其知言哉。

144.《戰國策》鄭璞之説,亦見《尹文子》。

145. 諺云:“不聰不明,不能爲王;不瞽不聾,不能爲公。”見《慎子》。

146.《吴子》曰:“承桑氏之君,修德廢武,以滅其國。”柳子《佩韋賦》:“桑弘和而卻武兮,涣宗覆而國舉。”桑,謂承桑氏也。一本改“桑”爲“乘”,②誤。

147. 程子曰:“韓信多多益辦,是分數明。”按《孫子》:“治衆如治寡,分數是也。”杜牧注謂:“韓信多多益辦。”

148. 漢景帝後二年詔曰:“雕文刻鏤,傷農事者也;錦繡纂組,害女紅者也。農事傷,則飢之本也;女紅害,則寒之原也。夫飢寒並至,而能亡爲非者,③寡矣。”本李克對魏文侯

---

① “漬”,《叢刊》本作“責”。

② “桑”下,《叢刊》本、翁氏本有“字”字。

③ “亡”,翁氏本作“無”。

之言。見《説苑》。《藝文志》"儒家",《李克》七篇。

149.《韓子》謂:"鍾鼎之銘,皆番吾之迹,華山之博也。"蔡邕謂:"唯郭有道無愧。"昌黎猶不免諛。白樂天《立碑詩》曰:"豈獨賢者嗤,仍傳後代疑。"若璩按:"番"音"婆",番吾,趙地名。漢爲番吾縣,①今之平山縣也。李吉甫言:"周武帝時,除天下碑,唯林宗碑詔特留。"

150.《鬼谷子·午合篇》:"伊尹五就桀,五就湯,然後合於湯。吕尚三入殷朝,三就文王,然後合於文王。"《孫子·用間篇》當參考。伊、吕,聖人之耦,豈詭遇求獲者? 此戰國辯士之誣聖賢也。伊尹三聘而起,太公辟紂海濱,②當取信於《孟子》。

151. 尹知章序《鬼谷子》曰:"蘇秦、張儀往事之,受捭闔之術十有二章,復受《轉丸》、《胠篋》三章。然秦、儀用之,裁得温言、酒食、貨財之賜。秦也,儀也,知道未足行,復往見,具言:'所受於師,行之,少有口吻之驗耳。未有傾河填海移山之力,豈可更聞至要,使弟子深見其閫奧乎?'先生曰:'爲子陳言至道。'齋戒,擇日而往見,先生乃正席而坐,嚴顔而言,告二子以全身之道。"《文心雕龍》云:"《轉丸》騁其巧辭,《飛鉗》伏其精術。"程子曰:"秦、儀學于鬼谷,其術先揣摩,然後捭闔。捭闔既動,然後用鉤鉗。"

152. 蒯通善爲長短説,主父偃學長短從横術,邊通學短長。《史記索隱》云:"《戰國策》亦名《長短書》。"

153. 鬻熊爲周文王師,著書二十二篇,諸子之最先者,今存十四篇。《列子·天瑞篇》引"運轉無已","天地密移",《力命篇》引語文王曰:"自長非所增,自短非所損。"《賈誼書》

---

① "番吾",翁氏本作"蒲吾"。
② "辟",翁氏本作"避"。

引文王、武王、成王問，皆今書所無。

154.《吕氏春秋》曰："老聃貴柔，孔子貴仁，墨翟貴廉，關尹貴清，子列子貴虚，陳駢貴齊，楊朱貴己，[1]孫臏貴勢，王廖貴先，兒良貴後。"《荀子》曰："慎子有見於後，無見於先；老子有見於詘，無見於信；墨子有見於齊，無見於畸；宋子有見於少，無見於多。"墨子有見於齊，兼愛也。楊朱貴己，爲我也。《吕氏》以孔子列於老氏之後，秦無儒故也。

155. 迂齋云："《梓人傳》規模從《吕氏春秋》來。"愚按，《吕氏·分職篇》云："使衆能，與衆賢，功名大立於世，不予佐之者而予其主，其主使之也。譬之若爲宫室，必任巧匠，奚故？曰：'匠不巧，則宫室不善。'夫國，重物也，其不善也，豈特宫室哉？巧匠爲宫室，爲圓必以規，爲方必以矩，爲平直必以準繩，功已就，不知規矩繩墨而賞匠巧也。巧匠之宫室已成，不知巧匠，而皆曰：'善。此某君某王之宫室也。'"柳子立意本於此。

156. 劉向《論起昌陵疏》："自古及今，未有不亡之國也。"本於《吕氏春秋》。

157.《説苑》："晋太史屠餘見晋平公之驕，以其國法歸周。周威公見而問焉，曰：'天下之國孰先亡？'對曰：'晋先亡。'居三年，晋果亡。"愚謂平公後三年，晋未亡也。是時，兩周未分，亦無周威公。《吕氏春秋》"晋太史屠黍見晋公之驕"，高誘注以爲"晋出公"，當從《吕覽》。然晋政在大夫久矣，非以驕亡也，屠黍不可謂知幾。[2]

---

① "楊朱"，《叢刊》本、翁氏本作"陽朱"。下同。

② "謂"，翁氏本作"爲"。

158.《孔叢子》“公孫龍臧三耳”,《吕氏春秋》作“藏三牙”。

159. 賈誼疏“壹動而五業附”,《新書》云“五美附”。見《五美篇》。“業”字,當作“美”。

160.《六韜》曰:“冠雖弊,禮加之於首;履雖新,法踐之於地。”賈誼之言本此。《韓非子》亦云:“冠雖穿弊,必戴於頭;履雖五采,必踐之於地。”黄帝曰:“日中必熭,操刀必割。”顔注此語見《六韜》。“主上之操也”,語出《尉繚子》。

161.《淮南·詮言訓》曰:“禹決江河,因水也;后稷播種樹穀,因地也;湯、武平暴亂,因時也。故天下可得而不可取也,霸王可受而不可求也。”張夫人諫苻堅之言,本於此。

162.《賈誼書》云:“德渥澤洽,調和大暢,則天清澈,地富煴,物時熟。”吴斗南謂:“漢《郊祀歌》‘后土富媪,昭明三光’,‘媪’當作‘煴’。”

163.《鹽鐵論》文學曰:“臧文仲治魯,勝盜而自矜。子貢曰:‘民將欺,而況民盜乎?’”文仲、子貢不同時,斯言誤矣。

164. 仲長子《昌言》曰:“北方寒,其人壽;南方暑,其人夭。此寒暑之方驗於人也。均之蠶也,①寒而餓之,則引日多;温而飽之,則引日少。② 此寒温飢飽之爲修短、驗於物者也。”論養生者,盍於此觀之? 韓子蒼《醫説》用此意。《物理論》曰:“道家則尚冷,以草木用冷生。醫家則尚温,以血脈以暖通。”若璩按:“暑氣多夭,寒氣多壽”,出《淮南·墜形訓》。

165.《淮南子》曰:“春貸秋賦,民皆欣;春賦秋貸,衆皆

---

① “均”,《叢刊》本作“約”。
② “引”,《叢刊》本作“用”。

怨。得失同，喜怒爲别，其時異也。爲魚德者，非挈而入淵；爲猿賜者，非負而緣木，縱之其所而已。”亦見《文子》。此柳子《種樹傳》之意。

166.《文子》：“聾蟲雖愚，不害其所愛。”注云：“鼈聾無耳。”《淮南子》曰：“狂馬不觸木，[①]猘狗不自投於河，雖聾蟲而不自陷，又況人乎？”又曰：“馬，聾蟲也。”注云：“喻無知。”孝皇問王季海若璩按：季海，名金華，[②]孝宗朝丞相。曰：“聾字何以從龍、從耳？”對曰：“《山海經》龍聽以角，不以耳。”《山海經》檢此語，未見。

167.《傅子》曰：“人之學者，猶渴而飲河海也，大飲則大盈，小飲則小盈。”伊川謂：“如群飲於河，各充其量。”

168.《抱朴子·論仙篇》：“按董仲舒所撰《李少君家録》。”仲舒，儒者，豈肯爲方士家録？蓋依托也。

169. 又按《漢禁中起居注》，即《西京雜記》所謂“葛洪家有《漢武帝禁中起居注》一卷、《漢武故事》二卷”。《通典》云：“漢武帝有《禁中起居注》，馬后撰《明帝起居注》，則漢起居似在宫中，爲女史之任。”荀悦《申鑒》曰：“先帝故事有《起居注》，動静之節必書焉。”若璩按：《隋·經籍志》謂《穆天子傳》體制與今起居正同，[③]蓋周時内史所記，王命之副也。

170.《祛惑篇》：有古强者云：“孔子常勸我讀《易》，云‘此良書也，丘竊好之，[④]韋編三絶，鐵擿三折。’今乃大悟。”《史記·世家》“韋編三絶”、“鐵擿”，見於此。擿，一作“擿”。此

---

① “狂”，《叢刊》本作“任”。
② “名金華”，翁氏本“名淮，金華人”。
③ “起居”下，翁氏本有“注”字。
④ “丘”，翁氏本作“某”。

方士寓言也。

171. 魏李蕭遠《運命論》:“張良受黄石之符,誦《三略》之説。”言“三略”者,始見於此。漢光武詔引《黄石公記》,未有《三略》之名。《含神霧》云:“風后爲黄帝師,又爲禹師,化爲老子,授張良書。”今有《素書》六篇,謂黄石公圯上授子房,世人多以《三略》爲是。荆公詩云:“《素書》一卷天與之。”

172. 《太平御覽》引《鄒子》曰:“朱買臣孜孜修學,不知雨之流粟。”此《鄒子》之書,非戰國之鄒子也。

173. 《慎子》曰:“禮從俗,政從上,使從君。國有貴賤之禮,無賢不肖之禮。”見《初學記》。《曲禮》曰:“禮從宜,使從俗。”言事不可常也,謂“禮從俗”,則非。

174. 《尸子》曰:“鄭簡公謂子産曰:‘飲酒之不樂,鐘鼓之不鳴,寡人之任也。國家之不乂,朝廷之不治,與諸侯交之不得志,子之任也。子無入寡人之樂,寡人無入子之朝。’自是已來,[①]子産治鄭,城門不閉,國無盜賊,道無餓人。孔子曰:‘若鄭簡公之好樂,雖抱鐘而朝可也。’”愚謂爲邦必“放鄭聲”,此孔子之言也,豈有“抱鐘而朝”之言哉?程子謂:“未有心蠹,而能用管仲者,於鄭簡公亦云。”

175. 《論衡》,蓋蔡中郎所秘玩。而劉氏《史通》譏之曰:“充自紀述其父祖不肖,爲州閭所鄙,而答以瞽頑舜神,鯀惡禹聖,盛矜於己而厚辱其先。何異證父攘羊,學子名母,名教之罪人也。”葛文康公若璩按:文康,名勝仲,字魯卿,丹陽人,見《文苑傳》。亦曰:“充刺孟子,猶之可也,至詆訾孔子,以繫而不食

---

① “已”,翁氏本作“以”。

之言爲鄙，以從佛肸、公山之召爲濁，又非其説驂舊館，[①]而惜車於鯉，又謂道不行於中國，豈能行於九夷？若充者，豈足以語聖人之趣哉？”即二説觀之，此書非小疵也。吕南公謂：“充飾小辯以驚俗，蔡邕欲獨傳之，何其謬哉。”

176.《家語》“問舜冠”，魯哀公問於孔子，[②]《尚書大傳》以爲成王問周公。

177.《子思子》曰：“東户季子之時，道上雁行而不拾遺，餘糧宿諸畝首。”“餘糧栖畝”，本於此。[③]

178. 劉邵《人物志》曰：“《易》以《咸》爲德，以《謙》爲道。《老子》以‘無’爲德，以‘虚’爲道。”愚謂咸言“虚”而不言“無”，與《老氏》異。

179. 宋咸注《法言》云：“天地不常泰，亦不常否。聖人不常出，亦不常絶。”

180. 或問賢，曰：“顔淵、黔婁、四皓、韋玄成。”王介甫曰：“出乎顔淵，則聖人矣。出乎韋玄成，則衆人矣。”

181.“奔車之上無仲尼，覆舟之下無伯夷。”此《韓非》語也，余襄公《謹箴》用之。

182. 杜牧《注孫子》序云：“孫武著書數十萬言，魏武削其繁剩，筆其精切，凡十三篇。因注解之。”考之《史記》本傳，闔廬曰：“子之十三篇，吾盡觀之矣。”非筆削爲十三篇也。何校本云：注八字，[④]亦正文。

183.《莊子》楚狂之歌，所謂“迷陽”，人皆不曉，胡明仲

---

① “説”，《叢刊》本作“脱”。
② “魯哀公問於孔子”，《叢刊》本、翁氏本作“謂魯哀公問孔子”。
③ “餘糧栖畝本於此”七字，翁氏本爲正文。
④ “注八字”，翁氏本作“‘非筆削’句”。

云："荆楚有草，叢生修條，四時發穎，春夏之交，花亦繁麗。條之腴者，大如巨擘，剥而食之，其味甘美，野人呼爲迷陽。其膚多刺，故曰：'無傷吾行，無傷吾足。'"若璩按：問楚中人，亦云不識迷陽草，但有一種花，名刺子，其抽條可食，兒童呼爲"陽馬搴"，恐即迷陽草。

卷十一

宋　王應麟　撰

考史

1.《戰國策》:"張儀説秦王曰:'世有三亡,而天下得之。'"姚氏云:"《韓非子》第一篇《初見秦》文與此同。"鮑氏失於考證。吕成公《麗澤集》文取此篇。

2."鄒忌不如徐公美。"《新序》云:"齊有田巴先生,行修於外。王聞其賢,聘之,將問政焉。田巴改製新衣,拂飭冠帶,①顧謂其妾,妾曰:'佼。'將出門,問其從者,從者曰:'佼。'過於淄水,自照視,醜惡甚焉。遂見齊王,齊王問政,對曰:'今者大王召臣,臣問妾,妾愛臣,諛臣曰"佼";問從者,從者畏臣,諛臣曰"佼"。臣至臨淄水而觀,然後知醜惡也。今王察之,齊國治矣。'"與鄒忌之言略同。洪景盧謂:"《孟子》所書齊景公問晏子,與《管子·内言·戒篇》相似,蓋傳記若是者多矣。"

3."齊負郭之民有狐咺者,正議閔王,斫之檀衢。"按《吕

① "飭",翁氏本作"飾"。

氏春秋·貴直論》:"狐援説齊湣王曰:'殷之鼎陳於周之廷,其社蓋於周之屏,其干戚之音在人之游。亡國之音,不得至於廟;亡國之社,不得見於天;亡國之器陳於廷,所以爲戒。王必勉之。其無使齊之大吕陳之廷,無使太公之社蓋之屏,無使齊音充人之游。'齊王不受。狐援出而哭國五日,其辭曰:'先出也,衣絺紵;後出也,滿囹圄。吾今見民之洋洋然東走,而不知所處。'齊王問吏曰:'哭國之法若何?'吏曰:'斫。'王曰:'行法。'狐援乃言曰:'有人自南方來,鮒入而鯢居,使人之朝爲草而國爲墟。殷有比干,吴有子胥,齊有狐援。已不用若言,又斫之東閭。每斫者,以吾參夫二子者乎。'"《漢·古今人表》作"狐爰",注:"即狐咺也。"愚謂殺諍臣者必亡,狐援其泄冶之類乎!

4. 齊威王封即墨大夫,燕取齊七十餘城,唯莒、即墨不下。田單以即墨破燕。齊王建將入秦,即墨大夫入見,畫臨晋、武關之策,建不聽而亡。吁,何即墨之多君子也!建能聽即墨大夫之謀,則齊可以勝秦矣。國未嘗無士也。

5.《太平御覽》引《戰國策》曰:"吴子問孫武曰:'敵人保山據險,擅利而處,糧食又足,挑之則不出,乘間則侵掠,爲之奈何?'武曰:'分兵守要,謹備勿懈。潛探其情,密候其怠。以利誘之,禁其牧采。久無所得,自然變改。待離其故,奪其所愛。'"今本無之。

6. "樂間入趙,燕王以書謝焉。"《新序》以爲惠王遺樂毅書。

7.《新序》:樂毅書:"君子絶交無惡言,去臣無惡聲。"①

---

① "臣",翁氏本作"國"。

8. 戰國有兩公孫弘，一在齊，爲孟嘗君見秦昭王；一在中山，言司馬憙招大國之威求相。① 與漢平津侯爲三。《韓子》云："公孫弘斷髮而爲越王騎。"是又一人也。

9.《禹貢正義》：鄭康成云："《戰國策》：'碣石在九門。'"姚宏云："《戰國策》遺逸，如司馬貞引'馬犯謂周君'、②徐廣引'韓兵入西周'、李善引'吕不韋言周三十七王'、歐陽詢引'蘇秦謂元戎以鐵爲矢'、《史記正義》引'九門本有宫室而居'，今本所無。"

10. 晏元獻論秦穆公以由余爲賢，用其謀伐戎："夫臣節有死無貳，戎使由余觀秦，終竭謀慮，滅其舊疆，豈鐘儀操南音，樂毅不謀燕國之意哉？秦穆之致由余而闢戎土也，失君君臣臣之訓矣。"元獻之論，有補世教，故録之。

11. 唐太宗問褚遂良曰："舜造漆器，禹雕其俎。"其事見《韓子》。由余對秦穆公曰："舜作食器，流漆墨其上，國之不服者十三。禹作祭器，墨染其外，朱畫其内，國之不服者三十三。"

12. 薛士龍曰："齊威之霸，不在阿、即墨之斷，而在毁譽者之刑。"今按，毁譽者乃佞臣周破胡。見《列女傳》。若璩按：士龍，名季宣，永嘉人，即前所謂薛常州也。"齊威之霸"三語，乃使還言於孝宗，以攻其左右者。

13.《大事記》"魏以田文爲相"，《解題》曰："田文與孟嘗君姓名適同而在前，《吕氏春秋·審分覽》作'商文'，所載'吴起問答'，與《史記》略同。"《西山讀書乙記》謂："田文，游俠之

① "憙"，翁氏本作"熹"。
② "貞"，原本、《叢刊》本、翁氏本皆作"正"。

宗主，以主少國疑自任，未知其可也。"誤以爲孟嘗君。

14. 王逸云："屈原爲三閭大夫。三閭之職，掌王族三姓，曰昭、屈、景。屈原序其譜屬，率其賢良，以厲國士。"漢興，徙楚昭、屈、景於長陵，以強幹弱支，則三姓至漢初猶盛也。《莊子》曰："昭、景也，著戴也；甲氏也，著封也。非一也。"説云："昭、景、甲三者，皆楚同宗也。"甲氏，其即屈氏歟？秦欲與楚懷王會武關，昭睢、屈平皆諫王無行。襄王自齊歸，齊求東地五百里，昭常請守之，景鯉請西索救於秦，東地復全。三閭之賢者，忠於宗國，所以長久。

15.《陳軫傳》"卞莊子刺虎"，《戰國策》作"管莊子"，《索隱》引《戰國策》作"館莊子"。"館，謂逆旅舍。其人，字莊子。"

16. 晉、楚之爭霸在鄭，秦之爭天下在韓、魏。林少穎謂："六國卒并於秦，出於范睢遠交近攻之策。"取韓、魏以執天下之樞也。其遠交也，二十年不加兵於楚，四十年不加兵於齊。其近攻也，今年伐韓，明年伐魏，更出迭入無寧歲。韓、魏折而入於秦，四國所以相繼而亡也。秦取六國，謂之蠶食，蓋蠶之食葉，自近及遠。《古史》云："范睢自爲身謀，未見有益於秦。"愚謂此策不爲無益，然韓不用韓玘，魏不廢信陵，則國不亡。若據按，韓玘亡韓事，不經見，僅李斯上書短趙高，云宋子罕劫君，齊田常取國，繼以"信高之志，若韓玘爲韓安相也"。斯與同時，事定有據。而王氏用此，亦新矣哉。

17. 周赧王卒於乙巳，[①]明年丙午，秦遷西周公，而東周君猶存也。壬子，秦遷東周君，而周遂不祀。作史者，當自丙

① "於"，《叢刊》本作"于"。

午至壬子，繫周統于七國之上，[①]乃得《春秋》存陳之義。《大事記》周赧後即繫秦，若璩按：《通鑑》已然。朱子以爲未當，《綱目》以七國如楚、漢並書之。

18. 七國，齊、魏、趙、韓皆大夫簒，楚爲黄，秦爲吕，唯燕爲舊國，召公之澤遠矣。惠王不用樂毅，太子丹乃用荆軻，其能國乎？若璩按：楚爲黄者，僅幽王悍。十年，悍卒而猶立，是爲哀王，仍考烈王所親生也。[②] 秦長安君亦爾。惜讀史者不能析别之。

19. 老泉謂："秦之憂在六國，蜀最僻、最小，最先取；楚最强，最後取。非其憂在蜀也。"愚謂：取蜀則楚在掌中矣，白起所以再戰而燒夷陵也。

20. 魯仲連書："富比乎陶、衛。"延篤注《戰國策》云："陶朱、公子荆。"王邵云：[③]"魏冉封陶，商君封衛。"今按，商君封於商，非封衛也。

21. 李文叔《書戰國策》曰："爲是説者非難，而載是説者爲不易得。使秦、漢而後，復有爲是説者，必無能載之者矣。"愚觀董晋之答回紇，[④]語李懷光，譚若璩按：《文苑英華》作"談"。忠之説劉總，詞氣雄健，有先秦風，韓、杜二公之筆力，足以發之也。《董晋行狀》、《燕將録》。若璩按：《董晋行狀》曰："先皇帝時，公副李涵使回紇，回紇之人來，曰'唐之復土壃，[⑤]取回紇力焉，約我爲市，馬既入而歸我賄不足，我於使人乎取之。'涵懼，不敢對，視公，公與之言曰：'我之復土壃，爾信有力焉，吾非無馬而與爾爲市，爲賜不既多乎？爾之馬歲至，吾數皮而歸資，邊吏請致詰也，天子念爾有勞，故下詔禁侵犯。

---

① "于"，翁氏本作"於"。
② "親"，翁氏本無此字。
③ "邵"，翁氏本作"劭"。
④ "觀"，翁氏本作"謂"。
⑤ "壃"，翁氏本作"疆"，下同。

諸戎畏我大國之爾與也，莫敢校焉。爾之父子寧而畜馬蕃者，非我誰使之？'於是其衆皆環公拜。李懷光反，公知其謀與朱泚合也，患之，造懷光，言曰：'公之功，天下無與。敵公之過，未有聞於人。某至上所，言公之情，上寬明，將無不赦宥焉，乃能爲朱泚臣乎？彼爲臣而背其君，苟得志，於公何有？且公既爲太尉矣，彼雖寵公，何以加此？彼不能事君，能以臣事公乎？公能事彼，而有不能事君乎？彼知天下之怒，朝夕戮死者也，故求其同罪而與之比，公何所利焉？公之敵彼有餘力，不如明告之絶，而起兵襲取之，清宮而迎天子。庶人服而請罪有司，雖有大過，猶將揜焉。如公則誰敢議？'語已，懷光拜曰：'天賜公活懷光之命。'"《燕將録》曰："元和十四年春，趙人獻城十二。冬，誅齊，三分其地。忠因説總，曰：'凡天地數窮，合必離，離必合。河北與天下相離六十年矣，此亦數之窮也，必與天下復合。且建中時，朱泚搏天子狩畿甸，①李希烈僭于梁，王武俊稱趙，朱滔稱冀，田悦稱魏，②李納稱齊，郡國往往美兵者③，抵目而視。當此之時，可謂危矣。然天下卒爲無事。自元和以來，④劉闢守蜀，棧道劍閣，自以爲子孫世世之地，然甲卒三萬，數月見羈。李錡横大江、撫石頭，全吴之兵，不得一戰，反束帳下。田季安守魏、盧從史守潞，皆天下之精甲，駕趙爲騎，鼎立相視，可爲强矣，⑤然從史繞塹五十里，萬戟自護，身如大醉，忽在檻車。季安死，墳杵未收，家爲逐客。蔡人被重葉之甲，圓三石之弦，持九尺之刃，突前跳後，卒如搏鶚，一可支百者累數萬人，四歲不北二三，可爲堅矣，然夜半大雪，忽失其城。齊人經城數千里，倚渤海，墻太山，壍大河，⑥精甲數億，鈴劍其阸，可爲安矣，然兵折於潭趙，首竿於都市。此皆君之自見，亦非人力所能及。蓋上帝神兵下來誅之耳。今天子巨謀纖計，必平章於大臣，鋪樂張獵，未嘗戴星俳倡，顛

① "搏"，翁氏本作"搏"。下同。
② "悦"，翁氏本作"説"。
③ "美"，翁氏本作"弄"。
④ "以"，翁氏本作"已"。
⑤ "爲"，翁氏本作"謂"。
⑥ "壍"，翁氏本作"塹"。

翫之臣顔澀不展，縮衣節口，以賞戰士。此志豈須臾忘於天下哉？今國兵騣騣北來，趙人已獻城十二，助魏破齊，唯燕未得一日之勞，爲子孫壽後世其能帖帖無事乎？吾深爲君憂之。'總泣且拜，曰：'今幸枉大教，吾心定矣。'"

22. 秦昭王五十一年滅周，是歲漢高祖生於豐沛。天道之倚伏，可畏哉。《史記》"昭王五十一年，赧王卒。"皇甫謐曰："高祖生。"①若璩按：臣瓚以高帝爲漢王年四十二，則生於秦莊襄王四年甲寅，是亦秦亡之歲哉。

23. 秦莊襄王元年，滅東周。三年若璩按：《秦本紀》爲"四年"，此從《六國表》。始皇立，而柏翳之秦亦滅。② 二世元年，廢衛君，是歲諸侯之起者五國。三年而秦亡。然則滅人之國，乃所以自滅也。

24. 秦皇欲以一至萬，新莽推三萬六千歲曆紀，宋明帝給三百年期，其愚一也。漢世祖曰："日復一日，安敢遠期十歲乎？"真帝王之言哉。

25. 魏公子退讓，而口不忍獻五城；尹翁歸不私，而不敢見其邑子。是以君子正容以悟之，使人之意也消。

26. 箝語燔書，秦欲愚其民而不能愚陳涉；指鹿束蒲，高欲愚其君而不能愚子嬰。

27. 韋昭《洞歷記》："紂無道，比干知極諫必死，作《秣馬金闕歌》。"古歌尚質，必無"秣馬金闕"之語，蓋依托也。

28. 賈生《過秦》曰："秦孝公據殽、函之固。"春秋時，殽、桃林，晉地，非秦有也。若璩按：秦孝公亦非春秋時。

29.《史記》正誤《索隱》、《正義》、《史剡》、《通鑑考異》、《古史》、

---

① "高祖生"上，翁氏本有"是歲"二字。
② "柏翳"，翁氏本作"伯翳"。

《大事記解題》所考正者,皆不著。

30.《五帝本紀》列黄帝、顓、辛、堯、舜,謂:“孔子所告宰予,儒者或不傳。及《春秋》、《國語》,發明《五德》、《繫姓》章矣。① 《書》缺有間,乃時見於他説。”五峰胡氏曰:“仲尼繫《易》,歷叙制器致用、兼濟生民者,獨稱犧、農、黄帝、堯、舜氏,蓋以是爲五帝也,而顓、辛無聞焉。太史公所載,特形容之虚語爾。”朱文公曰:②“《易大傳》,孔聖之言;八卦,文字之祖,何故遺而不録?”

31.“舜年二十以孝聞,年三十堯舉之,年五十攝行天子事,年六十一代堯踐帝位。踐帝位三十九年。”《書正義》曰:“舜年六十二爲天子。《大禹謨》‘朕宅帝位三十有三載’,乃求禪禹。《孟子》云‘舜薦禹於天十七年’,是在位五十年明矣。《史記》皆謬。”

32.《夏本紀》:“太康崩,弟仲康立。仲康崩,子相立。相崩,子少康立。”《左傳正義》曰:“太康失邦,及少康紹國,尚有百載,乃滅有窮。《本紀》不言羿、浞之事,是遷説之疏。”若璩按:《左傳正義》與《史記索隱》、《正義》正同。

33.《殷本紀》:“祖乙遷於邢。”《書正義》曰:“鄭玄云:‘祖乙去相居耿,而國爲水所毁,於是修德以禦之,不復徙也。’”

34.“小辛立,殷復衰,百姓思盤庚,乃作《盤庚》三篇。”與《書序》違,非也。

35.“太甲既立三年,伊尹放之於桐宫。居桐宫三年,悔

① “五德”,翁氏本作“五帝”。
② “朱文公”,翁氏本作“朱子”。

過反善。伊尹乃迎而授之政”，謂太甲歸亳之歲，已爲即位六年，遷説妄也。若璩按：孟子叙太甲，亦兩“三年”字，蓋凡六年而後復歸亳，①與今《孔書》異，詳《尚書古文疏證》卷四第六十條。

36.“祖己嘉武丁之以祥雉爲德，立其廟爲高宗，遂作《高宗肜日》及《訓》。”與《書序》相違。

37.“帝陽甲之時，殷衰，自中丁以來，廢適而更立諸弟子。弟子或爭相代立，比九世亂。”《皇王大紀》曰：“以其世考之，自沃丁至陽甲，立弟者九世。中丁之名，誤也。”

38. 太戊，爲太甲之孫。《三代表》云：太戊，小甲弟。則亦是沃丁弟，太甲子。《書正義》謂：“《本紀》、《世表》必有一誤。”

39.《周本紀》：“不窋末年，夏氏政亂，去稷不務，不窋以失其官而奔戎、狄之間。”《周語》云：“不窋自竄于戎狄之間。”韋昭云：“不窋去夏而遷于豳。”②《詩正義》：“按《公劉》之篇，公劉避亂適豳。公劉者，不窋之孫。”若璩按：竄戎狄者不窋，適豳者公劉，乃二事，一當太康，一當桀也。③

40.“古公有長子曰大伯，④次曰虞仲。太姜生季歷。”《左傳正義》曰：“如《史記》之文，似王季與大伯别母，遷言疏繆。大伯、虞仲辟季歷，適荆蠻，若有適庶，不須相辟。⑤知其皆同母也。”

41.“詩人道西伯，蓋受命之年稱王，而斷虞、芮之訟。”

---

① “復”，翁氏本無此字。

② “于”，《叢刊》本作“於”。

③ “竄戎狄者不窋，適豳者公劉，乃二事，一當太康，一當桀也”，翁氏本作“二事，一當太康，一當桀。竄戎狄者不窋，遷豳者公劉，唯韋昭誤以爲一事”。

④ “大伯”，翁氏本作“太伯”，下同。

⑤ “辟”，翁氏本作“避”。

歐陽公以爲妄説。五峰胡氏曰:"詩人言文王受命,指其至誠動天,得天人之助耳。"李子思曰:"以虞、芮質成之年,爲文王興王業之初則可,而謂文王於是自稱王則不可。"朱文公謂:"《武成》有'惟九年大統未集'之説,若以在位五十年推之,不知九年當從何處數起?"亦未見史遷全不是,歐公全是,不若兩存之。劉道原曰:"遷不見《古文尚書》,以文王受命七年而崩。孔安國見《武成》篇,故《泰誓傳》曰:'周自虞、芮質厥成,諸侯並附。以爲受命之年,至九年,文王卒。'①劉歆《三統歷》以爲九年。"若璩按:"九年,大統未集",出孔《書》,辨見《尚書古文疏證》卷二第二十六條。

42. "武王祭于畢,觀兵盟津。"歐陽公曰:"《伯夷傳》又載父死不葬之説,皆不可爲信。"程子曰:"觀兵必無此理。今日天命絶,則紂是獨夫,豈容更待三年?"林氏曰:"漢儒以'觀政'轉爲'觀兵',而爲周師再舉之説。"若璩按:"觀政"亦出孔《書》,辨見同上。

43. 武王追思先聖,乃褒封神農之後於焦,封黄帝之後於薊,封帝堯之後於祝,封帝舜之後於陳。《禮記正義》曰:"追思先聖乃封之,與《樂記》'未及下車'義反,當以《記》爲正。"

44. "襄王母早死,後母曰惠后,生叔帶。"《左傳》曰:"母弟,俱是惠后所生。"《正義》曰:"《史記》謬也。"

45. "周、召二相行政,號曰共和。"吕成公曰:"《古史》案《汲冢紀年》'共伯和干王位,故謚共和。'《左傳》:'王子朝告諸侯曰:"諸侯釋位,以間王政,宣王有志而後效官。"'推是而言,則厲、宣之間,諸侯有去其位而代王爲政者。《莊子》曰:

① "文王",翁氏本无此二字。

‘共伯得之於丘首。’”

46. “舜封棄於邰，號曰后稷。”《詩正義》曰：“稷之功成，實在堯世，其封於邰，必是堯之封，故《箋》、《傳》皆以爲堯。《本紀》以后稷之號，亦起舜時，其言不可信也。”

47. “武王伐紂，卜龜兆、不吉，群公皆懼，惟太公強之。”《書正義》曰：“太公《六韜》云：‘卜戰，龜兆焦，筮又不吉。’太公曰：‘枯骨朽蓍，不逾人矣。’彼言‘不吉’者，《六韜》之書，後人所作，《史記》又采用《六韜》，好事者妄矜太公，非實事也。”

48. “穆王即位，春秋已五十矣”，“立五十五年”。《書正義》曰：“《孔傳》云‘穆王即位過四十矣’，不知出何書？遷若在孔後，或當各有所據。”

49. 《秦本紀》：“晉獻公虜虞君與其大夫百里奚，以爲秦穆公夫人媵於秦。百里奚亡秦走宛，楚鄙人執之，穆公以五羖羊皮贖之。”范太史曰：“《商鞅傳》又載趙良之言曰：‘五羖大夫，荆之鄙人也。自鬻於秦客，被褐食牛。期年，穆公知之，舉之牛口之下，而加之百姓之上。’《史記》所傳，自相矛盾如此。”朱文公曰：“按《左氏》，[①]媵秦穆姬者，乃井伯，非百里奚也。”若璩按：孟子言“百里奚先去虞，自不至，爲晋所虜”，益知井伯者另一人，且《史》載繆公四年乙丑，“迎婦於晋”，《左》則僖五年丙寅，“以媵秦穆姬”，亦差一年。

50. “賜襄公岐以西之地，襄公生文公，於是文公遂收周餘民有之，地至岐，岐以東獻之周。”《詩正義》曰：“鄭氏《詩譜》言‘横有周西都宗周畿内八百里之地’，則是全得西畿，與《本紀》異。按終南之山，在岐之東南。大夫之戒襄公，已引

---

① “左氏”，翁氏本作“左傳”。

終南爲喻，則襄公亦得岐東，非唯自岐以西也。如《本紀》之言，文公獻岐東於周，則秦之東境，終不過岐。而春秋之時，秦境東至於河，明襄公救周即得之矣。《本紀》之言不可信也。"

51.《吕后本紀》，夾漈鄭氏曰："遷遺惠而紀吕，無亦奬盗乎？"若璩按：《漢書》有《惠帝紀》，帝崩即紀高后，不紀兩少帝，豈無因？

52.《樂書》："得神馬渥洼水中，爲《太一之歌》。後伐大宛，得千里馬，爲歌。中尉汲黯進曰云云，丞相公孫弘曰：'黯誹謗聖制。'"説齋唐氏曰："按《漢書·武帝紀》：'元鼎四年秋，馬生渥洼水中，作《天馬之歌》。''太初四年春，貳師將軍廣利斬大宛王首，獲汗血馬來，作《西極天馬之歌》。'而元狩二年春三月，丞相弘薨，則先元鼎四年已八年矣。《汲黯傳》：渾邪王降之歲，汲黯坐法免官，隱田園者數年，至更立五銖錢，復起爲淮陽太守，居淮陽十歲而卒。按《武紀》昆邪之降在元狩二年，而行五銖錢在五年，又十歲，則元封四年也。其去太初四年尚六年，則汲黯之卒亦久矣。今《樂書》乃云得大宛馬而作《天馬之歌》，汲黯嘗有言而公孫弘又從而譖之，不亦厚誣古人哉？況黯在武帝時，始爲謁者，遷滎陽令，稱疾歸，乃召爲中大夫，又出爲東海太守，又召爲主爵都尉，又公孫弘請徙爲右内史，數歲而免官，又數歲而起爲淮陽太守，則未嘗爲中尉也。假使黯之言在馬生渥洼之年，則弘之死固已久矣。《漢書·司馬遷傳》言《史記》十篇，'有録無書'，而注言《樂書》亦亡，則此非遷之作明矣。使遷在當時而乖舛如此，不亦繆乎？"

53.《天官書》"東宮蒼龍"，"南宮朱鳥"，"西宮咸池"，

“北宫玄武”。吴氏曰：“蒼龍、朱鳥、玄武，各總其方七宿而言。咸池，别一星名，《晋·天文志》所謂‘天潢南三星曰咸池’，魚囿者是已，豈所以總西方七宿哉？又列參、白虎於昴、畢之後，何其類例之駁也？”

54.《十二諸侯年表》：“敬王四十一年，孔子卒。”“四十三年，敬王崩。”《周本紀》：“敬王崩，子元王立。八年崩，子定王立。”《六國年表》：“定王元年，《左傳》盡此。”《左傳正義》曰：“杜《世族譜》云：‘敬王三十九年，魯哀公十四年，獲麟之歲也。四十二年而敬王崩，敬王子元王十年，《春秋》之傳終矣。’與《史記》不同。《史記》世代年月，事多舛錯，故班固以文多牴牾。① 按《世本》：‘敬王崩，貞王介立，貞王崩，元王赤立。’宋忠注引《太史公書》云：‘元王仁生貞王介’，與《世本》不相應，不知誰是，則宋忠不能定也。《帝王世紀》：敬王三十九年，《春秋經》終。四十四年，敬王崩，子貞定王立。貞定王崩，子元王立。是《世本》與《史記》參差不同。書籍久遠，事多紕繆，杜違《史記》，亦何怪焉？”

55.《吴世家》以光爲諸樊之子，僚爲夷昧之子。《左傳正義》曰：“《世本》云：‘夷昧及僚，夷昧生光。’服虔云：‘夷昧生光而廢之。僚者，夷昧之庶兄。夷昧卒，僚代立，故光曰：“我王嗣也。”’是用《公羊》爲説也。杜言‘光，吴子諸樊子’，②用《史記》爲説也。班固云：遷采《世本》爲《史記》，而今之《世本》與遷言不同。《世本》多誤，不足依馮，故杜以《史記》爲正。”

---

① “牴牾”，翁氏本作“抵梧”。
② “吴子”，《叢刊》本作“吴王”。

56.《傳》言大伯端委，①仲雍斷髮。《史記》云二人皆“文身斷髮，示不可用”。文身斷髮，自辟害耳，②遠適荆蠻，則周人不知其處，何以須“示不可用”也？皆遷之謬。石林葉氏曰：“以《春秋傳》考之，斷發文身蓋仲雍，大伯無與焉。”若璩按：近益辨《論語》，虞仲亦非仲雍，蓋虞仲乃逸民，非繼世有土之君也。

57. “越王滅吴，誅太宰嚭。”《通鑑外紀》曰：“《左傳》哀二十四年‘閏月，哀公如越，季孫懼，因太宰嚭而納賂焉’，在吴亡後二年也。嚭入越亦用事，安得吴亡即誅哉？”

58.《宋世家》：“武王克殷，微子肉袒面縛，左牽羊，右把茅。”《書正義》曰：“面縛，縛手於後，故口銜其璧，又安得‘左牽羊，右把茅’也？”

59.《燕世家》：“成王既幼，周公攝政，當國踐阼，召公疑之，作《君奭》。”《書正義》曰：“此篇是致政之後，言留輔成王之意。其文甚明，遷妄爲説爾。”

60.《衛世家》：“莊公娶齊女爲夫人，而無子。又娶陳女爲夫人，生子，早死。陳女女娣生完，完母死，莊公命夫人齊女子之。”《詩正義》曰：“禮，諸侯不再娶，且莊姜仍在。《左傳》唯言‘又娶於陳’，不言爲夫人。《左傳》言莊姜以爲己子，云‘完母死’，亦非也。”

61. 武公殺兄篡國。吕成公曰：“武公在位五十五年，《國語》又稱‘武公年九十有五，猶箴儆于國’，計其初即位，其齒蓋已四十餘矣。使果弑共伯而篡立，則共伯見弑之時，其齒又加長於武公，安得謂之蚤死乎？髦者，子事父母之飾，諸

---

① “大”，翁氏本作“太”，下同。
② “辟”，翁氏本作“避”。

侯既小斂，則脱之。《史記》謂釐侯已葬而共伯自殺，則是時共伯已脱髦矣，《詩》安得猶謂之'髧彼兩髦'乎？是共伯未嘗有見弑之事，武公未嘗有簒弑之惡也。"若璩按：東萊此論，亦本之小司馬《索隱》，而援證至爲精詳，王魯齋猶作騎墻之見者，何與？①

62. "初，宣公愛夫人夷姜。"《左傳正義》曰："烝淫而謂之夫人，謬也。"

63. 《鄭桓公世家》云"宣王庶弟"，《年表》云"宣王母弟"。《詩正義》曰："《世家》、《年表》自乖異。"

64. "虢、鄶果獻十邑，桓公竟國之。"《詩正義》曰："《詩譜》'武公卒取十邑'，如《世家》，則桓公皆自取十邑。馬遷見《國語》有'史伯爲桓公謀取十邑'之文，不知桓身未得，故傅會爲此説耳。《外傳》云：'皆子、男之國，虢、鄶爲大。'則八邑各爲其國，非虢、鄶之地，無由得獻之桓公也。"《左傳正義》曰："案《鄭語》，桓公始謀，未取之也。武公始國，非桓公也。全滅虢、鄶，非獻邑也。遷之言皆謬。"若璩按：《詩集傳·檜》下，誤亦同馬遷。②

65. 《齊世家》："胡公始徙都薄姑。周夷王之時，獻公因徙薄姑都，治臨菑。"《詩正義》曰："《詩·烝民》云：'仲山甫徂齊。'《傳》曰：'古者諸侯逼隘，則王者遷其邑而定其居。蓋去薄姑，遷於臨菑。'以爲宣王之時，始遷臨菑，與《世家》異。毛公在遷之前，其言當有據。"

66. "頃公十一年，晉初置六卿，賞鞍之功。頃公朝晉，欲尊王晉景公，景公不敢當。"《晉世家》："景公十二年，齊頃公如晉，欲上尊景公爲王。景公讓不敢。"《左傳正義》曰："此

---

① "與"，翁氏本作"歟"。
② "誤亦同馬遷"，翁氏本作"亦仍馬遷之訛"。

時天子雖微，諸侯並盛，晋文不敢請隧，楚莊不敢問鼎。又齊弱於晋，所較不多，豈爲一戰而勝，便即以王相許？準時度勢，理必不然。'齊侯朝于晋，將授玉'，遷之意所以有此説者，當讀此《傳》'將授玉'，以爲'將授王'，遂飾成爲此謬辭耳。"

67.《魯世家》：哀公奔越，"國人迎哀公復歸，卒於有山氏"。《左傳正義》曰："《傳》稱國人施罪於有山氏，不得復歸，而卒於其家也。遷妄耳。"

68.《齊世家》：周西伯昌"與吕尚陰謀修德，以傾商政，其事多兵權與奇計，故後世之言兵及周之陰權，皆宗太公爲本謀"。石林葉氏曰："其説蓋出《六韜》。夫太公，賢者也，其所用，王術也，其所事，聖人也，則出處必有義，而致君必有道。自墨翟以太公於文王爲忤合，而孫武謂之用間，且以嘗爲文、武將兵，故尚權詐者多並緣自見。"説齋唐氏曰："三分有二而猶事商，在衆人必以爲失時；三后協心而後道洽，在常情必以爲無功。二聖人信之篤，守之固，至誠惻怛之心，寬厚和平之政，浹於斯民，固結而不可解。此豈矯拂而僞爲？亦出於自然而已。彼太史公曾不知此，乃曰：'周西伯昌囚羑里，歸與吕尚陰謀修德以傾商政。'又曰：'周公聞伯禽報政遲，乃嘆曰：'魯後世其北面事齊矣！'此特戰國變詐之謀，後世苟簡之説，殆非文王之事、周公之言也。遷不能辨其是否，又從而筆之於書，使後人懷欲得之心，務速成之功者，藉此以爲口實，其害豈小哉？"

69.《晋世家》：鄂侯郤立六年，[①]當魯隱公五年，[②]卒，子

① "郤"，翁氏本作"郄"。
② "魯隱公"，《叢刊》本作"魯隱"。

哀侯光立。《詩正義》曰："案《左傳》隱五年，'曲沃莊伯伐翼，翼侯奔隨。秋，王命虢公伐曲沃，而立哀侯于翼'。六年，'翼九宗五正頃父之子嘉父，逆晋侯于隨，納諸鄂，晋人謂之鄂侯。'則哀侯之立，鄂侯未卒，《世家》言卒，非也。"

70. "獻公使士蔿盡殺諸公子，而城聚都之，命曰絳。"《詩正義》曰："案《左傳》'士蔿使群公子盡殺游氏之族，乃城聚而處之'，則城聚以處群公子，非晋都也，言命聚曰絳，非也。"

71. "天子使王子虎命晋侯爲伯，周作《晋文侯命》。"夾漈鄭氏曰："于時去文侯十有五世，而誤以文侯爲重耳。"

72. "申生母，齊桓女也，同母女弟爲秦穆夫人。夷吾母，重耳母女弟也。"《左傳正義》曰："案《傳》，[1]申生之母，本是武公之妾。武公末年，齊桓始立，不得爲齊桓女也。虢射，惠公之舅。狐偃，文公之舅。二母不得爲姊妹也。皆遷之妄。"

73. "夢天謂武王曰：'余命女生子名虞。'"《左傳正義》曰："邑姜方震而夢，明是邑姜夢矣，安得以爲武王夢也？薄姬之夢龍據其心，燕姞之夢蘭爲己子，彼皆夢發於母，此何以夢發於父？是遷之妄。"

74.《陳世家》："桓公鮑卒，弟佗，其母蔡女，故蔡人爲佗殺五父及桓公太子免而立佗，[2]是爲厲公。""太子免之三弟，長者名躍，中曰林，少曰杵臼，與蔡人共殺厲公而立躍，是爲利公。"《詩正義》曰："案《左傳》桓五年，'文公子佗殺太子免

---

① "案"，翁氏本作"按"。
② "太子"，《叢刊》本作"大子"，下同。

而代之’，則是佗自殺免，非蔡人爲佗殺免也。六年，‘蔡人殺陳佗’。莊二十二年《傳》曰：‘陳厲公，蔡出也，故蔡人殺五父而立之。’五父與佗一人，不得云‘爲佗殺五父’也。六年，殺佗；十二年，陳侯躍卒，則厲公即是躍。躍既爲厲公，則無復利公矣。既誤以佗爲厲公，又妄稱躍爲利公。《世家》言‘佗死而躍立，立五月而卒’，然則躍亦以桓六年卒矣。而《春秋》躍卒在桓十二年，非徒五月。皆《史記》之謬。”《左傳正義》曰：“束皙言‘還分一人以爲兩人，以無爲有’，謂此事也。”若璩按：《索隱》亦辨其誤，①而此援證尤精。

75. “舜居嬀汭，其後因姓嬀氏。”《左傳正義》曰：“《世本》‘舜姓姚氏’，虞思，猶姓姚也。至胡公，周乃賜姓爲嬀。謂胡公之前已姓嬀，妄也。”

76. 《楚世家》：“高陽生稱，稱生卷章，卷章生重黎”，高辛氏之火正，“能光融天下，帝嚳命曰祝融”。《詩正義》曰：“《楚語》稱‘顓頊命南正重司天以屬神，命火正黎司地以屬民’，則黎爲火正，高陽時也。言高辛者，以重、黎是顓頊命之，歷及高辛，仍爲此職，故二文不同也。黎實祝融，重爲南正，而《楚世家》同以重、黎爲祝融，謬也。”“《世家》又云：帝嚳誅重黎，‘而以其弟吴回爲重黎後，復居火正，爲祝融’，《鄭語》以‘八姓爲黎後’者，以吴回繫黎之後，復居黎職，故本之黎也。《左傳》‘少皞氏有子曰重，顓頊氏有子曰黎’，《史記》以重、黎爲一人，又言‘以吴回爲重黎’，皆謬。”

77. “蚡冒卒，弟熊達立，是爲楚武王。”《左傳正義》曰：“杜注：蚡冒，楚武王父。”不從《史記》。劉炫以《世家》規杜

---

① “辨”，翁氏本作“辯”。

云:“蚡冒是兄,不得爲父。”

78.“莊王即位三年,伍舉入諫曰:‘願進隱。’”愚按,莊王時,有嬖人伍參,其子伍舉在康王時。康王,莊王之孫。《吕氏春秋·審應覽》云:“荆莊王立三年,不聽而好讔。成公賈入諫曰:‘願與君王讔。’”《新序》云“士慶”,然則非伍舉也。

79.《燕世家》:“孟軻謂齊王曰:‘今伐燕,此文、武之時,不可失也。’”朱文公曰:“‘或問:勸齊伐燕,有諸?’《史記》蓋傳聞此説之誤。”

80.《三代世表》,稷、契皆爲帝嚳之子,堯亦帝嚳之子。《左傳正義》曰:“《世族譜》取《史記》之説,又從而譏之,‘案鯀則舜之五世從祖父也,而及舜共爲堯臣。堯則舜之三從高祖,而妻其女。此《史記》之可疑者。’”

81.《杞世家》:其殷後,則初封武庚於殷墟,復以叛而誅之,更命微子爲殷後。《詩正義》曰:“《書序》《微子之命》,是宋爲殷後,成王始命之。《樂記》武王投殷之後於宋,其實武王之時,始封於宋,未爲殷後也。成王命爲殷後,當爵爲公,地方百里。《史記》以爲成王之時,始封微子於宋,與《樂記》又乖。”

82.《管蔡世家》“武王同母兄弟十人”,蔡叔,周公弟也。《左傳正義》曰:“僖二十四年《傳》,富辰言文之昭十六國,蔡在魯上,明以長幼爲次。賈逵等皆言‘蔡叔,周公兄’,故杜從之。”

83.聃季載,杜云“毛叔聃”,又不數叔振鐸者,杜以振鐸非周公同母,故不數之。或杜别有所見,不以《管蔡世家》爲説。若璩按:毛叔鄭見《周本紀》,杜注名聃,非。

84.《魏世家》:“三十六年,惠王卒。”《左傳後序》曰:

“《古書紀年》篇‘魏惠王三十六年改元，從一年始，至十六年而稱惠成王，卒’，即惠王也。疑《史記》誤分惠成之世以爲後王年也。”朱文公曰：“惠、襄、哀之年，見於《竹書》明甚，《史記》蓋失其實。邵子《皇極》之書乃從《史記》而不取《竹書》。”若璩按：此余從《史記》，[①]詳《孟子生卒年月考》。

85. 太史公曰：“天方令秦平海内，其業未成。魏雖得阿衡之佐，曷益乎？”《史通》曰：“論成敗者，當以人事爲主。必推命而言，則其理悖矣。”若璩按：[②]《索隱》引譙周語，已辨天之亡者由“有賢而不用”，不待《史通》也。

86.《趙世家》：“趙朔娶晋成公姊爲夫人。”《左傳正義》曰：“案《傳》，[③]趙衰適妻，是文公之女。若朔妻成公之姊，[④]則亦文公之女，父之從母不可以爲妻。且文公之卒，距此四十六年，莊姬此時尚少，不得爲成公姊。賈、服先儒皆以爲成公之女，故杜從之。”若璩按：衰内子爲叔隗，文公女則妾。

87. 屠岸賈誅趙氏，殺趙朔、趙同、趙括。又云：公孫杵臼取他兒代武死，程嬰匿武於山中，居十五年。《左傳正義》曰：“‘欒書將下軍’，則於時朔已死矣，不得與同、括俱死也。晋君明，諸臣强，無容有屠岸賈輒厠其間，如此專恣。”吕成公曰：“《史記》失於傳聞之差。是時晋室正盛，而云‘索莊姬子於宫中’，晋宫中自有紀綱，不容如此。趙朔已亡，而云‘與同、括同時死’。”以二者考，見其誤。若璩按：事之徵信，《史》不若《傳》，《傳》不若《經》。余嘗以經案此事，[⑤]成公八年，大書“晋殺其大夫

---

① “此”，翁氏本無此字。
② “若璩按”，翁氏本作“何云”。
③ “案”，翁氏本作“按”。
④ “妻”，翁氏本作“娶”。
⑤ “余嘗以經案此事”，翁氏本無此七字。

趙同、趙括”，不聞有趙朔，蓋朔已前死矣。朔死而武生，於是年已七歲，從母畜公宫，無遺腹之説。雖收其田，以韓厥言輒反之，冠而見卿大夫，皆歷歷訓戒，無庸有爲客匿孤之事。《趙世家》似得諸傳聞，①其殆莊生鮒魚之辭、賈生鵩鳥之對哉。②

88.《孔子世家》，王文公曰：“仲尼之才，帝王可也，何特公侯哉？仲尼之道，世天下可也，何特世其家哉？處之《世家》，仲尼之道不從而大；置之《列傳》，仲尼之道不從而小，而遷也自亂其例。”潏水李氏曰：③“欲尊大聖人而反小之，其所以稱夫子者，識會稽之骨，辨墳羊之怪，道楛矢之異，測桓、釐之災。斯以爲聖而已矣，何其陋也！”《皇王大紀》曰：“遷載孔子言行，不得其真者尤多。”

89.《伯夷傳》，朱文公曰：“孔子謂‘求仁得仁，又何怨？’《傳》但見伯夷滿身是怨。”致堂胡氏曰：“叩馬之諫，孔氏未嘗及也。”程子曰：“《史記》所載諫詞，皆非也。武王伐商，即位已十一年矣，安得父死不葬之語？”

90.《仲尼弟子傳》：“子貢一出，存魯、亂齊、破吴、強晋而霸越。”《通鑑外紀》曰：“戰國之時，齊、魯交兵者數矣，一不被伐，安能存哉？田氏弱齊，一當吴兵，安能亂哉？吴不備越而亡勝齊，安能破哉？四卿擅權，晋以衰弱，修兵休卒，安能強哉？越從吴伐齊，滅吴乃強，此安能伯哉？十年之中，魯、齊、晋未嘗有變，吴、越不爲是而存亡，遷之言華而少實哉。”

91.“有若狀似孔子，共立爲師。”宋景文公曰：“此鄒、魯間野人語耳。觀《孟子》書，則始嘗謀之，後弗克舉，安有撤坐

---

① “諸”，翁氏本作“之”。
② “其殆莊生鮒魚之辭、賈生鵩鳥之對哉”，翁氏本無此十五字。
③ “潏”，《叢刊》本作“淇”。

之論乎?”

92.“宰予與田常作亂”,龜山楊氏曰:“田常爲亂於齊,齊君蓋弗勝也。宰予附田常,則誰得而殺之?使其爲齊君而死,則予何罪焉?當是時,有闞止,字子我,死於田常之亂,是必傳之者誤而爲宰我也。”若璩按:洪景盧曰:“孟子載三子論聖人賢於堯、舜等語,疑是夫子歿後所談。不然,師在而各出意見議之,無復質正,恐非也。然則宰我不死於田常,更可見矣。”此虚會爲尤妙云。又按,因闞止字子我,與宰予字相涉而誤,亦《索隱》之言。

93.《孟子列傳》:“梁惠王謀欲攻趙,孟軻稱大王去邠。”葛氏曰:“於《孟子》無所見,但有對滕文公之語。”

94.《刺客傳》,説齋唐氏曰:“諸侯棄甲兵之讎,爲盟會之禮,乃於登壇之後,奮匕首而劫國君,賊天下之禮者,非沫乎?君臣之義,有死無隕,①專諸感公子光之豢養,而親剸刃於王僚,賊天下之義者,非諸乎?父母全而生之,子全而歸之,政纔終老母之年,②遂殺身以爲仲子,賊天下之仁者,非政乎?樊將軍以困窮歸燕丹,軻説取其首以濟入秦之詐,賊天下之信者,非軻乎?以賊禮、賊義、賊仁、賊信之人,並列於《傳》,又從而嗟嘆其志,不亦繆哉?豫子以不忘舊君,殺身而不悔,‘抗節致忠,行出乎列士’,乃引而置諸四子之間,不亦薰蕕之共器乎?”

95.《張叔傳》“未嘗言案人”,③吕成公曰:“景帝誅鼂錯,時丞相青翟、中尉嘉、廷尉歐,劾奏錯之大逆無道。錯當要斬,父母妻子同産無少長,皆棄市。廷尉歐,即張歐也,安得

---

① “隕”,翁氏本作“殞”。
② “老”,《叢刊》本無此字。
③ “案”,翁氏本誤作“按”。

爲不案人哉？則歐固謹於細而略於大也。”若璩按：何屺瞻曰：“此景帝納袁盎之説，自示意於丞相等行之，非張叔所欲案劾也，錯之門誅也，冤矣。或譏其不能如釋之之守天子法則，可耳。”①

96.《商君傳》：“趙良曰：‘五羖大夫相秦六七年，而東伐鄭，三置晋君。’”吕成公曰：“秦穆納晋惠，在僖九年；納晋文，在僖二十四年。相距十九若璩按：“九”當作“六”。年。”

97.《司馬相如傳》贊：“揚雄以爲勸百而風一。”江氏鏊。曰：“雄後於遷甚久，遷得引雄辭，何哉？蓋後人以《漢書》贊附益之。”若璩按：此小司馬固言之矣。②

98.《滑稽傳》，韓、魏處戰國之時，而云其君陪楚莊王葬馬。《史通》謂：“以後爲先。”

99.《貨殖傳》：“子贛廢著鬻財。”③《史通》曰：“太史公述《儒林》，則不取游、夏之文學；著《循吏》，則不言冉、季之政事。至於《貨殖》爲傳，獨以子貢居先。成人之美，不其缺如。”

100.《酷吏·周陽由傳》：“與汲黯俱爲忮，司馬安之文惡，俱在二千石列，同車未嘗敢均茵伏。”《漢書》作“馮”。吕成公曰：“吾觀汲黯，廷折公孫弘，質張湯，揖衛青，所謂‘眼高四海空無人’者也。彼周陽由，孤豚腐鼠，何足以辱同車，而反謂黯不敢均茵馮？班固之陋至此。”愚按，班史實本於《史記》。

101.《自序》：“桀、紂失其道而湯、武作，周失其道而《春秋》作，秦失其政而陳涉發迹。”夾漈鄭氏曰：“湯、武仗大義，

① “此景帝納袁盎之説”至“可耳”，翁氏本作“此天子納袁盎之説，自示意於丞相等行之，非叔所欲劾奏也，議其不能如釋之之守法，則得矣”。

② “若璩按：此小司馬固言之矣”，翁氏本作“何云：《索隱》言之矣”。

③ “子贛”，翁氏本“子貢”。

平殘賊,《易》謂順天應人,烏可與陳涉同日而並議哉?"

102. "獵儒、墨之遺文,明禮義之統紀,絶惠王利端,作《孟子荀卿傳》。"鄭氏曰:"孟子距楊、墨,荀卿亦非墨子,儒、墨固異矣,豈嘗獵其遺文哉?"若璩按:何屺瞻曰:"'獵儒、墨之遺文',謂附見於傳諸子也;①'明禮義之統紀',謂荀;'絶惠王利端',謂孟。夾漈,或讀之不詳。"

103. "仁者有乎,義者有取焉,作《游俠傳》。"鄭氏曰:"游俠之徒,未足爲煦煦孑孑之萬一,況能當仁義之重名乎?"

104. 太史公論六家之要指,西山真氏曰:"列儒者於陰陽、墨、名、法、道家之間,是謂儒者特六家之一爾,而不知儒者之道,無所不該。五家之所長,儒者皆有之;其短者,吾道之所棄也。談之學本於黄、老,故其論如此。"

105. 《封禪書》,《皇王大紀》曰:"自史遷載管仲,上古封禪之君七十有二,後世人主希慕之,以爲太平盛典。然登不遍於四岳,封非十有二山。人懷宴安,不行五載一巡守之制;出崇泰侈,無納言計功行賞之實。鐫文告成,明示得意,而非所以教諸侯德也。泥金檢玉,遂其侈心,而非所以教諸侯禮也。心與天道相反,事與聖人相悖,②故太平之典方舉,而天災人禍隨至者多矣。"梁許懋曰:"燧人之前,世質民淳,安得泥金檢玉?結繩而治,安得鐫文告成?是故考《舜典》,可以知後世封禪之失;稽懋言,可以知史遷著書之謬。"

106. 《魯世家》"開金縢書",吕子進曰:"考之於《書》,啓金縢之書,在周公未薨前,而無揃蚤事。此蓋一事,傳之者不

① "於傳",翁氏本作"傳中"。
② "人",翁氏本作"賢"。

同耳。”“揃”,元板作“楋”。

107.《張釋之傳》:“事孝文帝,十歲不得調。”“張廷尉事景帝,歲餘,爲淮南王相。”洪氏曰:“《漢·百官公卿表》:文帝即位三年,釋之爲廷尉。至十年,書廷尉昌、廷尉嘉又二人,凡歷十三年,景帝乃立,而張歐爲廷尉。則是釋之未嘗十年不調,及未嘗以廷尉事景帝也。”

108.《匈奴傳》:“夏道衰,公劉變于西戎。其後三百有餘歲,戎狄攻大王亶父。”王氏逨。曰:“自后稷三傳而得公劉,自亶父三傳而武王滅商,則公劉在夏之中衰,而亶父宜在商之季世,不啻五六百年。而曰三百歲,未知何所據?”

109.“秦穆公得由余,西戎服於秦。”“後百有餘年,晋悼公使魏絳和戎翟。”以《左氏》考之,魯文公三年,秦始霸西戎。《史記》差一年。襄公四年,晋魏絳和戎,裁五十餘歲。若璩按:魏絳和者北戎,非西戎也。王氏未及辨。

110.《田敬仲世家》“齊人歌之曰:‘嫗乎采芑,歸乎田成子。’”《史通》曰:“田常見存,而遽呼以謚,此之不實,昭然可見。”蘇氏曰:“田常之時,安知其爲成子而稱之。”

111.《周本紀》:“秦取九鼎寶器,而遷西周君於𢉖狐。”《秦始皇本紀》:“還,過彭城,齋戒禱祠,欲出周鼎泗水。使千人没水求之,弗得。”滈水李氏曰:“是時泗水在彭城,宋之分,九鼎何緣而至宋?夫取九鼎者,秦昭襄王也。始皇乃莊襄之子也,世數年歲相去不遠。始皇東游過彭城,於泗水欲出周鼎,竟不得。兩説牴牾如此。”①

112.《宋世家》:“襄公之時,其大夫正考父美之,故追道

① “牴牾”,《叢刊》本作“抵牾”,翁氏本作“抵捂”。

契、湯、高宗，殷所以興，作《商頌》。"曹氏曰："自戴公至襄公，凡一百五十有一年，正考甫既佐戴公[1]，而能至于襄公之時作《頌》，[2]何其壽耶？"朱子曰：[3]"太史公蓋本《韓詩》之説。《頌》皆天子之事，非宋所有。其辭古奧，亦不類周世之文。"

113.《殷本紀》曰："微子數諫紂，不聽，乃與太師、少師謀，遂去。比干強諫而死，箕子佯狂爲奴，而後太師、少師挾其祭樂器，以奔于周。武王乘此東伐。"劉氏度。曰："以《書》考之，太師即箕子也，少師即比干也。若璩按：《周本紀》明著太師名疵，少師名疆，[4]皆伶官。若已殺比干，囚箕子，則所謂太師、少師奔周者，又何人也？《宋世家》曰：'箕子不忍彰君之惡，乃佯狂爲奴。比干見箕子諫不聽，乃直諫而死。微子曰："義可以去矣。"於是太師勸微子，遂行。及武王伐商，微子遂持其祭器，造于軍門，肉袒面縛，以降于周。'今以《論語》考之，微子則先去，箕子奴次之，比干死又次之。聖人之言固有次第，且微子已行矣，則武王伐商之際，何反歸于國，以自取面縛之辱也？蔡氏沈。曰：'按《左傳》，微子適周，乃在克商之後。所謂去者，特去其位而逃遁於外耳。'"

114.《伯夷傳》："'天道無親，常與善人。'若伯夷者，可謂善人非邪？"程子曰："天道甚大，安可以一人之故，妄意窺測？如曰顔何爲而夭？跖何爲而壽？皆指一人計較天理，非知天也。"

115."秦廢太后，逐穰侯。"朱文公曰："《經世書》只言秦

---

① "甫"，翁氏本作"父"。
② "于"，翁氏本作"於"。
③ "朱子"，《叢刊》本作"朱氏"。
④ "疆"，翁氏本作"彊"。

奪太后權,蓋實不曾廢。”若璩按:《戰國策》亦是廢。

116.《孔子世家》:“匡人拘孔子益急,孔子使從者爲寧武子臣於衛,然後得去。”致堂胡氏曰:“穆公末,武子之子相已與孫良夫將兵侵齊,武子非老則卒矣。穆公卒,歷定公、獻公,若璩按:寧氏滅於獻公手。凡三十七年。至靈公三十八年,而孔子來。使有兩武子則可,若猶俞也,其年當百有五六十矣,何子長之疏也?”

117.“三年不蜚不鳴”,《楚世家》謂伍舉進隱於莊王,《滑稽傳》謂淳于髡説齊威王。此一事而兩見,然莊王時嬖人伍參,見《左氏傳》,舉,其子也。《新序》以爲士慶,《吕氏春秋》以爲成公賈,不言伍舉。

卷十二

宋　王應麟　撰

考史

1. “三皇之書，伏羲有《易》，神農有《本草》，黄帝有《素問》。《易》以卜筮存，《本草》、《素問》以方技存，①其天乎！”新安王晦叔云。程子曰：“《素問》必出於戰國之末。”

2. “三皇象春，五帝象夏，三王象秋，五伯象冬。”見於《王莽傳》，蓋古之遺言也，與邵子《觀物》同。

3. 司馬公詩曰：“虞舜在倦勤，薦禹爲天子。豈有復南巡，迢迢度湘水。”張文潛詩曰：“重瞳陟方時，二妃蓋老人。安肯泣路旁，②洒淚留叢筠。③”二詩可以袪千載之惑。

4. 《天官書》云：“熟五斗米頃。”李商隱《李賀小傳》“如炊五斗黍許時”，本於此。

5. “趙使樂乘代廉頗，頗怒，攻樂乘”，“使趙葱、顔聚代李牧，牧不受命”，此非爲將之法，頗、牧特戰國之將爾。《易》

---

① “技”，翁氏本作“伎”。
② “旁”，翁氏本作“傍”。
③ “洒”，翁氏本作“灑”。

之《師》曰："行險而順。"若璩按：樂毅便有賢將之風。

6. 太史公傳周陽由云："與汲黯俱爲忮。"黯之正直，所謂仁者有勇，剛毅近仁者也，謂之"忮"，可乎？周陽由蝮鷙之靡爾，其可與黯並言乎？汲、鄭同傳猶不可，而以由與黯俱，是鸞梟接翼也。

7. 賈生《弔屈原》曰："謂跖、蹻廉。"注："楚之大盜，曰莊蹻。"《韓非子》："楚莊王欲伐越，杜子諫曰：'莊蹻爲盜於境内，而吏不能禁，此政之亂也。'"蹻，蓋在莊王時。《漢・西南夷傳》："莊蹻者，楚莊王苗裔也，以其衆王滇。"此又一莊蹻也，名氏與盜同，何哉？

8. 《淮南・人間訓》曰："秦皇利越之犀角、象齒、翡翠、珠璣，乃使尉屠睢發卒五十萬，爲五軍：一軍塞鐔城之嶺，一軍守九嶷之塞，一軍處番禺之都，一軍守南野之界，一軍結餘干之水，三年不解甲弛弩。[①] 使監禄轉餉，又以卒鑿渠而通糧道，以與越人戰。殺西嘔君譯吁宋，而越人皆入叢薄中，與禽獸處，莫肯爲秦虜。置桀駿以爲將，而夜攻秦人，大破之，殺尉屠睢，伏尸流血數十萬，乃發適戍以備之。於是陳勝起於大澤。"秦擊越之事，詳見於此。《大事記》在始皇三十三年，《解題》不引《鴻烈書》，録此以補遺。淮南王諫伐閩越，其言略同。

9. 太史公述《楚漢春秋》，其不載於書者，《正義》云：項羽歌，美人和之。《楚漢春秋》云歌："曰：'漢兵已略地，四方楚歌聲。大王意氣盡，賤妾何聊生？'"是時已爲五言矣。五言始於《五子之歌》、《行露》。

---

① "弩"，翁氏本誤作"努"。

10.《楚漢春秋》曰:“高帝初封侯者,皆賜丹書鐵券,曰:‘使黄河如帶,太山如礪,漢有宗廟,爾無絶世。’”下二句不同。

11. 又曰:“惠帝崩,吕太后欲爲高墳,使從未央宫而見之。諸將諫,不許,東陽侯垂泣曰:‘陛下見惠帝冢,悲哀流涕無已,是傷生也。臣竊哀之。’太后乃止。”東陽侯,張相如也。又曰:“下蔡亭長詈淮南王曰:‘封汝爵爲千乘,東南盡日所出,尚未足黔徒群盗所邪而反,[1]何也?’”謂英布,《史》、《漢》不載。

12. 漢大啓九國:燕、代、齊、趙、梁、楚、荆吴、淮南、淮陽,皆同姓也。長沙異姓不與焉。《漢表》削淮陽而列長沙,當從《史記》。

13. “斷而敢行,鬼神避之。”“見末而知本,觀指而睹歸。”“秋霜降者草花落,水摇動者萬物作。”此戰國諸子之言而趙高誦之爾,高非能爲此言也。

14.《樂書》“作十九章”,《索隱》云《安世房中樂》”。今考之《漢志》,《安世房中歌》十七章、《郊祀歌》十九章。《索隱》誤。

15.《御覽》載淳于髡《十酒説》曰:“羅襦排門,翠笄窺牖。”蓋好事者因《滑稽傳》而廣之,非戰國時語也。

16.《鄒陽書》:“齊用越人蒙。”《漢書》云:“越人子臧。”其事未詳。

17.《李斯傳》注:“辯士隱姓名,遺秦將章邯書曰云云。[2]此書在《善文》中。”《隋志》:“《善文》五十卷,杜預撰。”

---

① “邪”,翁氏本作“耶”。
② “曰”,翁氏本無此字。

18.《滑稽傳》:"齊使淳于髡獻鵠於楚。"《説苑》云:"魏文侯使舍人毋擇獻鵠於齊。"《魯連子》云:"展無所爲魯君使,遺齊君鴻。"《韓詩外傳》云:"齊使使獻鴻於楚。"其事皆同,而四書所載異。

19.《項羽紀》説者曰:"人言楚人沐猴而冠耳。"《法言》以爲蔡生,《漢書》以爲韓生。

20. 漢高祖起布衣,滅秦、楚,自後世處之,必夸大功業,以爲軼堯、舜,駕湯、武矣。其赦令曰:"兵不得休八年,萬民與苦甚。今天下事畢,其赦天下殊死以下。"言甚簡而無自矜之意。此所以詒厥子孫,享四百年之祚歟。

21. "王者莫高於周文,伯者莫高於齊桓,皆待賢人而成名。"此高帝之詔也。宣帝曰:"漢家自有制度,本以霸、王道雜之。"蓋已見於此詔矣。劉向稱賈誼,雖古之伊、管,未能遠過。伊、管豈可並言哉?林少穎論之曰:"王、霸之無辨,[1]漢世爲尤甚。擬人之非倫,漢儒爲尤甚。尊王絀霸,言道義不言功利,一董仲舒而已。"

22. 班固叙武帝名臣,李延年、桑弘羊亦與焉。若儒雅,則列董仲舒於公孫弘、兒寬之間。汲黯之直,豈卜式之儔哉?史筆之褒貶,萬世之榮辱,而薰蕕渾殽如此,謂之比良遷、董,可乎?

23. "'爲吕氏右袒,爲劉氏左袒。'軍中皆左袒。"按《儀禮·鄉射》疏云:"凡事無問吉凶,皆袒左。是以士喪禮及大射皆袒左,唯有受刑袒右。故《覲禮》乃云右肉袒,注云'刑宜施於右'是也。"以此考之,周勃誅吕氏之計,已定爲吕氏者有

---

① "辨",翁氏本作"辯"。

刑,故以右袒令之,非以覘人心之從違也。若璩按:盧六以曰:"《國策》稱'王孫賈入市,曰"淖齒亂齊國,殺王,欲與我誅者,袒右",市人從者四百人',豈戰國時又獨以袒左爲刑乎?故知左右不必區分,但以睹衆心之從違。蓋自戰國迄漢,人習爲之,故少文者亦復能爾也。"

24. "與父老約"爲句,下云"法三章耳"。唐高祖入京師,約法十二條,蓋仿此語而失之。若璩按:何屺瞻曰:"《刑法志》言'約法三章'者二,似當仍以八字爲句。"余謂此上文"吾與諸侯約",約句絶;"先入關者王之,吾當王關中",則以父老約約亦當句絶,①至"約法三章",乃班氏組織成文,於沛公語氣不相蒙。

25. 淮陰侯羞與樊噲伍,然噲亦未易輕:諫留居秦宫,鴻門譙項羽,排闥入見,一狗屠能之,漢廷諸公不及也。

26. 吴斗南爲《漢書刊誤補遺》,朱文公答書曰:"劉氏所斷句,如《項羽傳》'由是始爲諸侯上將軍',《儒林傳》'出入不悖所聞',皆與《史記》合。'爲原廟渭北',見一書'廟'、'渭'之間有'於'字。劉氏所疑亦有誤,如《溝洫志》'於楚'字,本文屬下句,下文有'於齊'、'於蜀'字,皆是句首,而劉誤讀,屬之上句。"

27. 《通鑑》不書符瑞、高帝赤帝子之事,失於删削,《綱目》因之。《文公語録》以此事爲虚。

28. 《文章緣起》有漢惠帝《四皓碑》,今考《高士傳》:"高車山上有四皓碑及祠,漢惠帝所立。"若璩按:《金石録》:"右四皓神位神胙几刻石四,②在惠帝陵旁。驗其字畫,蓋東漢時書。"

29. 武帝年十二,而決廷尉獄防年之疑;明帝年十二,而辨陳留吏墾田之牘。其英明略同,而武帝之事,史策不著,僅

① "則以父老約約",翁氏本作"則與父老約"。
② "右",翁氏本作"有"。

見於《通典·刑法·雜議》。

30.《武帝紀》元朔三年詔曰："夫刑罰所以防奸也，内長文所以見愛也。"或云："古寫本無注，《漢書》作'而肆赦所以見愛也'。"

31. 魏丁儀《周成漢昭論》云："成王秀而獲實，其美在終；昭帝苗而未秀，其得在始。必不得已，與夫始者。"

32.《食貨志》："李悝爲魏文侯作盡地力之教。"《貨殖傳》云："當魏文侯時，李克務盡地力。"以《藝文》考之，《李克》七篇在"儒家"，子夏弟子，爲魏文侯相。《李悝》三十二篇在"法家"。相魏文侯，富國強兵。盡地力者，悝也，非克也，《貨殖傳》誤。《史記正義》云："劉向《别録》亦云'李悝'。"

33. 賈誼賦："見細德之險微。"顔注云："見苛細之人，險阸之證。"則"微"當作"徵"。見險證而去，色斯舉矣，見幾而作。

34.《史通》述傅玄之言曰："孟堅《漢書》，實命世奇作。及與陳宗、尹敏、杜撫、馬嚴撰中興紀傳，其文曾不足觀，豈拘於時乎？不然，何不類之，甚也。"

35. 陸澄注班史，多引《史記》，此缺一言，彼摘半句，皆采摘成句，標爲異説。今其書不傳。前輩謂班之於馬，時有遺失，如"堯肩"之不言"生"；"有以，起自布衣"，而去"也夫"二字；垓下之戰，《史》載甚詳，而孟堅略不及。若璩按：《高祖本紀》"五年，高祖與項羽決勝垓下"，"淮陰侯將三十萬自當之，孔將軍居左，費將軍居右，皇帝在後，絳侯、柴將軍在皇帝後。淮陰侯先合，不利，卻孔將軍費將軍縱楚兵，不利。淮陰侯復乘之，①大敗垓下"②。此韓信

① "淮陰侯將三十萬"至"淮陰侯復乘之"，翁氏本另起一段，將此列爲"何云"之語，非若璩語。

② "大敗"前，翁氏本有"至"字。

用兵全副伎倆也。《通鑑》本《漢》，遂忘卻《史》。

36.《梁書·劉之遴傳》云："古本《漢書》，《外戚》次《帝紀》下，諸王悉次《外戚》下，在《陳》、《項傳》前。《新唐書》列傳蓋仿此。"

37.《匡衡傳》注："今有《西京雜記》，其書淺俗，出於里巷，多妄說。"段成式云："庾信作詩，用《西京雜記》事，自追改曰：'此吴均語，恐不足用。'"今按《南史》，蕭賁著《西京雜記》六十卷。然則依托爲書，不止吴均也。

38.《刑法志》："獄刑號爲平矣。"《酷吏傳序》："號爲罔漏吞舟之魚。"《王温舒傳》："廣平聲爲道不拾遺。"曰"號"，曰"聲"，謂名然而實否也，書法婉而直。若璩按："罔漏吞舟之魚"，實言文法疏，非刺時也，不當與上下並舉。

39.《平當傳》云："漢興，唯韋、平父子至宰相。"愚謂周勃、亞夫父子爲相，事業過韋、平遠甚，班孟堅其忘諸乎？

40.《藝文志》："于長《天下忠臣》九篇。"劉向《別録》云："傳天下忠臣。"愚謂《忠臣傳》當在《史記》之録，而列於陰陽家，[1]何也？《七略》，劉歆所爲，班固因之。歆漢之賊臣，其抑忠臣也則宜。

41. 董公之名不聞，魯兩生之氏不著，仁義之説，如山川出雲，時雨既降，而不有其功；禮樂之言，如鳳翔千仞，非燕爵之網所能羅。[2] 古之逸民也。

42. 陳萬年爲三公，而教其子以諂；范滂、姜叙之母一婦人，而勵其子以義。二漢風俗，以是觀之。

---

① "于"，翁氏本作"於"。

② "爵"，翁氏本作"雀"。

43. 一梁以折七國之鋒，一琅邪以續典午之緒，封建可以支變故。安平之功，以畫邑之王蠋；南陽之興，以東郡之翟義。節行可以回人心。

44. 辛慶忌之救朱雲，張萬福之拜陽城，服儒衣冠者，亦可愧矣。

45.《功臣表》："靡有孑遺，秏矣。①"孟康曰："秏，音毛。"顔師古曰："今俗語猶謂'無'爲'秏'。"《馮衍傳》"飢者毛食"，注：案《衍集》，"毛"字作"无"，今俗語猶然。或古亦通乎？

46. 衛綰"以戲車爲郎"，《鹽鐵論》："賢良曰：'戲車鼎躍，咸出補史。累功積日，或至卿相。'"鼎躍，東方朔所謂鼎官，鄒陽所謂鼎士也。

47.《武紀》：元狩二年秋，匈奴昆邪王降，"置五屬國以處之"。注不載五屬國之名。《表》云"三年"。考之《地理志》，屬國都尉，安定治三水，上郡治龜兹，天水治勇士，五原治蒲澤，張掖治日勒。此武帝初置也。若金城、西河、北地屬國，置於宣帝時，不在五屬國之數。若璩按：日勒止注"都尉治"，不云"屬國"。其西河郡之美稷乎，注可見。胡三省注《通鑑地理》歸太僕稱曰佳，"然於五屬國"，此等亦不暇細析，似遜王氏。此余每悼惜其《通鑑地理考》一百卷之失傳也。

48. 張良，張仲三十代孫，張老十七代孫。《張氏譜》云：仲，見《詩》。老，見《春秋》、《禮記》。若璩按：《索隱》云："王符、皇甫謐，並以良为韓之公族，姬姓也。"余謂以大父開地、父平相韓凡五世，則公族之説，當信然。《張氏譜》亦從《唐・宰相世系表》來，但代數則其所撰出者。

49.《史通》云："司馬相如始以《自叙》爲傳，然其所叙，

---

① "秏"，《叢刊》本誤作"耗"，下同。

但記自少及長，立身行事而已。”今考之本傳，未見其爲《自敘》。又云：“相如《自敘》，記其客游臨邛，以《春秋》所諱，持爲美談。”恐未必然。意者《相如集》載本傳，如賈誼《新書》末篇，故以爲《自敘》歟？

50. 桓譚《新論》：“漢百姓賦斂，一歲爲四十餘萬萬。吏俸用其半，餘二十萬萬藏於都内，爲禁錢。少府所領園地作務八十三萬萬，以給宫室供養諸賞賜。”漢財用之數，大略見此。

51. 何武曰：“衛青在位，淮南寢謀。”李尋曰：“淮南王作謀之時，其所難者，獨有汲黯。”今人多以淮南寢謀稱黯，而不及青，才能不若節義也。“汲黯在朝，淮南寢謀”，其語見吴步騭疏。

52. 西漢末，郭欽、蔣詡、栗融、禽慶、蘇章、曹竟不仕於莽。見《龔鮑傳》。卓茂與孔休、蔡勳、劉宣、龔勝、鮑宣同志，不仕莽時。見《卓茂傳》。王皓、王嘉並棄官。見《李業傳》。《漢史》不能表而揚之爲《清節傳》，而僅附見其名氏，然諸君子清風肅然，立懦夫之志於百世之下，不待傳而彰。

53. 《論衡》：“孝明之世，讀《蘇武傳》，見武官名曰“移中監”，以問百官，百官莫知。”若璩按：《漢・蘇武傳》“監”上有“廄”字，①如淳曰“移，園中有馬廄”，武爲之監也。

54. 又云：“司馬長卿爲《封禪書》，文約不具。子長紀黄帝至孝武，揚子雲録宣帝至哀、平，陳平仲紀光武，班孟堅頌孝明。漢家功德，頗可觀見。”今子雲書不傳，平仲未詳其人，孟堅頌亦亡。若璩按：《後漢・班固傳》“與陳宗、尹敏、孟異共成《世祖本紀》”，則平仲乃宗之字也，官睢陽令。

---

① “漢”，翁氏本無此字。

55. 荀爽《對策》曰："今臣僭君服，下食上珍，宜略依古禮尊卑之差，及董仲舒制度之别。"注引仲舒《對策》。愚謂制度之别，必有其書，非但"正法度"，"别上下"之對也。《春秋繁露》有《度制篇》。

56. 董仲舒三年不窺園。法真歷年不窺園。趙昱歷年潛思，不窺園門，若璩按：謝承《後漢書》作"圃"。① 桓榮十五年不窺家園，按《後漢書》作"門"②。何休不窺園者十七年。

57. 號"萬石"者五家：漢石奮及四子皆二千石，號萬石君；馮揚爲弘農太守，八子皆爲二千石，亦號萬石君；嚴延年兄弟五人至大官，母號萬石嚴嫗；秦襲爲潁川太守，群從同時爲二千石者五人，號萬石秦氏；唐張文瓘爲侍中，四子皆至三品，號萬石張家。若璩按：南宋廖剛，子四人仕，皆秉麾節，號萬石廖氏。

58. 漢丞相再入二人，周勃、孔光。御史大夫再入三人，孔光、何武、王崇。後漢太尉再入二人，劉矩、馬日磾；三入一人，胡廣。司徒再入二人，魯恭、胡廣。司空三入一人，牟融。唐宰相再入五十七人，長孫无忌至裴樞；三入十二人，武承嗣至鄭畋；四入三人，韋巨源、姚元之、韋安石；五入三人，蕭瑀、裴度、崔胤。

59.《宋・禮志》云："漢文以人情季薄，國喪革三年之紀。光武以中興崇儉，七廟有共堂之制。魏祖以侈惑宜矯，終斂去襲稱之數。晋武以丘郊不異，二至并南北之祀。豈三代之典不存哉？取其應時之變而已。"愚謂四事唯喪紀、廟

① "圃"後，翁氏本有"案，見《三國志・陶謙傳》注"。
② 此按語，翁氏本亦視作若璩按語。

制，先儒議其失。

60. 揚雄《河東賦》："羲和司日，顔倫奉輿。"注云：[①]"倫，古善御者。"愚嘗考《韓詩外傳》："孔子云：'美哉！顔無父之御也。馬知後有輿而輕之，知上有人而愛之。至於顔倫，少衰矣。馬知後有輿而輕之，知上有人而敬之。'"此顔倫善御之事也。書此以補《漢》注之闕。

61. 秦亡於嬰，而莽立嬰以嗣平，速漢之亡也。

62. 張竦答陳遵曰："學我者易持，效子者難工。"[②]陳無己爲秦少游字序，云："行者難工，處者易持。"吕成公《書趙忠定父行實後》云："處者易持，出者難工。"皆本張竦之意。

63. 楊盈川《隰川令志》云："代恭王之子郢客爲侯。"周益公刊《文苑英華校正》，以爲楚元王子郢客爲侯。今云代恭之子，未詳。愚按《漢書·王子侯表》："土軍侯郢客，代共王子。"[③]此盈川所用也。

64. "嚴延年劾奏霍光'擅廢立，無人臣禮，不道'。奏雖寢，朝廷肅焉。"吕成公曰："[④]大哉，延年之奏也。自夷、齊之後，一人而已。"沙隨程氏謂：延年女羅紨，爲昌邑王賀妻，生子女持轡。惟漢人風俗之厚，故不以爲嫌。王元石曰："宣帝時，有大議論三：延年以不道劾光，夏侯勝言武帝不宜立廟樂，有司謚故太子曰'戾'，皆後世有所不能。"[⑤]劉應起時可奏疏，謂："當使近習畏輔相，輔相畏臺諫。若申屠嘉能使近習畏之，若嚴延

① "云"，翁氏本無此字。
② "工"，《叢刊》本作"將"。
③ "共"，翁氏本作"恭"。
④ "曰"，翁氏本作"谓"。
⑤ "有所不能"，《叢刊》本作"所不能及"。

年能使輔相畏之。”

65. 鼂錯《對策》,首云:“平陽侯臣窋等所舉賢良方正、太子家令臣錯。”自言所舉之人及其官爵無所隱。漢制猶古也,自後史無所紀,唯唐張九齡對策,首云:“嗣魯王道堅所舉,道侔伊吕科,行秘書省校書郎張九齡。”自糊名易書之法密,不復見此矣。道堅,魯王靈夔之孫,本傳稱其“方嚴有禮法”,是以能舉九齡。而秉史筆者,不書於《傳》,僅見《九齡集》。

66. 皇甫謐《高士傳》云:“成公者,成帝時自隱姓名,常誦經,不交世利,時人號曰成公。成帝時出游,問之,成公不屈節。上曰:‘朕能富貴人,能殺人,子何能逆朕哉?’成公曰:‘陛下能貴人,臣能不受陛下之官;陛下能富人,臣能不受陛下之禄;陛下能殺人,臣能不犯陛下之法。’上不能折,使郎二人就受《政事》十二篇。”班史逸其事。孟堅譏太史公之“退處士”,而不爲逸民立傳,是以有目睫之論。

67.《高帝紀》:“群臣曰:‘帝起細微,撥亂世,反之正,平定天下,爲漢太祖,功最高。’上尊號曰高皇帝。”此謚議之始也。崔駰《章帝謚議》,見《太平御覽》。

68. 歐陽子曰:“始爲朋黨之論者,甚於作俑。”愚考漢史,蕭望之、周堪、劉更生同心謀議,弘恭、石顯奏望之、堪、更生朋黨,欲專擅權勢。“朋黨”二字,始見於此,遂爲萬世之禍,可謂“一言喪邦”。

69. 何武爲沛郡太守,決富家翁之子之訟,奪女財以與子,謂翁之思慮弘遠。乖崖若璩按:乖崖,張咏號。斷杭民子婿之事,其意類此。事見《風俗通》。[1]

---

① “事見《風俗通》”五字,据文意当在“弘遠”之下。

70.《古今人表》許繇、巢父爲二人。譙周《古史考》:"許由夏常居巢,故一號巢父。"則巢、許爲一人。應休璉又謂之山父。

71.《儒林傳》:"毛莫如少路。"若璩按:杜欽、李尋兩傳並同。宋景文公引蕭該《音義》:"案《風俗通・姓氏篇》:'混沌氏,太昊之良佐。漢有屯莫如,爲常山太守。'案,[①]此莫如姓非毛,應作'屯'字,音徒本反。"愚按《溝洫志》云:"自塞宣房後,河復北決於館陶,分爲屯氏河。"顔師古注:"屯,音大門反。"而隋室分析州縣,誤以爲毛氏河,乃置毛州,失之甚矣。按[②],《隋・地理志》"館陶縣"[③]下云:"舊置毛州,大業初,州廢。"則非隋置。以此證之,則毛、屯之相混久矣。屯之爲氏,於此可考。《廣韻》云:"《後蜀録》有法部尚書屯度。"徒渾切,與蕭該音不同。

72. 王式以《詩》授褚少孫,《褚氏家傳》云:"即《續史記》褚先生。"沛人,爲博士。

73. 田何子裝,《釋文序録》作"子莊"。《高士傳》云"字莊"。

74.《樓護傳》云:"論議常依名節。"東萊謂:"居五侯之門而論名節,猶爲盜跖之徒而稱夷、齊也。"陳群爲曹操掾,[④]而《傳》云:"雅杖名義。"其能免樓護之譏乎?

75.《魏志》:"建安二十年,始置名號侯。"[⑤]裴松之謂:"今之虚封,蓋自此始。"按《漢・樊噲傳》"賜爵封號賢成君",顔注云:"楚、漢之際,權設寵榮,假其位號,或得邑地,或空受

① "案",翁氏本作"按"。
② 此處按語,翁氏本亦視作若璩按之語。
③ "縣",翁氏本無此字。
④ "掾",翁氏本作"椽"。
⑤ "置",翁氏本作"制"。

爵。”則虚封非始於建安也。若璩按：杜佑于“楚漢”字上增“戰國之際”，尤包得全。

76.《崇文總目》：“《史雋》十卷。”《漢雋》之名本於此。

77. 壺關三老茂，《漢武故事》以爲鄭茂。顔師古曰：“荀悦《漢紀》云：‘令狐茂。’今《漢紀》本脱‘令狐茂’三字。”《御覽》：“《上黨郡記》令狐徵君，隱城東山中。”

78.《張敞集》：“朱登爲東海相，遺敞蟹，報書曰：‘蘧伯玉受孔氏之賜，必以及鄉人。敞謹分斯貺于三老尊行者，曷敢獨享之？’”其言有儒者風味。

79. 宣帝以刑餘爲周、召，非獨弘、石也。① 平恩侯亦刑餘，而魏相因以奏事。戚宦之禍漢，自宣帝始也。若璩按：何屺瞻曰：“霍禹秉政，霍山復領尚書事，弱翁，不因許伯封事，何由得達？語一不密，不特身危而國家亦被其禍矣。宣帝起里閈，所倚唯外家，舍王、史，而獨因平恩，專欲發其弑后之謀也。從而議之，可謂讀史不熟矣。”②

80.《宣紀》：“神爵三年，益吏百石以下奉十五。”《通典》引應劭曰：“張敞、蕭望之言‘倉廩實而知禮節，衣食足而知榮辱。今小吏奉率不足，常有憂父母妻子之心，雖欲絜身爲廉，其勢不能。可以什率增天下吏奉’。宣帝乃益天下吏奉什二。”與《漢紀》不同。

81.《黄霸傳》“鶡雀”，顔氏注：“當爲‘鳻’。”徐楚金考

---

① “獨”，翁氏本作“特”。

② “霍禹秉政，霍山復領尚書事，弱翁，不因許伯封事，何由得達？語一不密，不特身危而國家亦被其禍矣。宣帝起里閈，所倚唯外家，舍王、史，而獨因平恩，專欲發其弑后之謀也。從而議之，可謂讀史不熟矣”之語，翁氏本作“霍禹秉政，霍山復領尚書事，不因平恩，封事何由得達？一不密，則身危而國家從之，奈何妄議也！又云：宣帝起里閈，所依惟外家，舍王、史而獨因平恩，專欲發其弑后之謀也。議者讀史不熟耳”。

《説文》,當爲“鳩”。

82.《皇極經世書》:“惠帝崩,立無名子爲帝。”王陵爭非劉氏而王,而宫中已有非劉氏而帝者矣。若璩按:竊以國既有之,家亦宜然,此所以痛也。① 詳《尚書古文疏證》卷二第十七條。

83. 賈捐之上書罷朱崖。杜佑云:“捐之,誼之孫,高見實類其祖。”

84. 漢之劉歆、魏之元韶,賣宗國以徼利,而身亦不免。小人可以戒矣!若璩按:元韶事不見後《魏書》列傳,②見《北齊書》及《北史》。

85. 張文潛《文帝論》謂:“絳侯之迹,異於韓、彭者無幾,文帝所以裁之者,乃所以深報之也。”其説太過。賈誼“體貌大臣而厲其節”,乃正論也。

86. 揚雄自比孟子,而《校獵賦》乃曰:“群公常伯,楊朱、墨翟之徒。”學孟子而尊楊、墨,與《法言》背馳矣。

87. 樓護之執吕寬,小人之不義者也,不當傳於《游俠》。《法言》獨稱“朱家之不德”,以爲“長者”。樓護,朱家之罪人也。若璩按:樓護厚於吕公而薄吕寬,豈李西涯樂府所嘆“元是五侯門下史”者耶?

88. 讓,美德也,然當審其是非。趙充國不歸功於二將軍,君子以爲是;顔真卿歸功於賀蘭進明,君子以爲非。

89. 劉道原曰:“歷代國史,其流出於《春秋》。劉歆叙《七略》,王儉撰《七志》,《史記》以下,皆附《春秋》。荀勖分四部,史記、舊事入丙部。阮孝緒《七録·記傳録》,記史傳。由是經與史分。”

---

① “此”下,翁氏本有“余”字。

② “後”,翁氏本無此字。

90.《漢名臣奏》:“丞相薛宣奏:漢興以來,深考古義,惟萬變之備,於是制宫室出入之儀。故司馬殿省門闥至五六重,周衛擊刁斗,近臣侍側,尚不能著鈎帶入房。”①《太平御覽》。

91. 匈奴遺漢文帝書曰:“天所立匈奴大單于。”又曰:“天地所生日月所置匈奴大單于。”突厥致書隋文帝曰:“從天生大突厥、天下賢聖天子、伊利俱盧設莫何沙鉢略可汗。”若璩按:“沙鉢略”,《隋書》作“始波羅”。

92. 西山先生稱:“天台劉深父每舉史傳,數百千言。漢許后《上成帝書》,於班史爲隱僻處,學者多不道,一日,對客誦‘奈何妾薄命,端遇竟寧前’及‘設爲屏風張某所’等語,無一字差。”前輩讀史,精熟如此。

93. 李靖曰:“張良所學,《六韜》、《三略》是也。韓信所學,《穰苴》、《孫武》是也。”光武詔報臧宫、馬武,引《黄石公記》。《隋志》有《三略》三卷。《館閣書目》云:“恐後人依托爲之。”近世有《素書》一卷,六章:曰原始、曰正道、曰本德宗道、曰求人之志、曰遵義、曰安樂。晁公武云:“厖亂無統,蓋采諸書成之。”謂晋有盜發張良冢者,於玉枕中獲此書,亦依托也。《初學記》又引《黄石公陰謀祕法》。

94. 董仲舒在建元初對策,願“興太學,置明師,以養天下之士,數考問以盡其材”。《傳》謂“立學校之官,自仲舒發之”。考之《武帝紀》,建元五年置五經博士,此所謂學校之官也。元朔五年,始有禮官勸學之詔,於是丞相弘請爲博士置弟子員。《儒林傳》所載其著功令也,詳於取而略於教,不過

---

① “不能”,《叢刊》本、翁氏本作“不得”。

開禄利之途而已。明經而志青紫,教子而擬籯金,孰知古者爲己之學哉?儻以仲舒爲相,使正誼明道之學行於時,則學者興於禮義,庶幾三代之風,豈止“彬彬多文學之士”乎?

95. 韓信無行,不得推擇爲吏;陳湯無節,不爲州里所稱;主父偃學從横,諸儒排擯不容;李陵降匈奴,隴西士大夫以爲愧。秦漢之後,鄉党清議猶嚴也,是以禮官勸學,則曰“崇鄉里之化”。

卷十三

宋　王應麟　撰

考史

1. 翟公巽若璩按：公巽，名汝文，丹陽人，高宗時官參知政事。謂："范蔚宗書，語近詞冗，事多注見，其自叙云：'比方班氏，非但不愧'，今叢陋乃爾，豈筆削未定，遂傳之耶？乃删取精要，總合傳注，作《東漢通史》五十卷。"其書未見。

2. 致堂論馬援曰："光武非簡賢者，必以其女爲太子妃，逆防未然，故不授以重任。"按《馬后紀》，入太子宫在援卒之後，"防未然"之説非。

3. 吕成公謂："馬援還書，王昶戒子，舉可法可戒者以教之，其心固善。不知所教者，本不欲其言人之過，言未脱口而已自言人之過，何其反也？"

4.《東觀漢記》光武詔曰："明設丹青之信，廣開束手之路。"《公孫述傳》："帝與述書，陳言禍福，以明丹青之信。"二句見《文選》注。

5. 明帝爲太子，諫光武曰："有禹、湯之明，而失黄、老養性之福。"夫禹、湯之道，堯、舜之道也。不以聖人之道養性而取諸黄、老，謂之“學通《尚書》”，可乎？以無逸之心，明立政之體，君道盡矣，何羨乎黄、老？

6. 謝承父嬰若璩按：《三國志》：吴主權謝夫人，山陰人，父煚，漢尚書郎，徐令。弟承，字偉平，武陵太守。則“嬰”，當作“煚”。爲尚書侍郎，每讀高祖及光武之後將相名臣策文通訓，條在南宫，秘於省閣，唯臺郎升複道取急，因得開覽。謝承《後漢書》，見《文選》注。漢尚書作詔文。見《周禮》注。尚書郎，乃今中書舍人。見《通典》。若璩按：謝承《後漢書》一百三十卷，《唐志》有，《宋志》及《文獻通考》俱不傳。近聞人曰“有見方少師於史館攜去者，①問之其後人，不可得”。陽曲傅山先生聞之，笑曰：“某家即有之。明永樂間揚州刊本。② 初，郃陽曹全碑出，曾以謝書考證，多所裨，大勝范書。以寇亂亡失矣，惜哉。”

7. 鐘離意謂“成湯遭旱，以六事自責”，本於《荀子》。黄瓊謂“魯僖遇旱，以六事自讓”，本於《春秋考異郵》。

8. 郅惲上書王莽云：“取之以天，還之以天。”莽猶能赦之，此祖伊之得全於殷紂之世也。

9. 魯丕《對策》，見袁宏《紀》，而范史不載。

10. 《文苑傳》自東漢始，而文始卑矣。

11. 漢政歸尚書，魏、晋政歸中書，後魏政歸門下，於是三省分矣。

12. 爲杜密之居鄉，猶效陳孟公、杜季良也。爲劉勝之居鄉，猶效張伯松、龍伯高也。制行者，宜知所擇。若璩按：高忠憲言：“居廟堂之上則憂其民，處江湖之遠則憂其君，此士大夫實念也。

---

① “近聞人”，翁氏本作“錢氏”。
② “明”，翁氏本無此字。

居廟堂之上無事不爲吾君，[①]處江湖之遠隨事必爲吾民，此士大夫實事也。實念、實事在天地間，凋三光、敝萬物而常存。”此蓋《答朱平涵居鄉書》。余謂今之居鄉，爲劉勝易，爲杜密難。

13. 東漢有佛書，而諸臣論議，無述其言者，唯襄楷云：“浮屠不三宿桑下。”

14.《班固傳》、《西都賦》云：“招白閒，下雙鵠。揄文竿，出比目。”二句爲對。白閒，猶黄閒也。注云：“弓弩之屬。”《御覽》引《風俗通》：“白閒，古弓名。”《文選》以“閒”爲“鷳”。非禽名也。

15.《東都賦》“正予樂”，依讖文，改樂爲《大予》。《文選》李善注亦引“大予”，五臣乃解爲“正樂”，今本作“雅樂”，亦誤。蓋五臣本改爲“雅”。[②]

16. “范氏施御”，注引《括地圖》曰：“夏德盛，二龍降之。禹使范氏御之，以行程南方。”按《左傳》范宣子曰：“昔匄之祖，在夏爲御龍氏。”《括地圖》之説本於此。然蔡墨謂“劉累學擾龍於豢龍氏，以事孔甲，賜氏曰御龍”，非禹也。

17.《文選·放歌行》注引崔元始《正論》：“永寧詔曰：‘鐘鳴漏盡，洛陽城中不得有行者。’”永寧，漢安帝年號。元始，崔寔字也。《後漢紀》不載此詔。

18. 崔寔《四民月令》，朱文公謂：“見當時風俗及其治家整齊，即以嚴致平之意。”若璩按：范蔚宗已謂《潛夫論》“足以觀見當時風政”。[③]

19. 崔寔《政論》云：“諺曰：‘一歲再赦，好兒喑啞。’”唐

---

① “吾”，翁氏本作“我”。下同。
② “蓋”，翁氏本無此字。
③ “范”，翁氏本無此字。

太宗之言，蓋出於此。“皃”與“人”同，如以“可人”爲“可皃”。若璩按：《潛夫論》引諺曰：“一歲載赦，奴皃噫嗟。”“奴”，恐是“好”字之訛。

20. 剛者必仁，佞者必不仁。龐萌爲人遜順，而光武以托孤期之，不唯失於知人，①其惑於佞甚矣，子陵所以鴻飛冥冥也。“懷仁輔義”之言，豈特規侯霸哉？

21. 東漢三公，無出楊震、李固之右，而始進以鄧、梁，君子以爲疵。故《易》之《漸》曰：“進以正。”若璩按：鄧騭、梁商雖外戚，皆賢。② 史稱騭辟楊震於幕府，天下復安；商辟李固爲從事中郎，京師翕然稱良輔。未可爲二公之疵。此論太刻，吾不取。

22.《曲禮》、《少儀》之教廢，③幼不肯事長，不肖不肯事賢。東都之季，風化何其美也。魏昭請於郭泰，願在左右，供給灑掃。荀爽謁李膺，因爲其御。范滂之歸，鄉人殷陶、黃穆侍衛於旁，應對賓客。闕里氣象，不過是矣。

23. 中平二年，昆陽令愍繇役之害，結單言府，收其舊直，臨時募顧，不煩居民。太守、丞爲之立約。見於《都鄉正街彈碑》。此募役之始也。

24. 孔子曰：“故者，毋失其爲故也。”蘇章借故人以立威，其流弊遂爲于禁、源懷，忠厚之俗不復見。若章者，難與並爲仁矣。若璩按：于禁斬平昌豨，時豨已降，源懷劾于祚、元尼須，僅罷官，亦似有別。

25. 精廬，見《姜肱傳》，乃講授之地，即劉淑、包咸、檀敷《傳》所謂“精舍”也。《文選》任彥升《表》用“精廬”，李善注引王阜事，五臣謂寺觀，謬矣。

---

① “唯”，翁氏本作“惟”。
② “皆”上，翁氏本有“而”字。
③ “教”，翁氏本作“禮”。

26. 孔北海《答王修教》曰：[①]“掾清身潔己，歷試諸難。謀而鮮過，惠訓不倦。余嘉乃勳，應乃懿德，用升爾于王庭，其可辭乎？”文辭温雅，有典誥之風，漢郡國之條教如此。然“歷試諸難”，恐不可用。

27. 孝女叔先雄，《水經注》以爲光終，符縣人。又引《益部耆舊傳》：“符有光洛，疑即“終”字。僰道有張帛。”

28. 劉贛父《東漢刊誤》謂：“《列傳》第七十九，注最淺陋。章懷注書，分與諸臣，疑其將終篇，故特草草耳。”今觀《南匈奴論》“棄蔑天公”，注引《前書》云：“‘老禿翁何爲首鼠兩端’。‘禿翁’，即‘天翁’也。”其謬甚矣。

29.《曹娥碑》云：“盱能撫節按歌，婆娑樂神，以五月時迎伍君。”《傳》云：“迎婆娑神。”誤也。

30. 蔡邕文，今存九十篇，而銘墓居其半。曰碑，曰銘，曰神誥，曰哀贊，其實一也。自云爲《郭有道碑》，獨無愧辭，則其他可知矣。其頌胡廣、黄瓊，幾於老、韓同傳，若繼成漢史，豈有南、董之筆？

31.《周舉傳》：“太原舊俗，以介子推焚骸，有龍忌之禁，一月寒食。”按《淮南・要略》云：“操舍開塞，各有龍忌。”注：“中國以鬼神之亡日忌，北胡、南越皆謂之請龍。”

32. 郭伋爲并州牧，有童兒騎竹馬。《史通》云：“晋陽無竹，事不可信。”若璩按：無論唐晋陽童子寺有竹日報平安，而騎竹馬童兒，[②]乃西河郡之美稷也。美稷，唐爲鄉，在隰城縣，今汾州府。

33.《光武紀》：建武二十三年，“陳留太守王況爲大司

---

① “修”，翁氏本、《叢刊》本作“脩”。

② “童”上，翁氏本有“之”字。

徒”二十七年薨。《虞延傳》注引《謝承書》曰:“况,章和元年爲司徒。”《謝承書》,誤也。

34. 漢詔令,人主自親其文。光武詔曰:“司徒,堯也。赤眉,桀也。”明帝詔曰:“方今上無天子,下無方伯。”豈代言者所爲哉?

35. 習鑿齒《漢晋春秋》,以蜀漢爲正。朱文公謂:“晋史自帝魏,後賢盍更張。”然晋人已有此論。

36. 三國鼎峙,司馬公《通鑑》以魏爲正統,本陳壽。朱子《綱目》以蜀漢爲正統。本習鑿齒。然稽於天文,則熒惑守心,魏文帝殂,若璩按:何屺瞻曰:《宋書·天文志》云:“案三國史,並無熒惑守心之文。黄初六年五月十六日壬戌,熒惑入太微,至二十七日癸酉乃出,宜是入太微”。而吴、蜀無他。此黄權對魏明帝之言也。若可以魏爲正矣,月犯心大星,王者惡之,漢昭烈殂,而魏、吴無他,權將何辭以對?

37. 邵公濟《謁武侯廟文》云:“公昔高卧,隱然一龍。鬼蜮亂世,其誰可從?惟明將軍,漢氏之宗。相挽以起,意氣所同。欲持尺棰,盡逐奸雄。天未悔禍,世豈能容?惟史臣壽,奸言非公。惟大夫周,誤國非忠。廟食故里,羞此南充。置公左右,不堪僕童。我實鄙之,築公之宫。《春秋》之法,孰敢不恭?俾千萬年,仰其高風。”陳壽、譙周,皆巴郡人,今果州。陸務觀《籌筆驛》詩:“運籌陳迹故依然,想見旌旗駐道邊。一等人間管城子,不堪譙叟作降牋。”公濟之文,蓋果州作。若璩按:降牋實出郤正手。[1]

38. 君子小人之夭壽,[2]可以占世道之否泰。諸葛孔明

① “手”上,翁氏本有“之”字。
② “夭壽”,翁氏本作“壽夭”。

止五十四，法孝直纔四十五，龐士元僅三十六，而年過七十者，乃奉書乞降之譙周也。天果厭漢德哉？

39. 諸葛武侯曰："勢利之交，難以經遠。士之相知，温不增華，寒不改葉，貫四時而不衰，歷夷險而益固。"《太平御覽》引《要覽》云。

40. 武侯不用魏延之計，非短於將略也，在《易·師》之"上六"曰："小人勿用。"

41. 三國魏有篡弑，吴有廢立，皆受制强臣。蜀漢未亡之前，庸主尸位而國無内憂，昭烈、武侯之規模遠矣。① 若璩按：後主禪謂亮曰："政由葛氏，祭則寡人。"又《華陽國志》云："諸葛亮卒，後主至，素服，發哀三日。李邈上疏，比之吕、霍，後主怒，下獄，誅之。"此豈他庸主所能及其毫髪？

42.《水經注》引武侯《與步騭書》曰："僕前軍在五丈原，原在武功西十里。馬冢在武功東十餘里，有高勢，攻之不便，是以留耳。"武侯《表》云："臣遣虎步監孟琰據武功水東，司馬懿因水長攻琰營，臣作竹橋，越水射之，橋成馳去。"此可以裨《武侯傳》之闕。晦翁："欲《傳》末略載瞻及子尚死節事，以見善善及子孫之義。南軒不以爲然，以爲瞻任兼將相，而不能極諫以去黄皓。諫而不聽，又不能奉身而退，以冀主之一悟，可謂不克肖矣。兵敗身死，雖能不降，僅勝於賣國者耳。以其猶能如此，故書子瞻嗣爵，以微見善善之長，以其智不足稱，故不詳其事，不足法也。此論甚精。"若璩按：張南軒有《諸葛武侯傳》一卷。

43. 昭烈謂："武侯之才，十倍曹丕。"以丕之盛，終身不

---

① "模"，《叢刊》本作"摹"。

敢議蜀也。司馬懿畏蜀如虎，非武侯之敵。《史通》云："陸機《晋史》虚張拒葛之鋒。"又云："蜀老猶存，知葛亮之多枉。"然則武侯事迹湮没多矣。

44.《八陣圖》，薛士龍曰："圖之可見者三：一在沔陽之高平舊壘，一在新都之八陣鄉，一在魚復永安宫南江灘水上。"蔡季通曰："一在魚復，石蹟迄今如故。[①] 一在廣都，土壘今殘破不可考。"

45. 君子其潛如龍，非迅雷烈風不起；其翔如鳳，非醴泉甘露不食。司馬德操、諸葛孔明俱隱於耕稼，而仕止殊；魏玄成、徐洪客俱隱於黄冠，[②]而出處異。如用之，易地則皆然。

46. 鄧艾取蜀，行險以徼幸，閻伯才《陰平橋》詩云："魚貫羸師堪坐縛，爾時可嘆蜀無人。"

47. 張文潛《梁父吟》曰："永安受詔堪垂涕，手挈庸兒是天意。渭上空張復漢旂，蜀民已哭歸師至。堂堂八陣竟何爲？長安不見漢官儀。鄧艾老翁誇至計，譙周鼠子辨興衰。"其言悲壯感慨，蜀漢始終，盡於此矣。説齋云："人心思漢，王郎假之而有餘；人心去漢，孔明扶之而不足。"

48. 舜、禹有天下而不與焉。魏文喜躍於爲嗣之初，大饗於憂服之中，不但以位爲樂而已。其篡漢也，哆然自以爲舜、禹，可以欺天下乎？曹植拜先君墓，與友人宴於松柏之下，爲詩云"樂至憂復來"，又云"可不極娱情"，[③]其末流至於阮籍。禮法之亡，自魏文兄弟始。

49. 晋傅玄曰："魏武好法術，而天下貴刑名；魏文慕通

---

① "蹟"，《叢刊》本作"磧"。
② "洪"，翁氏本作"鴻"。
③ "極"，翁氏本作"及"。

達,而天下賤守節。”然則放曠之風,魏文實倡之。程子謂東漢之士,“知名節而不知節之以禮,遂至苦節。苦節既極,故魏、晋之士變而爲曠蕩”。愚謂東都之季,彧附曹,群忘漢,①荃蕙化爲茅矣,苦節之士安在哉?傅玄之言得之。若璩按:竊以鍾皓之孫繇,亦然。

50.《律》章句,馬、鄭諸儒十有餘家,魏明帝詔但用鄭氏章句。范蜀公曰:“《律》之例有八:以、准、皆、各、其、及、即、若。若《春秋》之凡。”宋莒公曰:“應從而違,堪供而闕,此《六經》之亞文也。”若璩按:朱子解曰:“謂子不從父不義之命,及力所不能養者,古人皆不以不孝坐之;義當從而不從,力可供而不供,然後坐以不孝之罪。”

51.魏以不仁得國,而司馬氏父子世執其柄。然節義之臣,齧巨奸之鉎,若王淩以壽春欲誅懿而不克,文欽、毌丘儉以淮南欲誅師而不遂,諸葛誕又以壽春欲誅昭而不成,千載猶有生氣,魏爲有臣矣。鄭漁仲謂:“《晋史》黨晋,凡忠於魏者爲叛臣;《齊史》黨齊,凡忠於宋者爲逆黨。”《史通》亦云:“古之書事也,令亂臣賊子懼;今之書事也,使忠臣義士羞。”

52.“學如牛毛,成如麟角。”出蔣子《萬機論》。

53.司馬孚自謂“魏貞士”。孚,上不如魯叔肸,下不如朱全昱,謂之“正”,若璩按:“正”即“貞”,宋避諱故。可乎?

54.魏文帝詔曰:“三世長者知被服,五世長者知飲食。”言被服、②飲食,難曉也。俗語有所本。

55.管幼安如郭林宗,天子不得臣,諸侯不得友。蘇文定贊之曰:“少非漢人,老非魏人,何以命之?天之逸民。”

---

① “忘”,翁氏本作“亡”。
② “言”,翁氏本作“謂”。

56.《江表傳》:"群臣以孫權未郊祀,奏議曰:'周文、武郊酆、鄗,非必中土。'權曰:'文王未爲天子,立郊於酆,見何經典?'復奏曰:'《漢·郊祀志》匡衡奏言:文王郊於酆。'權曰:'文王德性謙讓,處諸侯之位,明未郊也。俗儒臆説,非典籍正義,不可用。'"權之識見,高於群臣矣,漢儒不及也。

57. 孫權破荆州,[①]而昭烈復漢之志不遂。權稱臣於曹操,稱説天命,英雄之氣安在哉?故朱子曰:"權亦漢賊也。"

58.《諸葛恪傳》注:虞喜《志林》曰:"況長寧以爲君子'臨事而懼,好謀而成。'"又曰:"往聞長寧之甄文偉。"亦見《通鑑》。文偉,謂費禕也。長寧,未詳其人,蓋蜀人也。《廣韻》引何氏《姓苑》,有況姓,"廬江人"。

59. 嚴畯之遜吕蒙,有鄭子皮之風;陸遜之薦淳于式,有晋祁奚之風。吴安得不興乎?

60. 孫堅與策,皆以輕敵隕其身。權出合肥之圍,亦幸而免。

61. 孫休之遣李衡,有高帝之度;[②]其討孫琳,[③]有叔孫昭子之斷,吴之賢君也。

62. 孫峻薦諸葛恪可付大事,而恪終死於峻之手。《易》曰:"比之无首,无所終也。"漢昭烈托孤於孔明,而權乃托孤於恪,劉、孫之優劣,於此可見。

63. 吴築涂塘,晋兵出涂中。涂,音除,即六合瓦梁堰,水曰滁河。南唐於滁水上立清流關。或以"涂塘"音"塗",誤也。《元和郡縣志》:"滁州,即涂中。"

---

① "荆州",《叢刊》本、翁氏本作"關羽"。

② "高帝",《叢刊》本作"漢高帝"。

③ "琳",翁氏本作"綝"。

64. 楚"莫敖狃於蒲騒之役,將自用也",諸葛恪東關之勝,亦以此敗,其失在於自用。

65.《史通》云:"《晋史》所采多小書,若《語林》、《世説》、《搜神記》、《幽明録》是也。曹、干兩《紀》,孫、檀二《陽秋》,皆不之取。其中所載美事,遺略甚多。"曹嘉之、干寶《晋紀》,孫盛、檀道鸞《晋陽秋》。又云:"唐修《晋書》,作者皆詞人,遠棄史、班,近宗徐、庾。"晁子止亦謂:"《晋史》叢冗最甚。"

66. 李華云:"干寶著論,近王化根源。"謂《晋紀論》以民情風教,國家安危之本。

67. 放翁《豐城劍賦》謂:"吴亡而氣猶見,其應晋室之南遷。"愚謂豐城二劍事,出雷次宗《豫章記》。所謂孔章者,即雷焕也,蓋次宗之族。此劉知幾所云莊子鮒魚之對,賈生服鳥之辭,"施於寓言則可,求諸實録則否"。而唐史官之撰《晋史》者取之,後人因而信之,誤矣。顔師古注《漢書》,凡撰述方志、新異穿鑿者,皆不録。注史猶不取,况作史乎?《豫章記》見《藝文類聚》。

68. 晋元帝爲牛氏子,其説始於沈約,而魏收《島夷傳》因之,唐貞觀史官修《晋書》亦取焉。王劭謂沈約喜造奇説,以誣前代。劉知幾亦以爲非,而致堂乃謂元帝冒姓司馬,過矣。

69.《演蕃露》云:"晋郭展爲太僕,留心於養生,而厩馬充多。潘尼爲《太僕箴》,叙列其事,皆推養生而致之於馬。"今按,郭展事見《晋諸公贊》。潘尼爲《乘輿箴》,見《晋書》,非《太僕箴》也,蓋誤以二事爲一。

70.《后妃傳贊》"持尺威帝",《庾亮傳論》"牙尺垂訓,帝深念於負芒"。按,《殷芸小説》:"晋成帝時,庾后臨朝,諸庾誅南頓王宗。帝問南頓何在？答曰：'黨峻作賊，已誅。'帝知非黨，曰：'言舅作賊，當復云何？'庾后以牙尺打帝頭，云：'兒何以作爾語？'帝無言，惟張目熟視諸庾，甚懼。"

71. 阮嗣宗《蘇門歌》曰："日没不周西，月出丹淵中。陽精蔽不見，陰光代爲雄。亭亭在須臾，厭厭將復隆。富貴俯仰間，貧賤何必終？"其有感於師、昭之際乎？然勸進之作，焉能逭春秋之誅？

72. 反鏡索照，出夏侯湛《抵疑》。湛贊閔子騫云："聖既擬天，賢亦希聖。"周子前已有此語矣。元板"前"字上無"周子"二字。

73. 東坡謂劉壯輿曰："陶威公忠義之節，横秋霜而貫白日，《晋史》書折翼事，豈有是乎？"陳忠肅亦曰："陶公被誣，以晋之刑政，不行於庾元規也。元規以筆札啖王隱，折翼化鶴之事，隱與杜延業共爲之也。"

74. 庾翼謂："天公憒憒。"李文饒曰："昔秦得金策，①謂之天醉。豈天之常醉哉？"吁！爲天者亦難矣。《詩》云："民今方殆，視天夢夢。既克有定，靡人弗勝。② 有皇上帝，伊誰云憎？"是之謂知天。"天醉"，見張衡《西京賦》、庾信《哀江南賦》。

75. 何曾、荀顗之孝，論者比之曾、閔。夫以孝事君則忠，不忠於魏，又不忠於晋，非孝也。顗之罪，浮於曾。曾之驕奢，禍止及家；顗之奸諛，禍及天下。

76. 山濤欲釋吴以爲外懼，又言不宜去州郡武備，其深識遠慮，非清談之流也。顔延之於七賢，不取山、王，然戎何

---

① "得"，《叢刊》本作"時"。
② "弗勝"，《叢刊》本作"不勝"。

足以比濤,猶碏之於玉也。

77. 康節邵子《西晉吟》:“有刀難剖公閭腹,無木可梟元海頭。禍在夕陽亭一句,[1]上東門嘯浪悠悠。”考之《晋史》,賈充納女以壬辰,劉曜陷長安以丙子,相去纔四十五年。奸臣、孽女之敗國家,吁!可畏哉。近世賈妃之册以壬辰,而宋之禍亦以丙子,悲夫!若璩按:壬辰爲理宗紹定五年十二月朔,進封才人賈氏爲貴妃,[2]似道之姊也。

78. 江默云:“唐、虞、三代,有疑赦而無大赦。漢、唐有大赦而無郊赦。故大赦始於春秋,而郊赦始於五代。”愚謂晋王彪之答簡文云:“中興以來,郊祀往往有赦,常謂非宜。”則郊赦東晋有之,非始於五代也。

79.《通鑑》:“秦兵既盛,謝玄入,問計於謝安。安夷然,答曰:‘已别有旨。’既而寂然。玄不敢復言,乃令張玄重請。安遂命駕出游山墅,與玄圍棋賭墅。”《綱目》删“玄不敢復言,乃令張玄重請”二句,[3]則圍棋爲張玄乎?謝玄乎?《世説》注引《續晋陽秋》曰:“與兄子玄圍棋。”然二玄當如《漢書》叙臣勝、臣夏侯勝,以姓别之。若璩按:《綱目》删去二句,則圍棋愈是謝。[4]

80. 王導之孫謐,授璽於桓玄;謝安之孫澹若璩按:澹先已與謐齎册,詣姑孰。[5] 持册於劉裕。此朱子所以嘆嗣守之難也。無忝乃祖,一陶淵明而已。若璩按:兒子咏有辨一篇,附注於此,曰:“自昭明太子誤讀陶《命子》詩,其五章云‘桓桓長沙,伊勳伊德’,其六章云

① “一句”,翁氏本作“一語”。
② “封”,翁氏本無此字。
③ “令”,翁氏本作“命”。
④ “謝”下,翁氏本有“玄”字。
⑤ “孰”,翁氏本作“熟”。

'肅矣我祖,惠和千里,於皇仁考,淡焉虚止'。以祖與考,繫於陶侃之下,遂作《淵明傳》,曰'曾祖侃,晋大司馬'。又曰'自以曾祖晋世宰輔,耻復屈身後代'。若以淵明高隱不出,爲承其先志也者,不知其實不爾。此詩第一章,原陶姓出自唐、昌于周,二章隱于戰國、顯于漢初功臣陶舍,三章舍之子青爲孝景丞相,四章則言枝分派别直至晋有長沙公出,①五章實言長沙勳德,六章方挽到自己祖考。細玩自明。更參以《贈長沙公》詩序云'長沙公於予爲族',族是一句;'祖同出大司馬,昭穆既遠,已爲路人,經過潯陽,臨别贈此','大司馬',當作'右司馬',即漢高時功臣舍,丞相青之父。惟誤稱大司馬,侃贈大司馬者也,昭明認作侃,以此爲淵明曾祖。果真出於侃,此襲公爵者方爲吾從祖昆弟之子,豈得曰'昭穆既遠,已爲路人'哉。詩云'同源分流,人易世疏,慨然寤嘆,念兹厥初','初'正指在漢初而言。且侃廬江郡尋陽人,淵明尋陽郡柴桑人,其址貫亦不同。或曰陶氏家譜以岱爲淵明祖。按《晋書·陶潛列傳》'祖茂,武昌太守',與'惠和千里'之語合。岱則侃十七子中之一子,官散騎侍郎,非太守也。家譜多不足信。余因援正史及所自著詩,正之如此。或曰朱子亦稱淵明'無忝乃祖,賢於王謝後人',子必苦辯之與?近日傅占衡《永初甲子辯》,謂:'陶十題甲子,皆是晋年,不著晋號。沈約、李延壽説並非。'此古今傳陶二段佳話,一切將抹殺乎?'余曰:占衡有言'史文本集,歲月炳然,前後可考,胸次磊落,隨意書年。陶何必藉此爲佳話乎?余亦謂淵明自有祖,何必藉侃而後重也哉?"咏又曰:"按淵明《孟府君傳》,'君諱嘉,娶大司馬長沙桓公陶侃第十女',此豈稱其曾祖之辭耶?"

81. 桓玄篡逆,卞承之謂宗廟'祭不及祖,知楚德之不長'。亂臣賊子祭及其祖,可以長世乎?斯言不當污簡牘。

82.《晋史·忠義傳》可削者三人:韋忠不見裴頠,辭張華之辟,初節亦足稱矣;而仕於劉聰,爲之討羌而死,非爲晋死也,謂之忠義,可乎?王育仕於劉淵,劉敏元仕於劉曜,舍

① "派",原本作"泒",據翁氏本改之。

順從逆，皆失節者也，忠義安在哉？唐之修《晉史》也，許敬宗、李義府與秉筆焉，是惡知蘭艾鸞梟之辨？[1]

83. 陶淵明《讀史》述夷齊云："天人革命，絶景窮居。"述箕子云："矧伊代謝，觸物皆非。"先儒謂"食薇飲水"之言，"銜木填海"之喻，至深痛切，讀者不之察爾。顔延年《誄淵明》曰："有晉徵士。"與《通鑑綱目》所書同一意。《南史》立傳，非也。

84. "策扶老以流憩"，謂扶老藤也。見《後漢·蔡順傳》注。

85. 淵明《與子儼等疏》，"潁川韓元長"，謂韓融，韶子，《後漢》有傳。"濟北氾稚春"，謂氾毓。《晉書》有傳。《集》云"范稚春"，誤。《南史》氾幼春，蓋避唐諱"治"字之嫌。

86. 朱文公曰："陶公栗里，前賢題咏，獨顔魯公一篇，令人感慨。"今考魯公詩云："張良思報韓，龔勝恥事新。狙擊苦不就，舍生悲拖紳。嗚呼陶淵明，奕葉爲晋臣。自以公相後，每懷宗國屯。題詩庚子若璩按：淵明十題甲子，自庚子始。歲，自謂羲皇人。手持《山海經》，頭戴漉酒巾。興與孤雲遠，辯隨還鳥泯。"見《廬山記》，集不載。

87. 樂廣客蛇影，與《風俗通》所載杜宣事同。若璩按：《風俗通義》劭祖彬爲汲令，賜主簿杜宣酒，感壁上弩影而致疾，尤詳于《晋書》。

88. 蒼蠅傳赦，《異苑》以爲晋明帝，與《苻堅載記》同。

89. 嵇康，魏人。司馬昭惡其非湯、武，而死於非辜，未嘗一日事晋也。《晉史》有傳，康之羞也。後有良史，宜列於

---

① "惡"，翁氏本作"烏"。

《魏書》。

90. 司馬師引二敗以爲己過,司馬昭怒王儀'責在元帥'之言。昭之惡,甚於師。

91. 劉殷失節於劉聰,而戒子孫曰:"事君當務幾諫。"大節已虧,其言之是非,不足論也。

92. 干寶論"晋之創業立本,固異於先代",後之作史者不能爲此言也,可謂直矣。

93. 焚石勒之幣,江左君臣之志壯矣。僭號之國十六,而晋敗其一,苻堅。滅其三,李勢、慕容超、姚泓。不可以清談議晋若璩按:此王氏得毋自傷其本朝乎?

94. 晋簡文咏庾闡詩云:"志士痛朝危,忠臣憂主辱。"東魏孝静咏謝靈運詩曰①:"韓亡子房奮,秦帝魯連耻。本自江海人,忠義動君子。"至今使人流涕。

95. 祖逖曰:"晋室之亂,非上無道而下怨叛也,晋之德澤淺矣。"姚弋仲曰:"亟自歸於晋。"王猛曰:"勿以晋爲圖。"人心知義,非後世所及也。

96. 南豐《記王右軍墨池》云:"愛人之善,雖一能不以廢。"愚謂右軍所長,不止翰墨。其勸殷浩内外協和,然後國家可安;其止浩北伐,謂力爭武功,非所當作;其遺謝萬書,謂隨事行藏,②與士卒同甘苦;謂謝安虚談廢務,浮文妨要,非當世所宜。③ 言論風旨,可著廊廟,江左第一流也。不可以藝掩其德,謂之"一能",過矣。

97. "慕容恪尚在,憂方大耳。"如"得臣猶在,憂未歇

---

① "孝静",《叢刊》本作"静帝",翁氏本作"孝静帝"。

② "隨事行藏"上,《叢刊》本無"謂"字。

③ "世",翁氏本作"時"。

也”。睹國者以人爲輕重。

98.《宣帝紀》論:“竊鐘掩耳,以衆人爲不聞。”出《淮南子》。

99. 楊盛不改義熙年號,其志如陶靖節,孰謂夷無人哉?盛,武都王。何校本云“王”疑作“氐”。

100. 袁宏以伏滔比肩爲辱,①似知耻矣,而失節於桓温之九錫,恥安在哉?

101.《謝邈傳》:孝武多賜侍臣文詔,②辭義有不雅者,邈輒焚毀之。《通鑑》云:“帝好爲手詔詩章,以錫侍臣。或文詞率爾,徐邈應時收斂,還省刊削,皆使可觀,經帝重覽,然後出之。”此一事也,《晉書》以爲謝邈,《通鑑》以爲徐邈,必有一誤。若璩按:《通鑑》亦本《晉書·儒林傳》。“錫”,元板作“賜”。

102. 晉之伐吴,杜預曰:“孫皓或怖而生計,則明年之計,或無所及。”隋之伐陳,文帝投柹於江,③曰:“使彼懼而知改,吾又何求?”隋文之識,若優於預矣。以時考之,吴猶有死守之臣,杜預所以詭形而不敢露;陳不聞力戰之將,隋文所以衡行而無所忌。預之言近乎實,文帝之言非其誠也。

103.《文心雕龍》謂:“江左篇製,溺乎玄風。”《續晉陽秋》曰:“正始中,王、何好莊、老,至過江,佛理尤盛。郭璞五言,始會合道家之言而韻之,許詢、孫綽轉相祖尚,而《詩》、《騷》之體盡矣。”愚謂:東晉玄虚之習,詩體一變,觀蘭亭所賦可見矣。④

---

① “滔”,翁氏本誤作“焰”。
② “侍”,翁氏本作“近”。
③ “柹”,翁氏本作“秭”。
④ “愚謂”以下二十字,翁氏本作正文。

104. 梁武帝敕群臣，自太初終齊，撰《通史》六百二十卷。元魏濟陰王暉業起上古終宋，著《科録》二百七十卷。其書無傳。①《高氏小史》自天地未分，至唐文宗，爲百二十卷。今雖存而傳者鮮。自書契以來，未有如《通鑑》者。若璩按：王氏似以《通史》與《通鑑》同一編年體，《隋·經籍志》、《唐·藝文志》並列正史，《吴均傳》："武帝使撰《通史》，起三皇，訖齊代，均草本紀、世家畢，唯列傳未就，卒。"②《史通》云："其書以《史記》爲本，異者惟無表耳。"此豈編年體？《玉海》入"雜史類"，不入"編年"，得之。

105. 宋周朗有"櫝帶寶，笥著衣"之論，司馬文正公有"耳視目食"之説，皆足以儆世迷。

106. 魏之篡漢，晋之篡魏，山陽、陳留猶獲考終，亂賊之心猶未肆也。宋之篡晋，逾年而弑零陵，不知天道報施，還自及也。齊、梁以後，皆襲其迹，自劉裕始。

107. 徐羨之、傅亮、謝晦之死，猶晋之里克、衛之寧喜也，文帝不失爲叔孫昭子。

108. 宋文帝、魏太武，佳兵者也，皆不克令終，不祥好還之戒昭昭矣。

109. 葉少藴云："齊武帝欲爲裴后立石志墓中，王儉以爲非古。或以爲宋元嘉中，顔延之爲王球作志，墓有銘自宋始。唐封演援宋得《司馬越女冢銘》，隋得《王戎墓銘》，爲自晋始，亦非是。今世有崔子玉書《張衡墓銘》，則墓有銘，自東漢有之。"周益公謂："銘墓三代有之。唐開元四年，偃師耕者得比干墓銅槃。東漢志墓，初猶用磚，久方刻石。"

110. 張融風止詭越，齊高帝曰："此人不可無一，不可有

① "無"，《叢刊》本作"亡"。
② "唯"，翁氏本作"惟"。

二。”程致道贊米元章云：“是千載人，不可無一。”

111. 南豐序《齊書》曰：“蕭子顯之文，喜自馳騁，其更改破析、刻雕藻繢之變尤多，①而其文益下。”愚謂子顯以齊宗室仕於梁，而作《齊史》，虛美隱惡，其能直筆乎？

112. 梁武帝曰：“應天從人。”致堂謂：“《易》之《革》曰‘順天應人’，未聞‘應天’也。爲是言者，不知天之爲天矣。”愚按，梁武之父名順之，故不云“順天”，避諱也。後人“應天”之語，蓋襲其誤。蕭道成之篡奪，順之爲爪距，豈知祚移其子乎？

113. 梁武帝時錢陌減，始有足陌之名。唐末以八十爲陌，漢隱帝時王章又減三錢，始有省陌之名。

114. 後魏葛榮陷冀州，賈景興稱疾不拜，每捫膝曰：“吾不負汝。”僞楚之僭，喻汝礪捫其膝曰：“此豈易屈者哉？”以“捫膝”自號，蓋本於此。

115. 宇文泰弑君之罪，甚於高歡之逐君，乃以周公自擬，亦一莽也。

116. 北齊魏長賢曰：“王室板蕩，彝倫攸斁。大臣持禄而莫諫，小臣畏罪而不言。虛痛朝危，空哀主辱。匪躬之故，徒聞其語；有犯無隱，未見其人。嫠不恤緯，而憂宗周之亡；女不懷歸，而悲太子之少。況委質有年，安可自同於匹庶？”其言凜然，可以立懦夫之志。作史者以魏收之族與之同傳，若璩按：謂《北史》，非《北齊書》。② 蘭艾混殽甚矣。長賢，徵之父也。

117. 高洋之惡，浮於石虎、苻生，③一楊愔安能救生民之溺乎？

---

① “繢”，翁氏本作“繪”。
② “北齊書”下，翁氏本有“案，《北齊書》長賢無傳”。
③ “苻”，翁氏本誤作“符”。

118. 執笏，始於宇文周保定四年。紫緋緑袍，始于隋大業六年。

119. 蕭方等，梁元帝子，爲《三十國春秋》，以晋爲主，附列劉淵以下二十九國。《通鑑》晋元興三年，引方等論，《綱目》但云"蕭方"，誤削"等"字。

120. 晋之篡魏以賈充，其亡亦以充；隋之平陳以楊素，其亡亦以素。立太子妃，易太子，亡之兆也。玄感之於素，猶李敬業之於勣也。煬、武之立，素、勣之力也，其子若璩按：敬業，勣之孫。欲撲其燎，①可乎？

121. 祖君彦檄："光武不隔於反支。"乃明帝事，見王符《潛夫論》。反支日，用月朔爲正。戌亥朔一日，申酉朔二日，午未朔三日，辰巳朔四日，寅卯朔五日，子丑朔六日。

122.《北史》：李繪"六歲求入學，家人以偶年俗忌，不許"。偶年之忌，見於此。

123. 梁武帝策錦被事，劉峻以疏十餘事而見忌。又問栗事，沈約以少三事而爲悦。君之於臣，爭名記誦之末。"燕泥"、"庭草"，於隋煬何譏焉？

124. 李仲信②埴。爲《南北史世説》，朱文公謂："《南》、《北史》凡《通鑑》所不取者，皆小説也。"若璩按：《語類》云："《南》、《北史》除《通鑑》所取者，③其餘只是一部好笑底小説。④"洵然。然則《通鑑》果專取國家盛衰、生民休戚、善可爲法、惡可爲戒以爲書云？⑤

---

① "子"下，翁氏本有"孫"字。
② "李"，四庫本誤作"孝"，據翁氏本、《叢刊》本改之。
③ "取"上，翁氏本有"不"字。
④ "底"，翁氏本作"的"。
⑤ "云"，翁氏本無此字。

125. 隋萬寶常聽樂，泣曰："樂聲淫厲而哀，天下不久將盡。"隋之不久，不待聽樂而知也。師尚父曰："以不仁得之，以不仁守之，必及其世。"使隋用寶常之言，復三代之樂，其能久乎？寶常之先見，不逮房玄齡。若璩按：不但房喬，其父彦謙亦具先見，見《隋書》。

126. 徐楚金云："隨文帝惡'隨'字爲走，乃去'之'，成'隋'字。隋，裂肉也，其不祥大焉。殊不知'隨'從'辵'，辵，安步也，而妄去之，豈非不學之故？"

127. 陳無淮，無荆、襄，無蜀，而立國三十二年，江左猶有人也。

128. 魏節閔帝陽瘖避禍，至于八年，①若璩按：《魏書》、《北史》並云"絶言垂將一紀"。② 終身爲范粲可也，"天何言哉"之言一出諸口，遂以不免。程子曰："節或移於晚，守或失於終。"

129. "寧爲袁粲死，不作褚淵生"，宋石頭城之謡也。"寧爲王淩死，不爲賈充生"，宋沈攸之之言也。"悲君感義死，不作負恩生"，陳魯廣達之留名也。"與其含耻而存，孰若蹈道而死"，秦郭質之移檄也。"與其屈辱而生，不若守節而死"，燕賈堅之固守也。"寧爲南鬼，不爲北臣"，則有齊新野之劉思忌。③"寧爲趙鬼，不爲賊臣"，則有趙仇池之田崧。"寧爲國家鬼，不爲賊將"，則有魏樊城之龐德。"寧爲國家鬼，不爲羌賊臣"，則有晋河南之辛恭靖。之人也，英風勁氣，如嚴霜烈日，千載如生。其視叛臣要利者，猶犬彘也。

130. 韋孝寬知兵而不知義。尉遲迥之討楊堅，所以存

---

① "于"，翁氏本作"於"。
② "一紀"下，翁氏本有"案《通鑑》云：'帝閉口八年，至是乃言'"。
③ "忌"，《叢刊》本作"忠"。

周也。孝寬受周厚恩，乃黨堅而滅迥。堅之篡也，孝寬實成之，難以逭《春秋》之誅矣。

131. 楊堅以后父篡國，亦一莽也。"以不仁得之，以不仁守之，必及其世"，堅之謂矣。莽、堅之女，皆節婦也，爲其父者，亦少愧哉。

132. 顔見遠死節於蕭齊，其孫之儀盡忠於宇文周，常山、平原之節義，有自來矣。若璩按：昔有歷仕梁、①齊、周、隋之之推。之推，見遠之孫、之儀之弟也。父協，亦義士。

---

① "昔"，翁氏本作"惜"。"仕"，翁氏本作"事"。

卷十四

宋　王應麟　撰

考史

1. 唐府兵之數,《兵志》云:“十道置府六百三十四,而關内二百六十一。”《百官志》:“凡六百三十三。”陸贄云:“府兵八百所,而關中五百。”杜牧云:“折衝果毅府五百七十四。”《舊志》、《六典》云:“天下之府五百九十四。”《會要》云:“關内置府二百六十一,又置折衝府二百八十,通計舊府六百三十二。”《通典》云:“五百七十四。”《理道要訣》云:“五百九十三。”《鄴侯家傳》云:“諸道共六百三十府。”今以《地理志》考之,十道共有府五百六十六,關内二百七十三,餘九道二百九十三。參以《志》、《傳》,差互不齊。神宗問:“何處言府兵最備?”王文公對曰:“《李鄴侯傳》,言之詳備。”然府數與諸書亦不同。

2. 了齋若璩按:了齋,陳瓘號。云:“顔回配饗先聖,其初但爲立像,至開元中,始與十哲合爲一座。”按《唐志》:開元八年,“詔十哲爲坐像”。《集古録》:“李陽冰《縉雲孔子廟記》云‘换夫子之容貌,增侍立者九人’,蓋獨顔回配坐,而閔損等九人爲立像。陽冰修廟,在肅宗上元二年,其不用開元之詔,何也?”

3.《魏徵傳》:“帝謂群臣曰:‘此徵勸我行仁義,既效矣。’”《新史》潤色之語也。《貞觀政要》云:“太宗謂群臣曰:‘貞觀初,人皆異論,云當今必不可行帝道、王道,唯魏徵勸我。既從其言,不過數載,遂得華夏安寧,遠戎賓服。突厥自古已來,[1]嘗爲中國勍敵,[2]今酋長並帶刀宿衛,部落皆襲衣冠。使我遂至於此,皆魏徵之力。’”《新史》於《厲賓傳》又云:“惟魏徵勸我修文德,安中夏。”以《通鑑》考之,與《政要》所載同一事。或謂太宗以既效自滿,非也。

4. 鄭毅夫若璩按:毅夫,名獬,安陸人,進士第一,官翰林學士,《宋史》有傳。謂:“唐太宗功業雄卓,然所爲文章,纖靡浮麗,嫣然婦人小兒嘻笑之聲,不與其功業稱。甚矣,淫辭之溺人也。”神宗聖訓亦云:“唐太宗英主,乃學庾信爲文。”《温泉銘》、《小山賦》之類可見。

5.《新史》論張公謹之抵龜,曰:“投機之會,間不容穟。”“鄭伯克段于鄢”,《春秋》所以紀人倫之大變也,曾是以爲投機乎?晉欒書將弑厲公,召士丐、韓厥二人,皆辭。太宗臨湖之變,問李靖、李勣二人,皆辭。靖、勣賢於公謹遠矣。若璩按:“鄭伯”以下,乃王氏論《新史》論。

6. 唐太宗贈堯君素蒲州刺史詔曰:“雖桀犬吠堯,乖倒戈之志,而疾風勁草,表歲寒之心。”我藝祖贈韓通中書令制曰:“易姓受命,王者所以徇至公;臨難不苟,人臣所以明大節。”大哉王言!表忠義以厲臣節,英主之識遠矣。歐陽公

① “已”,翁氏本作“以”。
② “嘗”,《叢刊》本作“常”。

《五代史》,不爲韓通立傳,劉原父譏之曰:“如此是第二等文字。”通附傳在《建隆實録》。齊武帝使沈約撰《宋書》,疑立《袁粲傳》,審之於帝,帝曰:“袁粲自是宋室忠臣。”惜乎,歐陽子念不及此。

7. 賢臣久於位,則其道行,房喬以之成貞觀之治。奸臣久於位,則其欲肆,林甫以之成天寶之亂。若璩按:唐房、杜並稱,而杜以貞觀二年正月相,三年十二月罷,故止及房。房相二十三年,李相十九年。

8.《唐史發潛》謂:“武氏之起,袁天綱言其貴不可言。”李淳風云:“當有女主王天下,已在宫中。”此必武氏僭竊之後,奸佞之徒神其事,言天之所啓,非由人事也。愚謂《左氏》載陳敬仲、畢萬之筮,太史公載趙簡子之夢,皆此類。

9. 佩魚始於唐永徽二年,以李爲鯉也。武后天授元年,改佩龜,以玄武爲龜也。

10. 治平末年,始鬻度牒。考之《唐史》,肅宗時,裴冕建言度僧道士,收貲濟軍興。此鬻牒之始也。若璩按:出《裴冕傳》,《食貨志》則前此。“安禄山反,楊國忠遣侍御史崔衆至太原,納錢度僧尼、道士。旬日,得百萬緡。明年,御史鄭叔清與宰相裴冕議,度道士、僧尼。”實不始於冕。至令祠部給僧尼牒,則天寶六載五月制也。

11. 鍾紹京爲宰相,而稱義男於楊思勖之父。史不載也,而石刻傳于後世,①人皆見之,惡之不可揜如是。臧堅以刑人之唁爲辱,此何人哉? 林甫、國忠因力士以相,其原見於此。李揆當國,以子姓事輔國,不恥也,紹京何責焉? 若璩按:紹京起家録事耳,故王氏謂“不敢望第一人之李揆”。②

12.《鄭薰傳》云:“宦人用階請蔭子,薰卻之,不肯叙。”

---

① “于”,翁氏本作“於”。

② “揆”下,翁氏本有“也”字。

亦庶幾有守矣。《文苑英華》有薰所撰《仇士良神道碑》云："孰稱全德，其仇公乎？"其叙甘露之事，謂"克殲巨孽，乃建殊庸"，以七松處士而秉此筆，乃得佳傳於《新史》，豈作史者未之考歟？碑云："大中五年，念功録舊，詔詞臣撰述，不敢虛美。"以元惡爲忠賢，猶曰不虛美乎？宣宗所褒表者若此，唐之不競，[①]有以哉！宣宗召韋澳，問："内侍權勢何如？"對曰："陛下威斷，非前朝比。"上閉目摇手曰："尚畏之在。"士良之立碑，其亦畏昏椓之黨歟？

13. 席豫未嘗草書，曰："細猶不謹，而況巨耶？"然豫爲黜陟使，言安禄山公直無私，其迷國之罪大矣，安在其能謹哉？《唐史》立傳褒之，未有著其罪者，何小人之多幸也？席建侯，即豫也。《唐史》避代宗諱，稱字。孔光黨王莽，則不言温室樹，不足以爲謹。席豫黨禄山，則未嘗草書，不足以爲謹。

14. 《容齋續筆》辯嚴武無欲殺杜甫之説。愚按《新史·嚴武傳》多取《雲溪友議》，宜其失實也。

15. 《通鑑》載李德裕對杜悰，稱"小子聞御史大夫之命，驚喜泣下"。致堂謂："德裕豈有是哉？杜悰，李宗閔之黨，故造此語以陋文饒，史掇取之。以文饒爲人大概觀焉，無此事必矣。"愚按，此事出張固所撰《幽閒鼓吹》，雜説不足信也。

16. 《李泌傳》："加集賢殿、崇文館大學士。泌建言：'學士加"大"，始中宗時。及張説爲之，固辭，乃以學士知院事。'至崔圓復爲大學士，亦引泌爲辭而止。"愚按，崔圓相肅宗，在泌前。《會要》：貞元四年五月，泌奏張説懇辭"大"字，衆稱達禮。至德二年，崔圓爲相，加集賢大學士，因循成例。望削去

---

① "競"，翁氏本作"兢"。

“大”字，此乃泌引圓爲辭，傳誤矣。

17. 韋濟試理人策第一。致堂謂：“濟被識擢，不聞以循良稱，是實不副言矣。”愚考《通鑑》開元二十二年，相州刺史韋濟薦方士張果。蓋逢君之惡者，不但實不副言也。少陵《贈韋左丞》詩，即濟也。

18.《舊史·敬宗紀》：“李翱求知制誥，面數宰相李逢吉過。”愚謂翱爲韓文公之友，此逢吉所深忌也，面數其過，可謂直矣。求知制誥，乃誣善之辭。荆公嘗辯之曰：“世之淺者，以利心量君子。”

19.《老學庵筆記》云：“舊制，兩省中書在門下之上，元豐易之。”愚觀李文簡《歷代宰相表》云：“中書、門下，班序各因其時。代宗以前，中書在上。憲宗以後，門下在上。大歷十四年，崔祐甫與楊炎皆自門下遷中書，不知何時升改。”放翁所記，蓋未考此。

20.《李靖兵法》世無全書，略見於《通典》。今《問對》出阮逸，因杜氏所載附益之。

21.《唐六典》：太子令書畫“諾”，本朝至道初改爲“準”。此東宫畫諾也。陸龜蒙《説鳳尾諾》云：“東宫曰‘令’，諸王曰‘教’，其事行則曰‘諾’，猶天子肯臣下之奏曰‘可’也。”晋元帝爲琅邪王，批鳳尾諾，南齊江夏王學鳳尾諾，則諸王亦畫諾矣。《後漢書》云：“南陽宗資主畫諾。”梁江州刺史陳伯之目不識書，“得文牒辭訟，惟作大諾”，則郡守、刺史亦畫諾矣。

22.《唐六典》、《開元禮》，宣示中外，未有明詔施行，見《吕温集》。南豐謂《六典》“本原設官因革之詳，上及唐虞，以至開元。其文不煩，其實甚備，可謂善於述作者”。

23.《李德裕傳》:“韋弘質建言,①宰相不可兼治錢穀。”嘉祐六年《制策》:胡武平撰。“錢穀,大計也,韋賢之言不宜兼於宰相。”蓋“弘”字避諱,誤以“質”爲“賢”。若璩按:今《欒城應詔集》韋賢,②“賢”正作“質”。

24. 劉秩爲祭酒,上疏曰:“士不知方,時無賢才,臣之罪也。”元稹守同州,《旱災自咎》詩曰:“上羞朝廷寄,下愧閭里民。”秩、稹可謂知所職矣。其言不可以人廢。若璩按:韋應物詩云“身多疾病思田里,邑有流亡愧俸錢”,何讀之惻惻動人。

25.《唐・宗室表》宰相十一人:林甫、回、程、石、福、勉、夷簡、宗閔、適之、峴、知柔。《傳》止云九人,蓋不數福、宗閔。宗室爲狀頭有李肱。若璩按:李肱,即開成元年賦《霓裳羽衣曲》仄韻長律登第者。

26. 唐制舉之名,多至八十有六,凡七十六科,至宰相者七十二人。本朝制科四十人,至宰相者,富弼一人而已。中興復制科,止得李垕一人。若璩按:孝宗乾道七年十一月戊寅,錫李垕制科出身,③官終著作郎。

27. 唐宏詞之論,其傳于今者,④唯韓文公《顔子不貳過》。制舉之策,其書于史者,唯劉蕡一篇。不在乎科目之得失也。若璩按:《王應麟傳》:“初,登第,言曰:‘今之事舉子業者,沾名譽,得則一切委棄,典章制度漫不省,非國家所望於通儒。’於是閉門發憤,誓以博學宏詞科自見,假館閣書讀之。寶祐四年,中是科。後弟應鳳亦中是科。”此即昌黎所應之詞科也。《李燾傳》:“子垕,試賢良方正直言極諫科。燾素謂唐三百年不愧此科者惟劉去華,心慕之,嘗以所著《通

① “弘”字,原本作“引”,翁氏本作“宏”,缺筆避諱。
② “應詔”,翁氏本無此二字。
③ “錫”,翁氏本作“賜”。
④ “于”,翁氏本作“於”。

論》五十篇見蜀帥張燾，欲應詔，不果。其友晁公溯以書勉之，燾答以當修此學，必不從此舉。既不克躬試，命二子垕、塾習焉。至是，吏部尚書汪應辰薦垕可應詔，故有是命。”此即劉蕡所應之制科也，[①]人多混而莫辨。

28. 李泌，父承休，聚書二萬餘卷。誡子孫不許出門，有求讀者，别院供饌。見《鄴侯家傳》。鄴侯家多書，有自來矣。

29.《藝文志》：“員俶《太玄幽贊》十卷。開元四年，京兆府童子進書，召試，直弘文館。”《李泌傳》云：“開元十六年，員俶九歲升坐，詞辯注射，帝異之。”年歲皆不同。蓋《泌傳》所載，本《鄴侯家傳》，當以《志》爲正。

30. 韋應物，史逸其傳。沈作喆爲《應物傳》，叙其家世云：“夐之孫待價，仕隋爲左僕射，封扶陽公。”蓋據林寶《姓纂》。《唐書》韋待價乃挺之子，武后時拜文昌右相。豈二人同名歟？當考。若璩按：晋尚清言而《晋書》無許詢傳，唐尚詩歌而舊、新兩《唐書》無韋應物傳。[②]

31. 劉闢亂于蜀，[③]其嫂庾氏棄絶不爲親。白樂天爲詩《贈樊著作》，與陽城元稹、孔戡並稱，欲其著書，編爲一家言。而《唐史》於庾氏無述焉，故表而出之。

32.《唐六典》記“南内龍池”，程泰之《雍録》謂：“諂辭皆出李林甫，而非張九齡所得知也。”愚按，《九齡集》有《龍池聖德頌》，則誇詡符瑞，[④]雖賢者不免。

33. 鄭餘慶采士庶吉凶書疏之式，雜以當時家人之禮，

---

① “劉蕡”，翁氏本作“蕡”。
② “舊、新兩《唐書》”，翁氏本作“新、舊《唐書》”。
③ “于”，翁氏本作“於”。
④ “誇”，翁氏本作“夸”。

爲《書儀》兩卷。後唐劉岳等增損其書，司馬公《書儀》本於此。若璩按：《唐·藝文志》有王儉《弔答書儀》十卷、《皇室書儀》七卷，《書儀》之名又始於此。

34. 唐開元之任將，以久任而兆亂，其權專也。① 我藝祖之任將，以久任而成功，其權分也。《柳氏家學録》謂："貞觀故事，邊將連帥，三年一易，收其兵權。然用得其人，御得其道，不在於數易也。"

35. 忌日行香，始於唐，崔蠡奏罷之。本朝宋景文公奏云："求於非福，則是諂祭；懺於無罪，則是誣親。"其言不行。

36. 誠齋《易傳》云："文宗陷於宦寺之險，而未能出。惟裴度可以出之，然度自陷於程异、元稹浸潤之内。"愚謂稹在穆宗時，异在憲宗時，非文宗事也。

37. 顔魯公爲《郭汾陽家廟碑》云："端一之操，不以險夷概其懷；堅明之姿，不以雪霜易其令。"斯言也，魯公亦允蹈之。

38. 楊綰《贈官制》云："歷官有素絲之節，庀家無匹帛之餘。"②史臣若璩按：史臣謂劉昫《舊唐書》。謂："當時秉筆者無愧色。"

39. 唐時午日，揚州江心鑄鏡供進。又千秋節，進鏡。潏水李氏收其一，乃方鏡，背鼻有篆文"五日"字，面徑八寸，重五十兩。盛露囊，千秋節戚里皆進。《華山記》云："弘農鄧紹八月曉入華山，見童子執五彩囊，盛柏露食之。"又《荆楚風土記》："以五彩結眼明囊，相傳赤松子以囊盛柏露，飲之而長

---

① "專"，翁氏本作"顓"。
② "庀"，翁氏本作"庇"。

生。”皆八月中事。

40.《舊史·德宗紀》:“貞元六年,岐州無憂王寺有佛指骨寸餘。先是取來禁中供養,二月乙亥,詔送還本寺。”此迎佛骨之始也。《韓愈傳》云:“鳳翔法門寺有護國真身塔,内有釋迦文佛指骨一節。”寺名與前不同。貞元、元和、咸通,迎佛骨者三。若璩按:癸丑冬,薄游汧隴,經過扶風縣北之法門寺,買唐天祐碑,始知即無憂王寺,扁尚存。

41. 蕭潁士《與韋述書》,欲依魯史編年,著《歷代通典》,起漢元十月,終義寧二年,約而删之,勒成百卷。於《左氏》取其文,《穀梁》師其簡,《公羊》得其核,綜三《傳》之能事,標一字以舉凡。然其書今無傳焉,略見於本傳,而不著《通典》之名。

42. 楊文莊公徽之若璩按:徽之,字仲猷,浦城人。真宗特置侍讀學士,①官之。本傳不載其謚。好言唐朝士族,閲《諱行録》,悉能記之。按《館閣書目》,《諱行録》一卷,以四聲編登科進士族系、名字、行第、官秩及父祖諱、主司名氏。起興元元年,盡大中七年。宋敏求續爲《後録》五卷。

43.《温彦博傳》“我見其不逮再稘矣”,出《説文》引《虞書》“稘,三百有六旬”。《李密傳》“敖庾之藏,有時而賜”,若璩按:今本作“儩”。出《詩》“王赫斯怒”鄭《箋》:“斯,音賜,盡也。”《新史》尚奇類此。

44. 馬總《通曆》所載“公子曰”、“先生曰”者,皆虞世南《帝王略論》。《略論》五卷,起太昊訖隋,假公子答問。

45. 李翺爲史官,請作行狀者,指事説實,直載其詞。然

① “特”,翁氏本作“時”。

我朝名公秉筆，亦有誤者。歐陽公爲《范文正碑》云："至日大會前殿，上將率百官爲太后壽。公上疏，其事遂已。"其後老泉編《太常因革禮》，有已行之明驗，質之歐公。公曰："諫而不從，碑誤也。"東坡爲《張文定銘》云："神宗問：'元昊初臣，何以待之？'公曰：'臣時爲學士，誓詔封册，皆臣所草。'"李微之若璩按：微之，名心傳，井研人。舜臣之子，道傳之兄，見《儒林傳》。考《國史》，誓詔在慶曆四年十月，封册在十二月。明年二月，文定始爲學士。封册乃宋景文撰。朱文公爲《張忠獻行狀》，其後語門人云："向只憑欽夫寫來事實，後看《光堯按光堯，高宗尊號。[①] 實録》，其中多有不相應處。"以三事觀之，罔羅舊聞，可不審哉？

46. 唐配帝皆一后，唯睿宗二后；[②]昭成，明皇之母，開元四年升祔。此失禮之始也。若璩按：肅明皇后，睿宗之元妃、明皇之嫡母也。縱二后並配，當行於開元四年，不當遲至二十一年始祔，失禮之中又失禮矣。王氏析猶未精。

47. 龍朔改左右散騎常侍曰左右侍極，《職源》誤以左史爲左侍極，而近世制詞多踵其誤。

48. 石林序盧鴻一《草堂圖》云："《唐舊史》鴻一，蓋二名，與《中岳劉真人碑》所書合。《新史》删去'一'字，不知何據。當以《舊史》爲正。"愚按，南齊張融曰："昔有鴻飛天首，積遠難明，越人以爲鳧，楚人以爲乙。人自楚、越，鴻常一耳。""鴻一"之義，取於此。若璩按：《歷代名畫記》："盧鴻，一名浩然，高士也。"《新唐書》作盧鴻，字顥然，亦各有本，張融語出《南史·隱

① "按"，翁氏本作"閻按"。
② "唯"，翁氏本作"惟"。

逸·顧歡傳》。《通鑑考異》引《中岳真人劉君碑》云：[1]“廬鴻撰，無‘一’字。”

49.《考古編》以《通鑑》貞觀十三年房玄齡“請解機務”，“詔斷表”，爲今“斷來章”之祖。愚按，《晋·山濤傳》：手詔曰：“便當攝職，令斷章表。”此斷表之始，非昉于唐也。[2] 若璩按：胡三省《通鑑·唐紀》注：“今之讓官者，奉表三讓，不許，敕斷來章，則閣門不復受其表，即唐制之斷表也。”

50. 韓、柳方駕，而其行殊；元、白齊名，而其操異。管、華、嵇、阮亦然。

51. 唐亦有蔡京，咸通三年，嶺南節度使以貪虐誅。京始末見《雲溪友議》。此奸臣名氏之同者。吴有桓彝，晋亦有桓彝，此忠臣名氏之同者。若兩曾參，兩毛遂，則賢否分矣。兩毛遂，見《西京雜記》，員半千詩用之。若璩按：名氏之同之奇者，莫過王莽之前有王莽，朱買臣之後有朱買臣。

52. 顔魯公爲刑部尚書，有舉家食粥之帖。蓋自元載制禄，厚外官而薄京官。京官不能自給，常從外官乞貸。楊綰既相，奏加京官俸。魯公以綰薦，自湖州召還，意者俸雖加而猶薄歟？

53. 李康《運命論》曰：“以一人治天下，不以天下奉一人。”《大寶箴》用之。

54. 李方玄曰：“沈約年八十，手寫簿書。”本杜牧所作《方玄墓志》。本朝建隆詔亦云：“沈約爲吏，手寫簿書。”愚按，《理道要訣》云：“宋光禄大夫傅隆，年過七十，手寫籍書。梁尚書令沈約，位已崇高，議請寶重。”蓋誤以傅隆爲沈約也。

---

① “中岳真人劉君碑”，翁氏本作“中岳劉真君碑”。

② “于”，翁氏本作“於”。

若璩按:《宋書·傅隆傳》:"謹於奉公,常手抄書籍。"《梁書·沈約傳》無。

55. 孝宗問周益公云:"唐孫樵讀《開元録》,雜報數事,内有宣政門宰相與百僚廷諍,十刻罷。遍檢《新》、《舊唐史》及諸書,並不載。"益公奏:"《太平御覽總目》内有《開元録》一書。祖宗朝此本尚存,近世偶不傳耳,容臣博加詢訪。"

56. 蕭遘與其子三兒生日詩曰:"吾家九葉相,盡繼明時出。"《唐史》云:"自瑀逮遘,凡八葉宰相。"此云九葉,《宰相世系表》:"梁貞陽侯之後有鄴,相宣宗。"若璩按:俱《表》所云"齊梁房"者也。

57. 姚崇十事,見《開元升平源》,《通鑑》不取。若璩按:《通鑑》不取,非也。明王三原應召至都,鄒智見曰:"三代而下,人臣不得見君,所以事事苟且,公勿拜官,先請見君,歷陳時政於上前,庶其有濟,一受官職,再無可見之時矣。"説正與姚元之同。

58. 王起廣《五位圖》,《舊史》云《五運圖》。

59. 李白上《宣唐鴻猷》一篇,即本傳所謂"召見金鑾殿,奏頌一篇"者也。今《集》中闕。

60. "緋衣小兒"之謡,《朝野僉載》謂裴炎也,而張權輿以譏裴度。

61. 韓文公子昶,雖有"金根車"之譏,而昶子綰、衮皆擢第,衮爲狀元。君子之澤遠矣。

62. 孔戣爲華州刺史,奏罷明州歲貢淡菜、蛤蚶之屬。見《昌黎集》。元稹爲越州,復奏罷之。見《白樂天集》。若璩按:亦見本人《集》、《狀》中。蓋嘗罷於元和,而復貢於長慶也。若璩按:《狀》云海味起自元和四年,而九年以一縣令論罷,十五年復令供進。①

---

① "十五",翁氏本作"十九"。

至孔戣奏罷，則在元和二年。只當云一罷於元和二年孔戣，再罷於元和九年某縣令，三罷於長慶二年元稹也，方合鄉邦故實。

63. 畢炕，天寶末爲廣平太守，拒安禄山，城陷，覆其家。《唐史》附于父《構傳》，蓋取韓文公所撰《畢坰志》。然炕之名不書於《忠義傳》，故文公謂："廣平死節，而子不荷其澤。"愚謂廣平之節如此，河北二十四郡，不止一顏平原也，《通鑑》亦不書其事。

64. 廣德元年十一月，太常博士柳伉上疏，請斬程元振。於是削元振官爵，放歸田里。東坡謂："及其有事且急也，雖代宗之庸，程元振之用事，柳伉之賤且疏，而一言以入之，不終朝而去其腹心之疾。"愚按《登科記》："伉，乾元元年進士。"《翰林院故事》載：寶應已後，伉自校書郎充學士，出鄠縣尉，改太常博士，兵部員外，諫議大夫，皆充學士。《新唐史·程元振傳》云"太常博士、翰林待詔柳伉上疏"，以《翰林故事》考之，伉是時爲學士，非待詔也。伉以博士在禁林，職近而親，不可謂"賤且疏"。《唐史》不爲伉立傳，故詳著其事，俾覽者知詞臣之獻替，不獨陸贄、李絳也。

65. 東坡謂："學韓退之不至，爲皇甫湜；學湜不至，爲孫樵。"朱新仲曰："樵乃過湜，如《書何易于》、《褒城驛壁》、《田將軍邊事》、《復佛寺奏》，皆謹嚴得史法，有補治道。"

66. 林寶《元和姓纂》十卷，"自皇族之外，各依四聲類集，每韻之内，以大姓爲首"。鄧名世謂：稍能是正數十條，而齊、秦之屬，亦所未暇。至鉏丘、茅夷，指爲複姓，又不勝其謬。鄭樵謂：寶不知自姓所由來。

67. 劉允濟曰："班生受金，陳壽求米。"受金事未詳。若璩按：《文心雕龍》云："班固述漢遺親攘美之罪，徵賄鬻筆之愆，公理辨之究矣。”“公理”，仲長統字，[①]“辨之究”，猶上文“論之詳”，非辨其誣也。而其實二句純用《北史・柳虯傳》[②]“班固致受金之名，陳壽有求米之論”。何屺瞻曰：“文帝即王位，誅丁儀、丁廙并其男口，安得晋時猶有子在？覓米事誣。”

68. 劉知幾領史事，言“五不可”，曰：“孫盛取嫉權門，王劭見讎貴族。”《文粹》云：“王韶直書，見讎貴族。”“宋王韶之爲晋史，序王珣貨殖，王廞作亂。珣子弘、廞子華並貴，韶之懼爲所陷，深附結徐羨之、傅亮等。”當從《文粹》爲王韶。《新史》誤以“韶”爲“劭”。韶之，弑君之賊也，身爲梟獍，而秉史筆，其誰服之？《傳》曰：“無瑕可以戮人。”若璩按：晋安帝崩，乃劉裕使王韶之密加酖毒，故曰“弑君之賊”。

69. 李晟每戰，必錦裘綉帽自表，而晟以勝；宋殷孝祖每戰，常以鼓蓋自隨，而孝祖以敗。兵豈有定法哉？

70. 閩俗比中州，化於善也。蔡人過夷貊，化於惡也。

71. 漢黨錮以節義，群而不黨之君子也。唐朋黨以權利，比而不周之小人也。漢之君子，受黨之名，故其俗清。唐之小人，行黨之實，故其俗弊。

72. 奸臣唯恐其君之好學近儒，非獨仇士良也。吴張布之排韋昭、盛沖，李宗閔之排鄭覃、殷侑，亦士良之術。

73. 杜佑《理道要訣》，朱文公謂非古是今之書。

74. 魏鄭公曰：“重君子也，敬而遠之；輕小人也，狎而近之。”武帝之於汲黯、衛青、公孫弘，明皇之於姚崇、宋璟、李林甫，可見矣。《中庸》之尊賢，必以修身爲本。

75. “善言不可離口，善藥不可離手。”孟詵之言也。《觀

---

① “統”之下，翁氏本有一“之”字。
② “而”，翁氏本無此字。

物外篇》取之。若璩按：孟詵，見《唐書·隱逸列傳》。

76. 張文潛云："節度之強，不起於河北之繼襲，而起於節度之有功。"愚考方鎮之強，始於僕固懷恩用賊黨田承嗣、李懷仙、李寶臣分帥河北，非有功之將也。

77. 司空圖《房太尉詩》曰："物望傾心久，匈渠破膽頻。"注謂：禄山初見分鎮詔書，拊膺嘆曰："吾不得天下矣！"琯建遣諸王爲都統節度，而賀蘭進明讒於肅宗。以司空表聖之言觀之，則琯建此議，可以破逆胡之膽。《新唐書》采野史稗説，而不載此語，唯程致道著論若璩按：見程俱《房太尉傳後論》。發揚之。晋以琅邪立江左之業，我宋以康王建中興之基，琯可謂善謀矣。

78. 《通鑑》：劉蕡"不得仕於朝，終於使府御史"。《唐鑑》云："終於柳州司户。"以《新史》考之，當從《唐鑑》。宦人深嫉蕡，誣以罪，貶柳州司户。

79. 顔真卿、鄭畋以興復爲己任，倡義討賊，其志壯矣。真卿權移於賀蘭進明，畋見襲於李昌言，功不克就。故才與誠合，斯可以任天下之重。

80. 常衮與禮官議："禮，爲君斬衰三年。漢文帝權制三十六日。我太宗遺詔亦三十六日。群臣不忍，既葬而除，略盡四月。高宗如漢故事。玄宗以來，始變天子喪爲二十七日。"世多以短喪議漢文帝，而不知二十七日之制，自玄宗始也。

81. 韓偓自書《裴郡君祭文》，首書"甲戌歲"，銜書前"翰林學士承旨、銀青光禄大夫、行尚書户部侍郎、知制誥、昌黎縣開國男、食邑三百户韓某"。是歲，朱氏篡唐已八年，爲乾化四年，猶書唐故官，而不用梁年號。慶曆中，詔官其四世孫奕。

若璩按：王氏晚歲，自撰志銘，有曰：[①]“其仕其止，如偓如圖。”聞者咸以爲實録。偓即韓偓，圖則卷二十之司空表聖。丘邇求云。[②]“慶歷”當作“景祐”，蓋龐籍爲漕時，奏上偓詩，始得官其裔孫也。

82. 僕固懷恩叛唐，李日月爲朱泚將，而其母皆知逆順之理，良心不可泯也。

83. 李光弼與韋陟論戰守，曰：“辨朝廷之禮，我不如公；若夫軍旅，則公不如我。”陟無以應。古者治軍，有軍禮焉，楚得臣以無禮敗，晋文公以有禮勝。禮莫大於君臣之分，光弼命召不至，愧恨以没，蓋以禮與軍旅爲二物也。

84.《唐鑑》曰：“人君觀史，宰相監修，欲其直筆，不亦難乎？房、魏爲相，總史事，其父彦謙、長賢，皆得佳傳，况不如房、魏者乎？”

85. 獨孤及《福州新學碑銘》云：“閩中無儒家流，成公至而俗易，成公，李椅也，在大歷八年。家有洙、泗，户有鄒、魯。”常衮，建中初爲閩人設鄉校，李椅在其前。若璩按：《唐・宗室世系表》：蜀王湛五世孫，爲福建觀察使椅。

86. 王福畤爲博士，執許敬宗之謚不改，無忝河汾之學矣。

87. 許敬宗謚繆，而更曰恭。陳執中謚榮靈，而更曰恭。二事相類。

88. 武德初，以隋張衡死非其罪，謚曰忠，是奬弑君之賊也。高祖相封德彝，宜其以逆爲忠也。漢大綱正，見於戮丁公；唐無三綱，見於贈張衡。若璩按：贈張衡，乃高祖於義寧中事。

---

① “曰”，翁氏本無此字。
② “邇”，翁氏本作“爾”。

大宗貞觀二年，以裴虔通弑炀帝，猶削爵流歡州。父子刑賞，殆判若天淵矣，[1]故曰“唐之天下，太宗之天下也”。

89.《朝野雜記》曰：“西漢户口至盛之時，率以十户爲四十八口有奇，東漢户口，率以十户爲五十二口，可準周之下農夫。唐人户口至盛之時，率以十户爲五十八口有奇，可準周之中次。”其説本程沙隨。

90. 歐陽子書“唐六臣”於唐亡之後，貶其惡也；朱子書“晋處士”於晋亡之後，表其節也。一字之懲勸深矣。

91.《五代史》：“周世宗嘗夜讀書，見唐元稹《均田圖》，嘆曰：‘此致治之本也。’詔頒其圖法，使吏民先習知之，期以一歲，大均天下之田。”考之《會要》，世宗見元稹在同州時所上《均田表》，[2]因製素爲圖，[3]賜諸道。《崔頌傳》云：“世宗讀唐元稹《均田疏》，命頌寫爲圖，賜近臣，遣使均諸道租賦。”史謂“元稹圖”，誤也。《稹集》有《同州奏均田》。《續通歷》云：“唐同州刺史元稹奏均租賦，帝覽文集而善之，寫其辭爲圖以賜。”[4]

92. 歐陽子之論篤矣，而“不以天參人”之説，或議其失；[5]司馬公之學粹矣，而“王霸無異道”之説，或指其疵。信乎，立言之難也。

93. 歐陽子謂：“五代禮壞，寒食野祭而焚紙錢。”按，紙錢始於開元二十六年，王璵爲祠祭使，祈禱或焚紙錢，類巫覡，非自五代始也。古不墓祭，漢明帝以後，有上陵之禮，蔡邕議以爲“禮有煩而不可省者”。《舊唐書》開元二十年，寒食

---

① “殆”，翁氏本無此字。“矣”，翁氏本亦無。
② “表”，翁氏本作“奏”。
③ “素”，疑爲“表”。
④ “續通歷”以下至“爲圖以賜”注語，翁氏本作正文。
⑤ “議”，翁氏本作“譏”。

上墓，編入五禮，永爲常式。寒食野祭，蓋起於此。朱文公謂："漢祭河，用寓龍寓馬，以木爲之，已是紙錢之漸。唐范傳正謂'惟顔魯公、[1]張司業家祭不用紙錢'。本朝錢鄧州。若璩按：鄧州乃錢若水。不燒楮鏹，吕南公爲文頌之。"

94.《兔園册府》三十卷，唐蔣王惲令僚佐杜嗣先，仿應科目策，自設問對，引經史爲訓注。惲，太宗子，故用梁王兔園名其書。馮道《兔園册》，謂此也。若璩按：《宋・藝文志》亦云杜嗣先，晁公武以爲虞世南，何也？

95. 天子之廢置，出於士卒，自唐明宗始也。明宗以此得之，而反爾之報，在其後人。

96. 後唐天成元年，吏部侍郎劉岳奏罷告身綾軸錢。本朝復納綾紙錢，淳熙元年始免。

97. 周顯德六年，始去符契，專以印章爲驗。

98. 歐陽子、司馬公之貶馮道，《春秋》之法也。我朝太宗謂范質欠世宗一死，所以立萬世爲臣者之訓。若璩按：王蠋"忠臣不事二君，貞女不更二夫"之言，直至宋代而明，一明於太宗責范質以死，一明於程伊川謂"餓死事小，失節事大"。而後，爲人臣、爲人婦者之防始嚴，故宋大有功於綱常。余聞諸前輩先生云。

99. 唐後主不肯和親而亡，石晋父事契丹而興。晋之興也，乃其所以亡也。桑維翰之興晋，即所以亡晋也。

100. 朱温之兄全昱，楊涉之子凝式，人心之公是非，在其家者如此，况天下千萬人之心乎？若璩按：凝式亦歷事梁、唐、晋、漢、周，法書中所稱"楊風子"也。

101. 梁太祖幸河北，至内黄，顧李珽曰："何謂内黄？"珽

① "惟"，《叢刊》本、翁氏本作"唯"。

曰:"河南有外黄、下黄,故此名内黄。"曰:"外黄、下黄何在?"斑曰:"秦有外黄都尉,今在雍丘。下黄爲北齊所廢,今在陳留。"按《五代通録》李斑曰:"河南有外黄、小黄。"《漢·地理志》:陳留有外黄、小黄。[①]《五代史記》改"小黄"爲"下黄",誤也。當從《通録》。

① "小黄"下,《叢刊》本、翁氏本有"縣"字。

卷十五

宋　王應麟　撰

考史

1.《孟子》曰："天下可運於掌。"又曰："以齊王由反手也。"豈儒者之空言哉？自唐肅宗之後，紀綱不立，[1]叛兵逐帥，叛將脅君，習以爲常。極于五季，[2]君如逆旅，民墜塗炭。我藝祖受天明命，澡宇宙而新之。一階一級，全歸伏事之儀，發於聖訓，著於令甲。於是上下之分定，朝廷之體尊。數百年陵犯之習，片言而革。至若餓狼餒虎，肉視吾民而咀啖之，藝祖用儒臣爲郡守，以收節度之權；選文臣爲縣令，以去鎮將之貪。一詔令之下，而四海之内改視易聽。"運掌"、"反手"之言，於是驗矣。

2. 高宗之詔曰："廷尉，天下之平也。高柔不以明帝喜怒而毀法，游肇不以宣武敕命而曲筆，況可觀望臣庶而容心者乎？曹劌謂：'小大之獄，雖不能察，必以情，爲忠之屬也，

---

① "立"，翁氏本作"正"。
② "于"，翁氏本作"於"。

可以一戰’，不其然乎？布告中外，爲吾士師者，各務仁平，濟以哀矜。天高聽卑，福善禍淫，莫遂爾情，罰及爾身。置此座右，永以爲訓。”大哉王言！幾於典誥矣。

3. 崔伯易《感山賦》：“以皇祐之版書，較景德之圖録，雖增田三十四萬餘頃，反減賦七十一萬餘斛。”會計有録，非以增賦也。陳君舉奏疏云：“自建隆至景德四十五年，南征北伐，未嘗無事，而金銀錢帛、糧草雜物七千一百四十八萬，計在州郡不會。”藏富於州縣，所以培護本根也。若璩按：亡友顧景范以《通鑑地理通釋》載《感山賦》來問崔何時人。余取《宋史・崔公度傳》以覆曰：“伯易，其字也，高郵人。歐陽修得其所作《感山賦》，示韓琦。琦上之英宗，即宣付史館。賦全載《宋文鑑》卷之六，以伯易爲其名。《感山賦》原名《太行山賦》，以太行近時忌，故改。曲轅先生作，見《孫公談圃》。”有天下者，上之藏富於民，次則藏富於州縣，至藏富於國斯下矣。宋祖宗時可謂得中策。

4. 真文忠公言本朝治體，曰：“立國不以力勝仁，理財不以利傷義，御民不以權易信，用人不以才勝德。恩結乎人心，富藏乎天下。君民相孚而猜忌不作，材智不足而忠信有餘。”

5. 袁機仲若璩按：機仲，名樞，建安人，即作《通鑑紀事本末》者。① 言於孝宗曰：“威權在下，則主勢弱，故大臣逐臺諫以蔽人主之聰明；威權在上，則主勢強，故大臣結臺諫以遏天下之公議。”機仲之言未盡也。臺諫爲宰相私人，權在下則助其搏噬，以張其威；權在上則共爲蔽蒙，以掩其奸。劉時可應起名。② 謂：“臺諫之議論，廟堂之風旨，頗或參同。夾袋之欲

---

① “若璩按……《通鑑紀事本末》者”十九字，翁氏本在文末“其惟端士”之下。

② “名”，翁氏本無此字。

汰，白簡之所收，率多暗合。"此猶婉而言之也。開慶按，理宗在位三十五年，己未改元。初，邊事孔棘，御史有疏云："敵雖強，①而必亡之勢已見。"咸淳按，度宗初即位，乙丑改元。初，召洪君疇按，②君疇，名天錫，晋江人，以待御史召，③在道，爲監察御史張桂劾罷。後官端明殿學士，謚文毅。④ 長臺端，御史自造謗詩，以尼其來。罔上誣善至此，豈但參同暗合而已哉？是以天子之耳目，勿用憸人，其惟端士。

6. 漢高帝三章之約，我藝祖陳橋之誓，所謂"若時雨降，民大悦"者也。

7. 周益公云："《續通鑑長編》多采近世士大夫所著，如曾子宣《日記》之偏，王定國《甲申録》之妄，咸有取焉。"然李微之《舊聞證誤》"執政不坐奏事"，以王定國《聞見録》爲證，與王沂公《筆録》不同。修《長編》時，未見定國書，故專用《筆録》。然則《長編》所采摭，猶有遺也。若璩按：李仁父《長編》用力四十年而成，明正、嘉間，人猶見全書。天啓中，閻學士只于内閣鈔卷初五大本。⑤ 絳雲樓災，遽歸天上。近四十年前，無錫顧孝廉始從嘉興高氏購得之，凡三易主而歸傳是樓。余假館樓下，且讀且鈔，窮日夜不少休，然止及治平，餘仍放失。有勸主人宜集衆以續此編者，余極摇手以戒。⑥ 主人笑以爲知言，云《李燾傳》：乾道四年，"上《續通鑑長編》，自建隆至治平，凡一百八卷"，今卷數正合。

8. 晁景迂謂："今賦役，幾十倍於漢。"林勳謂："租增唐

---

① "敵"，《叢刊》本、翁氏本作"虜"。

② "按"，翁氏本無此字。

③ "待"，翁氏本作"侍"。

④ "按君疇……文毅"，翁氏本將其列在文末"端士"之下注"若璩按……《通鑑紀事本末》者"之後。

⑤ "閻學士"，翁氏本作"錢牧齋"。

⑥ "極"，翁氏本作"亟"。

七倍，又加夏税錢，通計無慮十倍。”李微之謂：“布縷之征三，穀粟之征三，力役之征四，蓋用其十矣。”

9. 止齋謂：本朝名節，自范文正公。議論文章，自歐陽子。道學，自周子。三君子皆萃於東南，殆有天意。若璩按：王元美論從祀，欲進仲淹而黜修，蓋原知其以濮議祀，非以功同昌黎。

10.《兩朝國史》非寇準而是丁謂，托之神宗聖訓，蓋蒲宗孟之筆也。王允謂“不可令佞臣執筆”，諒哉！

11. 紹興若璩按：高宗在位五年，辛亥改元。重修《哲宗實録》，獨元祐八年事，皆無存者，至參取《玉牒》、《日歷》諸書以足之，僅得成書。中興後事，紹興八年至二十五年最爲疏略。鶴山謂：“小人爲不善，於傳世詒後之書，必遏絶之。自唐許、李至近世，莫不然。”

12. 李常寧曰：“天下至大，宗社至重，百年成之而不足，一日壞之而有餘。”元祐中對策。劉行簡曰：“天下之治，衆君子成之而不足，一小人敗之而有餘。”紹興中奏疏。皆至論也。

13. 太祖在位十七年，四行郊禮。太宗二十有三年，五講郊禮。真宗東封西祀，率三年一行。仁宗後，三歲一郊爲定制。

14.《元城語録》藝祖造熏籠事，[①]周益公謂：誤以元豐後官制爲藝祖時官制。

15. 吕正獻公書坐右曰：“不善加己，直爲受之。”本後漢張霸戒子之語。吕居仁《雜録》曰：“少年毋輕議人，毋輕説事。”本魏李秉《家誡》。

16. 吕氏《童蒙訓》云：“前輩有《編類國朝名臣行狀墓

---

① “熏”，《叢刊》本作“薰”。

志》，取其行事之善者，别録出之，以自警戒。亦樂取諸人以爲善之義。"朱文公亦云："籍溪胡先生教諸生於功課餘暇，以片紙書古人懿行或詩文銘贊之有補於人者，粘置壁間，俾往來誦之，咸令精熟。"此二事可以爲法。

17. 周元公生於道州，二程子生於明道元、二間，天所以續斯道之緒也。

18. 元祐之黨，劉元城謂止七十八人；後來附益者非也。慶元若璩按：寧宗初即位，乙卯改元。之黨，黄勉齋謂本非黨者甚多，群小欲擠之，借此以爲名耳。

19. 歐陽公爲《周君墓表》云："篤行君子，孝於其親，友於其兄弟。"而集缺其名與字。周益公考之《舂陵志》，乃周堯卿，字子俞。《東都事略》有傳，其行事與墓表合，而字子餘。未知《事略》據何書而立傳也。荆公爲《征君墓表》云："淮之南有善士三人。"杜嬰、徐仲堅，而征君之名字，亦缺焉。① 三人皆居真之揚子，當求郡志而補之。二表皆載於《文鑑》。

20. 宗廟樂有舞。建隆初，竇儼定太廟四舞，僖祖曰《大善》，順祖曰《大寧》，翼祖曰《大順》，宣祖曰《大慶》。列聖皆以"大"爲名。中興後，自僖祖《基命》，至欽宗《端慶》，以原廟殿名爲舞名，禮官之失也。

21. 《長編》宣和五年，求石晋故疆，不思營、平、灤三州，乃劉仁恭遺敵，②敵不肯割。按《五代史》，劉仁恭無割地遺敵之事。《四夷附録》云："契丹當莊宗、明宗時，攻陷營、平二州。"唐無灤州，《武經總要》："石晋割賂燕、薊、易、定，帥王都驅其民入

① "亦缺焉"上，《叢刊》本、翁氏本有"集"字。
② "敵"，《叢刊》本、翁氏本均作"虜"。下同。

契丹,因以烏灤河爲名,以居之。”按賈耽説,①西北渡灤河,至盧龍鎮。《唐·賈循傳》:“張守珪北伐,次灤河。”《薛訥傳》:“師至灤河。”

22. 仁宗時,制科十五人:天聖,何泳、富弼;景祐,蘇紳、吴育、張方平、田況;慶歷,錢明逸、彦遠;皇祐,吴奎;嘉祐,夏噩、陳舜俞、錢藻、蘇軾、轍、王介。東坡詩:“先帝親收十五人。”注者多誤。若璩按:《仁宗本紀》:書策制舉人,見天聖八年,景祐元年,寶元元年,慶曆二年、六年,皇祐元年、五年,嘉祐二年、四年、六年,與此亦不甚合。惟《玉海·科舉》所載合。又云父子則錢易、明逸、彦遠,兄弟則二蘇、二錢,再舉制科則張方平。仁皇親擢十五人,蓋錢易在前故。

23. 乾道若璩按:孝宗在位三年,乙酉改元。元年,《郊赦文》云:“前事俱捐,弗念乎薄物細故;烝民咸乂,靡分乎爾界此疆。”洪文惠所草也。朱文公《與陳正獻書》曰:“卑辭厚禮,乞憐於仇讎之戎狄。幸而得之,肆然以令於天下,曰:‘凡前日之薄物細故,吾既捐之矣。’孰有大于祖宗陵廟之讎者,②而忍以薄物細故捐之哉?”

24. 孝皇獨運萬幾,頗以近習察大臣。《中庸或問》“敬大臣”之説,《大事記》“大臣從臣”之説,皆以寓箴諷之意。《文鑑》所取,如徐鼎臣《君臣論》、文潞公《晁錯論》、蘇明允《任相論》、秦少游《石慶論》之類,皆諫書也。

25. 真文忠公奏疏曰:“乾道、淳熙間,有位于朝者,③以饋遺及門爲恥;受任于外者,以苞苴入都爲羞。”然朱文公封事,言浙中風俗之弊,甚者“以金珠爲脯醢,以契券爲詩文”,

---

① “按”,翁氏本作“案”。
② “于”,翁氏本作“於”。“讎”,翁氏本作“讐”。
③ “于”,翁氏本作“於”。下同。

則此習猶未革也。

26. 高宗廟號未定，有議爲“光宗”、“寧宗”者，見周益公《思陵録》。其後兩朝用之。高宗陵名，嘗擬“永阜”，其後孝宗用之。

27. 淳熙皇太子參決庶務手詔，洪景盧所草也。禮部太常官堂白手詔，用貞觀、天禧事，皆非所宜。

28. 胡文定言：崇寧以來，奄寺“用王承宗故事而建節旄”。“宗”字誤，當云“承休”。《五代史》：蜀王衍以宦者王承休爲天雄軍節度使。致堂《原亂賦》“建承宗之旄纛”，亦誤。

29. 李微之問勉齋云：“南軒賜章服，兩爲胡忠簡繳還，而不聞引避；東萊除職，既遭陳叔進行詞醜詆，乃復受之而不辭。皆所未曉。”勉齋答云：“先輩非後學所敢輕議，然辭受合尚嚴，今當嚴者反寬，是以不免爲具眼者勘破，學者所當戒也。”

30. 微之又云：“東萊之學甚正，而優柔細密之中，似有和光同塵之弊；象山之學雖偏，而猛厲粗略之外，卻無枉尺直尋之意。”

31.《演蕃露》：“明道二年，奉安莊獻神御於慈孝寺彰德殿，則莊獻不入景靈。”按，景靈宫建于祥符五年，①以奉聖祖。其爲原廟，自元豐五年始。前此，帝后館御，寓佛、老之祠者多矣，非止莊獻也。

32. 攻媿《跋曹子方書》，以爲祐陵時上書論時事，靖康至樞管。愚謂有兩曹輔，其一字子方，與蘇、黄游，若論事爲樞管者，字載德。龜山爲銘，合爲一人，非也。又《淮海樓記》

---

① “于”，翁氏本作“於”。

考《國史傳》，秦少游調定海主簿，而《文集》無一語及之。愚謂少游爲蔡州教授時，選人七階未改，主簿乃初階，非歷此官也。

33.《律疏》與《刑統》不同，《疏》依律生文，《刑統》參用後敕，雖引《疏》義，頗有增損。天聖中，孫奭校定《律文》及《疏》，爲《音義》。

34. 江休復《雜志》："駕頭，初即阼所坐。① 王原叔曰：'此坐傳四世矣。'"按《國史·輿服志》："駕頭，七寶牀也，覆以緋羅綉帕，内臣馬上捧之。"嘉祐六年，辛睦親宅，②内侍墮馬，駕頭壞，遂以閤門祗候，内侍各二員，挾駕頭左右，③次扇筤，又以皇城親從兵二十人從其後。

35. 景祐二年，郊赦，梁適上疏，論"朱全忠唐之賊臣，今録其後，不可以爲勸"。仁皇是其言，記姓名禁中。石介亦論"赦書不當求朱梁、劉漢後"，遂罷不召。其言一也，而黜陟異焉，豈遇不遇有命乎？

36. 乾道中，張説、王之奇簽書樞密院事，辭免，降詔，直學士院周必大奏："唐元和間，白居易在翰林，奉宣草嚴綬江陵節度使、孟元陽右羽林統軍制，皆奏請裁量，未敢便撰。元祐中，師臣避免拜之禮，執政辭遷秩之命，蘇軾當撰答詔，言其不可，卒如所請。今除用執政，非節度統軍、免拜遷秩比，二人辭免不允詔書，臣未敢具草。"紹熙若璩按：光宗初即位，庚戌改元。中，譙熙載自遥郡觀察使除正任，辭免，降詔，倪思封還詞頭，亦引蘇軾論不當撰，辭免不允詔者凡三。嘉定中，師

---

① "阼"，《叢刊》本、翁氏本作"祚"。
② "辛"，翁氏本作"幸"。
③ "駕頭"，翁氏本作"駕"。

罷知臨安府，辭免，蔡幼學當草詔，奏曰："不允必有褒語，臣無詞以草。"①淳祐按，理宗在位十七年，辛丑改元。中，别之傑參知政事，尤焴不草答詔。此禁林繳奏故事也。唐末，韋貽範起復，命韓偓草制，偓曰："腕可斷，麻不可草。"上疏論之。明日，百官至而麻不出。此非盛世事，故前輩不以爲故實。

37. 蔣希魯居姑蘇，延盧仲甫秉。後圃。希魯曰："亭沼粗適，恨林木未就。"仲甫曰："亭沼譬爵位，時來則有之。林木譬名節，非素修弗成。"

38. 歐陽公《辨尹師魯志》曰："若作古文，自師魯始，則前有穆修、鄭條輩，及有先達甚多，②不敢斷自師魯始也。"條之名不著，《館閣書目》有《鄭條集》一卷。條，蜀人，自號金斗先生，名其文《金斗集》。

39. 祁寬問和靜尹先生曰："伊川謂歐陽永叔如何？"先生曰："前輩不言人短，每見人論前輩，則曰：'汝輩且取它長處。'"③吕成公《與朱文公書》曰："孟子論孟施舍、北宫黝曰：'二子之勇，未知其孰賢，然而孟施舍守約也。'所以委曲如此者，以其似曾子、子夏而已。若使正言聖門先達，其敢輕剖判乎？"文公答曰："和靜之言，當表而出之。"

40. 劉應起時可，淳祐初爲太學博士，言定大計曰："謀之而臧，則文子文孫，宜君宜王；謀之不臧，則生天王家，以爲大戚。"此人所難言也。

41. 建炎若璩按：高宗初即位，丁未改元。李綱去而潛善、伯彦相。紹興，趙鼎、張浚去而檜相。檜死，其黨迭爲相。隆興

① "詞"，翁氏本作"辭"。
② "先達"上，翁氏本有"宋"字。
③ "它"，翁氏本作"他"。

按，孝宗初即位，癸未改元。至淳熙，萬幾獨運而大臣充位。慶元後，政在侂胄。嘉定後，政在彌遠。端平按，理宗在位十年，甲午改元。訖景定，[1]更一相則曰更化，然奸臣弄權之日常多。陽淑消而陰慝長，危亡之證，所由來漸矣。陰凝冰堅，極於似道。邵子謂"禍在夕陽亭一語"，遂與西晋同轍，哀哉！

42. 蘇紳、梁適，謂之"草頭木脚"，其害在士大夫。薛極、胡榘，謂之"草頭古，天下苦"，其害在民。

43.《朝野雜記》載開禧若璩按：寧宗在位十一年，乙丑改元。貪濁之事詳矣，[2]繼其後者又甚焉。當時謂侍從之臣"無論思，有獻納"，他可知矣。[3] 以陰召陰，極於"天下無邦"。

44. 仁宗閲審刑奏案，有"次公"，而梁適對以"黄霸、蓋寬饒字"。高宗閲刑部奏案，有"生人婦"，而湯思退對以"見《魏志·杜畿傳》"。皆簡上知，至輔相。然以記問取人，則許敬宗賢於竇德玄矣。

45. 四瀆，濟水獨絶。朱全忠篡唐，降昭宣帝爲濟陰王。嘉定末，濟王之封，豈權臣亦取濟水之絶乎？又蕭衍篡齊，降和帝爲巴陵王，而濟王亦降封巴陵公，非令典也。爲大臣者，不知則不學，知之則何以示後？若璩按：《宗室·鎮王竑傳》：德祐元年，"試禮部侍郎兼中書舍人王應麟請更封大國，表墓錫謚。議者謂迎善氣、銷惡運，莫先於此。升封鎮王，謚昭肅，以田萬畝賜其家，遣應麟致祭"。

46. 紹興建儲，欲更名暐，[4]周益公謂與唐昭宗同，若璩

---

① "訖"，《叢刊》本作"汔"。
② "野"字原脱，據《叢刊》本、翁氏本補。
③ "他"，《叢刊》本作"它"。
④ "暐"，翁氏本作"煒"。據《宋史·孝宗本紀》，當作"煒"。

按:《孝宗本纪》漏“音”字,蓋唐昭宗名曄。而亟改之。景定建儲,更名乃與蜀漢後主太子同。咸淳末,命嗣君之名,又與唐中宗同,而當時無言者。

47. 范正獻公曰:“後世人君觀史,而宰相監修,欲其直筆,不亦難乎?”其論正矣。然自唐奸臣爲《時政記》,而史益誣,近世尤甚。余嘗觀《寶慶日曆》,欺誣之言,所謂以一手揜天下之目。① 所恃人心公議不泯耳。

48. 葛文康勝仲。《與王黼書》曰:“天下無事則宰相安,宰相生事則天下危。”

49. 胡文定公自登第逮休致,凡四十年,實歷不登六載。朱文公五十年間,歷事四朝,仕於外者僅九考,立於朝者四十日。道義重而爵位輕,所以立言不朽。

50. 邵公濟築室犍爲之西山,《告家廟文》曰:“少時得大父平生之言于汝潁大夫士,曰:‘世行亂,蜀安,可避居焉。’大父學通天人,足以前知矣。宣和國亂,先人載家使蜀,免焉。”大父,康節;先人,伯温也。

51. 梁世榮録南軒語云:“温公作相,夫人聞其終夜長吁,問之。曰:‘某所奏盜賊,某所又奏某事。吾爲宰相,使天下如此,所以長吁也。’”按《温公集》,張夫人終於元豐五年,此記録之誤也。

52. 乾道壬辰,黄定《對策》謂:“以大有爲之時,爲改過之日月。”又云:“雖有無我之量,而累於自喜;雖有知人之明,而累於自恃。”又云:“欲比迹太宗,而操其所不用之術,顧眄周行,類不適用,則曰腐儒,曰好名,曰是黨耳。於是始有棄

① “揜”,翁氏本作“掩”。

文尚武、親内疏外之心。何不因群情之所共違，而察一己之獨向？”其言皆剴切。孝皇擢之第一，有以見容直之盛德，而秉史筆者未之紀焉。

53. 徐景説，霖。以《書》義冠南宫。上書言時宰奸深之狀曰：“不與天下之公議爭，①而與陛下之明德爲仇，每潛沮其發見之端，周防其增益之漸，使陛下之明德不得滋長廣充，以竊見其奸而或覺之也。其先也，奪陛下之心；其次，奪士大夫之心；而其甚也，奪豪傑之心。”景説由是著直聲。

54. 唐及國初，策題甚簡，蓋舉子寫題於試卷故也。慶曆後，不復寫題，寖失之繁。今有數千言者，問乎其不足疑。若壉按，《蔣之奇傳》：“英宗時，舉賢良方正，及對策，失書問目，報罷。”則謂“慶歷後”云云者，恐誤。

55. 《嘉祐制策》曰：“治當先内。或曰：‘何以爲京師？’”此晉謝安之言也。“命秩之差，虚實之相養”，此唐陸贄之言也。二若璩按：“二”当作“大”。蘇公之對，不能無所遺。若璩按：東坡止對“不可撓獄市”爲曹參，②不及謝安；止對“錢貨輕重之相權”爲召穆公，不及陸贄，故曰有遺。且此乃景王時單穆公，非厲王時召穆公虎也，尤誤。

56. 龜山志游執中曰：“嘗以晝驗之妻子，③以觀其行之篤與否也；夜考之夢寐，以卜其志之定與未也。”

57. 紹興、隆興，主和者皆小人；開禧，主戰者皆小人若璩按：時辛棄疾亦主戰。余謂此即《西涯樂府》云：“議和生，議戰死。生國讐，死國恥。兩太師，竟誰是？”潘辰評：“都無一是者也。”

---

① “議”，翁氏本作“義”。
② “撓”，翁氏本作“擾”。
③ “嘗”，《叢刊》本作“常”。

58. 吕文靖爲相，非無一疵可議，子爲名相，而揚其父之美。史直翁爲相，非無一善可稱，子爲權臣，而掩其父之美。《易》曰："有子考，无咎。"

59. 嘉定癸未，禮闈策士云："發德音，下明制。"寧皇若璩按："皇"当作"宗"。遺詔，下謂之"遺誥"，蓋避時宰家諱也。蔣良貴簽判安吉州，①時水災後修城，郡守趙希觀屬良貴作《記》，用"浩浩"字，希觀欲改，良貴不可，曰："以宗室而避宰相父名，此非藝祖皇帝所望於金枝玉葉也。"②聞者壯之。

60. 胡文定父子奏疏，以《春秋》之義，扶世道，正人心，可以立懦夫之志。此義不明，人欲横流，始也不知邪正，終也不知逆順。

61. 唐内殿《無逸圖》代以山水，開元、天寶治亂所以分也。仁宗寶元初，圖農家耕織於延春閣，哲宗元符間，亦更以山水，勤怠判焉。徽宗宣取秘書省圖畫進覽，陳師錫奏曰："《六經》載道，諸子談理，歷代史籍、祖宗圖書，天人之藴，性命之妙，治亂安危之機，善惡邪正之迹在焉。以此爲圖，天地在心，流出萬物；以此爲畫，日月在目，光宅四海。觀心於此，則天地沖氣生焉；注目於此，則日月祥光麗焉。心以道觀則正，目以德視則明。"噫，使徽宗能置其言於坐右，則必能監成敗③、别淑慝矣。以規爲瑱，聽之藐藐而畫學設焉。《黍離》、《麥秀》之風景，其可畫乎？

62. 紹興間，李誼言："《漢·循吏傳》六人，而五人出于

① "簽"，翁氏本作"簽"。
② "枝"，《叢刊》本作"支"。
③ "監"，《叢刊》本作"鑒"。

宣帝；[①]《酷吏傳》十二人，而八人出于武帝；《唐·循吏傳》十五人，而出于武德、貞觀之時者半；《酷吏傳》十二人，而出于武后之時者亦半。吏治視上之趨向。”若璩按：《舊唐書·良吏》上、下，四十一人；《酷吏》上、下，十八人。

63. 富文忠公使還，[②]遷翰林學士、樞密副使，皆力辭，願思敵國輕侮之恥，[③]坐薪嘗膽，不忘修政。嘉定初，講解使還，中書議表賀，又有以和戎爲二府功，欲差次遷秩。倪文節公思曰：“澶淵之役，捷而班師，天子下詔罪己，中書樞密待罪。今屈己盟戎，奈何君相反以爲慶？”乃止。

64. 延平先生論治道，必以明天理、正人心、崇節義、厲廉恥爲先。

65. 王時雍、徐秉哲等爲賣國牙郎，而不忍以宋宗族交與敵人者，[④]開封捉事使臣竇鑑也。[⑤] 李鄴以越守降敵，而袖石擊虜僞守者，親事官唐琦也。

66. 朱文公謂蔡季通曰：“身勞而心安者爲之，利少而義多者爲之。”出《荀子·修身篇》。李誠之嘗語真希元曰：“‘篤信好學，守死善道’。此吾輩八字箴。”

67. 元祐中，李常寧《對策》曰：“天下至大，宗社至重，百年成之不足，一日壞之有餘。”擢爲第一。景定中，有擢倫魁者，其破題云：“運一心之乾，開三才之泰，可以觀世道之消長矣。”

---

① “于”，翁氏本作“於”。
② “使”下，《叢刊》本、翁氏本有“虜”字。
③ “敵國”，《叢刊》本、翁氏本作“夷狄”。
④ “敵”，《叢刊》本、翁氏本作“虜”。下同。
⑤ “鑑”，翁氏本作“鑒”。

68. 先儒論本朝治體云:"文治可觀而武績未振,名勝相望而幹略未優。"若璩按:出《吕祖謙傳》,所謂"視前代有未備"者。然考之史策,宋與契丹八十一戰,其一勝者,張齊賢太原之役也,非儒乎?一韓一范使西賊骨寒膽破者,儒也。宗汝霖、李伯紀不見沮於耿、汪、黄三奸,[1]則中原可復,讎恥可雪。采石卻敵,乃眇然幅巾緩帶、一參贊之功。儒豈無益於國哉?搢紳不知兵,介胄不知義,而天下之禍變極矣。

69. 元祐,諸賢不和,是以爲紹聖小人所乘。元符、建中,韓、曾不和,是以爲崇寧小人所陷。紹興,趙、張不和,是以爲秦氏所擠。古之建官曰三公,公則無私矣;曰三孤,孤則無朋矣。無私無朋,所以和也。

70. 蔡京之惡極矣,曾布、張商英是以竊君子之名。

71. 止齋曰:"國初以科舉誘致偏方之士,而聚之中都。由是家不尚譜牒,身不重鄉貫。"

72. 《夬》"揚于王庭",以正小人之罪;"孚號,有厲",以危小人之復。元祐諸賢,似未知"其危乃光"之義。

73. 胡文定公曰:"宰相時來則爲,不可擅爲己有。"余謂:宰相非久居之地也。仁以爲己任,死而後已,元祐司馬公是也;誇者死權,[2]紹興之秦、紹定若璩按:理宗在位四年,戊子改元。之史是也。

74. 陳恕定茶法,以中等爲可行。張方平論鹽法,以再榷爲不可。若璩按:《陳恕傳》:"將立茶法,召茶商數十人,俾各條利害,恕閱之,第爲三等,曰:'吾觀下等,固滅裂無取;上等,取利太深,此可

① "沮",翁氏本作"阻"。
② "誇",翁氏本作"夸"。

行於商賈，不可行於朝廷；惟中等，公私皆濟。吾裁損之，可以經久。’於是，始爲三法行之，貨財流通。”《張方平傳》：“初，王拱辰議榷河北鹽，方平見曰‘河北再榷鹽，何也？’帝曰：‘始立法耳。’方平曰：‘昔周世宗以鹽課，均之税中，今兩税鹽錢是也。豈非再榷乎？’帝驚悟，方平請直降手詔罷之。”

75. 王仲山以撫州降，仲薿以袁州降，禹玉之子也。綦叔厚行責詞云：“昔唐天寶之亂，河北列郡並陷，獨常山、平原能爲國守者，蓋杲卿、真卿二顏在焉。① 爾等頃以家聲，屢塵仕版，未聞虧失，浸預使令，爲郡江西，惟兄及弟，力誠不支，死猶有説。臨川先降，宜春繼屈，魯、衛之政，若循一途。雖爾無恥，不愧當時之公議。顧亦何施面目，見爾先人於地下哉？”秦檜，仲山之婿。

76. 虞公以玉失國，楚子常以佩喪邦。近歲若璩按：爲理宗景定四年癸亥。襄陽之事，亦起於榷場之玉帶若璩按：《唐書》：王佖爲武靈節度使，“吐蕃欲成烏蘭橋以過師，知佖貪，先厚遺之，然後并役成橋，仍築月城以守”，②與襄陽事絶類。

77. 淳祐甲辰，宰相起復。太學諸生黄愷伯等上書曰：“彌遠奔喪而後起復，嵩之起復而後奔喪。”徐仁伯元杰。③ 兼説書，對經幄，其言當帝心。臺諫劉晋之、王瓚、胡清獻、龔基先聯章論仁伯，上震怒，夜出御筆，逐四人。遂寢起復之命，而相范、杜。明年，仁伯卒，人以爲毒也。然其事竟不明白。庸齋趙茂實志之，徐景説銘之。

78. 自荆舒之學行，爲之徒者，請禁讀史書。其後，經筵

---

① “顔”，翁氏本作“賢”。
② “守”下，翁氏本有“之”字。《舊唐書》本傳中有“之”字，當從之。
③ “元杰”，翁氏本脱此二字。

不讀《國風》，而《湯誓》、《泰誓》亦不進講。人君不知危亡之事，其效可睹矣。

79. 小人之毁君子，亦多術矣。唐左拾遺侯昌業上疏，極言時病，而田令孜之黨，僞作諫疏，有"明祈五道，暗祝冥官"，"於殿内立揭諦道場"。本朝鄒浩諫立劉后，而章厚之黨僞作諫疏，有"取他人之子"之語。其誣善醜正，不謀而同。然不可泯者，千萬世之清議也。

80. 鄧志宏肅。① 若璩按：肅，沙縣人，欽宗時，官左正言。謂："崇寧以來，蔡京群天下學者，納之黌舍，校其文藝，等爲三品。飲食之給，因而有差。旌别人才，止付於魚肉銖兩間。學者不以爲羞，且逐逐然貪之。部使者以學宫成壞爲州縣殿最。學校之興，雖自崇寧，而學校之廢，正由崇寧。② 蓋設教之意，專以禄養爲輕重，則率教之士，豈復顧義哉？"崇寧學校之事，概見於此。昔之所謂率教者猶若此，今之所謂率教者又可見矣。

81. 大觀八行，因《周禮》之六行，附以六德之忠、和。奸臣不學如此。

82. 真文忠公《自箴》曰："學未若臨邛之邃，量未若南海之寬，制行劣於莆田之懿，居貧愧於義烏之安。"臨卭，魏鶴山了翁；南海，崔菊坡與之；莆田，陳宓；義烏，徐僑。

83. 上蔡先生初造程子，程子以客肅之，辭曰："爲求師而來，願執弟子禮。"程子受之，館于門側。③ 上漏旁穿，天大風雪，宵無燭，晝無炭，市飯不得温。程子弗問，謝處安焉。如是逾月，豁然有省，然後程子與之語。

---

① "肅"，翁氏本脱此字。
② "正"，翁氏本作"政"。
③ "于"，翁氏本作"於"。

84. 吕子約曰:"讀《明道行狀》,可以觀聖賢氣象。"

85. 譙天授定。之學,得於蜀曩氏夷族;袁道潔溉。之學,得於富順監賣香薛翁。故曰:"學無常師。"若璩按:《宋史》"曩氏"上有"郭"字;"世家南平",非夷族。"溉"作"滋",閬人;"香"作"醬";遇於眉、邛間。二程子所見,則成都治篾箍桶叟。① 郭曩氏及篾叟、醬翁,皆蜀之隱君子也。故伊川曰:"《易》學在蜀。"

① "箍",翁氏本"簻"。"叟",同"叟"。

卷十六

宋　王應麟　撰

考史

漢河渠考

1. 美哉禹功！萬世永賴。云何漢世，河決爲害？蓋自戰國，壅川壑鄰，決通堤防，重以暴秦。水失其行，故瀆遂改。碣石九河，皆淪於海。微禹其魚，遺黎之思，披圖案諜，用綴軼遺。若璩按：齊桓公時，九河既同爲一。桓卒於襄王九年戊寅，至定王五年己未四十二年，而《周譜》云"定王五年，河徙"，《水經注》"周定王五年，河徙故瀆"，蓋下流既壅，水行不快，上流乃決，理所宜然。① 河之患始此，恐不待戰國也。

2. 孝文十二年，河決酸棗東，潰金堤。

3. 陳留郡酸棗縣，今屬開封府。秦拔魏置縣地多酸棗，因以爲名。金堤河堤在東郡白馬界。《括地志》："一名千里堤，在滑州白馬縣東五里。"《郡縣志》："在酸棗縣南二十三里。"《輿

---

① "宜"，翁氏本作"當"。

地廣記》:酸棗縣有金堤,“漢文時河决金堤,即此”。王尊爲東郡太守,請以身填金堤。程子曰:“漢火德,多水災。唐土德,少河患。”若璩按:宋敏求曰:“唐河朔地,天寶後久屬藩臣,縱有河事,不聞朝廷。故一部《唐書》僅載者,薛平爲鄭滑節度使河决瓠子一事耳。”余謂仍有一事,《蕭仿傳》:“爲義成軍節度使,滑州瀕河,累歲水壞西北防。仿徙其流遠去,樹堤自固,人得以安。”

4. 孝武元光三年,河水徙,從頓丘東南流入勃海,復决濮陽瓠子。注鉅野,通淮、泗,鄃居河北。鄃,音“輸”,《後漢》注音“俞”。若璩按:文當於“東南”二字截住作句,下“流入勃海”另讀。勃海,今天津衛,《漢·地理志》所謂“至章武入海”是也。

5. 東郡頓丘縣,今澶州開德府濮陽、清豐兩縣。漢勃海郡,在勃海之濱。今滄、棣、霸、濱諸州之地。《水經注》:“《禹貢》曰:‘夾右碣石,入于河。’《山海經》:‘碣石之山,繩水出焉,東流注於河。’河之入海,舊在碣石,今川流所導,非禹瀆也。周定王五年,河徙故瀆。班固曰:‘商碣周移。’”①瓠子,今開德府濮陽縣西,有瓠子口。瓠子,河名也。濟州鉅野縣東北有大野澤,即鉅野也。《禹貢》:“大野既豬。”清河郡鄃縣,《通典》:鄃故城在德州平原縣西南。大名府夏津縣,②本鄃縣。程氏曰:周時河徙砱礫,至漢又改向頓丘東南流。若璩按:程大昌《禹貢論》:本是“周定王時河徙故瀆”,非“砱礫”字面。“砱礫”者,蔡氏所竄,繆妄至矣。③詳辨見胡朏明《禹貢錐指》。余實助之。

6. 元封二年,自泰山還至瓠子,自臨塞决河,築宣防宫。

7. 《水經》:“瓠子河出東郡濮陽縣北河。”注:縣北十里爲瓠

① “碣”,《叢刊》本、翁氏本作“竭”。
② “大名”,原作“大明”,據《叢刊》本、翁氏本改。
③ “至”,翁氏本作“甚”。

河口，亦謂瓠子堰、宣房堰。《括地志》："故龍淵宫，俗名瓠子宫，亦名宣房宫，在濮陽縣北十里。"決河，在鄄城以南、濮陽以北，廣百步，深五丈。《通典》："秦始皇二十二年，攻魏，决河灌其都。決處遂大，不可復補。"漢王横云。《九域志》："濮州雷澤縣有瓠子河。"澶州濮陽縣有瓠子口。萬里沙在萊州掖縣。濟州東阿縣有魚山，一名吾山。《瓠子歌》曰"吾山平，鉅野溢"。東阿，今屬鄆州。

8. 導河北行二渠，復禹舊迹。

9.《河渠書》：禹乃厮二渠以引其河，北載之高地，過降水，至于大陸，播爲九河，同爲逆河，入于勃海。孟康曰："二渠，其一出貝丘西南、南折者也，其一則漯川也。"臣瓚曰："河入海乃在碣石，元光三年更注勃海，禹時不注也。"貝丘，貝州清陽縣。熙寧四年省入清河縣。漯水，出東郡東武陽省入大名府莘縣、澶州朝城縣。至千乘青州千乘縣。[①] 入海。降水故瀆，在冀州南宫縣東南六里。《大事記》："周威烈王十三年，晋河岸傾，壅龍門，至于底柱。"春秋後河患見史傳，始於此。若璩按：《春秋》成公五年，"夏，梁山崩"。《公羊傳》："梁山崩，[②]壅河，三日不流。"《穀梁傳》："梁山崩，壅遏河，三日不流。"又先于威烈王十三年。

10. 自塞宣房後，河復北決於館陶，分爲屯氏河。

11.《地理志》："魏郡館陶縣，河水别出爲屯氏河，東北至章武入海。"館陶，今屬大名府。《通典》："魏州貴鄉縣有屯氏河，大河故瀆，俗曰王莽河。章武縣，滄州魯城縣，周省入清池縣。"《九域志》："大名府館陶縣、夏津縣有屯氏河，南樂縣有大河故瀆。"

12. 元帝永光五年，河決清河靈鳴犢口，而屯氏河絶。

13. 清河之靈縣鳴犢河口，《地理志》："清河郡靈縣，河

---

① "青州"，原作"清州"，據《叢刊》本、翁氏本改。
② "梁山崩"，翁氏本無此三字。

水别出爲鳴犢河，東北至蓨，入屯氏河。”靈縣，隋省入博州博平縣。“蓨”，音“條”，縣屬德州，後屬冀州。

14. 成帝建始四年，河决東郡金堤。河堤成，以五年爲河平元年。三年，河復决平原，流入濟南、千乘。

15. 平原，德棣州。濟南，齊淄州。千乘故城，在淄州高苑縣北。

16. 鴻嘉四年，勃海、清河、信都河水溢，李尋等言：“議者常欲求索九河故迹而穿之，今因其自决，可且勿塞，以觀水勢。”

17. 信都，冀州，信都縣，禹導河，北過降水，即此。亦曰枯降渠，①西南自南宫縣界入。②《禹貢》“九河既道”，《爾雅》：“一曰徒駭，二曰太史，三曰馬頰，四曰覆鬴，五曰胡蘇，六曰簡絜，七曰鉤盤，八曰鬲津，其一河之經流。”先儒不知“河之經流”，遂分“簡絜”爲二。徒駭，《寰宇記》在滄州清池，許商云在成平。馬頰，《郡縣志》在德州安德。《寰宇記》在棣州滴河北。《輿地記》即篤馬河也。覆鬴，《通典》在德州安德。胡蘇，《寰宇記》在滄州饒安臨津無棣三縣。許商云在東光。簡絜，《輿地記》在臨津。鉤盤，《通典》、《寰宇記》在滄州樂陵東南，從德州平昌來。《輿地記》在樂陵。鬲津，《寰宇記》在樂陵東，西北流入饒安。《通典》在饒安，許商云在鬲縣，《輿地記》在無棣。太史，不知所在。漢世近古，止得其三，唐人遂得其六，歐陽忞《輿地記》又得其一。或新河載以舊名，或一地互爲兩説，皆似是而非，無所依據。鄭氏以爲齊桓塞其八流以自廣。夫曲防，齊之所禁，塞河非桓公所爲也。程氏以爲九河之地，已淪

① “降”，翁氏本作“洚”。
② “信都縣”至“界入”二十五字，翁氏本作正文。

於海，謂今滄州之地，北與平州接境，相去五百餘里，禹之九河當在其地。酈道元亦謂："九河碣石，苞淪於海。"篤馬河在平原縣，今德州。欒史以爲馬頰，誤矣。若璩按：九河淪於海，乃王莽時王横一家之言，①未詳考驗者。辨見《尚書古文疏證》。

18. 平當使領河堤，奏："按經義治水，有決河深川，無堤防壅塞之文。"

19. 程子曰："河北見鯀堤，無禹堤。鯀堙洪水，故無功。禹則導之而已。"若璩按：《玉海》曰"以《禹貢》行河，以《春秋》斷獄，以《三百五篇》當諫書，六經之用，果止於是歟？是自夫子既成六經後，尚爲未試之書也"，痛心哉斯言。或有以"九澤既陂，陂亦堤也"解者，然陂水所鍾處，非川也。

20. 賈讓言："禹鑿龍門，辟伊闕，析底柱，破碣石。"

21.《水經》："河水南過河東北屈縣唐慈州吉昌。西，注："《吕氏春秋》曰：龍門未闢，吕梁未鑿，河出孟門，大溢逆流，名曰鴻水。大禹疏通，謂之孟門。孟門即龍門之上口也。"河水又南過皮氏縣河中府龍門。西，又南出龍門口。"注："大禹導河積石，疏決梁山，即《經》所謂龍門也。""崩浪千尋，懸流萬丈，迄于下口。《慎子》曰：下龍門非駟馬之追也。"潏水李氏曰"同州韓城北有安國嶺，東臨大河，有禹廟，在山斷河出處。禹鑿龍門，起於唐張仁愿所築東受降城之東，自北而南，至此山盡。兩岸石壁峭立，大河盤東於山峽間，至此山開岸闊，豁然奔放，聲如萬雷"。《通典》："絳州龍門縣，今屬河中府。有龍門山，即大禹所鑿。《三秦記》云：'魚鱉上之即爲龍，否則點額而還。'"黄河北去縣二十五里，乃龍門口。《輿地記》："同州韓城縣，有龍門山。顔氏曰：'龍門山，其東在今龍門縣北，其西在今韓城縣北，而河從其中下流。'"《水經注》："砥柱，山名。

---

① "王"，翁氏本作"王"。

禹治洪水，破山以通河，河水分流，包山而過，山見水中，若柱然，故曰砥柱。三穿既決，水流疏分，亦謂之三門山。”伊闕、碣石，見前。若璩按：東受降城，在今朔州北三百五十里。本漢定襄郡之成樂縣，去《禹貢》龍門一千五百餘里。禹輕百姓力，竟至此乎？真正妄談，不足與辨。① 伊闕，并未見前。按《宋地理志補注》云：“熙寧五年廢伊闕縣爲鎮，入河南；六年，改隸伊陽。”“千尋”，元板作“萬尋”。“追”，元板作“迅”。

22. 淇口以東。

23.《通典》：“淇水出共山，東至衛州衛縣界入河，謂之淇水口。”

24. 新莽始建國三年，河決魏郡，泛清河以東數郡。

25. 魏郡，相州大名府。清河，恩州。

26. 明帝永平十三年，王景修汴渠成。

27. 詔曰：“自汴渠決敗，六十餘歲，平帝時。今既築堤理渠，絶水立門，河、汴分流，復其舊迹。”《郡縣志》：“汴渠在河南府河陰縣，漢滎陽縣，唐屬孟州。南二百五十步，亦名莨蕩渠。禹塞滎澤，開渠以通淮、泗。漢命王景修渠。”《漢書》有滎陽漕渠，如淳曰“今礫溪口是也”。《水經注》：“王景即滎水故瀆，東注浚儀，謂之‘浚儀渠’。”若璩按：如淳曰“今礫溪口”，歷來漢注本皆然，不知蔡氏當日何緣，讀“今”作“砱”，遽生出“砱礫”地名，謂河徙此，兩見其《書傳》。虞翻曰：“立乎學校，臣竊恥之。”

28. 章帝建初三年，罷虖沱、石臼河。

29. 虖沱，出代州繁時縣東南，流經五臺山北，東南流過定州入海。鄧訓治虖沱、石臼河，從都慮至羊腸倉。石臼河

---

① “若璩按：東受降城……不足與辨”，翁氏本將之列於“又南出龍門口”注“豁然奔放，聲如萬雷”下。

在定州唐昌縣東北。本漢苦陘縣，今省入安喜縣。《通典》：“嵐州宜芳縣，即漢汾陽縣。積粟所在，謂之羊腸倉，石磴縈委，若羊腸焉。”《水經注》：“按《郡國志》，常山南行唐縣有石臼谷。”

30.《張騫傳》：“天子案古圖書，名河所出山曰昆侖。”

31. 漢武帝以于闐山出玉，因名河所出曰昆侖。《博雅》曰：“昆侖虚，赤水出其東南陬，河水出其東北陬，洋水出其西北陬，弱水出其西南陬。河水入東海，三水入南海。”《後漢書》注云：“昆侖山在肅州酒泉縣西南。山有昆侖之體，故名之。”朱文公曰：“二書之語，似得其實。《水經》言昆侖去嵩高五萬里，恐不能若是之遠。”《通典》：“今吐蕃中河，從西南數千里向東北流，見與積石山下河相連。聘使涉歷，無不言之。吐蕃自云：‘昆侖山在國中西南，則河之所出也。’《尚書》云：‘織皮昆侖、析支、渠搜，西戎即叙。’《後漢書》云：‘西羌在漢金城郡之西南，濱于賜支。’《續漢書》：‘河關縣屬金城郡，今積石軍。西可千餘里，有羌，謂之賜支，蓋析支也。’然則析支在積石之西，是河之上流明矣。昆侖在吐蕃中，當亦非謬。”《楚辭》注：“《爾雅》：‘河出昆侖虚，色白，所渠並千七百一川，色黄。百里一小曲，千里一曲一直。’”《離騷》：“邅吾道夫昆侖。”《九歌》：“登昆侖兮四望。”若璩按：《通典》疑所謂“古圖書”即《禹本紀》，最是。《唐·藝文志》有《吐蕃黄河録》四卷。

32. 靈帝光和六年，金城河溢。

33. 金城郡，今蘭會西寧湟州積石軍。

歷代田制考

1. 秦廢井田，開阡陌。周顯王十九年。

2.《通典》曰：“按周制，步百爲畝，畝百給一夫。商鞅佐秦，以一夫力餘，地利不盡，於是改制，二百四十步爲畝，百畝給一夫。又以秦地曠而人寡，晋地狹而人稠，誘三晋人發秦地利，優其田宅，復及子孫。而使秦人應敵於外。大率百人，則五十人爲農，五十人習戰。兵強國富，職此之由。”朱文公《開阡陌辨》曰：[①]“説者之意，皆以‘開’爲‘開置’之‘開’，言秦廢井田而始置阡陌也。按阡陌者，舊説以爲田間之道，蓋因田之疆畔，制其廣狹，辨其横從，[②]以通人物之往來，即《周禮》所謂遂上之徑，溝上之畛，洫上之涂，澮上之道”也。然《風俗通》云：‘南北曰阡，東西曰陌。’又云：‘河南以東西爲阡，南北爲陌。’二説不同。今以《遂人》田畝夫家之數考之，當以後説爲正。蓋陌之爲言百也，遂、洫從而徑、涂亦從，則遂間百畝，洫間百夫，而徑、涂爲陌矣。阡之爲言千也，溝、澮横而畛、道亦横，則溝間千畝，澮間千夫，而畛、道爲阡矣。阡陌之名，由此而得。至於萬夫有川，而川上之路周於其外，與夫《匠人》井田之制，遂、溝、洫、澮亦皆四周，則阡陌之名，疑亦因横從而命之也。然遂廣二尺，溝四尺，洫八尺，澮二尋，則丈有六尺矣。徑容牛馬，畛容大車，涂容乘車，一軌道，二軌路，三軌則幾二丈矣。此其水陸占地不得爲田者頗多，所以正經界，止侵爭，時畜洩，[③]備水旱，爲永久之計。商君以急刻之心，行苟且之政，但見田爲阡陌所束，而耕者限於百畝，則病其人力之不盡；但見阡陌之占地太廣，而不得爲田者多，則病其地利之有遺。又當世衰法壞之時，歸授之際，必有煩擾欺隱之奸，而阡陌之地切近民田，又必有陰據自私而税

① “辨”，《叢刊》本、翁氏本作“辯”。

② “辨”，翁氏本作“辯”。

③ “畜”，翁氏本作“蓄”。

不入於公上者。是以盡開阡陌，悉除禁限，而聽民兼并買賣以盡人力，墾闢棄地，悉爲田疇，不使有尺寸之遺以盡地利，使民有田即爲永業，而不復歸授，以絶煩擾欺隱之奸。使地皆爲田，田皆出税，以核陰據自私之幸。此其爲計，正猶楊炎疾浮户之弊，破租庸以爲兩税，蓋一時之害雖除，而千古聖賢傳授精微之意，於此盡矣。故《秦紀》、《鞅傳》皆云：'爲田開阡陌封疆，而賦税平。'蔡澤亦曰：'決裂阡陌，以静生民之業，而一其俗。'所謂'開'者，乃破壞剗削之意，而非創置建立之名。所謂'阡陌'，乃三代井田之舊，而非秦之所置矣。所謂'賦税平'者，以無欺隱竊據之奸也。所謂'静生民之業'者，以無歸授取予之煩也。"《大事記解題》曰："決裂云者，唐、虞、三代井田之制，分畫堅明，封表深固，非大用力以決裂之，不能遽掃滅其迹也。秦始皇三十一年，使黔首自實田。使井田不廢，何患田之不實乎？"

3. 漢董仲舒請限民名田。

4. 名田，占田也。各爲立限，不使富者過制，貧弱之家可足也。武帝時，賈人有市籍及家屬，①皆無得名田。胡氏曰："限田終不能行者，以人主自爲兼并，無以使民興於廉也。"

5. 趙過教民爲代田。

6. "代，易也。"《周官·大司徒》：不易、一易、再易之地，有三等。《公羊傳》注："司空謹别田之高下、善惡，分爲三品，上田一歲一墾，中田二歲一墾，下田三歲一墾。"《左傳》："晋作爰田。"《晋語》云："作轅田。"轅，易也。《漢·地理志》："秦商君制轅田。""轅"與"爰"同，易也。《食貨志》："歲耕種者，爲不易上田；休一

---

① "籍"下，翁氏本有"者"字。

歲者，爲一易中田；休二歲者，爲再易下田。三歲更耕之，自爰其處。"《鹽鐵論》御史曰："古者制田，百步爲畝，民井田而耕，什而藉一。①先帝哀憐百姓之愁苦，衣食不足，制田二百四十步而一畝，率三十而税一。"

7. 師丹建言限名田。

8. 王嘉奏曰："詔書罷苑，而以賜董賢二千餘頃。均田之制，從此墮壞。"

9. 新莽更名天下田曰王田，不得買賣。

10. 建武十五年，詔州郡檢核墾田户口。

11.《通典》曰："自秦孝公隳經界，立阡陌，雖獲一時之利，而兼并逾僭興矣。阡陌既弊，又爲隱核。隱核之法，憑乎簿書，簿書既廣，必藉衆功。藉衆功，則政由群吏。政由群吏，則人無所信矣。"

12. 後魏孝文太和九年，詔均田："男夫十五以上，受露田四十畝。婦人二十畝。"

13. 劉氏恕曰："後魏均田制度，似今世佃官田，及絶户田出租税，非如三代井田也。魏、齊、周、隋兵革不息，農民少而曠土多，故均田之制存。至唐承平日久，丁口滋衆，官無閒田，不復給授，故田制爲空文。《唐志》云：'口分、世業之田壞而爲兼并。'似指以爲井田之比，失之遠矣。"

14. 北齊河清三年，令民一夫受露田八十畝，婦人四十畝。

15. 隋文帝開皇十二年，京輔三河地少人衆，發使四出，均天下之田。其狹鄉每丁纔至二十畝。

---

① "藉"，翁氏本作"籍"。

16. 唐武德七年，初定均田。丁、中之民，給田一頃。篤疾減十之六，寡妻妾減七。皆以什之二爲世業，八爲口分。

17. 范氏曰："唐初定均田，有給田之制，蓋由有在官之田也。其後給田之制不復見，蓋官田益少矣。"林氏勳。曰："周制步百爲畝，百畝僅得唐之四十餘畝。唐之口分，人八十畝，幾倍於古。蓋貞觀之盛，户不及三百萬，永徽唯增十五萬。若周則王畿千里，已有三百萬家之田，列國不與焉。是以唐制受田倍於周，而地亦足以容之。狹鄉雖裁其半，猶可以當成周之制。然按一時户口，而不爲異日計，則後守法難矣。"既無振貧之術，乃許之賣田，後魏以來弊法也，是以啓兼并之漸。永徽中，洛多豪右，占田逾制，賈敦頤舉没三千餘頃，賦貧民。

18. 開元九年，宇文融爲勸農使，括逃户及籍外田。

19. 陸贄論兼并之家，私斂重於公税，請爲占田條限。

20. 後周世宗以元稹《均田圖》賜諸道，詔艾穎等分行諸州，①均定田租。《會要》云："見元稹在同州時所上《均田表》，因製素爲圖。"

21. 今按元稹《同州奏均田》曰："因農務稍暇，令百姓自通手實狀，又令里正書手等旁爲穩審，②並不遣官吏擅到村鄉，略無欺隱。除去逃荒，其餘頃畝，取兩税元額，通計七縣沃瘠，一例作分抽税。"蘇氏曰："三代之君，開井田，畫溝洫，謹步畝，嚴版圖，因口之衆寡以授田，因田之厚薄以制賦。經界既定，仁政自成，下及隋、唐，風流已遠。然其授民田有口分、世業，皆取之於官。其斂民財有租、庸、調，皆計之於口。

---

① "穎"，翁氏本作"潁"。
② "旁"，《叢刊》本、翁氏本作"傍"。

其後變爲兩税。户無主客,[1]以見居爲簿;人無丁中,以貧富爲差。貧者急於售田,則田多而税少。富者利於避役,則田少而税多。僥倖一興,税役皆弊。嘉祐中,薛向、孫琳始議方田,量步畝,審肥瘠,以定賦税之入。熙寧中,吕惠卿復建手實,抉私隱,崇告訐,以實貧富之等。元豐中,李琮追究逃絶,均虚數,虚編户,[2]以補失陷之税。此三者,皆爲國斂怨,所得不補所失。昔宇文融括諸道客户,州縣觀望,虚張其數,以實户爲客,雖得户八十餘萬,歲得錢數百萬,而百姓困弊,實召天寶之亂。均税之害,何以異此?”張子曰:“治天下不由井地,終無由得平。周道止是均平。”

22. 南唐烈祖分遣使者,按行民田,以肥瘠定其税。

歷代漕運考

漢

1. 渭渠。

渭水,出熙州狄道縣東北,至華州華陰入河。劉仲馮曰:“今渭汭至長安,僅三百里,固無九百餘里,而云‘穿渠起長安,旁南山至河’,中間隔灞、滻數大川,無緣山成渠之理。此説可疑,今亦無其迹。”《西都賦》:“通溝大漕,潰渭洞河。”

2. 褒斜道,故道。

褒水通沔,在興元府褒城縣,出衙領山,至南鄭入沔。斜水通渭,在京兆府武功縣。出衙領山,北流至郿入渭。故道,今鳳州梁泉縣。

---

① “主客”,翁氏本作“客主”。

② “虚”,翁氏本作“虐”。

3. 河内。

懷、衛二州之地。

4. 東冶，零陵、桂陽嶠道。

東冶，福州閩縣。零陵郡，南臨源嶺永州。桂陽郡，臘嶺郴州，若璩按：臨源嶺即越城嶺，第五。臘嶺即騎田嶺，第二。

5. 沮、下辨。

沮縣，漢屬武都，隋爲興州順政，沔水發源於此，一名沮水，今沔州。下辨縣，漢下辨道屬武都，西魏改同谷，唐爲成州同谷。《續志》："下辨東三十餘里，有峽，中當水泉，[①]生大石，障塞流水，至春夏輒溢。虞詡使人燒石，以水溉之，石皆裂，因鐫去石，遂無泛溺之患。"若璩按：《新唐書・地理志》："嚴礪自長舉縣西，疏嘉陵江二百里，焚巨石，沃醯以碎之，通漕以潰成州戍兵。[②]""醯"字尤妙。

6. 斜谷。

《郡國志》："右扶風武功縣有斜谷。"注："褒斜谷在長安西南，南口褒，北口斜，長百七十里，其水南流。"武功，今鳳翔府郿縣。

魏

7. 陳項、壽春。

《通典》："潁州，魏汝陰郡，鄧艾屯田於此。"陳項，陳州宛丘、項城縣。壽春，見前。《晋志》："修廣淮陽、百尺二渠，上引河流，下通淮、潁。"《通典》：陳州宛丘縣有百尺堰。《隋志》：潁川郡北舞縣有百尺溝。《郡縣志》：百尺堰在潁州汝陰縣西北一百里。

晋

8. 滍、淯水，楊口。

《漢・地理志》："滍水出魯陽縣魯山，東北至定陵入汝。

---

① "峽"，《叢刊》本作"狹"。

② "潰"，翁氏本作"饋"。

魯陽,汝州魯山縣。定陵,故城在蔡州郾城縣西北。湞水出酈縣西北,南入漢。"酈,故城在鄧州臨湍縣。《通典》:"復州沔陽縣,漢雲杜縣。杜預爲荆州刺史,開楊口,達巴陵,徑千餘里。内避長江之險,通零、桂之漕,即此也。"零陵、桂陽。

9. 石門。

《水經注》:"滎瀆水受河水,有石門,謂爲滎口石門。"

10. 千金堨。

永嘉元年,修千金堨於許昌,以通運。《水經注》:"河南縣城東十五里,有千金堨。《洛陽記》曰:千金堨,舊堰穀水,魏時更修,積石爲堨。開溝渠五所,謂之五龍渠。渠上立堨,堨是都水使者陳協造。水歷堨東注,謂之千金渠。"許昌,許州,今潁昌府許田鎮。劉曜攻石生于金墉,決千金堨以灌之。

隋

11. 蒲,陝,衛,汴,黎陽,汾,晋,渭水,廣通渠,大興城,潼關。

蒲州、河中府。汴州、開封府。黎陽、今濬州。汾州、唐爲慈州。晋州。平陽。京兆府萬年縣,隋改爲大興縣。廣通渠,在華州,置廣通倉。《隋・紀》:"幸霸水,觀漕渠。"潼關,在華州華陰縣。渭水,在萬年縣北五十里,東流二百四十里,至華陰縣,東北流三十五里,自永豐倉入河,謂之渭口。

12. 山陽瀆。

楚州山陽縣。今淮安州。

13. 砥柱。

陝州硤石縣今省入陝縣。有底柱山,俗名三門山,在縣東北五十里。河水分流包山,山見水中若柱然。又以禹治洪水,①

① "洪水",翁氏本作"河水"。

山陵當水者破之，三穿既決，河出其間，有似於門，故亦謂三門。唐太宗勒銘。

14. 通濟渠，穀、洛水，板渚，邗溝。

《通典》："汴渠在河南府河陰縣南二百五十步，今名通濟渠。隋煬帝開導，西通河、洛，南達江、淮。河陰後屬孟州。汴州有通濟渠，隋煬帝開引黄河水以通江、淮漕運，兼引汴水，即浪宕與"莨蕩"同。渠也。"《隋志》在浚儀縣。《九域志》："汴水，古通濟渠也，在開封縣。"《周語》"穀、洛鬭"，注云："洛在王城之南，穀在王城之北，東入于瀍。至靈王時，穀水盛出於王城之西，而南流合於洛水。"《山海經》："澗水西北流，注於穀水。"《通典》："穀水本澗水，經苑中入于洛。"板渚，《水經》："河水又東合汜水，①又東徑板城北。"注云："有津，謂之板城渚口。"在孟州汜水。《左傳》："吴城邗溝，通江、淮。"注云："於邗江築城穿溝，東北通射陽湖，西北至末口入淮，通糧道也，今廣陵韓江是。"隋開邗溝，自山陽至揚子入江，渠廣四十步，自楚州寶應縣北流入淮。若璩按：王氏引杜注"末口"，與《水經注》合，足證今注疏作"宋口"者非。又，"自楚州寶應縣"十字宜衍，②蓋上文是淮入江，不應旋云江入淮也。

15. 永濟渠。

《國史志》："大名府永濟縣有永濟渠。"今省爲鎮，入臨清縣。

16. 東萊海口。

東萊郡萊州，西至海二十九里，北至海五十里，東南至海二百五十里。

---

① "汜"，翁氏本作"氾"。

② "宜"，原作"宐"，是"宜"的異體字，據翁氏本改作"宜"。

唐

17. 三門，河陰，柏崖，集津倉，鹽倉。含嘉倉，太原倉。

裴耀卿於三門東西置倉，開山十八里，爲陸運以避其險，卒泝河而入渭。三門山見前“底柱”。①《地理志》：“河南府河陰縣，開元二十二年，置領河陰倉。會昌三年屬孟州。河清縣，咸亨四年，置柏崖縣，尋省，有柏崖倉。陝州平陸縣三門西有鹽倉，東有集津倉。陝縣有太原倉。”《六典》：“東都曰含嘉倉。自含嘉倉轉運，以實京之太倉。自洛至陝運於陸，自陝至京運於水。”楊慎矜爲含嘉倉出納使。② 劉晏移書曰：“陝郊見三門、集津遺迹。”曾子固曰：“宋興，承周制置集津之運，轉關中之粟，以給大梁。”李泌自集津至三門，鑿山開車道，以避底柱之險。《九域志》：“陝州平陸縣三門集津鎮。”

18. 滻水，望春樓，廣運潭。

《地理志》：“京兆府萬年縣有南望春宫，臨滻水，西岸有北望春宫，宫東有廣運潭。華州華陰縣有漕渠，自苑西引渭水，因石渠，會灞、滻，經廣運潭至縣入渭。天寶三載，韋堅開。”《會要》：“自華陰永豐倉以通河、渭。”望春樓在禁苑東南、高原之上。姚南仲曰：“王者必據高明，燭幽隱，所以因龍首而建望春。”

19. 上津，扶風，洋川。

商州上津縣、漢長利縣。扶風郡鳳翔府，自襄陽取上津路，抵扶風。德宗治上津道置館。洋川郡洋州。泝江、漢而上至洋川，陸運至扶風。汴水堙，廢漕運，自江、漢抵梁、洋。梁州興元府。

---

① “底”，《叢刊》本、翁氏本作“砥”。
② “矜”，《叢刊》本、翁氏本作“名”。

20. 汴水,梁公堰。

劉晏疏浚汴水,見宇文愷梁公堰。《通典》:“汴口堰,在河陰縣西二十里,又名梁公堰。隋開皇七年,使梁睿增築漢古堰,遏河入汴。”《會要》:“開元二年,李傑奏汴州東有梁公堰,堰破漕梗,①發汴、鄭丁夫浚之,省功速就,②刻石水濱,紀其績。”

21. 甬橋,渦口,蔡水。

甬橋,在宿州符離縣。渦口,在濠州鐘離縣九十里。杜佑以漢運路出浚儀十里,入琵琶溝,絶蔡河,至陳州而合。李勉治蔡渠引東南饋。《通典》:“汴州浚儀縣有蔡水。”《九域志》:祥符縣有蔡河。建隆元年,浚蔡河,設斗門。二年,導閔水,自新鄭與蔡水合,貫京師,南歷陳、潁,達壽春,以通淮右之漕。以西南爲閔河,東南爲蔡河。開寶六年,改閔河爲惠民河。與蔡河一水。李泌曰:“江、淮漕運,自淮入汴,以甬橋爲咽喉。”

22. 金、商運路。

《通典》:金州,去西京九百九十一里。商州,去西京三百里。

23. 渭橋,東渭橋。

渭橋,《三輔故事》:“秦昭王作,長三百八十步。”《郡縣志》:“中渭橋,在咸陽縣東南二十二里。”渭水南,去縣三里東渭橋,在萬年縣東。《後漢》注:“渭橋,本名横橋,在咸陽縣東南。”

24. 揚子院,淮陰,項城,潁,溵。

揚州揚子縣,今屬真州。廣明元年,高駢奏改揚子院爲發

---

① “梗”,翁氏本作“梗”。

② “速就”,原作“連就”,據《叢刊》本、翁氏本改。

運使。淮陰縣，楚州。項城縣，陳州。潁水出陽城縣陽乾山，東至下蔡，入淮。溵水，《唐志》："陳州溵水縣，今改商水縣。水出潁川陽城少室山，東入潁。"

後周

25. 汴水埇橋，見前。泗上。

《漢・志》有兩泗水，其一自乘氏至睢陵入淮，又一水下縣至方與入沛。泗上，今招信軍相對泗口也。

26. 五丈河。

五丈河，開寶六年改爲廣濟河。自都城北歷曹、濟及鄆，其廣五丈，以通東方之漕。建隆二年，浚五丈河，命陳承昭於京城之西，夾汴河，造斗門，自滎陽鑿渠百餘里，引京、索二水，通城濠，入斗門，架流于汴，東匯于五丈河，以便東北漕運。以京、索河爲源。《禹貢》之荷澤。《九域志》：在祥符縣、東明縣。

27. 蔡水。見前。

蔡河貫京師，兼閔水、洧水、潩水以通陳、潁之漕，蓋古琵琶溝也。元祐四年，知陳州胡宗愈，議古八丈溝可開浚，分蔡河之水，自爲一支，由潁、壽入淮。楊侃《皇畿賦》："天設二渠，曰蔡曰汴。通江會海，縈畿帶甸。千倉是興，萬庾是建。"

28. 原武。

原武縣，屬鄭州。

兩漢崇儒考

1. 漢高祖十二年，過魯，以太牢祠孔子。

2.《史記・世家》："孔子葬魯城北泗上，弟子及魯人往從冢而家者百有餘室，因命曰孔里。魯世世相傳，以歲時奉祠孔子冢，而諸儒亦講禮，鄉飲、大射於孔子冢。孔子冢大一頃，故所居堂弟子内，後世因廟，藏孔子衣冠琴車書，至於漢，二百餘年不絶。高皇帝過魯，以太牢祠焉。諸侯卿相至，常先謁，然後從政。"《皇覽》曰："孔子冢去城一里，[①]冢塋百畝，冢南北廣十步，東西十三步，高一丈二尺。冢前以瓴甓爲祠壇，方六尺，與地平。本無祠堂，冢塋中樹以百數，皆異種，魯人世世無能名其樹者。民傳言，孔子弟子異國人，各持其方樹來種之。"《水經注》云："《從征記》曰：洙、泗二水，交於魯城東北十七里，闕里背洙泗墻，若璩按：以《正義》引伍緝之《從征記》校"泗墻"二字當作"面泗"。南北一百二十步，東西六十步，四門各有石閫，北門去洙水百餘步。《孔叢》曰：夫子墓塋方一里。"魯人藏孔子所乘車於廟中，是顔路所請者也。獻帝時，廟遇火燒之。《儒林傳》："高帝誅項籍，舉兵圍魯。魯中諸儒尚講誦，習禮樂，弦歌之音不絶。豈非聖人之道化好禮樂之國哉？"

3. 武帝建元五年，置五經博士。元朔五年，爲博士置弟子。

4. 晋灼曰："西京無太學。"公孫弘曰："請因舊官而興焉。其肄習之地，則太常也。傳授之師，則五經博士也。"《三輔黄圖》："漢太學，在長安西北七里。"《關中記》："在安門之東，杜門之西。"何武歌太學下，王咸舉幡太學下，則有太學矣。或曰：晋灼以漢初言，《黄圖》記武帝時。若璩按：《漢書・武帝紀》贊曰"興太學"。

5. 宣帝甘露三年，詔諸儒講五經同異於石渠閣。

6.《三輔故事》："石渠閣，在未央宫殿北，藏秘書之府。"

---

① "子"，翁氏本作"氏"。

《黄圖》云:“蕭何造,其下礲石爲渠以導水。所藏入關所得秦之圖籍。”

7. 成帝綏和元年,封孔吉爲殷紹嘉侯,匡衡、梅福以爲宜封孔子世爲湯後。劉向説上宜興辟廱,設庠序。未作而罷。

8. 平帝元始元年,封孔均爲褒成侯。

9.《漢表》:殷紹嘉侯在沛郡,褒成侯在瑕丘。今兖州瑕丘縣。《後漢・孔僖傳》:“平帝時,封孔均,追謚孔子爲褒成宣尼公。建武十三年,復封均子志爲褒成侯,子損嗣。永元四年,①徙封褒亭侯。”

10. 世祖建武五年,初起太學,帝還,視之。十九年,又幸太學。中元元年,起辟廱。

11. 明帝永平二年,臨辟廱,行大射、養老禮。十五年,至魯,詣孔子宅。

12. 章帝建初四年,詔諸儒會白虎觀,議五經同異。元和二年,至魯,祠孔子及七十二弟子於闕里,作六代之樂,大會孔氏男子六十二人。②

13. 安帝延光三年,祀孔子及七十二子於闕里,③還幸太學。

14.《洛陽記》:“太學在洛陽城故開陽門外,去宫八里。講堂長十丈,廣三丈。”《述征記》:“在國子學東二百步。”《漢官儀》:“辟廱去明堂三百步,車駕臨辟廱,從北門入。三月、九月,④於中行大射禮。”永平四年、八年,和帝永元十四年,順帝陽

① “四年”,翁氏本無此二字。
② “大”,翁氏本無此字。
③ “祀”,翁氏本作“祠”。
④ “月”,原作“日”,據《叢刊》本改。

嘉元年、二年,靈帝熹平六年,並臨辟廱。“孔子宅,在兖州曲阜縣,故魯城中歸德門内、闕里之中,背洙面泗,矍相圃之東北也。”梅福曰:“今仲尼之廟,不出闕里。”永平二年,郡縣學校行鄉飲,祀孔子,猶未立廟也。梁天監四年,初立孔子廟。唐武德二年,始詔國子學立廟。貞觀四年,詔州縣,①皆作孔子廟。北宫白虎門,於門立觀。

15. 順帝永建六年,修繕太學,凡造二百四十房,千八百五十室。

16.《水經注》:“漢置太學於國子堂東。石經東有一碑,陽嘉八年立,若璩按:陽嘉止四年,“八”當作“元”。“作畢”,即立碑也。文云:‘建武二十七年,造太學,年積毁壞。永建六年九月,詔修太學,用作工徒十一萬二千人。陽嘉元年,作畢,碑南面刻頌。’”獻帝初平四年,②太學行禮,幸永福城門,臨觀其儀。光和五年,幸太學。若璩按:光和幸太學,爲靈帝事;初平四年,則獻帝也。

17. 靈帝熹平四年,詔諸儒正五經文字,刻石立太學門外。

18.《水經注》:“光和六年,刻石鏤碑,載五經,立於太學講堂前東側。蔡邕自書丹於碑。《洛陽記》:高一丈許,廣四尺。”若璩按:洪氏《隸釋》曰:“蓋諸儒受詔在熹平,而碑成則光和年也。”余故以杜詩“苦縣光和尚骨立”,“光和”指石經言,下即承以“蔡不復得”,益明。

19. 魏文帝黄初二年,封孔羨爲宗聖侯。

20. 晋封二十三世孫震,爲奉聖亭侯。後魏延興三年,

---

① “縣”下,《叢刊》本、翁氏本有“學”字。

② “獻”,原作“靈”,據史實與翁氏本改正。因“初平”乃獻帝年號。

封二十七世孫乘，爲崇聖大夫。太和十九年，孝文幸魯，親祠孔子廟，改封二十八世孫珍，爲崇聖侯。北齊封三十一世孫，爲恭聖侯。周武帝改封鄒國公。隋文帝仍舊封，煬帝改封紹聖侯。唐貞觀十一年，封裔孫德倫，爲褒聖侯。開元二十七年，以孔子後爲文宣公。宋太平興國二年，孔宜襲封文宣公。至和二年，祖無擇言不可以祖謚加後嗣，詔封宗愿爲衍聖公，今世襲。後魏太和十六年，謚孔子曰文聖尼父。唐貞觀二年，升孔子爲先聖；十一年，尊爲宣父。武后封隆道公。開元二十七年，謚爲文宣王。宋祥符元年，幸曲阜，謁文宣王廟，謚玄聖文宣王；五年，改謚至聖。

卷十七

宋　王應麟　撰

評文

1. 汪彦章曰："左氏、屈原，始以文章自爲一家，而稍與經分。"

2.《離騷》曰："閨中既以邃遠兮，哲王又不寤。"以楚君之闇，而猶曰"哲王"，蓋屈子以堯、舜之耿介，湯、武之祗敬望其君，①不敢謂之不明也。太史公《列傳》曰："王之不明，豈足福哉？"非屈子之意。②

3. 夾漈《草木略》，以蘭、蕙爲一物，皆今之零陵香也。然《離騷》"滋蘭"、"樹蕙"，《招魂》"轉蕙"、"汜蘭"，是爲二草，不可合爲一。若璩按：蘭茝與蕙，各自爲類，黄山谷："一幹一花，而香有餘者，蘭；一幹數花，而香不足者，蕙。"説亦未必然。

4. 江離，《史記索隱》引《吴録》曰："臨海海水中生，正青，似亂髮。"《廣志》爲"赤葉紅華"。今芎藭苗曰江離，緑葉

---

① "武"，《叢刊》本、翁氏本作"禹"。

② "非"上，《叢刊》本、翁氏本有"此"字。

白華，又不同。《藥對》以爲蘪蕪，一名江離。芎藭，槁本，江離、蘪蕪並相似，①非是一物也。《淮南子》云："亂人者若芎窮與槁本。"顔師古曰："郭璞云：江離似水薺，今無識之者，然非蘪蕪也，《藥對》誤耳。"《楚辭補注》、《集注》皆缺，《讀詩記》："董氏曰：'《古今注》謂"芍藥，可離"，②《唐本草》"可離，江離"，然則芍藥，江離也。'"

5. 屈原，楚人，而《涉江》曰："哀南夷之莫吾知。"是以楚俗爲夷也。陰邪之類，讒害君子，變於夷矣。

6. "忠湛湛而願進兮，妒披離而鄣之"，壅蔽之患也。元帝似之，故周堪、劉更生不能決一石顯。"聲有隱而相感兮，物有純而不可爲"，偏聽之害也。德宗似之，故陸贄、陽城不能攻一延齡。

7. 宋玉《釣賦》："宋玉與登徒子偕愛釣於玄淵。"③《淮南子》作"蜎蠉"。④《七略》："蜎子，名淵，楚人。"唐人避諱，改"淵"爲"泉"，《古文苑》又誤爲"洲"。宋玉《對問》"陽春白雪"，《集》云"陵陽白雪"，見《文選・琴賦》注。

8. 劉勰《辨騷》：班固以爲"羿、澆、二姚，與《左氏》不合"。洪慶善曰："《離騷》用羿、澆等事，⑤正與《左氏》合。孟堅所云，謂劉安説耳。"若璩按：此條已見《左氏》。

9.《藝文類聚・鑑誡類》，多格言法語，如曹植《矯志詩》曰："道遠知驥，世僞知賢。"荀爽《女誡》曰："七歲之男，王母不抱。七歲之女，王父不持。親非父母，不與同車。親非兄弟，不與同筵。非禮不動，非義不行。"程曉《女典》曰："麗色

---

① "蘪"，翁氏本作"蘼"。
② "芍"，《叢刊》本作"勺"。下同。
③ "愛"，《叢刊》本、翁氏本作"受"。
④ "淮南子"下，翁氏本有"原道訓"三字。
⑤ "等"，翁氏本无此字。

妖容，高才美辭，此乃蘭形棘心，玉曜瓦質。”姚信《誡子》曰：“古人行善者，非名之務，非人之爲，險易不虧，終始如一。”諸葛武侯《誡子》曰：“非學無以廣才，非志無以成學。”顔延之《庭誥》曰：“性明者欲簡，嗜繁者氣昏。”卞蘭《座右銘》曰：“求高反墜，務厚更貧。閉情塞欲，老氏所珍。周廟之銘，仲尼是遵。無謂幽冥，處獨若群。不爲福先，不與禍鄰。”司馬德操《誡子》曰：“論德則吾薄，説居則吾貧。勿以薄而志不壯，貧而行不高。”王修《誡子》曰：“時過不可還，若年大不可少也。言思乃出，行詳乃動。”羊祜《誡子》曰：“恭爲德首，謹爲行基。無傳不經之談，無聽毁譽之語。”徐勉《與子書》曰：“見賢思齊，不宜忽略以棄日。非徒棄日，乃是棄身。”王粲《安身論》曰：“君子不妄動也，必適於道；不徒語也，必經於理；不苟求也，必造於義；不虚行也，必由於正。憂患之接，必生於自私，而興於有欲。自私者不能成其私，有欲者不能濟其欲。”凡此，皆可爲治心齊家之法。若馬援、王昶之誡，張茂先之詩，崔子玉之銘，①見於史傳、《文選》者，不復紀。

10.《文心雕龍》謂英華出於情性：②“賈生俊發，則文潔而體清；子政簡易，則趣昭而事博；子雲沉寂，③則志隱而味深；平子淹通，則慮周而藻密。”

11. 李善注《文選》，詳且博矣，然猶有遺缺。嘗觀《楊荆州誄》“謂督勳勞”，不引《左氏》“謂督不忘”；“執友之心”，不引《曲禮》“執友稱其仁”。謂“督不忘”，即《微子之命》“曰篤不忘”也。古字“督”，與“篤”通用，以“督”爲“察”，非也。

---

① “玉”，原作“王”，據《叢刊》本、翁氏本改。
② “情性”，翁氏本作“性情”。
③ “沉”，翁氏本作“沈”。

12. 瓊，赤玉也。《雪賦》：林挺瓊樹。注以爲誤。若璩按：《毛傳》“瓊，玉之美者”，《廣韻》“瓊，玉名”，皆不與《説文》同。

13. 韓文公《曹王皋碑》云：“王親教之搏力句卒嬴越之法。”①《考異》謂：“《秦紀》、《越語》、《世家》皆無‘搏力句卒’之文。”愚按，《左傳》哀十七年三月，“越子爲左右句卒”。注云：“鈎伍相著，别爲左右屯。”此即謂句卒也。搏力，必秦法，未見所出，《新唐書》作“團”。若璩按：姚令威《集注》“句卒”，已引《左傳》，又引《商子·農戰》篇：“凡治國者，患民之散不可搏也，是以聖人作壹搏之。”又曰：“搏民力以待外事，然後患可以去而王可致，故明君修政作壹，去無用，止浮學事滛民，②壹之農，然後國家可富而民力可搏也。”“搏力”出此。令威，名寬，剡川人。

14. “十抽一推”，或謂“推”當爲“椎”，③未冠之稱。按《史記·秦始皇紀》：王翦“什推二人從軍”。《索隱》云：“什中唯擇二人。”④文公語出於此，不必改爲“椎”。

15. 《原道》：“佛者曰：孔子，吾師之弟子也。”蓋用佛書“三聖弟子”之説，謂老子、仲尼、顔子也。《緯文瑣語》云。

16. 曹子建《詰咎文》：假天帝之命，以詰風伯雨師。韓文公《訟風伯》，蓋本於此。

17. 《送窮文》：“小黠大癡。”按《張敏集·奇士劉披賦》：“古語有之，小癡爲大黠，小黠爲大癡。”

18. 《歐陽生哀辭》：“閩人舉進士繇詹始。”⑤史因之。黄

---

① “搏力”，《叢刊》本、翁氏本作“摶力”，下同。“句卒”，《叢刊》本作“勾卒”，下同。

② “滛”，翁氏本作“淫”，二字互通。“滛”上，疑當有一“之”字。

③ “爲”，翁氏本作“作”。

④ “唯”，翁氏本作“推”。

⑤ “繇”，翁氏本作“由”。

璞《閩川名士傳》:"其前有薛令之、林藻。"考之《登科記》,信然。歐陽詹之行,獲稱於昌黎,而見毁於黄璞記太原妓。① 黄介、喻良能爲文以辨。

19. "太行之陽有盤谷",在孟州濟源縣。若璩按:《昌黎年譜》:"貞元十七年辛巳,在京師,有《送李愿歸盤谷序》。"《舊唐書·李愿傳》"父晟,立大勛,即拜太子賓客、上柱國",爲興元元年甲子,此豈終身官不挂朝籍者?《新唐書·李晟傳》:"貞元七年,以臨洮未復,請附貫萬年,詔可。"是愿又當爲長安人,於盤谷不得曰"歸",盖送者乃别一人爾。②

20. 韓、柳並稱而道不同。韓作《師説》,而柳不肯爲師;韓闢佛,而柳謂佛與聖人合;韓謂史有人禍天刑,而柳謂刑禍非所恐。柳以封禪爲非,而韓以封泰山、鏤玉牒勸憲宗。

21. 柳文多有非子厚之文者,《馬退山茅亭記》,見於《獨孤及集》;《百官請復尊號表》六首,皆崔元翰作;貞元五年,子厚方十七歲。《爲裴令公舉裴冕表》,邵説作;冕,大歷四年薨,八年,子厚始生。《請聽政第三表》,《文苑英華》乃林逢;《第四表》云:"兩河之寇盜雖除,百姓之瘡痍未合。"乃穆宗、敬宗時事;《代裴行立謝移鎮表》,行立移鎮在後,亦他人之文;《柳州謝上表》,其一乃李吉甫《郴州謝上表》也。《舜禹之事》、《謗譽》、《咸宜》三篇,晏元獻云:"恐是博士韋籌作。"《愈膏肓疾賦》,晏公亦云:"膚淺不類柳文。"宋景文公謂:《集外文》一卷,其中多後人妄取他人之文,冒柳州之名者。然非特《外集》也,劉夢得《荅子厚書》曰:③"獲新文二篇,且戲余曰:'將

① "妓",翁氏本作"伎"。
② "盖",翁氏本作"蓋"。
③ "荅",翁氏本作"答"。

子爲巨衡，以揣其鈞石銖黍。’”此書不見於集。《食蝦蟆詩》，韓文公有答，今亦不傳，則遺文散軼多矣。

22.《答元饒州論春秋》，①又《論政理》。按《鄱陽志》，元藇也。艾軒《策問》以爲元次山。次山不與子厚同時，亦未嘗爲饒州。

23.《平淮夷雅》②“其佐多賢”，出《説苑》“‘涣其群，元吉’者，其佐多賢矣”。若璩按：《説苑》襲《吕覽·召類》篇。③

24.《饒娥碑》，按魏仲兕大歷間樂平令。作《饒孝女碣》，旌其里閭，不言娥死。子厚失於傳聞，而史承其誤。

25.《游黄溪記》仿太史公《西南夷傳》，皇甫湜《悲汝南子桑》仿《莊子·天運》，皆奇作也。

26.《王參元書》云：“家有積貨，士之好廉名者，皆畏忌，不敢道足下之善。”嘗考李商隱《樊南四六》，有《代王茂元遺表》云：“與季弟參元，④俱以詞場就貢，久而不調。”茂元，栖曜之子也。商隱《志王仲元》云：“第五兄參元教之學。”

27. 沈亞之《送韓静略叙》曰：⑤“文之病煩久矣，聞之韓祭酒之言曰：‘善藝樹者，⑥必壅以美壤，以時沃灌。’”祭酒，即文公也。白樂天《老戒》詩“我有白頭戒，聞於韓侍郎”，皆文公緒言也。

28.《驢九錫》封廬山公，《雞九錫》封浚稽山子。⑦《毛穎傳》本於此。

---

① “荅”，翁氏本作“答”。
② “夷”，翁氏本作“西”。
③ “召類”，原作“召數”，據翁氏本改。
④ “季弟”，原作“弟季”，據翁氏本改。
⑤ “叙”，《叢刊》本作“序”。
⑥ “蓺”，翁氏本作“藝”。
⑦ “稽”，《叢刊》本、翁氏本作“雞”。

29. 劉夢得文不及詩,《祭韓退之文》乃謂:“子長在筆,予長在論;持矛舉楯,卒莫能困。”可笑不自量也。

30. 鄭亞《會昌一品集叙》云:①“周勃、霍光,雖有勳伐而不知儒術;枚皋、嚴忌,善爲文章而不至巖廊。”歐陽公曰:“劉、柳無稱於事業,姚、宋不見於文章。”其言簡而明,非唐人所及也。若璩按:陸儼山謂:先有“隨、陸無武,絳、灌無文”之言。

31. 魏鄭公《砥柱銘》:“挂冠莫顧,過門不息。”《淮南子》云:“禹之趨時,冠挂而不顧,履遺而不取。”《鹽鐵論》云:“簪墮不掇,冠挂不顧。”

32. 梁簡文《誡子當陽公書》曰:“立身之道,與文章異。立身先須謹重,文章且須放蕩。”斯言非也。文中子謂:“文士之行可見。”放蕩其文,豈能謹重其行乎?

33. 又《大同哀辭》曰:“陳蕃所憩之家,久記玄録之歲;華歆所聞之語,已定北陵之期。”按,《搜神記》陳仲舉宿黄申家,《列異傳》華子魚宿人門外,皆因所宿之家生子,而夜有叩門者言所與歲數。②

34. 庾信《馬射賦》云:“落花與芝蓋齊飛,楊柳共春旗一色。”王勃效其語,③江左卑弱之風也。

35. 岑文本《擬劇秦美新》,雖不作可也。班孟堅《典引》師其意,南豐説非異若璩按:“説非異”三字疑有誤。師其辭。

36. 李善精於《文選》,爲注解,因以講授,謂之“文選學”。少陵有詩云:“續兒誦《文選》。”又訓其子“熟精《文選》理”,蓋選學自成一家。江南進士試《天雞弄和風詩》,以《爾

① “叙”,《叢刊》本作“序”。
② “叩”,《叢刊》本、翁氏本作“扣”。
③ “效”,翁氏本作“倣”。

雅》“天雞”有二，問之主司，若璩按：主司爲張傚。其精如此，故曰：“《文選》爛，秀才半。”熙、豐之後，士以穿鑿談經，而選學廢矣。若璩按：《蕭至忠傳》：“嘗出大平公主第，遇宋璟，璟戲曰：‘非所望於蕭傅。’”此用潘安仁《西征賦》語。司馬公作《通鑑》，改曰“非所望於蕭君也”，便是不知出《文選》。宋景文則自言手抄《文選》三過矣。《舊唐書·儒學傳》：“初，江淮間爲文選學者，本於曹憲，而同邑李善等繼之。”

37. 元次山《惡圓》曰：“寧方爲皂，不圓爲卿。”范文正《靈烏賦》曰：[①]“寧鳴而死，不默而生。”其言可以立懦。

38. 李義山賦怪物，言佞魖、讒𩴿、貪魃，曲盡小人之情狀，螭魅之夏鼎也。

39. 白樂天云：“富於黔婁，壽於顏回，[②]飽於伯夷，樂於榮啓期，健於衛叔寶。”達人之言也。若璩按：出《醉吟先生傳》，首云“富於黔婁”。[③]

40. 劉夢得《口兵戒》：“可以多食，勿以多言。”本《鬼谷子》：“口可以食，不可以言。”

41.《文選·安陸王碑》云：“弈思之微，秋儲無以競巧。”弈秋，見《孟子》。儲字未詳，蓋亦善弈之人，注謂“儲蓄精思”，非也。

42. 秦少游、張文潛學於東坡，東坡以爲“秦得吾工，張得吾易”。

43. 荆公《潭州新學詩》“仲庶氏吴”，本《詩》“摯仲氏任”。吕太史《釣臺記》“姓是州曰嚴”，本柳子厚《愚溪詩序》“姓是溪曰冉溪”。子厚之語，又出於《水經注》“豫章以木氏

① “曰”，翁氏本無此字。
② “壽於顏回”上有“富於黔婁”四字，原本脱，據翁氏本補。
③ “首云富於黔婁”，翁氏本無此六字。

郡”。司馬公“保業”云“懷璽未暖”，本元次山《出規》“豈無印綬，懷之未暖”。

44. 張文潛《送李端叔序》：“梟鴟不鳴，要非祥也；豺狼不噬，要非仁也。”本於唐呂向上疏：“鴟梟不鳴，未爲瑞鳥；猛虎雖伏，豈齊仁獸？”

45. 晁無咎《求志賦》：“訊黄石以吉凶兮，棋十二而星羅；曰由小基大兮，何有顛沛？”謂《靈棋經》也。《異苑》云：“十二棋卜，出自張文成，受法於黄石公，行師用兵，萬不失一，東方朔密以占衆事。”

46. 荆公爲《外祖母墓表》云：“女婦居不識廳屏，笑言不聞鄰里，是職然也。”唐岐陽公主不識刺史廳屏，見杜牧之文。薛巽妻崔氏言笑不聞於鄰，見柳子厚文。荆公爲文，字字不苟如此，讀者不知其用事。

47.《大樂十二均圖》，楊次公作也，編於《老蘇集》；《蠶對織婦文》，宋元憲作也，編於《米元章集》；《三先生論事録序》，陳同甫作也，編於《朱文公集》，皆誤。

48. 丘宗卿謂：“場屋之文，如校人之魚，與濠上之得意異矣。”慈湖謂：“文士之文，止可謂之巧言。”

49. 景德二年，命王欽若、楊億修歷代君臣事迹。六年上之，凡千卷，詔題曰《册府元龜》。周益公記《文苑英華》云：“太宗詔修三大書：曰《太平御覽》，曰《册府元龜》，曰《文苑英華》，各一千卷。”今按，《御覽》修於太平興國二年，《英華》修於七年，皆太宗時。若《元龜》乃真宗時修，益公考之未詳也。《太宗實録》：雍熙三年十二月，宋白等進《文苑英華》，有表，有答詔，當載於首卷。真宗景德四年八月，詔館閣分校。又以前編次未允，令擇古賢文章，重加編録，芟繁補闕，换易之，卷數如舊。祥符二年，命覆校。皆當備載於纂修事始之後。太宗修三大書，其一乃《太平廣記》五百卷。

50. 班孟堅《兩都賦序》，迂齋謂：唐説齋《中興賦序》得此意。按，《中興賦序》云："雖詞有工拙，學有博陋，氣有強弱，思有淺深，要皆變化馳騖，不失古人之法度。"蓋用"道有夷隆，學有粗密"之意，然所取乃律賦，非《兩都》比也。

51. 澹庵云："韓安國不能作賦，[1]罰酒三升；王子敬詩不成，亦飲三觥。一詩一賦，豈足以盡豪傑之士？"

52. "天下不可以無此人，亦不可以無此書，而後足以當君子之論。"又曰："天下大勢之所趨，天地鬼神不能易，而易之者人也。"此龍川若璩按：龍川，陳亮號。科舉之文，列於古之作者而無愧。

53. 《集古録跋》謂：《樂毅論》與《文選》所載，時時不同。《文章正宗》謂：崔寔《政論》列於《選》。今考《文選》，無此二篇，皆筆誤也。

54. 誠齋爲《章燾墓銘》云："今日士師，非禾絹士師也。"《宋明帝紀》：胡毋顥專權，奏無不可。時人語曰："禾絹閉眼諾，胡毋大張橐。"禾絹，謂上也。蓋謂秦檜顓政，士師非主上之士師也。

55. 南豐序《禮閣新儀》，則指新法；記襄州長渠，則指水利；《兵間詩》，則指徐德占；《論交詩》，則指吕吉甫。此孫仲益之言也。若璩按：仲益語，見其所與曾端伯書。

56. 宋景文云："賈生思周鬼神，不能救鄧通之譖。"考之《漢史》，無鄧通譖賈生之事，蓋誤。景文謂：因撰《唐書》，盡見前

---

① "作"字，《叢刊》本、翁氏本作"几"。

世論著，乃悟文章之難。若璩按：《風俗通義》："孝文帝，曰誼與鄧通俱侍中同位，①惡通爲人，數廷譏之，由是遷長沙王太傅。渡湘水，投書以弔屈原罹讒邪之咎，亦因自傷爲鄧通等所訴也。"

57. 張説爲《廣州宋璟頌》曰："犦牛牲兮菌雞卜，神降福兮公壽考。"東坡《韓文公碑》用此四字。

58. 周益公《雜志》辨"楮幣"，謂"俗人創二字，通上下皆用，猶紙錢也"。按，范淳父爲《郭子皋志》，言交子云："紙幣之設，本與錢相權。"元祐間已有此語矣。

59. 東坡得文法於《檀弓》，後山得文法於《伯夷傳》。

60. 楊植《許由廟碣》云："堯而許之，日而月之。"獨孤及《仙掌銘》云：②"月而日之，星而辰之。"同一句法。

61. 《文心雕龍》云："《論語》已前，經無'論'字。"晁子止云："不知《書》有'論道經邦'。"若璩按："論道經邦"，乃晚出《書·周官》篇。本《考工記》"或坐而論道"來。

62. 和凝爲文，以多爲富，有集百餘卷，自鏤板行於世，識者多非之。此顏之推所謂"詅癡符"也。詅，力正反。楊綰有論著，未始一示人，③可以爲法。《易》曰："白賁无咎。"若璩按：《舊唐書·楊綰傳》：④"每屬文，恥於自白，非知己不可得而見。"⑤

63. 崔駰《西巡頌表》曰："唐、虞之世，樵夫牧豎，擊轅中韶，感於和也。"《班固集》："擊轅相杵，亦足樂也。"曹子建書"擊轅之歌，有應風雅"，柳子厚云"擊轅拊缶"，宋景文云"壤翁轅童"，皆本於崔、班。

---

① "曰"，翁氏本作"時"。"俱侍中同位"，翁氏本作"同位侍中"。
② "仙掌銘"下，翁氏本有"序"字。
③ "一"，《叢刊》本無此字。
④ "舊唐書楊綰傳"，翁氏本作"舊書綰傳"。
⑤ "而"，翁氏本無此字。

64. 劉夢得《嘆牛》云："員能霸吴屬鏤賜，斯既帝秦五刑具。長平威振杜郵死，垓下敵禽鍾室誅。[①]"《儆舟》云："越子膝行吴君忽，晋宣尸居魏臣怠。若璩按：《晋·宣帝紀》："李勝來候疾，退，告曹爽曰'司馬公尸居餘氣，形神已離，不足慮也。'故爽等不復設備。"白公厲劍子西哂，李園養士春申易。"文法效《漢書》蒯通等傳贊。《唐書·奸臣傳》赞亦然。若璩按：楊升庵則謂：文法皆祖《韓非》"門人捐水而夷射誅"六句，東坡賀朱壽昌詩又用此法，奇矣，果然。

65. 張文潛《論文詩》曰："文以意爲車，意以文爲馬。理强意乃勝，氣盛文如駕。理文當若璩按：宜作"當文"。即止，妄説即虚假。氣如決江河，勢順乃傾寫。""理文"，元板作"理維"。

66. 山谷《與王觀復書》曰："劉勰嘗論文章之難云：'意翻空而易奇，文徵實而難工。'此語亦是沈、謝輩爲儒林宗主時，好作奇語，故後生立論如此。好作奇語，自是文章病。但當以理爲主，理得而辭順，文章自然出群拔萃。"張文潛《荅李推官書》可以參觀。[②]《文鑑》取此二書。若璩按：何屺瞻謂山谷引用劉語，亦失其本旨。蓋劉云："方其搦翰，氣倍辭前，暨乎篇成，半折心始，何則？意翻空而易奇，言徵實而難巧也。"此乃謂爲文者言不能足其志。

67. 迂齋《太學策問》言宣和事云："夷門之植，植於燕雲。"夷門在大梁。用《樂毅書》文法。

68. 柳下惠見飴曰："可以養老。"盗跖見飴曰："可以黏牡。"見物同而用之異。出《淮南子》，牡，門户籥牡。《左氏博議》用此。《吕氏春秋》："仁人得飴，以養疾侍老也；跖、蹻得飴，以開閉取楗也。"

69. 司馬公序顔太初醇之文曰："觀其《後車》詩，則不忘

---

① "敵禽"，翁氏本作"禽敵"。
② "荅"，翁氏本作"答"。

鑑戒矣。觀其《逸黨》詩，則禮義不壞矣。觀其《哭友人》詩，則酷吏愧心矣。觀其《同州題名記》，則守長知弊政矣。觀其《望仙驛記》，則守長不事厨傳矣。"《文鑑》唯載《逸黨》、《許希》二詩。①

70. 絜齋先生爲樓，名以"是亦"，曰："直不高大爾，是亦樓也。"以至山石花木、衣服飲食、貨財隸役，亦莫不然。至於宦情亦薄，曰："直不高顯爾，是亦仕也。凡身外之物，皆可以寡求而易足，惟此身與天地並廣大高明，我固有之，朝夕磨厲，必欲追古人而與俱。② 若徒儕於凡庸，而曰'是亦人爾'，則吾所不敢也。"③

71. 鄧志宏《與胡丞公若璩按："丞公"，《宋史》作"承"，名世將，晋陵人，官資政殿學士。書》曰："熙、豐間，如司馬温公與王荆公之所爭者，曰是與非。崇寧間，陳了翁與蔡長沙之所爭者，曰治與亂。靖康間，李丞相與耿門下之所爭者，又不特是非、治亂、安危而已，其存亡所繫乎？"

72. 唐五代之際，以文紀事者多用故事，而作史者因而舛誤。回鶻烏介可汗走保黑車子族，李德裕《紀聖功碑》云："烏介并丁令以圖安，依康居而求活。"所謂"康居"，用《漢書》郅支事也。而《舊史》云："烏介依康居求活。"北漢鄭珙卒于契丹，王保衡《晋陽見聞録》："虜俗雖不飲酒，如韋曜者，亦加灌注。"韋曜，即吴孫皓時韋昭也。而路振《九國志》云："高祖鎮河東，命韋曜北使。曜不能飲酒，虜人強之。"此殆類癡人説夢也。

---

① "唯"，翁氏本作"惟"。
② "俱"，翁氏本作"居"。
③ "敢"，翁氏本作"取"。

卷十八

宋 王應麟 撰

評詩

1. 陶淵明詩:"羲農去我久,舉世少復真。汲汲魯中叟,彌縫使其淳。"又曰:"此中有真意,欲辯已忘言。"①東坡云:"淵明欲仕則仕,不以求之爲嫌;欲隱則隱,不以去之爲高。飢則扣門而求食,飽則具雞黍以迎客。古今賢之,貴其真也。"葛魯卿爲贊,羅端良爲記,若璩按:羅端良,名願,歙縣人,淳熙中知鄂州,卒,有《鄂州小集》。論者謂"宋南渡後,文字有先秦、西漢風,惟願一人"②。朱文公、周益公視爲長友,③作《陶令祠堂記》,見集中。皆發此意。蕭統疵其《閑情》,杜子美譏其責子,王摩詰議其乞食,何傷於日月乎?《述酒》一篇之意,惟韓子蒼知之。

2.《咏貧士》詩云:"昔在黄子廉,彈冠佐名州。一朝辭吏歸,清貧略難儔。"愚按《風俗通》曰:"潁川黄子廉,每飲馬

---

① "辯",翁氏本作"辨"。
② "一人"下,翁氏本有"而已"二字。
③ "長",翁氏本作"畏"。

輒投錢於水，其清可見矣。"《吴志·黄盖傳》①："故南陽太守黄子廉之後。"

3.《古辭》："雞鳴高樹巔，狗吠深宫中。"陶淵明《歸田園》詩二句效此，唯改"高"爲"桑"、"宫"爲"巷"。

4. 少陵《和嚴武軍城早秋》詩："已收滴博雲間戍，更奪蓬婆雪外城。"的博嶺，在維州。見《韋皋傳》。蓬婆山，在柘州。見《元和郡縣志》。

5.《飲中八仙》，其名氏皆見於《唐史》，唯焦遂事迹，僅見於《甘澤謡》。

6.《石壕吏》，蓋陝州陝縣石壕鎮也。見《九域志》、《輿地廣記》。本崤縣，唐改爲硤石，熙寧六年省爲鎮。若璩按：《新》《舊唐書》"硤"並從"山"，惟《通典》從"石"。

7.《新安吏》："僕射如父兄。"《汝墳》之詩曰："雖則如毁，父母孔邇。"此詩近之。山谷所謂"論詩未覺《國風》遠"。

8. 少陵善房次律，而《悲陳陶》一詩不爲之隱；昌黎善柳子厚，而《永貞行》一詩不爲之諱。公議之不可掩也如是。

9.《贈嚴閣老詩》："扈聖登黄閣，明公獨少年。"②《舊史·嚴武傳》："遷給事中，時年三十二。"給事中屬門下省，開元曰黄門省，故云黄閣。少陵爲左拾遺，亦東省之屬，故云："官曹可接聯。"近世用此詩爲宰輔事，誤矣。《通鑑》："王涯爲給事中鄭肅、③韓佽曰：'二閣老不用封敕。'"此唐人稱給事中爲閣老也。

---

① "盖"，翁氏本作"蓋"。
② "少"，《叢刊》本、翁氏本作"妙"。
③ "爲"，《叢刊》本、翁氏本作"謂"。

10.《公安送李晋肅入蜀》,盖即李賀之父。[①] 若璩按:《李賀傳》系出鄭王後,鄭王名亮,太祖第八子,非高祖之子名元懿者。元懿則稱小鄭王,或曰惠鄭王矣。

11. 王無功《三月三日賦》:“聚三都之麗人。”“長安水邊多麗人”,語本此。

12. “土門壁甚堅,杏園度亦難。”土門口在鎮州獲鹿縣,即井陘關也。郭子儀自杏園渡河,圍衛州。董秦爲濮州刺史,移鎮杏園渡。地蓋在衛州汲縣,非長安曲江池之杏園也。

13. “杜位宅守歲”,按《李林甫傳》,杜位,林甫諸婿也。“四十明朝過”,《年譜》謂:天寶十載,時林甫在相位,盍簪列炬之盛,其炙手之徒歟。又《寄杜位詩》:“近聞寛法離新州,想見懷歸尚百憂。逐客雖皆萬里去,悲君已是十年流。”其流貶盖以林甫故。[②] 若璩按:《李林甫傳》“諸婿若杜位等皆貶官”,已明著之。

14.《示獠奴阿段》,《北史》:“獠無名字,以長幼次第呼之。丈夫稱阿謨、阿段,婦人稱阿夷、阿等之類,皆語之次第稱謂也。”

15. 李尚書之芳,考諸《唐史》:之芳,蔣王惲之曾孫,“廣德初,詔兼御史大夫,使吐蕃,被留二歲,乃得歸,拜禮部尚書”。故少陵詩有“奉使失張騫,史閣行人在”之句。

16. 楊綰謚文正,比部郎中蘇端持異議。《雨過蘇端》,豈即斯人歟?然少陵稱其“文章有神交有道”,而端終爲憸人,豈晚謬乎?若璩按:《舊唐書·楊綰傳》:“謚曰‘文簡’。比部郎中

---

① “盖”,翁氏本作“蓋”。
② “盖”,翁氏本作“蓋”。

蘇端性疏狂,嫉其賢,乃肆毁黷,異同其議。上怒,貶端爲廣州員外。"①自即其人,詩人溢美,詎足與辨?

17.《可嘆行》云:"丈夫正色動引經,豐城客子王季友。群書萬卷常暗誦,《孝經》一通看在手。豫章太守高帝孫,引爲賓客敬頗久。"季友,肅、代間詩人也。殷璠謂其詩放蕩,愛奇務險,然而白首短褐。錢起有《贈季友赴洪州幕下詩》云:"列郡皆用武,南征所從誰?諸侯重才略,見子如瓊枝。"此即豫章賓客之事也。少陵謂"王也論道阻江湖",期以"致君堯舜",季友不但工詩而已。太守,宗室。少陵謂"邦人思之比父母"。鮑欽止云:"江西觀察使李勉,時季友兼監察御史,爲副使。"若璩按:王季友兼監察御史以入勉幕下,故猶李義山掌王茂元書記,得侍御史也,非爲副使。于邵《送王季友赴洪州序》但云爲副車。

18.《出瞿唐峽》詩:"五雲高太甲,六月曠摶扶。"注不解"五雲"之義。嘗觀王勃《益州夫子廟碑》云:"帝車南指,遁七曜于中階;②華盖西臨,③藏五雲於太甲。"《酉陽雜俎》謂:"燕公讀碑,自'帝車'至'太甲'四句,悉不解。訪之一公,一公言:'北斗建午,七曜在南方。有是之祥,無位聖人當出。''華蓋'以下,卒不可悉。"愚謂老杜讀書破萬卷,必自有所據,或入蜀見此碑而用其語也。《晋·天文志》:"華蓋杠旁六星曰六甲,分陰陽而配節候。"太甲恐是六甲一星之名,然未有考證。以一行之邃於星歷,張燕公、段柯古之殫見洽聞,而猶未知焉,姑闕疑以俟博識。若璩按:以《隋書·天文志》"天子欲有所游,往其地,先發天子氣,或如華蓋在霧氣中,或有五色:蒼帝起青雲扶

① "員外"下,翁氏本有"司馬"二字。
② "于",翁氏本作"於"。
③ "盖",翁氏本作"蓋"。下同。

日，赤帝起赤雲扶日，黄帝起黄雲扶日，白帝起白雲扶日，黑帝起黑雲扶日”，以證“華蓋”、“五雲”，亦一解。而“太甲”終當闕疑。

19.《贈吕丘師太常博士均之孫》①謂：“鳳藏丹霄暮，龍去白水渾。”蓋稱均之文也。考之《舊史》，成都閭丘均，景龍中爲安樂公主所薦，起家拜太常博士。公主誅，貶循州司倉。進不以道，其文不足觀也已。

20.“終始任安義”之句，蕭使君之賢可見矣。少陵自注其事，足以砥薄俗，惜其名不傳也。

21.“陳倉石鼓又已訛”，按陳倉，在唐爲鳳翔寶雞縣。石鼓，在天興縣南，若璩按：《元和郡縣志》實云。乃雍縣也。魏太武自東平趣鄒山，見始皇石刻，使人排而仆之。“嶧山之碑野火焚”，蓋此時也。若璩按：野火焚，唐封演謂“魏太武排倒後，②然而歷代摹拓以爲楷則，③邑人疲於奔命，聚薪其下，因野火焚之，由是殘缺”云。

22.《遣興》云：“門户有旌節。”注引楊國忠以劍南旌節導駕。二字出《周禮》，少陵豈用《新唐史》語哉？

23.《金華山》詩：“上有蔚藍天，垂光抱瓊臺。”放翁云：“蔚藍乃隱語天名。”按，《度人經》作“鬱藍”。“鬱藍”，元板作“鬱繿”。

24.《成都》詩：“初月出不高，衆星尚爭光。”謂肅宗初立，盜賊未息也。胡文定《通鑑舉要補遺序》：“日轂冥濛，衆星爭耀。”語本於此。

25. 鮮于京兆，仲通也；張太常，博士，均、垍也。所美非

① “吕”，《叢刊》本、翁氏本作“閭”。
② “後”，翁氏本無此字。
③ “摹”，翁氏本作“摸”。

美然，昌黎之於于頔、李實類此。杜、韓二公晚節所守，如孤松勁柏，學者不必師法其少作也。“博士”，元板作“學士”。

26.《野望詩》：“西山白雪三奇戍，南浦晴江萬里橋。”①按，《唐·地理志》，彭州導江縣有三奇戍。《韋臯傳》：“遣大將陳洎等，出三奇。”《西南備邊録》所謂”三奇營”也。一本作“三年”，趙氏本作“三城”，當從舊本“三奇”爲是。滈水李氏云：“老杜讀書多，不曾盡見其所讀之書，則不能盡注。其間又用方言，如‘岸溉’、‘土銼’，乃黔蜀人語，須是博問多讀。”

27.《八哀詩》，將相、宗室之外，名士有三焉：蘇源明不污僞爵，其最優乎；李邕細行弗飭，次也；鄭虔大節已虧，下矣。

28.“借問懸車守，何如儉德臨？”“不過行儉德，盜賊本王臣。”明皇以侈致亂，故少陵以儉爲救時之砭劑。

29.《别李義》詩：“丈人嗣王業。”又云：“道國繼德業，丈人領宗卿。”按，《唐書·宗室表》、《傳》：“道孝王元慶次子詢之子微，嗣王，終宗正卿。”李義，蓋微之子也。

30.《送顧八分文學》，趙氏《金石録》以爲前太子文學、翰林院待詔顧誡奢。《醉歌行》云“東吴顧文學”，即誡奢也。注謂顧況，誤。

31.《李潮八分小篆歌》：“潮也奄有二子成三人。”《金石録》云：潮書唯《慧義寺彌勒像碑》與《彭元曜志》，②“其筆法亦不絶工，非韓、蔡比也”。

32.《鄭駙馬宅宴洞中》，今考少陵作《皇甫德儀碑》云：

---

① “晴”，《叢刊》本、翁氏本作“清”。
② “唯”，翁氏本作“惟”。

“有女臨晋公主,出降代國長公子滎陽潛曜。”又云:“忝鄭莊之賓客,游竇主之山林。”鄭潛曜,見《孝友傳》。

33.《橋陵》詩:“石門霧露白,玉殿莓苔青。”《舊史》鄭顥夢爲聯句,與此同。

34.《得房公池鵝》詩:“鳳凰池上應回首,爲報籠隨王右軍。”宋元憲以鵝贈梅聖俞,聖俞以詩謝曰:“昔居鳳池上,曾食鳳池萍。乞與江湖客,從教養素翎。”宋得詩不悦。聖俞之意,本於少陵。

35. 陶靖節之《讀山海經》,猶屈子之賦《遠游》也。“精衛銜微木,將以填滄海。刑天舞干戚,猛志故常在。”悲痛之深,可爲流涕。

36. 真文忠公曰:“杜牧之、王介甫賦息嬀、留侯等作,足以訂千古是非。”

37.《文選》注:“五言自李陵始。”《文心雕龍》云:“《召南·行露》,始肇半章;孺子《滄浪》,亦有全曲;《暇豫》優歌,遠見春秋;《邪徑》童謡,近在成世。則五言久矣。”

38.《古詩十九首》,或云枚乘,疑不能明也。《驅馬上東門》、《游戲宛與洛》,辭兼東都,非盡是乘作。《文心雕龍》云:“《孤竹》一篇,傅毅之詞。”若璩按:《玉臺新咏》以《西北有高樓》、《東城高且長》、《行行重行行》、《涉江采芙蓉》、《青青河畔草》、《庭中有奇樹》、《迢迢牽牛星》、《明月何皎皎》八首爲枚乘,《凛凛歲云暮》、《冉冉孤生竹》、《孟冬寒氣至》、《客從遠方來》四首爲古詩。

39. 鶴山云:“《禮》於生子曰詩負,於祝嘏曰詩懷。詩之爲言,承也,情動於中,而言以承之,故曰詩。”

40.《列女傳》:《式微》,二人之作。聯句始此。皮日休云:“柏梁七言,聯句興焉。”《文心雕龍》云:“聯句共韻,柏梁餘製。”

41.《左傳》有《虞殯》,《莊子》有《紼謳》,挽歌非始於田横之客。若璩按:此本《世説新語》注,《酉陽雜俎續集》[①]中亦襲之。[②]

42. 韋孟在鄒詩曰:"我既䍐逝,[③]心存我舊,夢我瀆上,立於王朝。其夢如何?夢爭王室。其爭如何?夢王我弼。"吕成公曰:"孟既致爲臣而歸,拳拳之意猶如此。"

43.《吴語》:"越王告吴王曰:'民生于地上,寓也。'"老萊子曰:"人生於天地之間,寄也。寄者固歸。"《古詩》"人生忽如寄",本於此。

44. 東方朔有八言、七言,考之《風》、《雅》,"尚之以瓊華乎而",七言也;"我不敢效我友自逸",八言也。若璩按:"送我乎淇之上矣"、"十月蟋蟀入我牀下",又在前。

45.《雕龍》云:"張衡《怨篇》,清典可味。"《御覽》載衡《怨詩》曰:"秋蘭,嘉美人也。猗猗秋蘭,植彼中阿。有馥其芳,有黄其葩。雖曰幽深,厥美彌嘉。之子之遠,我勞如何?"

46. 陳思王《靈芝篇》曰:"伯瑜年七十,彩衣以娱親。"今人但知老萊子之事,而不知伯瑜。

47. 陸務觀云:"古詩有倡有和,有雜擬、追和之類,而無和韻者。唐始有用韻,謂同用此韻。後有依韻,然不以次。最後有次韻,自元、白至皮、陸,其體乃成。"

48.《詩苑類格》謂回文出於竇滔妻所作。《文心雕龍》云:"回文所興,則道原若璩按:此不可考。爲始。"又傅咸有回文反覆,[④]温嶠有回文詩,皆在竇妻前。皮日休曰"傅咸反覆興

---

① "集",翁氏本作"説"。
② "襲",翁氏本作"及"。
③ "䍐",通"僊"。
④ "反覆",《叢刊》本、翁氏本作"反覆詩"。

焉，温嶠回文興焉”。

49. 左思《白髮賦》：“星星白髮，生於鬢垂。”詩用“星星”字，出於此。

50. 韓子蒼曰：“《柏梁》作而詩之體壞，《河梁》作而詩之意乖。”若璩按：子蒼此論，①大言無當，此摹擬王仲淹之弊也。《柏梁》雖依托，然《三百篇》中已有七言，安在其壞體耶？

51. 李義山謂昌黎文“若元氣”，荆公謂少陵詩“與元氣侔”，唯韓、杜足以當之。

52. 山谷云：“學老杜詩，所謂刻鵠不成猶類鶩也。”後山謂：“山谷得法於少陵。”朱文公云：“李、杜、韓、柳，初亦學《選》詩，然杜、韓變多，而柳、李變少。變不可學，而不變可學。”

53. 朱文公編《小學》書，其《荅劉子澄》②謂：“《古樂府》及杜子美詩可取者多，令其喜諷咏，易入心，最爲有益。”今本《樂府》及詩皆不取，豈修改而删之歟？子澄著《訓蒙新書》、《外書》。

54. 韓文公《城南聯句》“禮鼠拱而立”，出《關尹子》“聖人師拱鼠制禮”。《遠游聯句》“開弓射鵰吺”，《古文尚書》“驩兜”字也。《管子》云：“鵰然若謞之靜。”即“驩”字。又《雨中聯句》“高居限參拜”，《戰國策》“頓弱曰：臣之義不參拜”，二字本此。若璩按：陳第季立曰：“相鼠似鼠，頗大，能人立，見人則立，舉其前兩足，若拱揖然。曾於薊門山寺見之，僧曰：‘此相鼠也。’及檢《埤雅》已有載矣。蓋見人若拱，似有禮儀，《詩》之所以起興也。今解曰：‘相，視也；鼠，蟲之可賤惡者。’意義索然。按《説文》引此詩，亦以相爲

---

① “子”上，翁氏本有“韓”字。

② “荅”，翁氏本作“答”。

視，誤也久矣。”余讀《毛傳》已云然。

55. 送廣帥詩：“上日馬人來。”《唐書·環王傳》：“西屠夷，蓋馬援還，留不去者，才十户，隋末孳衍至三百，皆姓馬，俗以其寓，故號馬留人，與林邑分唐南境。”《演蕃露》引《傳燈録》“中印度，乃在西域”，其説誤矣。

56.《抱朴子》曰：“俗士多云：今月不如古月之朗。”李太白詩有《古朗月行》，又《把酒問月》云：“今人不見古時月，今月曾經照古人。”

57. 王胄以“庭草”一句，爲隋煬所忌。《初學記》載胄《雨晴》詩：“風度蟬聲遠，雲開雁路長。”亦佳句也。

58. “忍過事堪喜”，杜牧之《遣興》詩也。吕居仁《官箴》引此，誤以爲少陵。俗言“忍事敵災星”，司空表聖詩也。若璩按：《論衡》引成語曰“力勝貧，慎勝禍”，亦表聖之意。

59. 韋處厚《盛山十二詩》，韓文公爲序，今見於《唐詩紀事》。“十二詩”謂：《隱月岫》、《流杯渠》、《竹崖》、《繡衣石榻》、《宿雲亭》、《梅谿》、《桃塢》、《胡蘆沼》、《茶嶺》、《磐石磴》、《琵琶臺》、《上士瓶泉》也。

60. 伊川曰：“凡人家法，須月爲一會以合族。古人有‘花樹韋家宗會法’，可取也。”“宗會法”今不傳，岑參有《韋員外家花樹歌》：“君家兄弟不可當，列卿御史尚書郎。① 朝回花底常會客，花撲玉缸春酒香。”韋員外失其名，此詩見一門華鄂之盛。“御史”，元板作“太史”。

61.《墨子》謂“西施之沈，其美也”，豈亦如隋之於張麗華乎？“一舸逐鴟夷”，特見於杜牧詩，未必然也。

---

① “御史”，《叢刊》本、翁氏本作“太史”。

62. 張碧，字太碧；黄居難，字樂地，慕太白、樂天也。亦李赤之類歟。

63. 陸魯望《雜諷》云"紅蠶緣枯桑"、"童麋來觸犀"、"歌鵝慘於冰"、"赤舌可燒城"，皆用《太玄》語。又《南征詩》"繞帳生犀一萬株"，宋元憲詩"帳犀森别校"、"犀株衛帳并兒勇"，景文詩"合宴傳餐帳繞犀"，皆用此。

64. 毛澤民詩："不須買絲繡平原，不用黄金鑄子期。"本李賀、貫休詩。

65. 李義山《咏賈生》云："可憐夜半虚前席，不問蒼生問鬼神。"馬子才《咏文帝》云："可憐一覺登天夢，不夢商巖夢櫂郎。"雖同一律，皆有新意。

66. 唐以詩取士，錢起之《鼓瑟》，李肱之《霓裳》是也。故詩人多。韓文公薦劉述古，謂舉於禮部者，其詩無與爲比。錢起名在第六，《豹舄賦》。若璩按：李肱名在第一，《琴瑟合奏賦》。

67. 羅昭諫《咏松》曰："陵遷谷變須高節，莫向人間作大夫。"其志亦可悲矣。"唐六臣"，彼何人哉？昭諫説錢鏐舉兵討梁，見《通鑑》，其忠義可見，視奴事朱温之杜荀鶴，猶糞土也。

68. 《宋書·樂志》、《陌上桑》曰"《楚辭鈔》"，以《九歌》、《山鬼》篇增損爲之。東坡因《歸去來》爲詞，亦此類也。

69. 詩一字至七字，張南史《花》、《竹》、《草》是也。一字至十字，文與可《竹》、《石》是也。

70. "一叢深色花，十户中人賦"，白樂天謂牡丹也。"豈知兩片雲，載卻數鄉稅"，①鄭雲叟謂珠翠也。侈靡之蠹

---

① "載"，《叢刊》本、翁氏本作"戴"。

甚矣。

71. 韓文公詩"離家已五千",注引沈休文《安陸王碑》"平塗不過七百",而不知"弼成五服,至於五千",本《書》語也,奚以泛引爲?

72. 唐彦謙詩:"啖螯譏《尔雅》,賣餅斥《公羊》。"事出《晋書》、《魏志》。

73. 白樂天《迂叟》詩:"初時被目爲迂叟,近日蒙呼作隱人。"又云:"自哂此迂叟,少迂老更迂。"則"迂叟"之名,不獨司馬公也。

74. "堯韭舜榮",梁元帝《玄覽賦》始用之。李群玉《蒲澗寺》詩:"澗有堯時韭,山餘禹代糧。"若璩按:蒲澗寺,在廣州府治東北二十里。

75. 致堂云:"古樂府者,詩之旁行也;詞曲者,古樂府之末造也。"陸務觀云:"倚聲製詞,起於唐之季世。"

76. 寒山子詩,如施家兩兒,事出《列子》;羊公鶴,事出《世説》。如子張、卜商,如侏儒、方朔,涉獵廣博,非但釋子語也。對偶之工者:青蠅、白鶴,黄籍、白丁,青蚨、黄絹,黄口、白頭,七札、五行,緑熊席、青鳳裘。而《楚辭》尤超出筆墨畦徑,曰:"有人兮山陘,雲卷兮霞纓。秉芳兮欲寄,路漫兮難征。心惆悵兮狐疑,蹇獨立兮忠貞。"

77. 司空表聖云:"戴容州叔倫。謂詩家之景,如藍田日暖,良玉生烟,可望而不可置於眉睫之前也。"李義山"玉生烟"之句,蓋本於此。

78. 《古詩》"何能待來兹","兹,年也"。《左傳》"今兹",注云:"此歲。"《吕氏春秋》:"今兹美禾,來兹美麥。"若璩按:趙注《孟子》"今兹未能"爲"今年未能盡去",是亦以兹爲年。《集注》闕,故嘗曰：《集注》至《孟子》，朱子似以餘力爲之。

79. 梁元帝《賦得蘭澤多芳草》詩。古詩爲題見於此。

80. 韓文公云："六字常語一字難。"《文心雕龍》謂："善爲文者，富於萬篇，貧於一字。"若璩按：《文心雕龍》又謂"易字艱於代句"。①

81. 王儉四言，頗有子建、淵明餘風。其《侍太子九日玄圃宴》云："秋日在房，鴻雁來翔。寥寥青景，②藹藹微霜。草木摇落，幽蘭獨芳。眷言淄苑，尚想濠梁。既暢旨酒，亦飽徽猷。有來斯悦，無遠不柔。""青景"，元板作"清景"。

82. 劉苞《九日詩》："曲終高宴罷，景落樹陰移。"陸務觀："夕陽頻見樹陰移。"

83. 吴會，謂吴、會稽二郡也。石湖辯之甚詳。③ 魏文帝《雜詩》："適與飄風會。"又曰："行行至吴會。"

84. 應璩《百一詩》："室廣致凝陰，臺高來積陽。"出《吕氏春秋》。

85. 李虚己初與曾致堯倡酬，致堯謂曰："子之詩雖工，而音韻猶啞。"虚己初未悟，既而得沈休文所謂"前有浮聲，後須切響"，遂精於格律。

86. "詩言志。""秀幹終成棟，精剛不作鈎"，④包孝肅之志也。"人心正畏暑，水面獨摇風"，豐清敏之志也。若璩按：清敏，名稷，字相之，鄞人，官樞密直學士。文彦博嘗品稷爲人似趙抃，及賜謚，皆以清得名。詩要句中有人，此條合後司馬公、東坡公之詩，可謂

---

① "文心"，翁氏本無此二字。
② "青"，翁氏本作"清"。
③ "辯"，翁氏本作"辨"。
④ "剛"，《叢刊》本、翁氏本作"鋼"。

四公在焉，呼之或出。①

87. 張文饒曰："處心不可著，著則偏；作事不可盡，盡則窮。先天之學，止是此二語，天之道也。"愚謂邵子詩"夏去休言暑，冬來始講寒"，則心不著矣。"美酒飲教微醉後，好花看到半開時"，則事不盡矣。

88. 杜正獻公詩："因念古聖賢，名爲千古垂。何嘗廣居室？儉爲後人師。亞聖樂簞食，寢丘無立錐。② 文終防勢奪，景威恥家爲。文園四壁立，鄭公小殿移。"陳正獻公詩："遺汝子孫清白在，不須厦屋太渠渠。"二賢相之清風，可愧木妖之習。③

89. 雁湖若璩按：雁湖，李壁號。注荆公詩，於《明妃曲》，"漢恩自淺胡自深，人間樂在相知心"，則引范元長之語，以致其譏。《日出堂上飲》之詩"爲客當酌酒，何預主人謀"，則引鄭氏《考槃》之誤，以寓其貶。《君難託》之詩曰："世事反覆那得知，讒言入耳須臾離"，則明君臣始終之義，以反諸正。④ 愚按，楊元素謂：介甫詩"今人未可輕商鞅，商鞅能令政必行"，今睹其行事，已頗類之矣。言，心聲也，其可揜乎。若璩按：賀黄公則謂《日出堂上飲》詩，⑤摹寫怡堂之習，真堪疾首痛心。⑥ 末數語即《魏風·園有桃》篇"彼人是哉，子曰何其"意也，此風雅正傳。⑦

90. 東坡文章好譏刺，文與可戒以詩云："北客若來休問

---

① "或"，翁氏本作"欲"。
② "錐"，翁氏本作"椎"。
③ "可"下，《叢刊》本、翁氏本有"以"字。
④ "反"，《叢刊》本、翁氏本作"返"。
⑤ "詩"上，翁氏本有"之"字。
⑥ "疾首痛心"，翁氏本作"痛心疾首"。
⑦ "若璩按：賀黄公……此風雅正傳"，翁氏本將此段按語附於正文"以寓其貶"之下。

事,西湖雖好莫吟詩。”晚年,郭功父寄詩云:“莫向沙邊弄明月,夜深無數采珠人。”饒德操、黎介然、汪信民寓宿州,作詩有略詆及時事者,吕滎陽聞之,作《麥熟》、《繅絲》等四詩,以諷止之。自此不復有前作。

91. 後山云:“蘇公之門有客四人:黄魯直、秦少游、晁无咎則長公之客也,張文潛則少公之客也。”魯直詩云:“晁子智囊可以括四海,張子筆端可以回萬牛。”文潛詩云:“長公波濤萬頃陂,少公巉秀千尋麓。黄郎蕭蕭日下鶴,陳子峭峭霜中竹。秦文倩麗舒桃李,晁論崢嶸走珠玉。”可以見一時文獻之盛。

92. “衣上六花非所好,畝間盈尺是吾心。”“何由更得齊民暖,恨不偏於宿麥深。”《雪詩》無出晏元獻、韓持國之右。

93. 晏元獻詩:“二龍驂夏服,雙鶴記堯年。”宋元獻詩:①“軒野龍催馭,堯宫鶴厭寒。”劉敬叔《異苑》:“太康二年冬,大寒,南州人見二白鶴於橋下,曰:‘今兹寒,不減堯崩年。’”故山陵挽章用之。若璩又按,②《蘇秦傳》:“今兹效之,明年又復求割地。”《後漢·明帝紀》:“昔歲,五穀登衍,今兹蠶麥善收。”《左傳》多以“今兹”、“明年”或“昔歲”,與“往年”相對言。

94. 《符瑞圖》:“日二黄人守者,外國人來降。”宋景文云:“青帝回風還習習,黄人捧日故遲遲。”翟公巽云:“青女霜如失,黄人日故遲。”

95. 司馬公《早朝》詩:“太白明如李。”出《漢·天文志》:“熒惑逾歲星,居其東北半寸所,如連李。”又《即事》云:“雨不

① “獻”,《叢刊》本、翁氏本作“憲”。
② “又”,翁氏本無此字。

成游布路歸。”出《左傳》:“自朝布路而罷。”今《集》中皆注云:“恐誤。”盖未考也。①

96. “更無柳絮隨風舞,惟有葵花向日傾”,見司馬公之心。② “浮雲世事改,孤月此心明”,見東坡公之心。“風舞”,元板作“風起”。

97. 東坡《次韻朱公掞初夏詩》:“諫苑君方續承業,醉鄉我欲訪無功。”隋樂運,字承業,録夏、殷以來諫爭事,名《諫苑》。文帝覽而嘉焉。注謂《南史》李承業作《諫苑》,誤矣。若璩按:《南史》無所謂李承業。

98. 《荅王定國》詩:③“謹勿怨謗讒,乃我得道資。淤泥生蓮花,糞土出菌芝。賴此善知識,使我枯生荑。”此尹和靜所謂“困窮拂鬱,能堅人之志而熟人之仁”也。《詩》曰:“它山之石,可以攻玉。”“糞土”,元板作“糞壤”。

99. “浮雲世事改,孤月此心明。”坡公晚年所造深矣。

100. 夏均父詩:“欒城去聲色,老坡但稱快。嗚呼二法門,近古絶倫輩。”嘗觀欒城爲《歐陽公碑》云:“公之於文,雍容俯仰,不大聲色而義理自勝。”欒城評品文章至佳者,獨云“不帶聲色”,蓋得於公也。歐陽公《與梅聖俞書》云:“快哉,快哉!老夫當避路,放他出一頭地。”東坡看人文字,於所酷愛者,但稱快而已,亦得於公也。

101. 陸務觀記東坡詩“翠欲流”,謂:“蜀語鮮翠,猶言鮮明也。”愚按,嵇叔夜《琴賦》云:“新衣翠粲。”李周翰注:“翠粲,鮮色。”李善注引《子虛賦》:“翕呷翠粲。”張揖曰:“翠粲,

① “盖”,翁氏本作“蓋”。
② “見”上,翁氏本有“可以”二字。
③ “荅”,翁氏本作“答”。

衣聲。"《漢書》作:"萃蔡。"萃,音翠。班倢伃賦:"紛綷縩兮紈素聲。"其義一也。以鮮明爲翠,乃古語。

102. 後山云:"少好詩,老而不厭。及一見黄豫章,盡焚其稿而學焉。豫章以謂譬之弈焉,弟子高師一著,僅能及之,爭先則後之。"此可爲學文之法。

103. 東坡與歐陽晦夫詩三首。晦夫,名闢,桂州人。梅聖俞有詩送之云:"我家無梧桐,安可久留鳳?"東坡南遷至合浦,晦夫時爲石康令,出其詩稿數十幅。事見《桂林志》。注坡詩者以爲文忠之族,非也。

104.《夏小正》:"九月榮鞠。"東坡詩云:"黄花候秋節,遠自《夏小正》。"注止引《月令》,非也。司馬公《春帖子》"候雁來歸北,寒魚陟負冰",亦用《夏小正》。

105. 山谷詩晚歲所得尤深。鶴山稱其"以草木文章,發帝杼機;[1]以花竹和氣,驗人安樂"。

106.《題蘇若蘭回文錦詩圖》云:"亦有英靈蘇蕙子,只無悔過竇連波。"連波,竇滔字也。《武后記》云:"因述若蘭之多才,復美連波之悔過。""子",元板作"手"。

107.《物理論》云:"虚無之談,無異春蛙秋蟬,聒耳而已。"山谷《演雅》"春蛙夏蜩更嘈雜",本於此。

108.《題王黄州墨迹》:"掘地與斷木,智不如機舂。聖人懷餘巧,故爲萬物宗。"注不言所出。嘗觀孔融《肉刑論》云:"賢者所制,或逾聖人。水碓之巧,勝於斷木掘地。"[2]此詩意本於此。機舂,即水碓也。

---

① "杼機",翁氏本作"機杼"。

② "掘",原作"握",據《叢刊》本、翁氏本改。

109.《立春》詩“看鏡道如咫”,出《汲冢周書》:王子曰“遠人來歡,視道如尺”。

110.《呈吉老縣丞》詩:“觟觽今無種,蒲盧教未形。”注云:“觟觽,此兩姓,今無人。”按《太玄·難》上九云:“角觟觽,終以直,其有犯。”二字與“解豸”同。亦見王充《論衡》云:“一角之羊也。”注誤矣。

111. “八百老彭嗟杖晚”,出《莊子釋文》“彭祖至七百歲,猶曰悔不壽,恨杖晚而唾遠”。“醇朴乃器師”,二字出《荀子》。

112.《江西道院賦》:“堂密有美樅。”出《爾雅》注:“《尸子》謂松柏之鼠,不知堂密之有美樅。”

113. 後山挽司馬公云:“輟耕扶日月,起廢極吹噓。”與老杜“桑麻深雨露,燕雀半生成”相似。“生成”、“吹噓”,字若輕而實重。

114. 張文潛《咏孔光》云:“試問不言温室木,何如休望董賢車。”仲彌性《咏韋執誼不看嶺南圖》云:“政恐崖州如有北,卻應未肯受讒夫。”二詩,誅奸諛之蕭斧也。

115. 朱雲爲槐里令,上書求見,而即得對,成帝時言路猶未塞也。張文潛詩曰:“直言請劍斬安昌,勿謂朱游只素狂。君看漢家文景業,張侯能以一言亡。”

116. 南豐《麻姑山》詩送南城羅尉,仿《廬山高》而不逮,絶唱寡和也。

117. 唐子西“佳月明作哲,好風聖之清”,本於李誠之“山如仁者靜,風似聖之清”。朱新仲“無人馬爲二,對飲月成三”,本於秦少游“身與杖藜爲二,影將明月成三”。陸務觀“誰其云者兩黄鵠,何以報之雙玉盤”,本於新仲“何以報之青玉案,我姑酌彼黄金罍”。葉少藴“逸人舊住子午谷,詩客獨尋丁卯橋”，務觀用之。程致道“明知計出柏馬下，正擬身全木雁中”，敖器之用之。

118. 或問崔德符作詩之要，曰：“但多讀而勿使，斯爲善。”張芸叟云：“年逾耳順，方敢言詩。”“未窺六甲，先製五言”者，觀此可以戒。

119. 曾文昭公《河間》詩云：“南北車書久混同，河間今有楚人風。獨慚太守非何武，已見州閭出兩龔。”謂彦和兄弟也。《童蒙訓》以爲曾子宣作，恐誤。

120. 徐師川以諫議召，程致道在西垣，封還除書，言與中貴人唱和“魚須”之句，爲人所傳。朱文公《語録》云：“師川游廬山，遇宦者鄭諶，與之詩。”後村若璩按：後村，劉克莊號。謂：“《徐集》不載‘魚須’之篇。”愚考集中有《次韻鄭本然居士》云：“頗知鶴脛緣詩瘦，早棄魚須伴我閒。”“本然居士”，豈即鄭諶歟？魚須，笏也。

121. 朱新仲《咏顔魯公》云：“千五百年如烈日，二十四州唯一人。”又《咏昭君》云：“當時夫死若求歸，凜然義動單于府。不知出此更隨俗，①顔色如花心糞土。”若璩按：《後漢・南匈奴傳》：“呼韓邪死，前閼氏子欲妻之，昭君上書求歸，成帝敕令從其俗。”

122.《本草》：“菊，一名傅延年。”朱新仲詩：“三徑誰從陶靖節？重陽惟有傅延年。”前未有用者。

123. 梁文靖公克家。《梅花》詩云：“九鼎燮調終有待，百花羞澀敢言芳。”用王沂公之意，亦魁天下，位宰相。然梁公之句，失於雕琢。

124. 誠齋始學江西，既而學五字律於後山，學七字絶句

① “更”，《叢刊》本、翁氏本作“肯”。

於半山，若璩按：半山，王安石號。最後學絶句於唐人。

125. 誠齋《讀貞觀政要》云："拔士新豐逆旅中，懷賢鴨緑水波東。酒傾一斗鳶肩客，醋設三杯羊鼻公。"羊鼻公，謂魏鄭公，見《龍城録》。

126. 攻媿記張武子之語，水禽有名信天公者。按《晁景迂集》："黄河有信天緣，常開口待魚。"

127. 蘇雲卿，廣漢人，隱東湖。張魏公爲相，使帥漕挽其來。一夕遁去，不知所之。真文忠爲詩曰："魏公孤忠如孔明，赤手能支天柱傾。蘇公高節如子陵，寸膠解使黄河清。等是世間少不得，問津耦耕各其適。後人未可輕雌黄，兩翁之心秋月白。"

128. 南塘若璩按：南塘，趙汝談號。挽趙忠定公云："空令考亭老，垂白注《離騷》。"楊楫《跋楚辭集注》云："慶元乙卯，治黨人方急。趙公謫死于道，先生憂時之意，屢形於色。一日，示學者以所釋《楚辭》一篇。"

129. 孫燭湖若璩按：燭湖，名應時，餘姚孫氏祖之。《讀通鑑》詩："簿書流汗走君房，那得狂奴故意降？努力諸公了臺閣，不煩魚雁到桐江。"又曰：①"清濁無心陳仲弓，圓機聊救漢諸公。末流不料兒孫誤，千古黄初佐命功。"朱文公謂："二絶甚佳。"

130. 平園詩"生戎馬"、"死佛貍"，荆公詩"生白"、"殺青"，皆佳對。

131. 鶴山詩："只期玉女是用諫，肯爲金夫不有躬。"本於"玉汝"、"金吾"之對。

132. 林和靖詩"怪書披月看銅牆"，放翁文有"銅牆鬼

---

① "曰"，翁氏本無此字。

炊”之語，出東方朔《神異經》。若璩按：天隨子《四明山詩序》中有此，誤以爲放翁也。

133. “田園圖史分貧富，鼎鼐樓臺辨有無。”洪舜俞詩，用龐穎公、寇萊公事。若璩按：龐籍作《退老》詩“田園貧宰相，圖史富書生”。

134. 本朝絶句，有夾漈《咏漢高祖》五言，乃唐于季子詩。又荆公絶句《咏叔孫通》，亦見《宋景文公集》。

135.《演蕃露》云：“搏黍爲鸎，不知何出。”蓋未考《詩・葛覃》注也。《緗素雜記》不知“麥秋”出《月令》，亦此類。《能改齋漫録》考古語所出，詳且博矣，然“首如飛蓬”見於《詩》，乃以左思賦爲始；“樹桃李者夏得休息”，見於《説苑》，乃以狄梁公事爲始。若此者非一，是以君子無輕立論。

136.《方言》：“斟，益也。凡病少愈而加劇，謂之不斟，或謂之何斟。”吕居仁《荅曾吉父》①詩“記我今年病不斟”，蓋用此，而不知者改爲“不禁”。《韋玄成傳》“五世壙僚”，言五世無官也。吕成公銘湯烈母云：“湯世壙僚，委祉於後。”②而婺本改爲“壙遼”③。東坡《春帖》用“翠管銀罌”，出老杜《臘日》詩，而注者改爲“銀鈎”。此邢子才所以有“日思誤書”之語也。

137. 吕居仁詩：“弱水不勝舟，有此積立鐵。”又云：“何知若人胸，中有積立鐵。”出老杜《鐵堂峽》詩：“壁色立積鐵。”又云：“準擬春來大出游。”④出《漢書・田叔傳》。又云：“日月已秋罷。”出《元帝紀》。若璩按：《漢書・帝紀》無此語。

138. 趙紫芝若璩按：紫芝，名師秀，爲永嘉四靈之一，故一稱趙

① “荅”，翁氏本作“答”。
② “祉”，翁氏本作“社”。“於”，《叢刊》本、翁氏本作“于”。
③ “壙”，翁氏本作“曠”。
④ “大”，《叢刊》本作“泰”。

靈秀。詩謂:"輔嗣易行無漢學,玄暉詩變有唐風。"若璩按:下句本唐庚語。

139. 潘庭堅《題岳麓寺道鄉臺》曰:"坡仙不謫黄,黄應無雪堂。道鄉不如新,此臺無道鄉。青山非其人,山靈能頡頏。一落名勝手,境與人俱香。悲吟倚空寂,臨眺生慨慷。道鄉不可作,承君不可忘。"陳樞密宗禮,景定間持節廣東,有詩云"山川只謂蠻烟累,姓字多因謫籍香"。① 御史虞虙劾之,陳坐謫。其後,陳召入,虙鐫官。按,"只謂",元板作"只爲"。

140. 吴吉甫以晚科試漕闈,《搗藥兔長生》詩云:"真水黄芽長,香風玉杵鳴。不爲三窟計,永伴一輪明。"省試《聖人之道猶日中賦》,用"闕摶之月,見沫之星"。第七聯云:"桑榆已晚,尚期一戰之收。"

141. 湯伯紀若璩按:湯伯紀已見卷一,名漢,安仁人,官華文閣學士,②謚"文清"。《自儆》云:"《春秋》責備賢者,造物計校好人。一點莫留餘滓,十分成就全身。"此老晚節,庶幾踐斯言也。若璩按:王氏遷著作佐郎,湯爲少卿,與王氏居鄰牆,晨夕過從。王氏《論關、雒、③濂、閩、江西之同異》:永嘉制度,沙隨古《易》,蔡氏圖書經緯,西蜀史學,通貫精微,剖析幽眇。湯嘆曰:"吾閲士甚多,惟伯厚甫爲真儒,使真文忠在,願同居弟子列。"會湯年髦,力引去,遂薦王氏於朝云。

142. 薛士龍詩:"左角蠻攻觸,南柯檀伐槐。"的對也。

143. 徐淵子詩:"植杞必植梓,蓺蘭仍蓺蓀。④ 過庭遺訓在,鑿楹故書存。"蓋以"梓蓀"喻"子孫"也。"鑿楹"出《晏子春秋》。李義山詩:"經出宣尼壁,書留晏子楹。"

---

① "字",翁氏本作"氏"。
② "阁",翁氏本作"殿"。
③ "雒",翁氏本作"洛"。
④ "蓺",翁氏本"藝"。

144. 任元受《七夕》詩:"切勿填河漢,須留洗甲兵。"意亦新。

145. 伊川先生不作詩,唯《寄王子真》詩云:"我亦有丹君信否,用時還解壽斯民。"先生入嵩山,子真已候於松下。問何以知之,曰:"去年已有消息來矣。"盖先生前一年欲往,[①]以事而止。子真名筌,岐下陽平人。元豐中,賜號沖熙處士。張芸叟爲《功行碑》,謂"超世之資,與陳圖南侔"。

146. 建隆初,詔五代時命官,投狀叙理,復命之。郭恕先詩云:"爲逢末劫歸依佛,不就新恩叙理官。"飛龍在天,利見大人,而猶不屈其志如此。

147.《文鑑》取蔡確《送將歸賦》,猶《楚辭後語》之取息夫躬也。

148. 浮溪若璩按:浮溪,汪藻號。詩:"人間何事非戲劇,鶴有乘軒蛙給廩。"《水經注》引《晋中州記》:"惠帝爲太子,令曰:'若官蝦蟆,可給廩。'"《晋書》無此語。

149. 張芸叟曰:"岐山石鼓,是《車攻》詩也。'我車既攻,我馬既同',則所取也;'其魚維何,維魴及鱮。何以貫之,維以楊柳',則所不取者也。先儒凡今《詩》所無者,盡目爲逸詩,誤矣。"見致堂《論語説》。

150. 朱文公曰:"顧況詩有集,皆不及見《韋應物集》者之勝。"今按,韋集有顧況《奉同郡齋雨中宴集》詩云:"好鳥依嘉樹,飛雨灑高城。況與數君子,列坐分兩楹。[②]文雅一何麗,林堂含餘清。我公未歸朝,游子不待晴。白雲帝鄉遠,滄江楓葉鳴。拜手欲無言,零淚如酒傾。寸心已摧折,别離方

---

① "盖",翁氏本作"蓋"。

② "坐",《叢刊》本作"座"。

骨驚。安得凌風翰，肅肅賓天京。”

151. 程可久沙隨先生。《自題眄怡齋》云：“乞得膠膠擾擾身，霜筇露菊便相親。勸君莫厭羹藜藿，違己由來更病人。”“六月松風萬籟寒，笙竽頻到枕屏間。夜深夢繞康廬阜，瀑布濺珠過藥欄。”“葵花已過菊花開，萬里西風拂面來。問字今朝幾人至，細看屐齒破蒼苔。”

152. 朱新仲云：“唐之詩人，達者唯高適。”適位不過常侍，本朝歐、王、蘇、黄出，徐、若璩按：徐謂師川，名俯。陳、按，陳謂簡齊，名與義。韓、按，韓謂子蒼，名駒。吕、按，吕謂居仁，名本中。繼之，八人：一相、三執政、按，三謂歐、徐、陳。三從官，按，“三”當作“四”，謂蘇、黄、韓、吕。何其盛也！

153. 山谷詩云：“能與貧人共年穀，必有明月生蚌胎。”爲富不仁者可以警。

154. 少陵詩：“東屯稻田一百頃，北有澗水通青苗。”東屯，乃公孫述留屯之所，距白帝城五里，稻米爲蜀第一。郡給諸官俸廪，以高下爲差，帥漕月得九斗。王龜齡詩云：“少陵别業古東屯，一飯遺忠畎畝存。我輩月叨官九斗，須知粒粒是君恩。”東屯有青苗陂。

155. 有問“心遠”之義於胡文定公者，公舉上蔡語曰：“莫爲嬰兒之態，而有大人之器；莫爲一身之謀，而有天下之志；莫爲終身之計，而有後世之慮。此之謂‘心遠’。”

156. 宋正甫詩：“三聖傳心惟主一，六經載道不言真。”

157. 攻媿先生《書桃符》云：“門前莫約頻來客，坐上同觀未見書。”

158. 葛魯卿《借書》詩：“大勝揚雄辭子駿，更殊班嗣阻君山。”

159. 朱希真避地廣中，作《小盡行》云："藤州三月作小盡，梧州三月作大盡，哀哉官曆今不頒，憶昔升平淚成陣。我今何異桃源人，落葉爲秋花作春。但恨未能與世隔，時聞喪亂空傷神。"唐李益《問路侍御六月大小》云："野性迷堯曆，松窗有道經，故人爲柱史，爲我數階蓂。"

160. 山谷詩："金石在波中，仰看萬物流。"出《孟子注》："萬物皆流，而金石獨止。"

161. 野處若璩按：野處，洪邁號。《雪》詩："天上長留滕六住，人中會有葛三來。①"葛三事出《太平廣記》。葛仙公第三子。

162. 王逢原詩："退之昔裁詩，頗以豪橫恃。暮年意氣得，金玉多自慰。買居紀廂榮，顧影樂冠佩。喜將閭巷好，持與妻子議。彼哉何足道，進退兹焉係？安知九列榮，顧是德所累。"謂《南内朝賀歸》及《示兒詩》也。朱子曰："此篇所誇，乃《感二鳥》，《符讀書》之成效極致，而《上宰相書》所謂'行道憂世'者，已不復言矣。"鄧志宏亦謂："愛子之情則至矣，導子之志則陋也。"

163. 致堂曰："韓退之賦石鼓曰'孔子西行不到秦'，故不見録。孔子編《詩》，豈必身歷而後及哉？信斯言也，《車鄰》、《駟驖》，②胡爲而收之也？""到秦"，元板作"至秦"。

164. 荆公《傷杜醇》曰："隱約不外求，耕桑有妻子。藜杖牧雞豚，筠筒釣魴鯉。"《弔王致》曰："老妻稻下收遺秉，稚子松間拾墮樵。"二人，四明鄉先生也。固窮守道如此，今人知者鮮矣。利欲滔滔，廉恥寥寥，孰能景慕前修哉？③

① "中"，翁氏本作"间"。
② "驖"，原本、翁氏本誤作"鐵"，據《詩經》所載與《叢刊》本改正。
③ "修"，翁氏本作"賢"。

165. 唐子西《内前行》云:"宅家喜得調元年。"①唐時宫中謂"天子"爲"宅家"。《通鑑》:韓建發兵圍十六宅,諸王呼曰:"宅家救兒。"劉季述等至思政殿,皇后趨至,拜曰:"軍容勿驚宅家。"

166. 文宋瑞《指南録·爲或人賦》云:"悠悠成敗百年中,笑看柯山局未終。金馬勝游成舊雨,銅駝遺恨付西風。黑頭爾自誇江總,冷齒人能説褚公。龍首黄扉真一夢,夢回何面見江東?"《南齊》樂預謂徐孝嗣曰"人笑褚公至今齒冷",謂褚淵也。若璩按:《王應麟傳》:"寶祐四年,帝御集英殿策士,召應麟覆考,考第既上,帝欲易第七卷置其首。應麟讀之,乃頓首曰:'是卷古誼若龜鏡,忠肝如鐵石,臣敢爲得士賀。'遂以第七卷爲首選。及唱名,乃文天祥。"此即詩所謂"龍首"也。"龍首黄扉"二句,則指留夢炎一輩言。

167. 翁與可《上徐直翁》詩:"六丈謀謨同輩服,二郎官職乃翁知。"若璩按:上謂范文正仲淹,下謂王文正旦。

168. 鄭得言②侃。爲國子博士,私試策問師道,祭酒不悦,臺評及之。李艮翁丑父。爲詩,餞之曰:"諸生幸不笑韓愈,官長何因罵鄭虔?""鄭得言",元板作"鄭德言"。

169. 柳文云:"王氏子著論,非班超不能讀父兄之書,而力徼狂疾之功以爲名。"先君子嘗爲《投筆》詩,其末云:"蘭臺舊家學,胡不紹箕裘。"若璩按:王氏與弟應鳳同日生,少禀家學。父撝性嚴急,每授題,設高座,命兄弟坐堂下,晝燭爲期,少緩輒怒呵之,由是兄弟文並敏疾。

170. 鄧志宏曰:"詩有四忌:學白樂天者忌平易,學李長吉者忌奇僻,學李太白者忌怪誕,學舉子詩者忌説功名。"

---

① "年",翁氏本作"手"。
② "得",《叢刊》本作"德"。

卷十九

宋　王應麟　撰

評文

1.《穀梁》隱四年《傳》注云："建儲非以私親，所以定名分。"鄧潤甫《草東宫制》云："建儲非以私親，蓋明萬事之統。①　主器莫若長子，兹本百王之謀。"蓋出於此。

2. 晏元獻《謝昇王記室表》云："衣存缺衽，式贊於謙沖；饌去邪蒿，不忘於規諫。"《韓詩外傳》周公誡伯禽曰："衣成則必缺衽，宫成則必缺隅。若璩按："去邪蒿"，《北齊・邢峙傳》太子事。

3.《九章算術》："五雀六燕，飛集於衡，②衡適平。一雀一燕，飛而易處，則雀重而燕輕。"陸農師《謝吏部尚書表》："六燕相亭，試銓平其輕重。"盖用此。③

4.《周書・王會》"東越海蛤"，或誤爲"侮食"，而王元長《曲水詩序》用之，其"别風淮雨"之類乎？

---

① "盖"，翁氏本作"蓋"。下同。"事"，《叢刊》本、翁氏本作"世"。

② "於"，《叢刊》本、翁氏本作"于"。

③ "盖"，翁氏本作"蓋"。

5. 駱賓王云:“類同心異者,龍蹲歸而宋樹伐。質殊聲合者,魚形出而吴石鳴。”“龍蹲”,謂孔子。《春秋演孔圖》:孔子“坐如蹲龍,立如牽牛”。

6. 楊盈川叙郡守云:“代臨本州,則元賓之父喜形於色;繼爲本守,則張翕之子迎者如雲。”叙縣令曰:“仁之所懷,幼童不能擊將雛之雉;明之所斷,老父不能爭食粟之雞。”對的語工。

7. 蘇許公《制》:“右掖司言,佇光於五字。”常衮表:“五字非工。”張南史詩:“唯有五字表。”《魏志》:若璩按:本出郭頒世語。司馬景王命中書令虞松作表,再呈輒不可意。中書侍郎鍾會取視,爲定五字,松悦服。西掖用“五字”,本於此。

8. 張文定慶曆中草兩制,《薦舉敕》云:“蓋舉類之來舊矣,三代之盛王,其必由之。如聞外之議云:‘是且啓私謁告請之弊也。’予不以是待士大夫,何士大夫自待之淺耶?”①又《察舉守令敕》云:“夫天下之大,官吏之衆,獨不聞循良尤異者之達予聽,外臺之職,豈非闕歟?抑朝廷未有以導之也?其視守令,能以仁政得民,民心愛之,如古循吏然者,宜以名上,予得以褒慰之,亦以使四方之民,知予不專寵健吏,所貴仁者爾。”尤延之謂二詔:哉言乎!簡而盡,直而婉,丁寧惻怛之意,見於言外。至今誦之,盎然如在春風中。豈特公之文足以導上之德意志慮?亦當時善治足以起其文也。

9. 文定又行《范文正公參政制》云:“大恩之下難爲報,大名之下難爲處。矧兼二者,可無勉哉!爾尚朝夕以交修,予允迪前人勤教,邦其永孚于休。”訓辭温雅,可以見太平

---

① “耶”,《叢刊》本作“邪”。

之象。

10. 端平元年九月，真文忠公除翰林學士，洪舜俞命詞曰："迪惟仁祖，有若臣修。朝京師於甲午之元，拜内相於季秋之月。"歐陽公之除，在至和元年九月，歲皆甲午。用事切當如此。

11. 慶元初，嗣秀王辭中書令，賜贊拜不名。鄭溥之草制云："天下之達尊三，德兼爵齒以俱茂。人臣之不名五，老與親賢而並隆。"《公羊傳》注："禮，君於臣不名者有五：諸父兄不名，上大夫不名，盛德之士不名，老臣不名。"《説苑》："伊尹曰：'之所不名臣者四：諸父臣而不名，諸兄臣而不名，先王之臣臣而不名，盛德之士臣而不名。'"咸淳初，嗣榮王賜詔書不名。余草制，用《説苑》事。

12. 開禧，追貶秦檜。周南仲代草制云："兵於五材，誰能去之，首弛邊疆之禁。臣無二心，天之制也，忍忘君父之讎。"又云："一日縱敵，遂貽數世之憂。百年爲墟，誰任諸人之責？"《金人南遷録》載孫大鼎疏言：[①]遣檜間我以就和，[②]檜之奸状著矣。嘉定之牽復，幾於失刑。若璩按：《南遷録》，《賓退録》駁之，近《漁洋文略》駁之，信多子虚亡是之辭。然載遣秦檜事卻可信，余取以補《續通鑑》稾，[③]置傳是樓云。

13. 韓文公《王仲舒銘》云："敷文帝階，擢列侍從。"野處《謝敷文閣直學士表》云："宣布中和，方歌盛德之事；擢列侍從，遽復敷文之階。"雖借用而切當。

14. "王輔嗣吐金聲於中朝，此子復玉振於江表。微言

---

① "人"，《叢刊》本作"虜"。
② "間我"，翁氏本無此二字。
③ "稾"，翁氏本無此字。

之緒，絶而復續。不意永嘉之末，復聞正始之音。”晋人之稱衛玠，盖所尚者清談也。① 正始，魏齊王芳年號。胡武平啓，以“正始之遺音”對“奪朱之亂雅”，陸務觀嘗擿其誤。王季海行《東坡贈太師制》云：“博觀載籍之傳，幾海涵而地負。遠追正始之作，殆玉振而金聲。”恐亦襲武平之誤也。若正始之清談，非所以稱坡公。

15. 胡文定《以親辭成都學事》云：“矧當喜懼之年，深計短長之日。”曾文清《求歸侍》云：“朝則倚門，暮則倚閭，常恐失望。父曰嗟子，母曰嗟季，曷敢弭忘？”

16. 上官儀《册周王文》：“讖表魏舟之象，詞掩漢臺之駕。”上句用曹倉舒事，下句用《柏梁臺》詩，梁王曰：“驂駕駟馬從梁來。”或以“駕”爲“卦”，引沛獻王占雨事，非也。

17. 洪景盧《周茂振入館謝啓》，雖不若董彦遠之博，如“桃萊難悟，若璩按：《馮衍傳》注云：“‘萊’字似‘棗’，文又連‘桃’。後學者輒改‘萊’爲‘棗’，以‘桃棗’易明、‘桃萊’難悟也。”《啓》正用章懷太子注成句。② 柳卯本同”、“幼婦外孫之義，女郎世子之名”，按，《南史·賈希鏡傳》：“古冢有銘云‘青州世子，東海女郎’，帝問希鏡，對曰‘此是晋司馬越女嫁苟晞兒。’”亦儷語之工者。

18. 野處草《梁叔子制》云：“鼎學士之大稱。”盖用劉禹錫《天平軍壁記》“以牙璋玉節鼎右僕射官稱”之語。③又草《葉顒左相制》云“學聖人之道”，“高天下以聲”。或云：“葉語音高，④故以戲之。”然“矜人臣以能，高天下以聲”，《史記》謂

---

① “盖”，翁氏本作“蓋”。
② “正”，翁氏本無此字。
③ “盖”，翁氏本作“蓋”。
④ “音”，翁氏本作“聲”。

殷紂也，不當用之王言。

19. 徐淵子《上梁文》云："林木翳然，便有濠濮間想；清風颯至，自謂羲皇上人。"初寮《啓》云："得知千載，上賴古書。作吏一行，便廢此事。"皆全句。

20. 李宗道《春秋十賦》，屬對之工，如："越椒熊虎之狀，弗殺必滅若敖；伯石豺狼之聲，非是莫喪羊舌。王子爭囚，而州犁上下；伯輿合要，而范宣左右。""魯昭之馬將爲櫝，衛懿之鶴有乘軒。""于奚辭邑，而衛人假之器；晋侯請隧，而襄王與之田。""星已一終，魯君之歲；亥有二首，絳老之年。""作楚宫，見襄公之欲楚；效夷言，知衛侯之死夷。""雞憚犧，而斷其尾；象有齒，以焚其身。"①"虞不臘矣，吴其沼乎。""好魯以弓，請謹守寶；賜鄭以金，盟無鑄兵。""蛇出泉臺聲姜薨，鳥鳴亳社伯姬卒。"若璩按：《歐陽公年譜》："年十七，應舉隨州，②試《左氏失之誣論》，中云：'石言於晋神降於莘，外蛇鬥而内蛇傷，③新鬼大而故鬼小。'雖不中，人猶傳誦之。"但"誣"原本定作"巫"，出范寧《穀梁傳》序"巫者，謂多序鬼神之事也"。④

21. 晏元獻《進牡丹歌詩表》云："永平神爵之頌，孝明稱美者五人；貞元重九之篇，⑤德宗考第於三等。"按，《論衡》云："永平中，神雀群集，詔上《神雀頌》。百官上頌，文比瓦石，唯班固、賈逵、傅毅、楊終、侯諷五頌金玉，孝明覽焉。"貞元事，見《劉太真傳》。若璩按："見《劉太真傳》"，謂《新唐書》，《舊

---

① "以"，《叢刊》本、翁氏本作"而"。

② "應"，翁氏本無此字。

③ "鬥"，原作"鬬"，據翁氏本改。

④ "序"，翁氏本作"叙"。

⑤ "貞元"，原本、《叢刊》本、翁氏本避宋帝之諱皆作"正元"，今據史實改正，下同。

唐》則見《德宗紀》：[①]“貞元四年九月癸丑，賜百寮宴於曲江亭，仍作《重陽賜宴詩》六韻賜之，群臣畢和，上品其優劣，以劉太真、李紓爲上等，鮑防、于召爲次等，張濛、殷亮等二十人又次之，唯李晟、馬燧、李泌三宰相之詩不加優劣。”

22. 寧若璩按：“寧”當作“壽”，下同。皇《服藥赦文》，陳按，“陳”當作“倪”。正父所草也。“雖不明不敏，有辜四海望治之心；然無怠無荒，未始一毫從己之欲。”天下誦之，謂寫出寧皇心事。

23. 盧思道《賀甘露》云：“神漿可挹，流味九户之前；天酒自零，凝照三階之下。”[②]常衮《賀雪》云：“重陰益固，應水澤腹堅之時；積潤潛通，迎土膏脈起之候。”皆儷語之工者。

24. 俗語皆有所本，如“利市”，出《易·説卦》、《左傳》。“難爲人”，出《表記》。“擔負”，出《詩·玄鳥》箋。“折閱”，出《荀子》。“生活”，出《孟子》。“家數”，出《墨子》。“服侍”，[③]出《周禮·大司徒》。“伏事”，出陸士衡詩。“分付”，出《漢·原涉傳》。“交代”，出《盖寬饒傳》。[④]“區處”，出《黄霸傳》。“多謝”，出《趙廣漢傳》。“丁寧”，出《詩·采薇》箋。“什物”，出《後漢·宣秉傳》。“自由”，出《五行志》。“曉示”，出《童恢傳》。“主者”，出《劉陶傳》。若璩按：亦見《劉陶傳》前《欒巴傳》。“意智”，出《鮮卑傳》。“卑末”，出《欒巴傳》。“告示”，出《荀子》。“仁者好告示人”。按，今“仁”作“人”。“布施”，出《周語》。布施優裕。“比校”，出《齊語》。“行頭”，出《吴語》。“當日”，出

---

① “《舊唐》”，翁氏本作“若《舊唐書》”。
② “三”，《叢刊》本作“玉”。
③ “侍”，《叢刊》本、翁氏本作“事”。
④ “盖”，翁氏本作“蓋”。

《晋語》。“地主”，出《左傳》、按，《左傳》止有“東道主”。①《越語》。“相於”，出《晋・后妃傳》。“料理”，出《王徽之傳》。“長進”，出《和嶠傳》。“消息”，出《魏少帝紀》。“功夫”，出《王肅傳》。按，《王肅傳》無，亦出《魏少帝紀》。②“普請”，出《吴・吕蒙傳》。③“手下”，出《太史慈傳》。“牢固”，出《陸抗傳》。“鄭重”，出《王莽傳》。“分外”，出魏程曉上疏。“小却”，出《宋紀》。按，出《武帝紀》。“間介”，出《長笛賦》。間介無蹊。“婁羅”，出《南史・顧歡傳》。按，《日知録》“婁羅，蓋聰明才敏之意”。“本分”，出《荀子》。“見端不如見本分”。“措大”，出《五代・東漢世家》。按，已見《通鑑・唐文宗紀考異》，何屺瞻曰寒山詩亦有。④“假開”，出《王峻傳》。“本色”，出《唐・劉仁恭傳》。“古老”，出《書・無逸》注。“商量”，出《易》“商兑”注。“不宣備”，出楊德祖《荅臨淄侯》。“不能宣備”。“生人婦”，出《魏・杜畿傳》。“私名”，出《列子》。“家公”，出《莊子》。主人公也。“致意”，出《晋・簡文紀》。按，亦出《孫綽傳》。“傳語”，出《後漢・清河王慶傳》。“收拾”，出《光武紀》。“尋思”，出《劉矩傳》。“不審”，出《韓詩外傳》。按“不審”爲晏子語。“世情”，出《纏子》。“不識世情”。“爾來”，出孔明《出師表》。“朅來”，出《思玄賦》。按，李善注引劉向《七言》曰“朅來歸耕永自疏”。“和買”，出《左傳正義》。“阿誰”，出《蜀・龐統傳》。“罷休”，出《史記・孫武傳》。“慚愧”，出《齊語》。“安排”，出《莊子》。“比數”，出《周禮・大司馬》注。“見在”，出《槁人》注。“孩兒”，出《書・康誥》注。

① “按”，《左傳》止有“東道主”，翁氏本在“《越語》”下。
② “魏”，翁氏本無此字。
③ “吴”，翁氏本無此字。
④ “亦”，翁氏本作“已”。“有”下，翁氏本有“措大字”三字。

“老境”，出《曲禮正義》。“牽帥”，出《左傳》。“先輩”，出《詩·采薇》箋。“如今”，出《杕杜》箋。“居士”，出《玉藻》。“可人”，出《雜記》。“道人”，出《漢·京房傳》。“寄居”，出《息夫躬傳》。“某甲”，出《周禮·職内》注。“道士”，出《新序》。介子推云。“主人翁”，①出《史記·范睢傳》。按，《范睢傳》作“翁”。“小家子”，出《漢·霍光傳》。“不中用”，出《史記·外戚世家》、《王尊傳》。按，《秦始皇本紀》“吾前收天下書不中用者”。“我輩人”，出《晋·石苞傳》。“對岸”，出《樂志》。按，《出顧臻表》曰“今夷狄對岸”，“對岸”二字用於敵國奇。“十八九”，出《漢·丙吉傳》。至今十八九矣。“浩大”，出《後漢·馬廖傳》。“兩兩相視”，出《周嘉傳》。按，毛板脱一“兩”字。“年紀”，出《光武紀》。“雜碎”，出《仲長統傳》。“細碎事手下”，出《吴·吕範傳》。按，兩“手下”，皆出注引《江表傳》孫策語。“合少成多”，出《中庸》注。按，《中庸》注無。“若干”，出《禮記·曲禮》、《投壺》。“如干”，出《陳·何之元傳》。“膠加”，出《九辨》。② 膠，音豪。加，丘加反。“牢愁”，出《揚雄傳》。“畔牢愁”，《集韻》：“愁，音曹。”“墨屎”，出《列子》。音眉癡。“冗長”，出陸士衡《文賦》。“無狀”，出《史記·夏本紀》。“擘畫”，出《淮南子》。“前定”，出《中庸》。“細作”，出《左傳釋文》。“叙致”，出《世説》。“留連”，出《後漢·劉陶傳》。“問息秏”，③出《竇后紀》。“已分”，出魏文帝書。“物色”，出《淮南子》。按，何不云出《月令》。“本師”，出《史記·樂毅傳》。“祖師”，出《漢·外戚·丁姬傳》。

---

① “翁”，原作“公”，據《叢刊》本改。
② “辨”，《叢刊》本作“辯”。
③ “秏”，《叢刊》本、翁氏本作“耗”。

"生熟",出《莊子》。"有瓜葛",出《後漢·禮儀志》。① 按,出《禮儀志》注引蔡邕《獨斷》曰"凡與先后有瓜葛者"。"發遣",出《陳寔傳》。"天然",出《賈逵傳》。"新鮮",出《太玄》。"鈍悶",出《淮南子》。"誇張",出《列子》。"懆恅",出《洞簫賦》。"近局",出陶淵明詩。"提撕",出《詩·抑》箋。"本貫",出晋江統論。按,止有"本種",無"本貫"。"十字街",出《北史·李庶傳》。按,庶附《李諧傳》。"見錢",出《漢書·王嘉傳》。

25. 梁簡文《爲子辭封表》云:"日蝕之餘,無黄童之對;荷戟入榛,異子烏之辨。"又云:"熙祖流聰慧之稱,方建臨淮之國;元仲表岐嶷之質,②乃啓平原之封。"荷戟入榛,揚雄童烏事。熙祖,晋太子遹字。元仲,魏明帝字。元豐末,《皇弟似封普寧郡王制》,③全用熙祖、元仲一聯,然熙祖非美事也。"晋寧",元板作"普寧"。

26. 王元之《表》:"風摧霜敗,芝蘭之性終香;日遠天高,葵藿之心未死。"劉元城《表》云:"志存許國,如萬折而必東;忠以事君,雖三已而無慍。"斯言可以立懦志。若璩按:趙元鎮《移吉陽軍表》云:"白首何歸,悵餘生之無幾;丹心未泯,誓九死以不移。"尤以此言,致不食卒,可悲也。

27. "驢非驢,馬非馬",《漢·西域傳》。"烏不烏,鵲不鵲",《戰國策》。可以爲對。若璩按:後魏宣武孝明民間謡曰:"狐非狐,貉非貉。"傅景仁云:"'烹羊炰羔',唯'帶牛佩犢'可對。"

28. 嘉定受寶璽,南塘賀表云:"函封遠致,不知何國之

---

① "志"下,翁氏本有"注"字。
② "質",《叢刊》本作"資"。
③ "普",原本、翁氏本作"晋",據《叢刊》本改。按:《東都事略》卷十七及《宋史·楚王似傳》均作"普寧郡王"。

白環；瑑刻孔章，咸曰寧王之大寶。”宗室入翰苑者三人：彦中、汝談、汝騰。

29. 王岐公《苔韓魏公詔》①：“豈朕欝于大道，未昭治亂之原；將卿保其成功，自潔進退之分。”崔大雅《答周益公詔》：“豈朕不德，未達好賢之誠？將卿既明，自全引退之節。”蓋仿其意。

30. 鄭安晚再相，若璩按：安晚，清之號，再相於淳祐七年四月。應之道草制云：“彦博重入中書，特令納節；王曾再登揆席，俯就集賢。”

31. 黄伯庸爲《賀雪表》云：“招徠衆俊，無晝卧洛陽之人；獎勵三軍，有夜入蔡州之志。”語工而健。“上天同雲，平地尺雪”，范蜀公表也，周益公用之。

32. 耿直之守京口，復陳少陽之後曰：“如可贖兮百身，猶將宥之十世。”

33. “億載萬年，爲父爲母；四海九州，悉主悉臣。”迂齋對。

34. 李顯忠復節鉞，汪聖錫草制云：“念秦伯用孟明之意，與馮唐面文帝之言。”又云：“與人之周，庶幾得頗、牧而能用；共武之服，爾其繼英、衛之善兵。”

35. 倪正父草《壽皇尊號詔》云：“率百官若帝之初，丕講非常之禮；於萬年受天之祜，聿迎滋至之休。”周益公《辭免表》云：“遜于殳斨、伯與，敢忘稽首；有若虢叔、閎夭，尚助迪威。”正父答詔云：“殳斨、伯與固可遜，未聞虞帝之必從。虢叔、閎夭雖曰賢，蓋視周公而不及。”

---

① “苔”，翁氏本作“答”。

36. 真文忠爲《原貸盜賊詔》云："弄潢池之兵，諒非爾志；烈昆岡之火，亦豈予心？"又云："自有宇宙至於今日，[①]未聞盜賊得以全軀。"其言足以感動人心。

37. 王卿月爲《澹庵制》云："吾寧身蹈東海，獨仲連不肯帝秦。至今名重泰山，微相如何以強趙？"

38. 盧肇《海潮賦後序》"馬褐"、"牛衣"。古未有對者。

39. 崔大雅草《史直翁制》云："皇祐之詔二老，設几以須；熙寧之遇四臣，齎書而訪。尚有斯禮，勿遐爾心。"二老：杜衍、任布，四臣：韓、富、文、曾。若璩按《杜衍傳》："皇祐元年，召陪祀明堂，都亭驛設帳具几杖待之，稱疾固辭。"《任布傳》並同，而《仁宗本紀》不載。

40. 吕成公代其父倉部《自黄州易守池州啓》云："爰考唐朝，有杜牧把麾之舊；其臨秋浦，亦齊安解組之餘。雖後先遷徙之偶同，顧今昔風流之非匹。"

41. 端平初，濟王夫人吴氏復舊封，其父與蔣右史良貴有連，良貴托先君代爲《謝丞相啓》，其末聯云："孤忠未泯，敢忘漆室之憂葵；厚德難酬，願效老人之結草。"良貴稱賞。

42. 真文忠除參政，辭以疾。趙南塘草詔曰："漢御史大夫吉當封，病，上憂之。夏侯勝謂必愈，果然，後遂至相。朕之賢卿，甚於宣帝之德吉也。卿其親醫藥自厚，且先即舍拜命，少間可就車。朕遣黄門召見卿矣。"此詔有西漢風。

43. 鄭威愍公驤。《新除謝上章》云："關陝六七任，不挂權臣之横恩；崇觀二十秋，靡沾故相之餘潤。"公之大節如此。馮翊之死義，其處之有素矣。

---

① "於"，《叢刊》本、翁氏本作"于"。

44. 傅至樂《上周益公啓》云:“東門之柳自凋,玄都之桃何在? 彼刀頭之舐蜜,得未錙銖,況井眉之居瓶,恍如夢寐。”盖指張説也。①

45. 或上朱文公啓云:“行藏勛業,銷倚樓看鏡之懷;窈窕崎嶇,寄尋壑經丘之趣。”若璩按:何屺瞻曰:“此免解《張克明啓》中自叙語。朱子謂:此老子心事也。此公方求試南宫,而輒以自與,何哉? 有跋載《大全集》中,時爲庚子至前一夕,方知南康軍屢請祠而未允。明年閏三月,遂去郡東歸。今但云上朱子,似小誤。”

46. 宋正甫詩:“三甲未全,一丁不識。”

47. 或試縣學見黜,後預鄉薦,以啓謝縣令,有不平之意。令答云:“大敵勇,小敵怯,昔固有之;今日是,前日非,吾無愧矣。”若璩按:宋處州士子終場者六人,三人與選,謝主司啓云:“同矍圃之觀人,去者半,存者半;類孔門之取友,益者三,損者三。”

48. 毛憲守長沙,《謝韓平原》云:“湖南之地二千里,序詩幸托於昌黎;平原之客十九人,脱穎願同於毛遂。”

49. 毛澤民啓云:“揚子雲貌寢官卑,經雖玄而謂白;九方歅機深識妙,②馬本驪而爲黄。”李清卿啓云:“斯風未泯,則朝取温造而暮拔石洪;吾道不行,則近舍皇甫而遠求居易。”

50. 洪舜俞薦於鄉,③鞏嶸監試。後鞏爲江東憲使,舜俞分教番陽,啓云:“東坡倅錢唐,曾在門外鵠袍之列;半山憲江左,亦賞梁間燕語之詩。”

51. 徐淵子爲越教,《荅項平甫》云:“正恐異時風舞雩之

① “盖”,翁氏本作“蓋”。
② “歅”,《叢刊》本、翁氏本作“堙”。
③ “於”,《叢刊》本、翁氏本作“于”。

流，不無或者月離畢之問。”或《荅洪舜俞》云：“魯直大名，有皎潔江梅之句；少游下蔡，無丁東玉佩之詞。”

52. 有郡守招士人教子辭曰：“士而托於諸侯，非其義也。師不賢於弟子，將焉用之？”

53. 張宣公《荅教官》云：“識其大者，豈誦説云乎哉？何以告之，曰仁義而已矣。”①

54. 真文忠爲江東轉運，有民困於買鳩之役，來訴。公判云：“詔捕鵁鶄，若水尚還其使；歲貢蚶蛤，孔戣猶疏于朝。況爲州縣之官，可恣口腹之欲？”

55. 攻媿《爲姜氏慶七十致語》云：“今日王孫，猶有承平之故態；舊時竹馬，得見會昌之新春。”承平、王孫，見柳文《姜嚳志》。

56. 衢州稽古閣書《臯陶謨》於屏，②其《上梁文》云：“臯陶若稽古，事三朝稽古之君；孔子與斯文，爲萬世斯文之主。”③

57. 王相爚嘉熙若璩按：理宗在位十三年，丁酉改元。間，以親老辭督府辟，其書曰：“昔温太真絶衿違母以奉廣武之檄，心雖忠而人議其失性；徐元直指心戀母以辭豫州之命，情雖窘而人予其順天。”

58. 吕倚《謝王岐公饋錢酒》，用“白水真人”、“青州從事”，岐公稱之。

59. 夏文莊表云：“詩會餘蚳之文，簡凝含酖之墨。”“餘

---

① “曰”，翁氏本作“亦”。
② “於”，《叢刊》本、翁氏本作“于”。
③ “世”，翁氏本作“國”。

蚳”，見《詩・貝錦》箋。“筆鋭干將，墨含醇酎”，[①]出《文心雕龍》。

60. “獨孤《馴象》，世以爲工。子雲《甘泉》，晚而悔作。”晏元獻謂賦也。獨孤綬《放馴象賦》云：“返諸林邑之野，歸爾梁山之隅。時在偃兵，豈嬰乎燧尾？上惟賤賄，寧恤乎焚軀？”

61. 唐律賦《雞鳴度關》云：“念秦關之百二，難逞狼心；笑齊客之三千，不如雞口。”

62. 紹興中，省試《高祖能用三傑賦》，第四韻用“運籌帷帳”。考官謂《漢書》乃“帷幄”，非“帳”字，不敢取。徹棘，以語周益公，益公曰：“《史記》云‘運籌帷帳之中’，非誤也。”淳熙中，省試《人主之勢重萬鈞賦》，第一聯有用“洪鐘”二字者，考官哂之。洪文敏典舉，聞之曰：“張平子《西京賦》‘洪鐘萬鈞’，此必該洽之士。”遂預選。紹熙中，四明試《航琛越水》詩，有用東坡“舶趠”二字而黜者。決得失於一夫之目，其幸、不幸若此。

63. “東都之季，清議扶之而有餘；強秦之末，壯士守之而不足。”前輩作《風俗萬世之基》末韻。“亶聰明而有作，無作聰明；由仁義以安行，非行仁義。”舜由仁義行。

64. “非刀匕是共，[②]膳宰舉席間之觶；釋椎鑿而上，輪人議堂上之書。”此工執藝事以諫賦聯也。

---

① “醇”，《叢刊》本、翁氏本作“淳”。
② “共”，翁氏本作“供”。

卷二十

宋　王應麟　撰

雜識

1. 南豐《跋西狹頌》謂："所畫龍、鹿、承露人、嘉禾、連理之木，漢畫始見於今。"邵公濟謂："漢李翕、王稚子、高貫方墓碑，刻山林人物，乃知顧愷之、陸探微、宗處士輩，尚有其遺法。至吴道玄絶藝入神，然始用巧思，而古意少減矣。今於盤洲所集《隸圖》見之。"

2. 曹操夫人《與楊彪夫人書》："送房子官綿百斤。"《古文苑》誤爲"官錦"，而注者妄解。按，《魏都賦》："綿纊房子。"《晋陽秋》："有司奏調房子、睢陽綿，武帝不許。"《水經注》："房子城西出白土，可用濯綿。"

3. 善惡以熟言，若《孟子》"仁在乎熟"、《漢·五行志》"季氏之惡已熟"是也。佛者曰：《成實論》。"行惡見樂，爲惡未熟。至其惡熟，自見受苦。行善見苦，爲善未熟。至其善熟，自見受樂。"其言善惡之熟，亦名言也。

4. 仁宗摹太宗御書大相國寺額於石，即寺爲殿而藏之，御飛白名曰"寶奎殿"。紹興庚辰，宏辭以《寶奎殿太宗皇帝御書赞》命題，唐説齋中選。但云慶曆二載，而不紀月日，以《實録》考之，乃二年正月辛未也。蘇子美作《寶奎殿頌》，周益公題其後云："'上宰宗工，更爲辭章'者，謂吕夷簡作記，章得象題額之類。"《實録》云："命夷簡撰記。"而説齋謂"焕乎堯章，親加紀述"，亦誤。

5. 舊制：麻三道以上，雙宣學士分撰。元豐末，鄧潤甫爲學士，一夕鎖麻二十二通。靖康元年，麻六道，權直院莫儔獨宿。

6. 翰苑未嘗草追贈制。紹定六年十月，史彌遠贈中書令，追封衛王，令學士院降制。學士言非典故，詔特與降制。

7. 太一宫四立月祝文，舊用定本，紹定二年十二月，始命學士院撰述。

8. 親王初除，有布政榜，首云："應某軍管内。"尾云："榜某軍。"仍散下。管内，謂所領節鎮也。前輩制集皆可考。淳熙十六年，皇子封嘉王，布政榜乃云"嘉州管内"，蓋草制者失之。開禧元年，皇子封榮王，榜威武軍，合舊典矣。蓋節鉞初除，以敕書示諭本鎮，亦唐朝隃領之制也。若封王，或以國如周、魯，或以州如兖、雍之類，未嘗有所領之國。咸淳三年，余草福王制，院吏欲以布政榜下福州，余引故事榜所領兩鎮。

9. 陳自明紹熙初，宏辭已入等，同試者摘《周五射記》用"襄尺"字，以爲犯濮王諱，襄，音讓。慶元四年，從臣薦之，謂"襄"字雖同音，嫌名不當避，乃賜同進士出身。徐子儀嘉定中試，宏辭《甘石巫咸三家星圖序》，引《周禮・簭人》"巫咸"，本注"巫"當爲"筮"，非殷巫咸。主司黜之，而薦於朝。不數年，入館掌制。若璩按：王氏父撝，字謙父，嘉定進士第，同年余天錫參知政事，屬教其子弟，歲終致束修以謝，堅卻不受，曰："吾二兒習詞學，鄉里無完書，願從公求尺牘，丐借周益公、傅内翰、番陽三洪公暨其餘習詞學者凡二十餘家所藏書。”余欣然應之。後二子皆中詞科由此。

10.《易·觀》初六注：“處於觀時而最遠朝美。”湯邦彦，字朝美，本此。《列子》曰：“務外游，不如務内觀。”陸游，字務觀，本此。魏傅嘏，字蘭石，本《淮南子》“蘭生而芳，石生而堅”。唐皇甫湜，字持正，本《詩》“湜湜其沚”箋。黄魯直之字，本柳子《先友記》“王紓有學術魯直”。

11. 朱文公門人㬂淵。㬂，音緩。晋有㬂清。若璩按：“㬂淵”即《大全集之》之“㬂亞夫”。

12. 西王母，《山海經》云：“狀如人，狗尾，蓬頭，戴勝，善嘯，居洵水之涯。”《穆天子傳》注云：“虎齒蓬髪。”

13.《漢·天文志》：“天暒而見景星。”注：“暒，精明也。”《集韻》云：“晴字。”

14.《易緯是類謀》曰：“民衣霧，主吸霜，間可倚杵於何藏?”《河圖挺佐一輔》曰：“百世之後，地高天下；千歲之後，天可倚杵。”楊文公詩有“倚杵碧天”之句。按“輔”上，①元板無“一”字。

15.《士冠禮》“眉壽萬年”，古文“眉”作“麋”。《博古圖·雝公緘鼎銘》：“用乞麋壽，萬年無疆。”

16.《集韻》：“吴人謂赤子曰㹸犽。”音鴉牙。《雜記》注：“嬰，猶鷖彌也。”《孟子音義》：“倪，謂緊。倪，小兒也。”

17.《周禮·輈人》注：“鰒，魚字。”以魚名爲字，亦奇語也。若璩按：楊升庵廣之曰：“《大戴禮記》‘蘭氏之根，懷氏之苞’，王褒《洞簫賦》‘幸得謚爲洞簫兮’。夫魚名而稱字，草名而稱氏，簫名而稱謚，皆奇之又奇。”

---

① “按輔上”，翁氏本作“叢書樓校”。

18.《石鼓文》:“帛魚鱳鱳。”又云:“有鱄有鮊。”即白魚也。“有鱄”,元板作“有専”。①

19.《春秋正義》:手五指之名曰“巨指、《儀禮·大射》、《孟子》云“巨擘”。若璩按:《国语》云“巨拇”。② 食指、《左傳》。將指、《儀禮·鄉射》、《大射》注。按《既夕記》亦名“中指”。無名指、《孟子》。小指”。《儀禮·特牲饋食》、《少牢饋食》云“季指”。③

20.《館閣書目》:“《蠶書》一卷,南唐秦處度撰。以九州蠶事,獨兖州爲最。”按,《蠶書》見秦少游《淮海後集》。少游子湛,字處度。以爲南唐人,誤矣。

21.“水母目蝦”,見郭景純《江賦》。欒城詩云:“去住由人真水母,簞瓢粗足似山雌。”“似”,元板作“亦”。

22.《殷芸小説》:“蔡司徒説在洛見陸機兄弟,住参佐中,④三間瓦屋,士龍住東頭,士衡住西頭。”東坡詩:“自甘茆屋老三間。”簡齋若璩按:簡齊,陳與義號。詩:“士龍同此屋三間。”又云:“士衡去國三間屋。”

23.《唐·西域傳》:“末禄有軍達,泥婆羅獻波稜,皆菜名也。”張文潛謂:“波稜自波稜國來。”⑤“波稜”,元板作“坡陵”。

24. 吕成公曰:“秦多良醫。醫緩、醫和,皆秦人。”《尸子》亦云:“醫竘者,秦之良醫。”若璩按:刺殺扁鵲者,亦秦太醫令李醯也,《韓非》亦有“秦醫善除”之諺。

25. 巫彭作醫《吕氏春秋》。岐伯祖世之師曰僦貸季《素

① “有鱄元板作有専”上,翁氏本有“馬氏叢書樓校云”七字。
② “巨”,翁氏本無此字。
③ “《儀禮·特牲饋食》、《少牢饋食》”,《叢刊》本作“《儀禮》”。
④ “中”上,翁氏本有“廨”字。
⑤ “波稜國”,翁氏本作“坡陵國”。

問》。上古醫曰苗父。《説苑》。若璩按：《漢・藝文志》："大古有岐伯、俞拊。"①應劭曰："黄帝時醫。"

26. 黄石坨老教授福州，聞李葵、李楠、林之奇爲衆推服，即走其家，備禮延致。吕太史《祭林宗丞少穎文》所謂"二李伯仲"，②蓋葵之子楠、樗也。葵，字襲明；子楠，字和伯；樗，字迂仲。"里居之良，若方若陸；旁郡之士，若胡若劉。"方德順、陸亦顔、胡原仲、劉致中，見吕居仁《寄和伯少穎迂仲》詩。

27. 齊齋倪公《三戒》："不妄出入，不妄言語，③不妄憂慮。"

28. 吕成公謂："爭校是非，不如斂藏持養。"

29. 李猷護陳東之喪，黄子游賙歐陽徹之葬，皆義烈士也。李，明人，黄亦寓居焉。志吾鄉人物者，宜特書之，以厲澆俗。

30. 淳祐丙午，衢士柴望上《丙丁龜鑑》，其表云："今來古往，治日少而亂日多；主聖臣賢，前車覆而後車誡。"

31. 張鷟自號浮休子，李白有《贈參寥子》詩，張芸叟、僧道潛復以自號。

32. 近世記録多誤，《無垢心傳録》以王叔文之黨"陸質"爲"陸贄"。質即陸淳，非贄也。

33.《磨衲集》，王公庭秀若璩按：庭秀，慈溪人，爲王氏鄉先輩，故稱公。作於紹興壬子。考其論議，以鄭介夫爲妄言，陳少陽爲鼓變，是熙、豐之法度，非元祐之紛更，謂黨人子孫爲謬賞，謂蘇、黄文章爲末藝。甚者，擬程子之學於墨、釋氏，而以《易

---

① "古"下，翁氏本有"醫"字。
② "穎"，《叢刊》本作"潁"。
③ "言語"，《叢刊》本作"語言"。

傳》爲謝、楊删潤成書，其反理詭道甚矣。詆趙、張二相尤力。蓋自紹聖以來，奸憸茂惡，家以荆、舒爲師，人以章、蔡爲賢，邪説詖行，沈酣入骨髓。更中天之禍，薾艾不薅，士習熟見聞。[1] 至紹興間，邪詖猶肆行，[2]筆之簡牘，不恥也。是故人心不正，其害烈於洪水猛獸。吁，風俗移人，可畏哉！

34. 發漢陵者，樊崇、董卓也。發唐陵者，温韜也。惡復誅臻，天道昭昭矣。若璩按：此其有感楊璉真伽之事乎？王氏有靈，應首肯我。

35. 成湯、周公，皆坐以待旦。康王晚朝，宣王晏起，則《關雎》作諷，姜后請愆，況朝而受業，爲士之職。《書》曰："夙夜浚明有家。"《孝經》言"卿大夫之孝"，引《詩》云"夙夜匪懈"。言"士之孝"，引《詩》云"夙興夜寐"。《讒鼎之銘》曰："昧旦丕顯，後世猶怠。"叔向所以戒也。"三晨晏起，一朝科頭"，管幼安所以懼也。"在家常早起"，杜子美所謂"質朴古人風"者也。"雞鳴咸盥櫛，問訊謹暄涼"，朱子之詔童蒙也。"觀起之早晏，[3]知家之興廢"，吕子之訓門人也。"起不待鳴雞"，陸務觀《示兒》之詩也。"雞鳴率家人同起，不可早晏無常"，葉少藴與子之書也。"雞鳴而起，決擇於善利之間"，爲舜而已矣。

36. 晋殷仲堪父師病積年，衣不解帶，躬學醫術，究其精妙。北齊李元忠母多病，專心醫藥，研習積年，遂善方技。李密祖母患積年，[4]精習經方，洞嫻針藥，[5]其疾得除。[6] 隋許智

---

① "熟"，《叢刊》本作"孰"。
② "詖"，翁氏本作"説"。
③ "早晏"，翁氏本作"朝晏"。
④ "祖母"，《叢刊》本、翁氏本作"母"。
⑤ "嫻"，《叢刊》本、翁氏本作"閑"。
⑥ "其疾"，《叢刊》本、翁氏本作"母疾"。

藏祖道幼,以母疾,究極醫方,誡諸子曰:"爲人子者,嘗膳視藥,不知方術,豈謂孝乎?"文中子母銅川夫人好藥,子始述方。唐王勃謂:"人子不可不知醫。"時長安曹元有秘術,勃從之游,盡得其要。甄權以母病,與弟立言究習方書。王燾母有疾,視絮湯劑,數從高醫游,遂窮其術。李逢吉父顔有錮疾,自料醫劑,遂通方書。杜鵬舉母疾,與崔沔同授醫蕭亮,遂窮其術。程子曰:"事親者,不可不知醫。"

37. 康節邵子之先,世家于燕,父伊川丈人間道奔本朝。舍世禄爲窶士,乃絶口不言。伯温子溥,自禮部郎使燕,道涿州良鄉,拜墓。洪業寺石刻,蓋統和十年,伯温高大父所建。統和十年,歲在壬辰,本朝淳化三年也,至宣和六年壬辰,適百二十年,伯温記其異。今按宣和六年乃甲辰,①非壬辰也。若璩按:何屺瞻曰:康節墓志銘乃明道所撰,②但言"系出召公,③故世爲燕人,大王父諱令進以軍職逮事藝祖,始家衡漳。祖諱德新、父諱古,皆隱德不仕"。初未有其父間道來奔之事,④今進既逮事藝祖,安得太宗淳化三年尚建寺於遼之境内耶?⑤ 大抵出自其後人誣妄,喜新者遂傳之耳。⑥

38. 蘇魏公《書帙銘》曰:"非學何立? 非書何習? 終以不倦,聖賢可及。"蒲傳正《戒子弟》曰:"寒可無衣,飢可無食,至于書,不可一日失。"

39.《太史公素王妙論》曰:"諸稱富者,非貴其身得志也,乃貴恩覆子孫、澤及鄉里也。黄帝設五法,布之天下,用

---

① "按",翁氏本作"案"。

② "康節",翁氏本作"堯夫"。"銘",翁氏本無此字。"撰",翁氏本作"作"。

③ "言",翁氏本作"云"。

④ "初未",翁氏本作"安得"。

⑤ "今進既逮事藝祖,安得太宗淳化三年尚建寺於遼之境内耶",翁氏本在"誣妄"下,且無"太宗"二字。

⑥ "誣妄"下"喜新者遂傳之",翁氏本無此語。

之無窮，蓋世有能知者，莫不尊親，如范子可謂曉之矣。管子設輕重九府，行伊尹之術，則桓公以霸。范蠡行十術之計，二十一年之間，三致千萬，再散與貧。"《史記正義》："《七略》云：司馬遷撰。"利者，夫子所罕言。又曰："如不可求，從吾所好。"太史公著論，以素王名而言求富之術，豈以家貧無財賂，有激而云，如《貨殖傳》之意歟？然何足以爲"妙論"？若璩按：《隋經籍志・子部・五行》有《太史公素王妙義》二卷，亡。王氏所引則見《太平御覽》者。《素王妙論》，又有"范蠡本南陽人"一語，見《越世家》注。

40. 先聖冕服。祥符二年，賜曲阜文宣王廟冕九旒，服九章。熙寧八年，國子監言唐開元中，尊孔子爲文宣王，内出王者衮冕之服以衣之，宜用天子之制。禮院議依官品衣服，令用九旒。崇寧二若璩按："二"當作"四"。年，改用冕十二旒，服九章。

41. 《禮記》於禮之變，皆曰"始"："孔氏之不喪出母，自子思始也"；"士之有誄，自此若璩按："此"字當作"縣賁父卜國"。始也"；"邾婁復之以矢，盖自戰於升陘始也"；①"魯婦人之髽而弔也，自敗於臺鮐始也"；②"帷殯非古也，自敬姜之哭穆伯始也"；"廟有二主，自桓公始也"；"喪慈母，自魯昭公始也"；"下殤用棺衣，按，"衣"下脱"棺"字。自史佚始也"；"庭燎之百，由齊桓公始也"；"大夫之奏《肆夏》也③，由趙文子始也"；"大夫強而君殺之，義也按，"強而君殺之義也"七字，當作"而饗君"。由三桓始也"；"公廟之設於私家，非禮也，由三桓始也"；按，此

① "盖"，翁氏本作"蓋"。
② "鮐"，翁氏本作"駘"。
③ "也"，翁氏本無此字。

三句從初刊本增補。“玄冠紫緌，[1]自魯桓公始也”；“朝服之有縞也，自季康子始也”；“夫人之不命於天子，自魯昭公始也”；“宦於大夫者之爲之服也，自管仲始也”。《左氏傳》“始用六佾”，“晋於是始墨”，按，此下脱“始用葛茀”。“始厚葬”，“始用殉”，“魯於是乎始髽”，“魏絳於是乎始有金石之樂”，“始用人於亳社”，“魯於是始尚羔”，亦記禮之始變也。孔子惡始作俑者，始之不謹，末流不勝其弊。[2] 劉懋撰器物造作之始爲《物祖》。劉孝孫、房德懋集經史爲《事始》。馮鑑續《事始》，朱繪撰《事原》，高承增益爲《事物紀原》。然所載乃事物之始，不足以垂訓戒。司馬文正公言：“唐始令妃主葬日皆給鼓吹。非令典，不足法。”蘇文忠公言：“《春秋》書‘作丘甲’，‘用田賦’，皆重其始爲民患也。《國史》記之曰‘青苗錢自陛下始’，豈不惜哉？”皆得謹始之義。若璩按：顧仲恭以《通鑑》不詳及垓下戰，謂古人讀書亦未必精審勝吾輩。初怪其言之太過，今王氏於《左傳》、《禮記》尚爾，余不勝慨嘆，仲恭言端有味哉。

42.《周易集林·雜占》曰：“占天雨否，外卦得陰爲雨，得陽不雨。其爻發變，得《坎》爲雨，得《離》不雨。《巽》化爲《坎》，先風後雨；《坎》化爲《巽》，先雨後風。”

43. 江總詩：“聊以著書情，暫遣他鄉日。”元城劉公歲晚閒居，[3]或問先生何以遣日？公正色曰：“君子進德修業，惟日不足，而可遣乎？”

44. 陳正獻公疏曰：“懲羹者必吹於齏，傷桃者或戒於

---

① “緌”，翁氏本作“綏”。
② “弊”，《叢刊》本作“敝”。
③ “歲晚”，翁氏本作“晚歲”。

李。”《楚辭·惜誦》云：“懲熱羹而吹虀。”[①]《北夢瑣言》：“唐明宗不豫，馮道入問曰：‘寢膳之間，宜思調衛。’指果實曰：‘如食桃不康，他日見李思戒。’”

45. 尹和靖謂：“動靜一理。”[②]伊川曰：“試喻之。”適聞寺鐘聲，曰：“譬如此寺鐘，方其未撞時，聲固在也。”伊川喜曰：“且更涵養。”朱文公在同安，夜聞鐘鼓聲，聽其一聲未絶，而此心已自走作，因此警懼，乃知爲學須專心致志。先儒於鐘聲之入耳，體察如此。

46. 東坡《策别》“均户口”曰：“當成、康刑措之後，其民極盛之時，九州之籍，不過千三萬四千有餘。夫地以十倍，而民居其一。”按《晋書·地理志》：“民口千三百七十一萬四千九百三若璩按：《郡國志》引“三”作“二”。十三。蓋周之盛也。”見《帝王世紀》。

47. 吴仁傑《鹽石新論》取《潛夫論》：“洗若璩按：《潛夫論》本作“治”。[③] 金以鹽，攻玉以石。”若璩按：何屺瞻曰：“治”仍作“洗”，妙盡物理。[④]

48. 土牛之法，以歲之幹色爲首，支色爲身，納音色爲腹。以立春日幹色爲角耳尾，支色爲脛，納音色爲蹄。景祐元年，以《土牛經》四篇頒天下，[⑤]丁度爲序。

49.《黄石公記》云：“黄石，鎮星之精也。黄者，鎮星色也。石者，星質也。”東坡以圯上老人爲隱君子。

---

① “虀”，翁氏本作“韲”。
② “靖”，《叢刊》本、翁氏本作“靜”。
③ “本”上，翁氏本有“洗”字。
④ “理”，翁氏本作“情”。
⑤ “天下”上，翁氏本有“示”字。

50. 成都石經，孟蜀所刻。於唐高祖、太宗之諱，皆缺畫。范魯公相本朝，其《誡子侄詩》曰："堯舜理曰，深泉薄冰。"猶不忘唐也。

51. 劉夢得曰："於竊鈇而知心目之可亂，於掇蜂而知父子之可間，於拾煤而知聖賢之可疑。"東坡《辯策問奏札》引之，而改"掇蜂"一句云："於投杼而知母子之可疑，於拾煤而知聖賢之可惑。"

52. 晁文元公平生不喜術數之説，術者嘗以三命語之。公曰："自然之分，天命也；樂天不憂，知命也；推理安常，委命也。何必逆計未然乎？"慈湖先生謂真文忠公曰："希元有志於學，顧未能忘富貴利達，何也？"公莫知所謂，先生曰："子嘗以命訊日者，故知之。夫必去是心，而後可以語道。"

53. 張文潛《寓陳雜詩》言顔平原事，誤以盧杞爲元相國。

54. 李長吉有《春歸昌谷》詩，張文潛《春游昌谷訪長吉故居》云："惆悵錦囊生，遺居無復處。"在河南福昌縣三鄉東。

55.《唐六典》注："崔寔《正論》云：'熊經鳥伸，延年之術，故華佗有六禽之戲，魏文有五搥之鍛。'"《後漢·華佗傳》云"五禽"。

56.《詩釋文》："《草木疏》云：'葑，蕪菁也。'郭璞云：'今菘菜也。'案，江南有葑，江北有蔓菁，相似而異。"張文潛詩："蕪菁至南皆變菘，菘美在上根不食。瑶簪玉笋不可見，使我每食思故國。"

57. 司空表聖《題東漢傳後》有取於"陳太丘之容衆，郭有道之誘人"，此表聖所以自處也。若璩按：元求江南人才至矣，而王氏以博學雄文名，弓旌獨不及焉，當時必有所以自處者。

58.《化書》曰："奢者富不足，儉者貧有餘。奢者心常貧，儉者心常富。"季元衡《儉説》曰："貪饕以招辱，不若儉而守廉。干請以犯義，不若儉而全節。侵牟以聚仇，不若儉而養福。放肆以逐欲，不若儉而安行。"[①]皆要言也。若璩按：《炳燭齋隨筆》："嗇於己不嗇於人，謂之儉；嗇於人不嗇於己，謂之吝；嗇於人并嗇於己，[②]謂之愛。儉者，君子之德也；吝與愛，小人之事也。斯言出《晏子》，如晏子者，真能儉者也。"

59. 荀悦《申鑒》曰："睹孺子之驅雞，而見御民之術。孺子之驅雞，急則驚，緩則滯，馴則安。"許渾詩："遁迹驅雞吏。"

60. 司馬公時至獨樂園，危坐讀書堂，嘗云："草妨步則剃之，木礙冠則芟之，其他任其自然，相與同生天地間，亦各欲遂其生耳。"張文潛《庭草》詩云："人生群動中，一氣本不殊。奈何欲自私，害彼安其軀。"亦此意也。觀此則見周子窗前草不除之意。[③]

61. 王渙之曰："乘車常以顛墜處之，乘舟常以覆溺處之，仕宦常以不遇處之，無事矣。"此言近於達者。

62. "民不可與慮始"，商鞅之變法也。"百姓何足與議"，董卓之遷都也。咈百姓以從己欲，其效可睹矣。

63. 後魏温子昇，《閶闔門上梁祝文》云："惟王建國，配彼太微。大君有命，高門啓扉。良辰是簡，枚卜無違。雕梁乃架，綺翼斯飛。八龍杳杳，九重巍巍。居宸納祜，[④]就日垂

---

① "行"，《叢刊》本、翁氏本作"性"。
② "嗇於人并嗇於己"，翁氏本作"嗇於己并嗇於人"。
③ "見"，翁氏本作"知"。
④ "宸"，翁氏本作"辰"。"祜"，《叢刊》本作"祐"。

衣。一人有慶,四海爰歸。"此上梁文之始也。兒郎偉,猶言兒郎懣。攻媿嘗辯之。①

64. 真文忠公曰:"仁義足以包寬嚴,而寬嚴不足以盡仁義。"

65. 傅玄《席銘》,左端曰:"閒居勿極其歡。"右端曰:"寢處毋忘其患。"左後曰:"居其安,無忘其危。"右後曰:"惑生於邪色,禍成於多言。"《冠銘》曰:"居高無忘危,在上無忘敬。懼則安,敬則正。"《被銘》曰:"被雖温,無忘人之寒。無厚於己,無薄於人。"

66. 梁元帝《孝德傳・天性贊》曰:"欲報之德,不可方思;涓塵之孝,河海之慈。"即孟東野"寸草報春"之意。

67. 蘇子由記杉謂:"求之於人,蓋所謂不待文王而興者。"陳同甫之言梅也,亦然。

68. 漢桓永壽二年,户一千六百若璩按:本作十。七萬七千九百六十,至晋武太康元年平吴,户止二百四十五萬九千八百四。按,漏"十"字。隋文開皇中,户八百七十萬,至唐高祖武德初,户止二百餘萬,高宗永徽初,户僅及三百八十萬。玄宗天寶末,户八百九十一萬四千七百九,至肅宗乾元三年,户止一百九十三萬三千一百三十四。兵禍之慘如此。若璩按:孝平元始二年,户千三百二十三萬三千六百一十二;至光武中元二年,户止四百二十七萬千六百三十四。

69. 劉夢得《何卜賦》云:"同涉于川,其時在風,沿者之吉,溯者之凶。同蓺于野,②其時在澤,伊穜之利,乃稑之

---

① "辯",翁氏本作"辨"。
② "蓺",翁氏本作"藝"。

厄。”東坡詩:“耕田欲雨刈欲晴,去得順風來者怨。”本此意。

70. 隋煬帝謂蕭后曰:“儂不失爲長城公,卿不失爲沈后。”長城公,謂陳後主;沈后者,後主之沈后也。《通鑑釋文》以“沈”音“沈”①,謂沈湎之后,誤矣。

71. 曾旼,②字彦和,爲《書解》,朱文公、吕成公皆取之。《館閣書目》:“《書講義》,博士曾肢等解。”蓋誤以“旼”爲“肢”。

72. “伐吴之役,利獲二俊”,張華之稱陸機、雲也。“平齊之利,唯在於爾”,周高祖之喻李德林也。③ 機、雲於河橋之役,與王師爲敵,其不忠大矣。德林願以死奉楊堅,復以所以事齊者事周矣,二國何利焉?是以持國必崇名節,持身必守行誼。

73. 《録異傳》曰:“周時尹氏貴盛,五葉不别,會食數千人。遭饑荒,羅鼎作粥。”《春秋》書尹氏,譏世卿,然能與周同盛衰者,亦有家法維持之也。近世紀輿地者,謂尹吉甫蜀人,爲作清風堂,其謬妄甚矣。“物則秉彝”之詩,吉甫庶幾知道者,而不能察掇蜂之讒,能知而不能行也。

74. 《王羲之傳論》:“師宜懸帳之奇。”以衛恒《四體書序》考之,“懸帳”乃梁鵠書,非師宜官書也。

75. 《説文》:“朋”及“鵬”,皆古文“鳳”字。宋玉曰:“鳥有鳳而魚有鯤。”《莊子音義》崔譔云:“鵬,音鳳。”

76. 王巾,字簡棲,作《頭陀寺碑》,《説文通釋》以爲“王屮”。

---

① “沈”,《叢刊》本、翁氏本作“沉”。下同。

② “旼”,《叢刊》本、翁氏本皆作“旼”,下同。

③ “喻”,《叢刊》本、翁氏本作“諭”。

77. 封禪七十二家，管夷吾所記者十有二；孟獻子友五人，孟子所忘者三。記誦之學，勿强其所不知。

78.《集古録·李陽冰記》云："城隍神，《祀典》無之，吴、越有爾。"按，北齊慕容儼鎮郢城，城中先有神祠，①俗號城隍神，則唐以前已有之。若璩按：《隋·五行志》："梁武陵王紀祭城隍神，將烹牛，有赤蛇繞牛口。"紀與儼同時。《經籍志》：鮑至撰《南雍州記》，記云"南陽城内見有蕭相國廟，②相傳謂爲城隍神"，記文則見《通典》引者。

79. 唐子西《采藤曲》："魯人酒薄邯鄲圍，西河渡橋南越悲。"下一句未見所出。

80.《集古録·漢袁良碑》云："當秦之亂，隱居河洛。高祖破項，實從其册。天下既定，還宅扶樂。"歐陽公云："蓋不知爲何人也。"愚按《高祖紀》：三年，漢王自成皋入關，收兵，欲復東。轅生説漢王曰："漢與楚相距滎陽數歲，漢常困。願君王出武關，項王必引兵南走，王深壁，令滎陽、成皋間且得休息。使韓信等得輯河北趙地，連燕、齊，君王乃復走滎陽。如此，則楚所備者多，力分，漢得休息，復與之戰，破之必矣。"漢王從其計，出軍宛、葉間。此即轅生也。③"轅"與"袁"同。若璩按：引《高祖紀》證即轅生，已見洪氏《隸釋》。楊升庵載此碑，繫以王應麟曰："轅生説行而身隱，鴻飛魚潛，脱屣圭組，遠希魯連，近慕董公，亦古之逸民，不可與辯士説客並論也。"④今刊本、鈔本俱無，知屬楊氏假托，所謂"英雄欺人，亦時有之"者。或訝曰："王子充引辯《水經》語，子信其爲王氏，而升庵明引王氏語，子反削正之，何居？"余笑曰："觀人於其素。"

---

① "祠"，翁氏本作"祀"。
② "内見"，翁氏本無此二字。
③ "此即"，翁氏本作"即此"。
④ "辯"，翁氏本作"辨"。

81.《漢華山廟碑》:"武帝立,宫曰集靈,殿曰存僊,門曰望僊。"歐陽公云:"集靈宫,他書皆不見,惟見此碑。"按《漢·地理志》:"京兆華陰縣太華山,在南有祠集靈宫,武帝起。"公偶未之考耳。若璩按:余嘗謂蓋代文人無過歐公,而學殖之陋亦無過公。傅山先生聞之曰:"子得毋以劉原父有'好個歐九'之云從而和之乎?"余曰:"非敢,然實親驗之《集古録跋尾》。"

82.《容齋五筆》"石尤風",引陳子昂、戴叔倫、司空文明詩,意其爲"打頭逆風"也。李義山詩作"石郵",“來風貯石郵。”楊文公詩亦作"郵"。"石郵風惡客心愁。"

83. 古者,有常心曰士,無常心曰民,爲己曰君子儒,爲人曰小人儒。善利之間而舜、蹠分焉,服言行而堯、桀異焉。仁義之心存與不存,而人禽别焉,懔乎其可懼也。夫尚志謂之士,行己有恥謂之士,否則何以異乎工商?特立獨行謂之儒,通天地人謂之儒,否則何以異乎老、釋?困而不學則下民爾,待文王而興則凡民爾。無其實而竊其名,可以欺其心,不可以欺其鄉。

84. 古者,重長幼之序。齒幼位卑而名韋、楊二君,李翺所以戒朱載言也。後生不稱前輩字,劉元城所以稱馬永卿也。

85. 李希烈之黨有韓霜露,朱泚之黨有李日月,逆儔之無天,甚矣。

86. 柳芳論氏族曰:"氏於事,則巫、乙、匠、陶。"按《風俗通》,"乙"當作"卜"。若璩按:今《風俗通義》無,則王氏所見猶全本。

87. 明州,開元二十六年置,訖于唐末,[①]凡五亂。寶應

---

① "于",翁氏本作"於"。

元年，袁鼂陷明州，一也；貞元十四年，明州將栗鍠殺其刺史盧雲以反，二也；乾符四年，王郢陷明州，三也；中和元年，鄮賊鐘季文陷明州，四也；景福元年，明州將黄晟自稱刺史，五也。

88.《通鑑》：浙西節度使裴璩敗王郢，在乾符四年閏二月。《紀》乃謂三年七月，當從《通鑑》。璩，字挺秀，見《世系表》。

89.《孟子》曰："舜、蹠之分，利與善之間也。"蕭望之曰："堯、桀之分，在於義利而已。"

90. 范文正公謂："劉禹錫、柳宗元、吕温數人，坐王叔文黨，貶廢不用。《傳》稱叔文引禹錫等決事禁中。及議罷中人兵權，牾俱文珍輩，又絶韋皋私請，欲斬劉闢，其意非忠乎？皋銜之，揣太子意，請監國而誅叔文。《唐書》蕪駁，因其成敗而書之，無所裁正。韓退之欲作唐一經，'誅奸諛於既死，發潛德之幽光'，豈有意於諸君子乎？"若璩按：比之匪人，何潛德之有，不讀《永貞行》耶？

91.《淮南子》："老子學商容，見舌而知守柔。"《文子》云學常樅。《淮南》誤，《説苑》亦云"常樅"。

92.《唐・百官志》："守宫令，席壽三年，氈壽五年，褥壽七年。"語本《考工記》。

93. 北齊擇盧思道之詩得八首，若璩按：各作《挽歌》十首。人稱"八米盧郎"。或謂"米"當爲"采"。徐鍇云："八米，以稻喻之，若言十稻之中得八粒米也。"

94.《燕丹子》："荆軻曰：'高欲令四三王，下欲令六五霸。'"四三王、六五帝、四三墳、六五典、三二曜、六五緯，皆本於此。

95.《陸機傳》云："弟雲嘗與書曰：'君苗見兄文，輒欲焚其筆硯。’”君苗，未知氏姓。① 考之雲集，有《與平原書》云：“前登城門，意有懷，作《登臺賦》，②極未能成而崔君苗作之，聊復成前意。”始知其爲崔君苗也。

96.《文心雕龍》云：“士衡才優而綴辭尤煩，士龍思劣而雅好清省。”今觀士龍《與兄書》曰：“往日論文，先辭而後情，尚絜而不取色澤。③ 兄文章高遠絶異，然猶皆欲微多，但清新相接，不以此爲病耳。若復令小省，恐其妙欲不見。雲今意視文，乃好清省，欲無以尚，意之至此，乃出自然。”

97. 車永茂安外甥石季甫見使爲鄮令，便道之職。茂安《與陸士龍書》曰：“老人及姊自聞此問，不能復食。姊晝夜號泣，舉家慘蹙。昨全伯始有一將來，是句章人，具説此縣既有短狐之疾，又有沙虱《玉篇》：“蟲穴也，房中切。”害人。聞此消息，倍益憂慮。足下可具示土地之宜，企望來報。”士龍《答書》曰：“縣去郡治，不出三日，直東而出，水陸並通。西有大湖，廣縱千頃；北有名山，南有林澤；東臨巨海，往往無涯，泛船長驅，一舉千里。北接青、徐，東洞交、廣，海物惟錯，不可稱名。遏長川以爲陂，燔茂草以爲田，火耕水種，不煩人力。決泄任意，高下在心，舉鍤成雲，下鍤成雨，既浸既潤，隨時代序。官無逋滯之穀，民無飢乏之慮，衣食常充，倉庫恒實。榮辱既明，禮節甚備，爲君甚簡，爲民亦易。季冬之月，牧既畢，嚴霜隕而蒹葭萎，林鳥祭而罻羅設，因民所欲，順時游獵。結罝繞岡，密罔彌山，放鷹走犬，弓弩亂發，④鳥不得飛，獸不得逸。

① “氏姓”，翁氏本作“姓氏”。
② “臺”，翁氏本作“樓”。
③ “色澤”，《叢刊》本作“悦澤”。
④ “弩”，原作“努”，据《叢刊》本、翁氏本改。

真光赫之觀,盤戲之至樂也。若乃斷遏海浦䵵,隔截[1]曲限,隨潮進退,采蜯捕魚,鱣鮪赤尾,鯸齒比目,不可紀名。鱠鰡鰒,炙䵵鯸,烝石首,臛鯊䲆,真東海之俊味,肴膳之至妙也。及其蜯蛤之屬,目所希見,耳所不聞,品類數百,難可盡言也。昔秦始皇至尊至貴,前臨終南,退燕阿房,離宮別館,隨意所居,沈綸涇渭,[2]飲馬昆明,四方奇麗,天下珍玩,無所不有,猶以不如吴會也。鄉東觀滄海,遂御六軍南巡狩,登稽岳,刻文石,身在鄮縣三十餘日。夫以帝王之尊,不憚爾行,季甫年少,受命牧民,武城之歌,足以興化,桑弧蓬矢,丈夫之志,經營四方,古人所嘆,何足憂乎?且彼吏民,恭謹篤慎,敬愛官長,鞭朴不施,聲教風靡,漢、吴以來,臨此縣者,無不遷變。尊大人、賢姊,上下當爲喜慶,歌舞相送,勿爲慮也。"茂安又答曰:"於母前伏讀三周,舉家大小豁然忘愁。足下此書,足爲典誥,雖《山海經》、《異物志》、《二京》、《三都》殆不復過也。[3] 恐有其言能,無其事耳。"愚謂:士龍之書,筆勢縱放,真奇作也,可以補四明郡乘之闕遺,故詳著之。"大人",元板作"大夫"。

98.《荀子》曰:"正其衣冠,齊其顔色,嗛然而終日不言,是子夏氏之賤儒也。"荀卿之譏毁過矣,然因其言可以見子夏門人之氣象。

99. 秦之破楚也,王翦至蘄南,殺其將軍項燕。楚之滅秦也,陳涉起於蘄大澤中。同此地也,出爾反爾,天道昭昭矣。

---

① "截",翁氏本作"絶"。
② "綸",翁氏本作"淪"。
③ "三",翁氏本作"南"。

100. 東坡《觀棋詩》"誰與棋者",《墨君堂記》"雖微與可,天下其孰不賢之",皆用《檀弓》文法。

101.《論語》"迅雷風烈必變",錯綜成文。"春與猿吟兮,秋鶴與飛",本於此,非始於"吉日辰良"。

102. 徐仲車謂:"尊官重禄,人之所好也,安肯曰'吾不才,吾辱其位'? 甚者亡人之國,危人之天下不顧也。鄭綮可謂知其量矣。"後村詩謂:"未必朱三能跋扈,只因鄭五欠經綸。"朱温之篡,崔、柳諸人之罪也,於鄭綮何議焉?

103. 寧宗閣名曰"寶章"。至和二年,五臺山真容院太宗御書閣,已曰"寶章"矣。

104.《水經注》:"方城西有黄城山,是長沮、桀溺耦耕之所。有東流水,則子路問津處。《尸子》曰:'楚狂接輿耕於方城。'"方城在葉縣,《郡國志》曰:"葉縣有長城,曰'方城',楚邑也。"楚狂接輿並耕沮溺、荷蓧丈人,一時在野之賢,萃於楚國。聖人晚年眷眷於楚,有以也。胡明仲曰:"沮溺耦耕之地,史謂蔡也。"若璩按:史謂孔子去葉,反乎蔡,途次經有長沮、桀溺事,非謂其地即蔡。

105. 善讀書者,或曰"此法當失",或曰"一卷足矣,奚以多爲",或不求甚解,或務知大義。不善讀者,蕭繹以萬卷自累,崔儦以五千卷自矜,房法乘之不治事,盧殷之資爲詩。

106. "廟堂"二字,見《漢·徐樂傳》云:"修之廟堂之上,而銷未形之患。"《梅福傳》云:"廟堂之議,非草茅所當言也。"劉向《九嘆》云:"始結言於廟堂。"王逸注:"言人君爲政舉事,必告宗廟,議於明堂。"皆謂人君,今以爲宰相,誤矣。若璩按:《淮南·主術訓》"在卿相人君,揄策於廟堂之上",亦兼君、相言之。

107. 歐陽公記醉翁亭,用"也"字;荆公志葛源,亦終篇用"也"字,盖本於《易》之《雜卦》。韓文公銘張徹,亦然。

108. 東坡《鐘子翼哀辭》，[①]以四言間七言，學《荀子·成相》。

109.《詩·伐檀》毛氏傳云："風行水成文曰'漣'。"老泉謂"'風行水上，涣'，此天下之至文也"，本於此。

110. 南豐詩稱昌黎之文云："並驅六經中，獨立千載後。"

111. 周恭叔《跋秦璽文》曰："嗚呼斯乎！是嘗去《詩》、《書》以愚百姓者乎？是嘗聽趙高以立胡亥者乎？是嘗殺公子扶蘇與蒙恬者乎？是嘗教其君嚴督責而安恣睢者乎？使其璽不得傳者斯人也，而其刻畫，吾忍觀之哉？"李微之曰："秦璽者，李斯之魚蟲篆也，其圍四寸。至漢謂之傳國璽，迄於獻帝所寶用者，秦璽也。歷代皆用其名。永嘉之亂，没於劉、石，[②]永和之世，復歸江左者，晋璽也。太元之末，得自西燕，更涉六朝，至於隋代者，慕容燕璽也。隋謂之"神璽"。劉裕北伐，得之關中，歷晋暨陳，復爲隋有者，姚秦璽也。開運之亂，没於耶律，女真獲之以爲大寶者，石晋璽也。蓋在當時，皆誤以爲秦璽，而秦璽之亡則已久矣。"

112. 受寶之禮，始於元符，[③]再行於嘉定。皇帝恭膺天命之寶，至道三年，真宗即位製之。其後凡嗣位，則更製。乾興元年仁宗即位，嘉祐八年英宗即位，至神、哲、徽，皆製是寶。嘉定十四年，京東河北節度使賈涉，[④]繳進皇帝恭膺天命之寶，及元符三年御命之寶，及元符三年《御府寶圖》一册。

---

① "辭"，《叢刊》本、翁氏本作"詞"。
② "於"，《叢刊》本、翁氏本作"于"，下同。
③ "於"，《叢刊》本、翁氏本作"于"，下同。
④ "度"，《叢刊》本作"制"。

鎮江都統翟朝宗以玉檢來上，其文若合符契。又得"受命於天、既壽永昌"玉璽。於是，禮官奏受寶之禮，獻之宗廟。明年正月朔旦，御大慶殿，受寶，奉安天章閣。元符三年玉璽，蓋徽宗即位所製。

113. 璽也而更爲寶，匭也而更爲檢。古者，太史"奉諱惡"，豈有是哉？

114. 祖宗之制，不以武人爲大帥，專制一道，必以文臣爲經略，以總制之。咸淳末、德祐若璩按：瀛國公初即位，乙亥改元。初，賣降恐後者，多武人也；其後，文臣亦賣降矣。

115. 後漢應劭有《漢官·鹵簿圖》。《漢官儀·鹵簿篇》。晋有《鹵簿圖》、《鹵簿儀》，齊有《鹵簿儀》，陳有《鹵簿圖》，唐有《大駕鹵簿》一卷，王象畫《鹵簿圖》。景德二年，王欽若上《鹵簿記》三卷。天聖六年，宋綬上《鹵簿記》十卷。景祐五年，綬取舊編，益新制，上《鹵簿圖記》十卷。政和七年，詔改修，宣和元年書成，三十三卷，飾以丹采，益詳備矣。

116. 趙安仁作《戴斗懷柔録》，王晦叔作《戴斗奉使録》。戴斗，謂北方。《爾雅》："北戴斗極爲空桐。"

117. 擊壤，周處《風土記》云："以木爲之，前廣後鋭，長尺三寸，其形如履，古童兒所戲之器，非土壤也。先側一壤於地，遥於三十四步，以手中壤擊之，中者爲上。"

118. 象山先生曰："古者無流品之分，而賢不肖之辨嚴。後世有流品之分，而賢不肖之辨略。"

119. 司馬相如《諭巴蜀檄》曰："父兄之教不先，子弟之率不謹，寡廉鮮恥而俗不長厚也。"漢時有此議論，三代之流風遺俗猶存也。

120. 群居終日，言不及義，而險薄之習成焉；飽食終日，無所用心，而非僻之心生焉。故曰："民勞則思，思則善心生。"寙窳無爲，《澤陂》之詩所以刺也。

121. 劉之道煇。《上李肅之納拜書》曰："古之君子，一言語而禮義明，[①]一施設而風俗厚。如釋之進王生之韤，[②]而漢世重名；如裴度當李愬之謁，而蔡人知禮。"

122. 晁景迂曰："博之以《五經》而約之以《孝經》、《論語》；博之以太史公、歐陽公史記而約之以《資治通鑑》。"康節先生曰："二十歲之後，三十歲之前，朝經暮史，晝子夜集。"學者當以此爲法。

123. 夫子雅言《詩》、《書》、執《禮》，而性與天道，高弟不得聞。程子教人《大學》、《中庸》，而"無極"、"太極"，一語未嘗及。"高弟"，元板作"高第"。

124. "巧言"爲"辯"，"文子"爲"學"，宋景文云："此後魏、北齊里俗僞字也。"[③]若璩按：見《顔氏家訓》。

125. 庾信《哀江南賦》："章蔓枝以轂走，[④]宫之奇以族行。"《吕氏春秋》："中山之國有夙繇者，智伯欲攻之，鑄大鐘，方車二軌以遺之。夙繇之君將迎鐘。赤章蔓枝諫，不用，斷轂而行，至衛七日，而夙繇亡。"《文苑英華》作"慢支"，《藝文類聚》作"曼友"，皆誤。

126. 宋次道《春明退朝録》，晁子止昭德《讀書志》考之《東京記》：朱雀門外天街東，第六春明坊，宋宣獻公宅，本王

---

① "言語"，《叢刊》本、翁氏本作"語默"。
② "韤"，《叢刊》本作"韈"。
③ "僞"，翁氏本作"譌"。
④ "枝"，《叢刊》本、翁氏本作"支"。

延德宅。宣德門前天街東,第四昭德坊,晁文元公宅。致政後闢小園,號"養素園",多閱佛書,起密嚴堂。若璩按:當時,春明宅子僦直比他處常高一倍,①以便借次道家書也。

127.《吕氏春秋》:伊尹奔夏,三年反,報於亳曰:②"桀迷惑於末嬉,好彼琬琰。"注云:"琬,當作婉,婉順阿意之人。或云美玉。"按《紀年》云:"桀伐岷山,③得二女,曰琬,曰琰。斫其名於苕華之玉,苕是琬,華是琰。"注非。

128.《新序》介子推曰:"謁而得位,道士不居也。"蓋謂有道之士。《漢·京房傳》"道人",亦謂有道之人。《元和郡縣志》:"樓觀,本周康王大夫尹喜宅也。穆王爲召幽逸之人,置爲道士。"《太霄經》以尹喜爲尹軌。又謂:"平王東遷洛邑,置道士七人。"按《漢·郊祀志》注漢宫閣疏云:"神明臺,高五十丈,上有九室,常至九天道士百人。"④蓋自武帝始也。穆王、平王事,不可考。"常至",元板作"常置"。

129. 道書有"赤明上皇無極永壽"之號。後周甄鸞著《笑道論》曰:"古先帝王,立年無號,至漢武帝始建元,後王因之。上皇之號,可笑之深。"《隋志》又有"延康""龍漢""開皇"。若璩按:《後魏書·釋老志》以"延康"、"龍漢"、"赤明"、"開皇"爲劫数。

130. 林靈素作《神霄籙》,自公卿以下,群造其廬拜受,獨李綱、傅崧卿、曾幾移疾不行。宣政間,道教興行,至有號爲"女真"者,當時以爲先兆。⑤

131. 傅奕排釋氏,謂:中國幻夫,模象莊、老,以文飾之。

① "倍",原作"陪",據翁氏本改。
② "於",《叢刊》本、翁氏本作"于"。
③ "岷",翁氏本作"珉"。
④ "常至",翁氏本作"嘗置"。
⑤ "先兆",《叢刊》本无此二字,代以"金戎猾夏之兆"六字。

宋景文作《李蔚傳》赞亦云："華人之譎誕者，又攘莊周、列禦寇之説佐其高。"然則釋氏用老、莊之説也，非老、莊與釋氏合也。朱文公謂："佛家竊老子好處，道家竊佛家不好處。"愚嘗觀姚崇《誡子孫》曰："道士本以玄牝爲宗，而無識者慕僧家之有利，約佛教而無若璩按：《舊唐書・姚崇傳》作"爲"，初刊本果然。業。"[①]斯言當矣。致堂謂："經論科儀，依仿佛氏而不及者，自杜光庭爲之。"考諸姚崇之言，則非始於光庭也。若璩按：《舊唐書・方伎傳》，道士葉法善、僧玄奘、神秀並列，而《新書》則削去玄奘等，意殆見於《李蔚傳》赞中耶。

132.《北斗經》引"居其所而衆星共之"，[②]誤以"北辰"爲"北斗"，蓋近世依托爲之。

133. 鶴山云："旁行敷落之教。""旁行"，見《漢・西域傳》。"敷落"，見《度人經》。

134.《漢・罽賓傳》："塞種分散。"顔師古注："即所謂釋種。"按《增一阿含經》："四河入海，無復河名。四姓爲沙門，皆稱釋種。"石林葉氏云："晋、宋間，佛學初行，其徒猶未有稱僧，[③]通曰道人。其姓皆從所受學，[④]如支遁本姓關，學於支謙爲支；帛道猷本姓馮，學於帛尸梨密爲帛是也。至道安始言佛氏釋迦，今爲佛子，宜從佛氏，乃請皆姓釋。"

135.《唐・回鶻傳》："元和初，始以摩尼至。其法日晏食，飲水，茹葷，屏湩酪。可汗常與共國。"

136. 説齋謂："老、莊之學，盛於魏、晋，以召五胡之亂。

---

① "無"，《叢刊》本作"爲"。
② "共"，翁氏本作"拱"。
③ "稱僧"，翁氏本作"僧稱"。
④ "受"，《叢刊》本作"授"。

而道、釋之徒，皆自胡人崇尚，遂盛於中國。”釋氏至姚興而盛，道家至寇謙之而盛。誠齋謂：“伊川之民，[①]被髪以祭，君子已憂其戎。漢之君志荒，而妖夢是踐。吾民始夷乎言、祝乎首以爲好。此五胡、耶律之先驅也。”朱黼曰：“三代以上，不過曰天而止。春秋以來，一變而爲諸侯之盟詛，再變而爲燕、秦之仙怪，三變而爲文、景之黄、老，四變而爲巫蠱，五變而爲災祥，六變而爲符讖。人心泛然，無所底止，而後西方異説乘其虚而誘惑之。”

137.《晋語》：“西方之書有之曰：‘懷與安，實疚大事。’”注：“《詩》云‘西方之人’，謂周也。”愚謂“西方之書”，蓋《周志》之類。《列子·仲尼篇》：“西方之人有聖者。”李知幾謂：“意其説佛也。”《皇天大紀論》曰：[②]“當周昭王時，西方有傑戎[③]，窮幻駕空説。”《通歷》云：“孝王元年，佛入涅槃。”《唐六典》注謂：釋迦生當周莊王九年，魯莊公七年。二説不同。

138. 王簡棲《頭陀寺碑》：“周、魯二莊，親昭夜景之鑑。”注云：“魯莊七年，夜明，佛生之日也。《瑞應經》：四月八日夜，明星出時，佛從右脅墜地，即行七步。”按，《春秋》莊公七年，“夏四月，辛卯夜，恒星不見”。《正義》曰：“於是時周之四月，則夏之仲春。杜氏以《長曆》校之[④]，知辛卯是四月五日也。”以是考之，夜明星不見，乃二月五日，非四月八日也。蓋陋儒之佞佛者傅會爲此説。

---

① “民”，《叢刊》本作“戎”。
② “天”，《叢刊》本、翁氏本作“王”。
③ “傑”，翁氏本作“桀”。
④ “校”，翁氏本作“較”。

139. 潏水云："梵書有修多羅讖，言釋氏之教興廢。"則讖書其來遠矣。

140. 梁觀國有《議蘇文》五卷，駁其羽翼異端者。或問地獄之事於真文忠公，公曰："天道至仁，必無慘酷之刑；神理至公，必無賄賂之獄。"

141. 李壽翁曰："性命之理，死生之故，鬼神之情狀，《易》盡之矣，曷爲求之它？"①

142.《通典》：唐有符祆正，謂之視流内。祆，呼烟切，胡神也。

143. 永嘉張淳忠甫曰："今之仕，皆非古之道，是以雖貧而不願禄。"問其説，曰："始至則朝拜，遇國忌則引緇黄而薦在天之靈，皆古所無也。"

144. 道家云："真人之心，若珠在淵；衆人之心，若瓢在水。"真文忠云："此心當如明鏡止水，不可如槁木死灰。"

145. 東魏檄梁曰："毒螫滿懷，妄敦戒業；躁競盈胸，謬治清淨。"可謂切中其膏肓矣。誠齋詩云："梵王豈是無甘露？不爲君王致蜜來。"曾景建云："此身已屬侯丞相，誰辦金錢贖帝歸？"

146. 唐有代宗，即世宗也，本朝有真宗，即玄宗也，皆因避諱而爲此號。祥符中，以聖祖名改"玄武"爲"真武"，"玄枵"爲"真枵"。《崇文總目》謂《太玄經》曰《太真經》。若迎真、奉真、崇真之類，在祠宫者非一。其末也，目女冠爲女真，遂爲靖康之兆。②

---

① "它"，翁氏本作"他"。
② "靖康"，《叢刊》本、翁氏本作"亂華"。

147. 張文潛云:"嘗讀《宣律師傳》,有一天人,説周穆王時,佛至中國。與《列子》所載西極化人之事略同。不知寓言耶? 抑實事也?"愚謂,此釋氏剽襲《列子》之言,非實事也。

148. "垂老抱佛脚",孟東野《讀經》詩也。

149. 東坡《宸奎閣碑銘》:"神耀得道,非有師傳。"出《八師子經》:"佛在舍衛國祇樹給孤獨園,時有梵志來詣佛所,質疑曰:'佛所事者何師?'佛曰:'吾前世師,其名難數。吾今自然神耀得道,非有師也。'""惟佛與佛",出《法華經》。

150. 放翁載長蘆宗賾師頌云:"天生三武禍吾宗,釋子還家塔寺空。應是昔年崇奉日,不能清儉守真風。"三武,謂魏太武、周武帝、唐武宗也。愚嘗觀山谷《開先院修造記》曰:"夫沙門法者,不住資生,行乞取足,日中受供,林下托宿。故趙州以斷薪續禪牀,宴坐三十年;藥山以三篋繞腹,一日不作則不食。今也,毁中民十家之産而成一屋,奪農夫十口之飯而飯一僧,不已泰乎? 夫不耕者,燕居而玉食,所在常千數百,是以有會昌之籍没。窮土木之妖、龍蛇虎豹之區,化爲金碧,是以有廣明之除蕩。"山谷之言至矣。宗賾以浮屠氏而能爲此言,其墨名而儒行者與?①

151. 儒之教以萬事爲實,②釋之教以萬法爲空。"萬事",元板作"萬法"。

152. 北齊文宣敕道士剃髮爲沙門,徽宗令沙門冠簪爲德士。其相反如此。

---

① "與",翁氏本作"歟"。
② "事",翁氏本作"法"。

153.《世説》：王丞相導。拜揚州，因過胡人前，彈指云："蘭闍，蘭闍。"此即蘭若也。

154.後周武帝廢佛、道教，其子天元復之。唐高祖廢浮屠、老子法，其子太宗復之。天元不足論也，太宗亦爲之，何哉？

155.西山先生《題楊文公所書遺教經》曰："學佛者，不繇持戒而欲至定慧，亦猶吾儒舍離經辨志而急於大成，[1]去灑埽應對而語性與天道之妙。"[2]《跋普門品》曰："此佛氏之寓言也。昔唐李文公問藥山禪師曰：'如何是黑風吹船，飄落鬼國？'師曰：'李翱小子，問此何爲？'文公怫然，怒形於色。師笑曰：'發此瞋恚心，便是黑風吹船，飄落鬼國也。'藥山可謂善啓發人矣。以此推之，則知利欲熾然，即是火坑；貪愛沈溺，便爲苦海。一念清淨，烈焰成池；一念警覺，船到彼岸。災患纏縛，隨處而安，我無怖畏，如械自脱；惡人侵凌，待以横逆，我無忿嫉，如獸自奔。讀是經者，作如是觀，則知補陀大士真實爲人，非浪語者。"

156.錢文季《維摩庵記》云："維摩詰非有位者也，而能視人之病爲己之病。今吾徒奉君命，食君禄，乃不能以民病爲己責，是詰之罪人也。"

157.鄧志宏曰："丹霞禦寒，則燒木佛；德山説法，則徹塑象。[3]禪教之判，其來已久。"余謂：浮屠氏之有識者，猶不以是爲事，而學校乃以土木爲先，吾儒之道其然乎？

---

① "辨"原作"辯"，据《叢刊》本、翁氏本改。按《禮記・學記》中即作"離經辨志"。

② "埽"，《叢刊》本、翁氏本作"掃"。

③ "徹"，翁氏本作"撤"。"象"，《叢刊》本、翁氏本作"像"。

158.《通鑑考異》云:"《會要》:元和二年,薛平奏請賜中條山蘭若額爲太和寺。①蓋官賜額者爲寺,私造者爲招提、蘭若,杜牧所謂'山臺野邑'是也。"《杭州南亭記》:"武宗去山臺野邑四萬所。"②

① "太",《叢刊》本作"大"。
② "宗",翁氏本作"帝"。

附録

乾隆御製讀王應麟《困學紀聞》

應麟博學多聞，著書頗富，而議論皆出於正。是編乃隨筆考訂，理融辭達。其説經具有淵源，深合内聖外王之旨。偶披説《易》卷，於凡修辭立誠、陽大陰小、防於未然、恐以致福，未嘗不反復而誦，沈潛而思，以爲有天下國家者，不可不熟讀而切己體察也。獨其論五陽之盛一陰生，而引陳完之奔齊，爲亡齊者已至；漢宣帝時匈奴來朝，而王政君已在太子宫；唐太宗即位，而武氏已生於前二年；宋藝祖二年女真來貢，而宣和之禍乃作於女真。以爲《易》者極深研幾，當勿用而知有亢，履霜而知有戰，固亦戒將然、凜消息之義耶，而未免失之鑿矣。夫爲君者慮泰否之幾，察盛衰之運，朝乾夕惕，持盈危明，如是而已耳。必舉數世之前之事以爲數世之後之兆，或轉疑於謬，悠而不信，則反懈其儆懼之心，非此説有以基之乎？且五世八世之説出於《左傳》，本屬浮誇。使景公聽晏嬰之諫，簡公從御鞅之言，平公拒田常之計，宣公奪襄子之權，則陳氏終不能爲齊侯也。至於王元后、武則天之事，皆因漢、唐之帝不能自立，亦人所共知者。而女真入貢於藝祖，更去侵宋一百數十年，使徽宗不用奸亂政，及遣馬政通使，而復背盟，金人又安能如之何哉？蓋禍福互倚伏，治亂相循環，爲人君者不可不憬然悟而夔然懼。若如應麟所云，智者必鄙，而謂誕愚者將忽而不省。等而上之，堯舉舜、舜舉禹之時，謂之爲失天下之機，可乎？雖然，當天下極盛之時而爲思患預防之想，亦爲君者所當知也，亦豈可以小疵而棄其大醇？

《四庫全書總目・困學紀聞提要》

《困學紀聞》二十卷，宋王應麟撰。應麟有《周易鄭康成注》已著録。是編乃其札記考證之文，凡説經八卷，天道、地理、諸子二卷，考史六卷，評詩文三卷，雜識一卷。首有自題云“幼承義方，晚遇艱屯，炳燭之明，用志不分”云云，蓋亦成於入元之後也。應麟博洽多聞，在宋代罕其倫比。雖淵源亦出朱子，然書中辨正朱子語誤數條，如《論語注》“不舍晝夜”“舍”字之音，《孟子注》“曹交，曹君之弟”，及謂《大戴禮》爲鄭康成注之類，皆考證是非，不相阿附，不肯如元胡炳文諸人堅持門户，亦不至如明楊慎、陳耀文，國朝毛奇齡諸人肆相攻擊。蓋學問既深，意氣自平，能知漢、唐諸儒本本原原，具有根柢，未可妄詆以空言，又能知洛、閩諸儒亦非全無心得，未可概視爲弇陋、故能兼收並取，絶無黨同伐異之私。所考率切實可據，良有由也。元時嘗有刻本，牟應龍、袁桷各爲之序。卷端題語，尚鈎模應麟手書。藏弆之家，以爲珍笈。此本乃國朝閻若璩、何焯所校，各有評注，多足與應麟之説相發明。今仍從刊本，附於各條之下，以相參證。若璩考證之功十倍於焯，然若璩不薄視應麟，焯則動以詞科之學輕相詬厲。考應麟博極群書，著述至六百餘卷，焯所聞見，恐未能望其津涯，未免輕於立論，是即不及若璩之一徵。以其拾遺補罅，一知半解，亦多可采，故仍並存之，不加芟剃焉。

《困學紀聞》題識

幼承義方，晚遇艱屯，炳燭之明，用志不分。困而學之，庶自別於下民。開卷有得，述爲《紀聞》。

深寧叟識